사마르칸드에 핀

고리(高句麗)의 상징
닭깃털관(鷄羽冠)

고구리·고리사 연구총서 ⑤
사마르칸드에 핀

고리(高句麗)의 상징 닭깃털관(鷄羽冠)

1판 1쇄 펴낸날 2020년 12월 19일

글쓴이 서길수 | 편집 여유당출판사 편집부 | 디자인 홍수진
펴낸이 조영준 | 펴낸곳 여유당출판사 | 출판등록 2004-000312호
주소 서울 마포구 동교로 27길 53 지남빌딩 201호 | 전화 02-326-2345 전송 02-6280-4563
전자우편 yybooks@hanmail.net | 블로그 http://blog.naver.com/yeoyoubooks

ISBN ISBN 978-89-92351-93-5 93910
책값은 뒤표지에 있습니다.

고구리·고리사 연구 5

사마르칸드에 핀
고리(高句麗)의 상징
닭깃털관(鷄羽冠)

보정 서길수

여유당

〖 English summary 〗

The New Dispute on the Koguri[1] envoy at the Afrasiab wall painting
— Critical View on the Denial Theory of the Dispatch of a Kori[2] envoy

SO Gilsu

Ⅰ. Foreword

The Afrasiab wall paintings excavated at Samarkand, Uzbekistan in 1965 have a depiction of two male figures wearing a feathered hairdress, a typical trademark of a Koguri 高句麗 personage which has been received an intense attention of Korean scholars.

The date of the scene of the Afrasiab wall painting and the nationality of an envoy with a feathered hat 羽冠 have been the major focus of the debates so far, but since 2000s, the Koguri envoy theory is more generally accepted now. As the date based on the content of the wall painting revealed it was constructed in 650s, the issue of how a Koguri envoy could have reached to Samarkand while the Koguri had a warfare with the Tang 唐 China have been widely discussed. Therefore, the international relations among the Koguri, the Tang, and the Turks, and the route to the steppe road as avoiding the Tang territory have been studied in depth.

---

1) Koguri(高句麗) : the exact pronunciation of Koguryo(高句麗)
2) Kori(高麗) : the name of Koguri after 413 AD. Korea just came from this name 'Kori-a'.

II. The Denial theory on the dispatch of Kori(高麗)'s envoy to Samarkand(康國)(1)

In the meanwhile, a unique argument saying 'Koguri envoy had never reached to the State of Kang' came out. The argument is that the Afrasiab wall painting was made by a Samarkand painter who drew it based upon the painting copy of the Tang China, and a Koguri envoy had never reached to Samarkand.[3]

This paper proposes the counterargument to that opinion.

For the issue of the Samarkand painters using the painting copy of China, the author examined the currently existing painting copies and it turned out that most arguments made a mistake on the date of the production of Chinese painting copies.

Most painting copies suggested in the previous studies were the contemporary to the Afrasiab painting or later than the Afrasiab one. Because a painting copy 模本 is used at the time of the production of a painting, the painting based on a painting copy 模寫圖 cannot appear later than the original painting copy 模本.

Among Chinese painting copies, the possible ones used for the Afrasiab palace painting are only two, ① Yan Liben 閻立本's Wanghuitu 王會圖 (640~656) copied from Liang Zhigongtu 職貢圖(Illustration of Envoys Presenting Tribute) ② the scene of the Vimalakirti sutra at Mogao Cave no. 220(642). Thus, those paintings are contemporary to or about 10 years from the Afrasiab painting made in 650s, which make

---

3) Kageyama E., 2002, A Chinese Way of Depicting Foreign Delegates Discerned in the Paintings of Afrasiab」// Iran: Questions et connaissances. Actes du ive congres europeen des Etudes iraniennes, Paris, 6-10 septembre 1999, Vol. 1, Etudes sur l'Iran ancien, ed. Ph. Huyse, Paris, pp. 313-327; Jung, Ho-sub, 2013, Types and Features of Portrait with Jowoo-Guan(Feathered Cap), Youngnamhak.

1. 642, Mogao   2. 640~656? AD   3. 706 AD   4. 937~975 AD

them difficult to be a painting copy of the Afrasiab. In addition, the comparison of a figure on the above mentioned two paintings and the Afrasiab wall painting suggests that besides the feathered hat and the posture of two hands inside a sleeve, there was no common feature.

A Koguri figure on a Koguri wall painting drawn by Koguri people and the Afrasiab figure also look similar in a two feathered hat, an elongated face, a circular ended sword, and active trouser. Therefore, the paper reached to the conclusion that the Afrasiab wall painting could not have been drawn without direct observation of a Koguri personage.

Because it is more desirable to search the origin of the Afrasiab wall painting not outside the State of Kang 康國 but within the history and culture of the State of Kang, the paper further discussed two Sogdian artworks excavated near Afrasiab and showed that they exhibit the originality of the wall painting composition and painting styles of the Sogdians.

5C AD, Koguri tomb

650~675 AD, Afrasiab

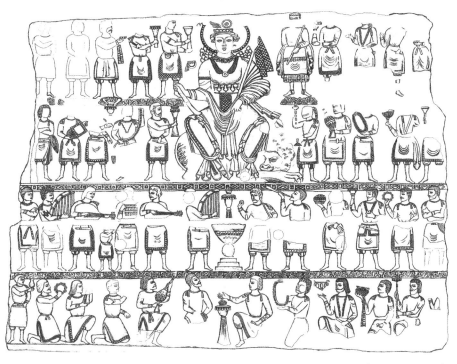

5~6C. Kafir-kala (Marina A. Reutova)

III. The Denial theory on the dispatch of Kori(高麗)'s envoy to Samarkand(康國)(2)

This is the second counterargument against the argument that 'a Kori envoy has never been to Samarkand.'

Three major points in the Denial argument that Kori has never dispatched an envoy to Samarkand are as following.

① The envoy dispatch was impossible because the Central Asian and the Mongolian steppe were under the control of the Tang China.

② Kori has not sent an envoy – critical view on the alliance with Xueyantuo 薛延陀.

③ It was not made because Kori could not have received an assistance of the Sogdians.[4]

1. Previous research results suggesting the concrete year of the envoy dispatch of Kori

The counterargument against to two scholars' opinions have been already provided in the previous researches. Therefore, the denial theory has not been based on the thorough examination of these scholarships. The author's arguments are added below as well.

① Two scholars argued the years of the appointment of Varkhuman

---

4)   Lee Seongje, 2019, A Trend of Turkic Northern Power and Koguryo in the First Half of th 650s: A Review on the Background for the Appearance of Koguryo Envoys in the Wall Painting of Afrasiab Palace, Journal of Northwest Asian History 65.

as the Kangju governor from 650 to 655 while the previous scholarships confirmed the year of 658.

② Ji Bae-sun suggested that before Varkhuman was appointed as the Kangju governor, that is before the control power of the Tang reached to Samarkand, in 652, Kori sent an envoy to the Tang to spy on the political situation of the Tang, and in the meanwhile, Kori also sent an envoy to Samarkand in the first month of that year.

The author judged that it is quite resonable. In July of 651, the Western Turk Ashina Helu(沙鉢羅可汗, 651-658) attacked Tingzhou(庭州) of the Tang. Thus, Yongaesomun needed to spy on the Tang's situation, and sent an envoy to the Tang in 652 while to ally with the Western Turk, it would have been possible that he also dispatched an envoy to Samarkand. There was a previous case when the Tang Taizong attacked in 645, Xueyantuo attacked the northwestern border, Tang Taizong had to retreat. And a Kori envoy who sent to the Western turk might have gone further to gather more information to Samarkand which was under the control of the Western Turk.[5]

③ Jung Ho-sub and Lee Seongje argued that in 658, the Western Turk was collapsed, and the steppe road was occupied by the Tiele 鐵勒 and the Uyghurs 回鶻. Because they were under the Tang, Kori could not have made it to Samarkand.

However, Yi Jae-sung focused on the fact that several tribes of the Tiele rose against the Tang since August of 660, and the riot continued until January of 663, thus staying away from the control of the Tang for two years and five months. Yon Gaesomun must

---

5) Ji, Bae-Sun, 2011, On the Relationship between Samarkant and Koguryo - Why Koguryo's Envoys Visited Samarkant, Baeksan-Hakbo 89.

have tried to make an alliance with the Tiele during this time.[6]

He assumed that a Kori envoy went to the Tiele around February of 662(21st year of King Pojang), and suggested that the time when Kori went to Samarkand might have been either June of 662 or April of 663 after the riot was completely oppressed. He thought that Tang's governing of Samarkand starting from 658 was not that strong so as not for Koguri(Koguryo is misread) to send an envoy.

2. Reconsideration on the alliance effort between the Kori(高麗) and the Xueyantuo(薛延陀)

Because of the precedent of the successful alliance with Xueyantuo, Kori must have sent a secret emissary to make an alliance with the Western Turk while the Tang and the Western Turk were on the warfare from 651-657. However, Jung Ho-sub and Lee Seongje do no agree with the opinion because the alliance with Xueyantuo was not actually settled, and resulted in no gain, Yon Gaesomun probably had not attempted to make an alliance again.

The author examined this problem more in depth and the alliance between the Kori and the Xueyantuo in 645 was greatly successful. After examining several historical records, while Tang Taizong attacked Ansisong 安市城, Xueyantuo made the first attack in the northwest border of the battle, and this attack was the decisive reason that Taizong

---

6)   Yi Jaesung, 2016, The "Embassy Officials with Feathers in Their Hats (鳥羽冠使節)" Image on the Wall Painting of the Afrasiab Palace Site in Samarkand: The Visit to Samarkand(康國), the Cause, the Process, and the Times, Journal of Northwest Asian History 52.

retreated from Ansisong. On June 23, Yon Gaesomun who failed at the Ansisong battle sent a secret emissary to the Xueyantuo, and the emissary arrived at Xueyantuo in early July, and then in the mid July, the first attack of Xueyantuo started against the Tang. It proved that the goal of Yon Gaesomun's emissary was accomplished.

It is also proved by the fact that Taizong who retreated from Ansisong 安市城 did not return to Changan, but went directly to the northwestern battle line, and blocked the second attack of the Xueyantuo until February of the next year.

Therefore, the strategy of Yon Gaesomun proved that he appropriately analyzed the international situation, and with the accurate alliance strategy, he successfully defended the intrusion of the Tang. And it is more probable to consider that the success of this alliance strategy, later when Tang Gaozong intruded, made Yon Gaesomun to try the alliance with the Western Turk who was on the battle on the northwestern battle border.

3. The possibility of the Kori emissary in 650s

It is further argument which can strengthen the suggestion that the Kori tried to make an alliance with the Western Turk. In general, the relation between Kori and the Turk usually has been considered as the hostile one. It is because the Turk attacked Kori, and it was the Turk who was active as the vanguard when Tang attacked Kori. However, the relation between the Turk and the Kori has always been changeable as depending on the situations and time periods, and sometime they tried to ally each other when necessary.

The most well known incident was that at the time of Yami Qaghan(啓民可汗, ?~609), Kori sent a secret envoy to the Turk and Sui(隋) Yangdi(煬帝) was upset as he discovered the Kori envoy. This incident is important in understanding the nature of the relation of the Turk and the Kori.

Yami Qaghan was strongly attached to the Sui as we can see from the fact that the Sui emperor paid a firsthand visit to his camp and he was married to the Sui princess because the Sui manipulated him to alienate the Turk.

It might be probable that Kori who was in the bad relation with the Sui could not have exchanged an envoy with the Turk. However, the Turk at this time had exchanged a secret envoy with Kori and it tells us that Kori could have sent a secret agent to the counries under the control of the Sui-Tang.

From this point of view, it is possible that Kori could have contacted the Western Turk depending on the needs. Thus, the envoy sent to the Western Turk was dispatched to gather information in Samarkand under the control of the Western Turk, and further attended the meeting of the neighboring countries.

4. Kori had enough experience and human resources to cross over the steppe road

It is the counterargument against the opinion that without the Sogdians guide, a Kori envoy could not have crossed the steppe road.

By examining the historical records, the Kori and the Avars were interacted closely and tried to control Jiduu 地頭于 together. In the

Historiarum written by Theophylacti Simocattae, some Avars after they were destroyed by the Turk moved to the Kori which tells us that in Kori was the group residence of the Avars.

The Avars were active in the broad regions from the Kori in the East to the Western Altai, and then to the Dzungaria(Zhungaria) in the West, which made them familiar with the steppe road and Kori owned the human resources that could cross the steppe road.

These historical facts certainly support the argument that a Kori envoy could have reached to Samarkand. Especially, Kori sent not an ordinary envoy but a secret emissary which must have been significant for the destiny of the kingdom, and must have employed the long time accumulated experience and human resources to make it successful.

5. Finally the author examined when the envoys went to Samarkand, and concluded that Kori-a envoys went to Samarkand in the reign of Ishbara Khagan(651~657). Kori then fought against Tang, and Koria's envoy could not visit Samarkand in the reign of Irbis Shegui Qaghan (641~651), who was intimate with Tang, while Kori had to ally with Ishbara Khagan(651~657), who was also at war with Tang. And in conclusion Kori sent an envoy to Samarkand, who was in the rule of Western Turkey, between the years 651~656, especially in 655.

в споре рождается истина!

Генеральный директор и коллектив Самаркандского музея-заповедника поздравляет Вас с предстоящим выходом Вашей книги.

Наука дает многочисленные примеры кооперации ученых различных специальностей из разных стран в решении научных задач. Ваша книга является свидетельством высокого профессионального и творческого уровня, актуальности и востребованности у специалистов-историков, у широкой научной и педагогической общественности.

Настенная живопись Афрасиаба стала ярким свидетельством высокого уровня развития искусства и художественного ремесла в Средней Азии. Ценность ее заключается в том, что в ней аккумулированы многовековые художественные традиции, опыт, знания и жизнь далеких предков некоторых народов Великого шелкового пути.

Ваши интерпретации изображений корейских послов на западной стене и использования источников по истории политических отношений свидетельствуют о постоянных контактах тюрков со многими народами. Параллель росписям Афрасиаба можно найти во фресках корейской гробницы Когури.

Особого признания заслуживает Ваша позиция, оформленная на основании скрупулезных исследований политической ситуации раннесредневекового периода, а также тщательного изучения образцов художественной культуры Кореи, Китая и Афрасиаба. Мы поддерживаем ваш контраргумент сделанный тем кто считает "Корейские послы не могли попасть в Самарканд" так как, как вы сказали что "Кори-а пришлось вступить в союз с Ишбара-каганом (651 ~ 657), который также воевал с Таном. И в заключение Кори-а отправил посланника в Самарканд, который находился под властью Западным Турецком Каганатом между 651-656 годами, особенно в 655 году.

Высокопрофессиональные исследования, как правило, бывает комплексными, учитывающими все нюансы и аспекты истории древности и, в частности, международных отношений. Несомненно, Ваши заключения имеют очень большое значение для дальнейшего изучения и интерпретации раннесредневековой картины Афрасиаба, ведь «в споре рождается истина»!

Желаем Вам новых свершений, творческих успехов, новых интересных публикаций и благодарной читательской аудитории!

Генеральный директор
музея-заповедника
С. Мустафакулов

진실은 논쟁을 통해서 태어난다!

사마르칸드 박물관-유적의 관장과 직원들은 마침내 책을 펴낸 귀하에게 축하를 드립니다.

학문은 갖가지 학술적 문제를 해결하기 위해 여러 나라 다양한 분야의 학자들 사이에 많은 협력 사례들을 제공합니다. 귀하의 책은 역사학자 및 광범위한 학술 및 교육 커뮤니티에서 높은 전문성과 창의적인 수준, 타당성 및 간절한 관심이 낳은 증거입니다.

아프라시압 벽화는 당시 중앙아시아의 수준 높은 예술과 공예를 그대로 보여주는 생생한 증거입니다. 그 가치는 대 실크로드에 살고 있는 몇몇 민족의 오랜 조상들이 세기를 거쳐오는 동안 예술적 전통과 경험, 지식 그리고 켜켜이 축적한 삶의 흔적이라는 사실에 있습니다.

서벽에 그려진 코리아 사절 그림에 대한 귀하의 해석과 정치 관계사에서 뽑은 원 사료의 인용은 그만큼 돌궐인들이 끊임없이 다른 민족들과 접촉하였다는 사실을 증명합니다. 아프라시압 벽화에 그려진 (깃털관을 쓴 인물) 그림은 고구리(高句麗) 때의 코리아 무덤 벽화(fresco)에서 찾을 수 있습니다. 중세 초기의 정치 상황을 꼼꼼히 연구하고 한국·China·아프라시압의 예술문화 작품을 철저하게 검토하여 얻어낸 귀하의 학문적 입장을 특별히 인정할 만합니다.

우리는 "코리아 사절은 사마르칸드에 간 적이 없다."고 주장하는 학자들에 대한 귀하의 반론을 지지합니다. 고리(Kori, 高句麗)가 당(唐)과 싸운 Ishbara Khagan(沙鉢羅可汗, 651~657)과 동맹을 맺어야 했다는 귀하의 주장이 정확하기 때문입니다. 고리(Kori)는 651~656년 사이, 특히 655년에 서돌궐 통치하에 있던 사마르칸드에 사절을 보냈던 것입니다.

일반적으로 고도로 전문적인 연구에는 고대사의 미묘한 차이를 모두 고려해야 하므로 복잡합니다. 특히 국제 관계는 더욱 그렇습니다. 앞으로 아프라시압 초기 중세 벽화의 연구와 해석에 있어서 귀하의 결론은 두말할 나위없이 아주 중요합니다. "진실이란 논쟁을 통해서 태어나기 때문"이니까요.

새로운 업적, 창의적인 성공, 관심을 불러일으키는 새 출판, 그리고 고마워하는 독자층을 기원합니다!

아프라시압 박물관·유적 관장
무스타파쿨롭

책머리에

1. 고구리(高句麗)인가, 고리(高麗)인가?

이 책에서는 '高句麗 = 고구리'로, '高麗 = 고리'로 읽는다. 고구리 때 그렇게 불렀던 나라이름을 조선시대부터 잘못 읽은 것이기 때문이다. 고구리(高句麗)는 413년 장수왕이 즉위한 뒤 나라이름을 고리(高麗)라고 바꾸었으므로 5세기 초반 이후 펴낸 (『삼국사기』를 뺀) 대부분의 사료에는 고리(高麗)라고 기록되어 있다. 지금까지 고구리사 연구자들은 원 사료에 나온 고리(高麗)를 억지로 고구리(高句麗)로 바꾸어 인용하였지만, 이 책에서는 원 사료에 있는 그대로 고리(高麗)로 쓴다. 깃털관을 쓴 사신이 사마르칸드에 갈 때는 나라이름이 고구리(高句麗)가 아니라 고리(高麗)였다. 보기를 들어 고리(高麗) 기록이 가장 많이 나오는 『구당서』와 『신당서』에 각각 210회씩 420회의 나라이름이 나오는데, 『구당서』에는 고구리(高句麗)와 구리(句麗)가 1번씩 나오고 나머지 208회가 모두 고리(高麗)라고 기록되어 있고, 『신당서』에는 고구리(高句麗)는 단 한 번도 나오지 않고 오로지 고리(高麗)만 210번 나온다. 글쓴이가 이 책의 제목에 '고리(高麗)의 상징'이라고 쓴 까닭이다.

이 두 가지 문제는 이미 1998년 『고구려 역사유적 답사』에서 문제를 제기하였고, 2007년 『고구려연구』(27)에 「高句麗'와 '高麗'의 소릿값(音價)에 관한 연구」를 발표해 학술적으로 뒷받침하였다. 학계에 공식적으로 발표하여 8년이 지나도 학술적인 반론이 없어 2015년부터는 일반화할 단계라고 생각되어 학술논문에서 고구리(高句麗)•고리(高麗)로 쓰고 있으며, 2019년 두 권의 책을 내서 자세하게 밝혔다(『고구려 본디 이름 고구리(高句麗)』, 『장수왕이 바꾼 나라이름 고리(高麗)』, 여유당, 2019). 앞으로 교과서가 바뀌기를 기대한다.

2. 한국·우즈베키스탄 양국 대통령의 역사문화 외교

본디 이 책에서 다루는 아프라시압 벽화에 나타난 고리 사람(高麗人)은 <고구리·고리
사 연구총서> 4권인 『실크로드에 핀 고리(高麗)의 상징 닭깃털관』의 마지막 한 장이었
다. 그런데 2019년 10월 자료수집 하러 아프라시압박물관에 갔을 때 박물관장이 "한국
학자들이 와서 아프라시압 벽화에 고리(高麗) 사람이 그려져 있지만, 실제로 온 것이 아
니라 소그드 화가가 픽션으로 그린 것이다."라고 했다며, 나도 같은 입장인지 물었다. 그
때 "내가 지금까지 연구한 바로는 고리 사신이 사마르칸드까지 왔기 때문에 소그드 화가
가 직접 보고 그린 것이라고 생각한다"고 대답하고, 귀국하여 나름대로 광범위하게 자료
를 더 수집하고 연구사를 철저하게 검토하였다. 그리고 고리(高麗) 사신이 사마르칸드에
갔었다는 것을 증명하는 논문을 두 편 발표하면서 벽화 전반에 관한 내용도 보강하다 보
니 책이 한 권 되어 버렸다.

그렇다면 왜 다른 연구를 미루고 급하게 이 문제에 집중하게 되었는가? 이 벽화에 나타
난 고리(高麗) 사절을 그린 벽화가 우즈베키스탄과 한국 두 나라 교류의 바탕이 되고 있
기 때문이다. 이미 오랫동안 우즈베키스탄과 한국은 이 벽화의 고리(高麗) 사절을 바탕으
로 7세기부터 두 나라가 교류하였다는 전제 아래 실질적인 교류가 이루어지고 있었다.

〈우즈베키스탄 대통령 방한 기사〉

2017년 11월 22일 샤브카트 미르지요예프(Shavkat Mirziyoyev) 우즈베키스탄 대통령이
3박 4일간 일정으로 한국을 국빈 방문했다(YTN 2017. 11. 22.). 이때 미르지요예프 대통
령이 대통령에게 '아프라시압 벽화' 그림을 선물로 증정하였고, 2019년 4월 2일부터 6
월 30일까지 청와대 사랑채에서 열린 정상외교 선물 특별전 「대한민국에 드립니다」에서
도 전시되었다(연합뉴스, 2019. 03. 27.).

한국 • 우즈베키스탄 정상회담(2019.3.27.) 사진 : naver 이미지 검색

한국 방문 때의 우즈베키스탄 대통령 선물. 사진 : naver 이미지 검색

문재인 대통령 우즈베키스탄 아프라시압 벽화 방문

2019년 4월 20일 한국의 문재인 대통령이 아프라시압 박물관을 방문하였다. 이날 방문에는 부인 김정숙 여사와 샤브카트 미르지요예프 우즈베키스탄 대통령 내외도 동행했다.

문 대통령은 "(사신이) 쓴 관에 새 깃털이 있는데 이것이 고구려의 특징이라는 것을 중국 전문가가 확인했고[7], 차고 있는 칼도 고구려 것이어서 고구려 사신이 이 시기에 사마르칸트에 왔다는

---

7) 이 부분은 기자가 자료를 잘못 본 것으로 보인다. 1975년 직접 발굴한 알바움이 쓴 『아프라시압 벽화』에서 이미 고구려 벽화와 비교하여 깃털관이 고구리 사람이라는 것을 확정했다. 중국 학자보다 러시아·일본·한국 학자들이 먼저 연구하여 꽤 많은 성과를 냈다. 다만 '고구리 사람들은 닭신을 숭배해 닭의 깃털을 고깔에 꽂고 다닌다'고 기록한 것은 당나라 의정(義淨)이 쓴 『대당서역구법고승전(大唐西域求法高僧傳)』에 나온다.

두 나라 정상 부부의 기념촬영(naver 이미지 검색)

한·우즈베크 문화유산 교류협력 양해각서 교환(문화재청 제공)

한·우즈베크 문화유산 교류협력 양해각서 교환(문화재청 제공)

것을 알 수 있다."고 했다. 이어 "그만큼 양국 교류의 역사가 깊다는 것을 알 수 있다."고 강조했다. 문 대통령은 2017년 11월 미르지요예프 대통령의 국빈 방한 당시 국립중앙박물관에서 벽화의 사본을 본 것을 언급하며 "실물로 보게 돼 감회가 새롭다."고 소감을 밝혔다.

곧이어 벽화 앞에서 양 정상 내외가 지켜보는 가운데 '한·우즈베크 문화유산 교류협력 양해각서 체결식'이 진행됐다. 정재숙 문화재청장과 벡조드 율다셰프 우즈베키스탄 과학 아카데미 장관이 체결한 양해각서에는 한국 정부가 아프라시압 박물관 관람환경 개선 사업 등을 지원하는 내용이 담겼다.[8]

---

8)   『연합통신』 2019. 04. 20. 기사.

3. 한국·우즈베키스탄 대통령의 역사문화 외교 참사

1) 두 나라 역사문화 교류를 위한 대형 프로젝트 성공

대통령이 이렇게 아프라시압 벽화 현장에서 두 나라의 역사적 교류를 강조하기 3일 전인 4월 17일, 그러니까 대통령이 도착하기 전날 현지에서는 동북아역사재단•사마르칸드시 역사박물관이 주최하는 "2019년 한국•우즈베키스탄 국제학술회의-아프라시압 궁전벽화와 한국•우즈베키스탄의 교류-"라는 학술회의가 열렸다. 1300년이 넘는 옛날부터 두 나라는 서로 교류하였다는 역사적 사실을 학술적으로 조명하여 대통령의 역사외교를 더욱 빛내고 두 나라의 교류를 학문적으로 뒷받침하기 위한 것이었다.

이와 같은 학술대회는 모든 비용을 한국에서 지원한 행사로, 이런 아프라시압 벽화에 대한 지원은 이 국제대회가 처음이 아니었다. 2013년부터 5년간 동북아역사재단이 많은 예산을 들여 아프라시압 벽화 보존과 재현을 위해 꾸준히 사업을 진행해 왔다. 같은 날 학술대회에서 동북아역사재단 고광의 연구위원이 발표한 5년간의 사업 결과는 다음과 같다.

2013년 7월, '대한민국 동북아역사재단과 우즈베키스탄 국립 사마르칸트 종합역사건축미술관 간의 공동학술 활동에 관한 협정서'를 체결하고 벽화의 복원 및 보호를 위한 사업을 시작하였다.

아프라시압 궁전벽화 디지털 복원 연구팀은 동북아역사재단 고광의 연구위원의 총괄 기획으로 동덕여자대학교 미술학과 서용 교수, 문화재 전문 사진작가 신빛 교수, 중앙문화유산보존센터 대표 故임권웅 박사•정성윤 연구원, ㈜문화유산기술연구소 김지교 대표, 한국문화기술연구소 박진

국제학술대회 플래카드(사진 : 아프라시압박물관 제공)

동북아역사재단 이사장(사진 : 박물관 제공)　　　　　　　아프라시압박물관 관장(사진 : 박물관 제공)

호 연구원 등을 비롯하여 역사, 고고, 미술사학자들로 구성하였고, Afrosiab Museum의 Samridin Mustafkulov 관장, Academy of Sciences, Republic of Uzbekistan Instigute of Archaeology의 벽화수리수복실 Marina Reutova 연구원 등 현지 전문가들의 자문을 받아 작업을 진행하였다.

2013~2018년까지 벽화에 대한 2D디지털 복원모사도 제작, 3D디지털 다국어 영상 제작 및 아프라시압 박물관 내 영상실 설치 운용, 전시실 내 벽화 보호 기자재 설치, 서벽 사절도와 銘文 인물 부분에 대한 실벽 복원모사도 제작 및 대한민국 국립중앙박물관 전시 등의 성과를 거두었다.[9]

아울러 신문 기사에서 본 바와 같이 두 나라 대통령이 참가한 가운데 벽화 전시장에서 열린 '한•우즈베크 문화유산 교류 협력 양해각서 체결'에 따라 한국 정부가 아프라시압 박물관 관람환경 개선 사업 등을 지원하기로 하였다.

학술대회가 시작되자 축사를 맡은 한국 측 동북아역사재단 김도형 이사장은 아프라시압 벽화에 나타난 고대 한국인의 의의에 대해 이렇게 이야기했다.

이곳 사마르칸트는 동서양을 잇는 실크로드의 거점으로 유서 깊은 역사와 찬란했던 문화를 자랑하는 세계문화유산 도시이기도 합니다. 특히 아프로시압 언덕에서 발견된 벽화에는 고대 한국인의 모습이 그려져 있어 한국과 우즈베키스탄이 이미 1,300여 년 전부터 교류하였음을 여실히 증명해 주고 있습니다. ……이번 학술회의는 아프로시압 궁전 벽화 속에 담긴 양국의 교류사적 의미를 조명해 보려는

---

9)　고광의. 「아프라시압 궁전벽화 디지털 복원 모사」. 동북아역사재단·사마르칸트시 역사박물관 주최 『2019년 한국·우즈베키스탄 국제학술회-아프라시압 궁전벽화와 한국·우즈베키스탄의 교류-』. 2019. 17쪽.

한국・우즈베키스탄 국제 학술회의 　　　　　　　　2019. 4. 17. 학술회의 일정표

　　것입니다. 그동안 진행된 작업의 결과를 소개하고 향후 역사문화 분야에서 상호협력할 수 있는 공동
의 관심사를 논의하는 자리가 되었으면 합니다.[10]

　　김도형 이사장의 이런 역사적 교류에 대한 의미 부여는 기자회견서도 이어졌다. 아프
라시압 박물관 관장 무스타포쿨로프 박사는 「아프라시압 벽화자료를 통해 본 소그드와
한국의 친선관계」라는 제목의 발표문에서 양국의 교류를 강조하였다.

　　'대 비단길'은 중국과 근동 및 중앙아시아 국가들 간의 정기적이고 직접적인 교류를 보장하였으며 그
리고 문화적 및 교역적 교류의 시작 역할을 하였다. 중앙아시아에서는 중국을 통해 한국까지 포도,
알팔파, 강낭콩, 석류나무, 사프란, 호두나무 등과 같은 식용식물이 전해졌다. ……소그드 상인들은
한국에 이르기까지의 교역로에 교역·농업 거류지들을 만들었다.[11]

---

10)　정호섭, 「사마르칸트 아프라시압 궁전벽화의 고대 한국인」, 동북아역사재단・사마르칸트시 역사박물관 주최
　　『2019년 한국•우즈베키스탄 국제학술회의-아프라시압 궁전벽화와 한국・우즈베키스탄의 교류-』, 2019. 4. 17. 9쪽.
11)　정호섭, 「사마르칸트 아프라시압 궁전벽화의 고대 한국인」, 동북아역사재단・사마르칸트시 역사박물관 주최
　　『2019년 한국•우즈베키스탄 국제학술회의-아프라시압 궁전벽화와 한국・우즈베키스탄의 교류-』, 2019. 4. 17. 30쪽.

2) 판을 완전히 뒤엎은 한국 학자들 – 고구리 사신은 사마르칸드에 간 적이 없다.

　이처럼 양국 대통령부터 동북아역사재단 이사장과 현지 박물관 관장까지 고대부터 두 나라의 교류가 있었던 것을 강조하고 있었는데, 학술발표에서는 두 나라의 프로젝트 정신과는 완전히 반대되는 연구성과가 발표되고 있었다. 한국의 고대 고구리 사신은 사마르칸드에 간 적이 없고, 갈 수도 없으므로 직접적인 교류가 없었다고 주장하고 나선 것이다. 그것도 한 사람이 아니고 한국에서 간 대표적 두 학자가 모두 똑같이 반대의견을 주장하고 나섰다. 이런 주장은 그동안 두 나라의 교류를 전제로 한국에서 우즈베키스탄에 투자한 프로젝트와 대통령의 역사문화 외교를 완전히 뒤집어엎는 대형 참사였다.

　당시 발표논문집을 보면 우즈베키스탄 학자들이 단편적인 연구성과를 발표한 것에 비해 한국의 학자들은 중량감이 있는 학자들이 학술적으로 치밀하게 연구한 논문을 발표하여 학술대회 분위기를 압도했다.

　한국 고대사를 연구하는 정호섭은 "한국 학계의 연구는 다분히 민족주의적인 입장에서 고대 한국인이 한반도를 넘어 중원뿐만 아니라 실크로드 지역인 둔황과 나아가 중앙아시아 지역으로 활동 무대를 넓혀 활약했음을 입증하고자 하였다. 이러한 이해는 어떤 측면에서는 한국의 입장에서만 바라본 단선적인 인식이라고 할 것이다."[12]고 전제하고, 아프라시압 궁전벽화에 고리(高麗) 사신이 등장하게 된 것을 다음 두 가지로 보았다.

> ① 중국의 장안이나 둔황에서 중앙아시아 쪽으로 사절도와 관련한 자료가 전해져 강국이 그 모본이나 이미지에 따라 도상을 그린 것으로 이해할 수 있을 듯하다.
>
> ② 당시 강국이 중국이나 돌궐 등지와 직접 교류한 만큼 그 과정에서 고구리와의 접촉에서 파악한 고구려인에 대한 정보를 바탕으로 묘사하였을 개연성이다.[13]

　중국에서 전해진 그림본을 보고 그렸거나 중국이 돌궐에서 얻은 정보를 바탕으로 그렸

---

12)　정호섭, 「사마르칸트 아프라시압 궁전벽화의 고대 한국인」, 동북아역사재단•사마르칸트시 역사박물관 주최 『2019년 한국•우즈베키스탄 국제학술회의-아프라시압 궁전벽화와 한국·우즈베키스탄의 교류-』, 2019. 4. 17, 37쪽.
13)　정호섭, 「사마르칸트 아프라시압 궁전벽화의 고대 한국인」, 동북아역사재단•사마르칸트시 역사박물관 주최 『2019년 한국•우즈베키스탄 국제학술회의-아프라시압 궁전벽화와 한국·우즈베키스탄의 교류-』, 2019. 4. 17, 42쪽.

을 뿐 실제 고구리 사신이 와서 보고 그린 것이 아니라는 것이다. 이런 주장은 고구리 사신이 사마르칸드에 온 적이 없다는 것으로 사마르칸드와 고리(高麗) 사이에 직접적인 교류는 없었다는 것을 밝힌 것이다.

이어서 이 학술대회를 주최한 동북아역사재단의 고중세연구소장 이성제는 서론에서 "그간의 연구들이 '고구려가 당(唐)에 맞서기 위한 대외전략의 일환으로 멀리 중앙아시아 사마르칸드까지 사절을 보냈다'고 판단하고 있는 점에 대해서는 부정적인 생각을 갖고 있다"는 전제하에 논리를 전개하고 있다.

이성제도 머리말에서 벽화에 나온 깃털관을 쓴 두 사람이 "고구려 사절이라는 것을 인정하지만, 고구려가 당(唐)에 맞서기 위한 대외전략의 일환으로 멀리 중앙아시아 사마르칸드까지 사절을 보냈다고 판단하고 있는 점에 대해서는 부정적인 생각을 갖고 있다."[14]는 사실을 분명히 하여 고구리 사신의 사마르칸드 행을 전면적으로 부정하였다.

이성제의 주장은 "벽화에 그려진 고구려 사절의 모습이 고구려인에 대한 이미지 혹은 도상(圖像)이라고 본다."는 것이다. 고구리 사신이 직접 간 것이 아니라 그림본(模本)을 보고 베낀 것이고, 그 그림본은 돌궐에서 왔을 것이라고 보았다. 그리고 고구리 사람이 사마르칸드에 갈 수 없다는 역사적 사실을 다음과 같은 논리로 뒷받침하였다.

① 연개소문과 설연타의 연합에 대한 비판-고구리가 막북세력과 연합한 선례가 없다.
② 소그드인이 안내하지 않으면 막북(몽골초원)을 지날 수 없다. – 당시 소그드인은 당나라 지배 아래 있었다.
③ 당시 중앙아시아와 막북(漠北) 초원이 당의 지배 아래 있어 사행(使行)이 불가능했다.[15]

본론에 가서 자세히 보겠지만 이런 논리는 1998년 일본의 가게야마 에쯔꼬(影山悦子)가 문제를 제기한 것으로, 그동안 국내외 학계에서 거의 논의가 없었는데 한국의 두 학자

---

14) 이성제, 「고구려와 투르크계 북방세력의 관계-고구려 사절이 아프라시압 궁정벽화에 그려진 배경에 대한 검토-」, 동북아역사재단・사마르칸트시 역사박물관 주최 『2019년 한국・우즈베키스탄 국제학술회의-아프라시압 궁전벽화와 한국・우즈베키스탄의 교류-』, 2019. 4. 17.; 이성제, 「650년대 전반기 투르크계 북방세력의 동향과 고구려-고구려 사절이 아프라시압 궁정벽화에 그려진 배경에 대한 검토」, 『東北亞歷史論叢』 65, 2019, 244쪽. * 발표논문을 보완해서 『東北亞歷史論叢』에 실렸기 때문에 인용은 논총에 실린 것으로 한다.

15) 이성제, 「650년대 전반기 투르크계 북방세력의 동향과 고구려-고구려 사절이 아프라시압 궁정벽화에 그려진 배경에 대한 검토」, 『東北亞歷史論叢』 65, 2019, 244쪽.

국제학술대회 참가단 기념촬영(아프라시압박물관 제공)

가 가게야마의 주장을 뒷받침한 것이다. 어떤 논리든지 학문적인 논의를 통해서 검증해가야 하지만 아직 국내 학계에서 제대로 논의된 적이 없는 생소한 주장이 두 나라 교류를 촉진하기 위해 열린 학술대회에서 발표된 것은 결과적으로 역사적 사실을 바탕으로 문화교류를 해오던 양국의 정부와 학계에는 큰 충격을 주었다고 본다. 더구나 교류를 강조하기 위해 대통령이 직접 방문하기 전날 이루어졌다는 점에서 대통령의 역사외교에서 일어난 큰 참사였다고 아니할 수 없다.

앞에서 언급했지만 글쓴이가 2019년 10월 아프라시압 박물관 관장을 만났을 때 물었다.

"한국 학자들은 고구리 사신이 사마르칸드에 오지 않았다는데, 귀하도 같은 생각인가?"

학술발표에 한국인들의 발표문 초록이 러시아어로 실려 있었으므로 그들도 한국 학자들의 논지를 잘 파악하고 있었다. 우리의 대화는 이렇게 진행되었다.

"우즈베키스탄 학계에서는 어떻게 생각하고 있는가?"

"우리는 한 번도 그렇게 생각한 적이 없고, 논의해 본 적도 없다. 당연히 한국의 사신이 사마르칸드에 온 것으로 보고 연구하고 있다."

"지금까지 연구한 결과에 따르면, 나도 한국의 사신이 사마르칸드에 온 것이 확실하다고 본다."

"그렇다면 그 사실을 학술적으로 뒷받침하는 연구를 발표해 주기 바란다."

바로 이 대화 때문에 <고구리•고리사 연구 총서> ④의 마지막 장이 한 권의 책으로 나오게 된 것이다.

4. 고구리의 사신은 직접 사마르칸드에 갔다.

실제 글쓴이는 10월에 귀국한 뒤 8개월 동안 이 문제에만 매달려 두 편의 논문을 통해 '사행(使行) 부정론'에 대한 비판과 함께 사행이 이루어진 배경과 시기를 제시하였다.

> ① 「아프라시압 高句麗 사절에 대한 새 논란 검토-高句麗 사신 사행(使行) 부정론에 대한 비판적 고찰(Ⅰ)」, 고구려발해학회 『고구려발해연구』(66), 2020. 4.
> ② 「아프라시압 高句麗 사절에 대한 새 논란 검토-高句麗 사신 사행(使行) 부정론에 대한 비판적 고찰(Ⅱ)」, 동북아역사재단 『동북아역사논총』(68), 2020. 6.

글쓴이가 두 번째 논문을 동북아역사재단 『동북아역사논총』에 제출한 것은 바로 그 기관에서 고리 사신의 사행을 부정하는 국제학술대회를 주최하였고, 그 단체의 논문집에 고리 사신의 사행을 부정한 논문이 실렸기 때문이다. 글쓴이의 논문이 1919년에 실린 부정론에 대한 반론을 제기한 것이기 때문에 이제 그 기관 스스로 상반된 두 논문에 대한 새로운 학술적 토론을 통해 그 결과를 두 나라의 학계와 정부에 밝히는 것은 중요한 임무라고 생각한다.

5. 우즈베키스탄 학자들에게 바른 사실을 알리는 작업

두 논문을 발표한 뒤 우즈베키스탄 아프라시압 박물관 관장에게 논문의 영문초록을 보내고 9월 말쯤 책으로 나올 것이라는 소식도 덧붙였더니 다음과 같은 답이 왔다.

> 논문 초록을 덧붙인 메일을 잘 받았습니다. 고맙습니다. 두 논문은 나에게 아주 흥미로운 자료였습니

다. 아프라시압 벽화는 55년 전에 발견되었고, 그때부터 우리는 고구리(Koguri) 사신이 사마르칸드 (소그드)를 방문했다고 믿고 있었습니다. 논문에서 귀하의 주장은 우리가 올바른 길을 가고 있다는 것을 증명하는 작업이었으며, 우리는 그 진가를 인정하는 바입니다.

2020년 10월 18일 아프라시압박물관 설립 50주년과 아프라시압벽화 발견 55주년을 기리는 학술대회를 기획하고 있습니다. Covid-2019의 세계적 대유행(pandemic)이 끝나거나, 세계 수많은 나라의 감염상태가 그런대로 안정되면 귀하를 대회에 진심으로 초청하는 바입니다. 귀하가 낼 책은 대회 참석자들에게 최고의 선물이 될 것입니다. 관련 서류와 사진을 함께 보냅니다.[16]

바로 참석하겠다는 회신과 함께 발표논문을 보냈다. 주요 내용은 고리(高句麗) 사절 사행 부정론에 대한 반론과 고리 사절이 간 시기를 651~658년(특히 655년)으로 본다는 내용이었다. 아울러 이 책 『사마르칸드에 핀 고리(高句麗)의 상징 닭깃털관(鷄羽冠)』을 아프라시압박물관 설립 50주년과 아프라시압벽화 발견 55주년 기념으로 발행하겠다는 뜻과 함께 기념사를 부탁하였다.

10월 초에 박물관장에게 다음과 같은 메일을 보냈다.

책을 쓰면서 귀 박물관 벽화 전시관 설명문에서 이해할 수 없는 용어를 발견하였습니다.

❶ Ambassadors from neighbouring principalities carrying presents and necklaces

❷ Chamberlains introducing ambassadors

❸ Chinese envoys bringing silk(cocoons, hanks, rolls)

❹ Turkish guards

❺ Chamberlains and interpreter introducing Tibetan messengers.

❻ Korean guards

---

16) I received your email with summaries of your theses, thank You. It was very interesting information for me. The murals of Afrosiyab were found 55 years ago and since then we believed that envoys of Koguri visited Samarkand (Sogd). Your arguments in your theses try to prove that we were on the right track and we appreciate that. On October the 18th 2020 we are holding a conference on celebration 50th anniversary of Afrosiyab Museum and 55th anniversary of the murals of Afrosiyab according to our plan. If the pandemic of Covid-2019 is over or at least the situation with the world which affected a lot because of this pandemic hopefully would be stable, I am delighted to invite you to the conference. Your book would be an excellent gift to the participants of the conference. I will attach documents and photos.

보시는 바와 같이 China, 티베트 같은 나라에는 대사(Ambassador), 사절(envoy), 사자(messengers) 같은 낱말을 썼는데 고구리(高句麗) 사절만 궁정을 보호하는 서돌궐 경호원(guard)과 같이 경호원(guard)이라고 했습니다. 이 문제는 제가 귀 박물관을 방문했을 때 지적했던 문제입니다. 간단히 질문합니다.

"고구리(高句麗) 사절을 경호원(guard)이라고 쓴 까닭을 설명해주시겠습니까? 만일 잘못 쓴 것이라면 고쳐줄 수 있는지요?"

간단히 대답해 주시면 대단히 고맙겠습니다. 이 문제는 귀 박물관을 방문하는 한국 방문자들에게는 아주 중요한 문제입니다.

10월 12일 다음과 같은 답이 왔다.

(코로나) 바이러스에 감염되어 심하게 앓아서 답을 하지 못해 죄송합니다. 우리도 대회에서 여러 학자들과 서로 바라보면서 토론하고 싶습니다. 그러나 (코로나) 판데믹 때문에 불가능하게 되었습니다. 따라서 대회는 2021년에 열려고 합니다. 우리는 학자들과 서로 마주하며 논의하고 싶습니다. 그러나 (학자들이 보내온) 발표논문집은 올해 발행하게 될 것입니다.

<u>귀하가 지적한 고리(高句麗) 사절인가 경호원인가 하는 문제는 (전시안내문 안에 쓰인) 내용을 정정하도록 하겠습니다.</u>[17]

6. 문화재청 현지 발굴조사도 올바른 역사인식을 바탕으로!

본 연구는 국내에서 진행하고 있는 다른 프로젝트에도 기초자료가 되길 바란다. 대통령과 함께 발표한 두 나라 대통령이 참석한 가운데 교환한 양해각서는 잘 진행되고 있다.

---

17) I apologize that I could not answer you, because I was very sick with the virus. We, too, would like to be a colleague of different scientists at a conference, but we could not bring them down from pandemics. Therefore, we plan to hold this conference at the next one in 2021. I want to communicate with scientists eye to eye and hear their opinion live. But the collection of the conference will be released this year. Your remarks about the Korean ambassadors or the guards of this imprint, we will correct these imprints.

한 • 우즈베크 문화유산 교류협력 양해각서 체결식(문화재청 제공)

문화재청(중앙문화재연구원)이 우즈베키스탄 고고학연구소와 공동으로 사마르칸드 쿨도르테파(Kuldortepa) 궁성지와 성벽 부분에 대한 기초 발굴조사를 2019년 9월 19일부터 10월 15일까지 약 1개월간 실시하였다.[18]

2020년 4월 10일 "문화재청(청장 정재숙)은 고구려 사절단 모습이 그려진 우즈베키스탄 아프라시압 박물관 소장 궁전벽화의 보존•관리 상태에 대한 현지 조사를 마치고, 벽화 파편 11점을 지난해 12월 국내로 들여와 최근 과학적 분석을 마무리했다"는 보도자료를 냈다.[19]

보도자료를 낸 문화재청 사무관에게 발굴조사를 하기 전에 국내에서 고구리 사신에 대한 깊이 있는 연구와 대회를 통해 학술적인 기초를 가지고 시작하였으면 한다고 했더니 "동북아역사재단과 긴밀히 협의하고 있다"고 하는 것을 보니 어떤 일이 일어났는지 그 자체를 모르고 있었던 것 같다.

---

18) 중앙문화재연구원 홈페이지. 「연구원소식」.
http://www.jungang.re.kr/index.php?mc=06&md=read1&idx=197&bn=1343

19) 문화재청. 고구려 사신 그려진 아프라시압 궁전벽화 보존 계기 마련
http://www.korea.kr/news/pressReleaseView.do?newsId=156384888

7. 동북아역사재단이나 문화재청에서 빨리 이 문제를 매듭짓는 학술회의를 열어야 한다.

이 책을 마무리하고 머리말을 쓰면서 검색해 보니 이런 소식이 떠 있다.

2020년 12월 Shavkat Mirziyoyev 대통령 한국 방문 예정

<우즈베키스탄 한인일보>

우즈베키스탄 샤브카트 미르지요예프 대통령은 2020년 12월 한국을 방문할 예정이라고 The Korea Times를 인용해 보도했다. 한국 재경부 공식 자료에 의하면 2020년 9월 우즈베키스탄 대통령 방문이 예정되어 있다고 밝혔다. 그러나 COVID-19 전염병으로 인해 방문이 12월로 연기되었다. 소식통에 따르면 양국이 '자유무역에 관한 협정'에 서명을 체결하도록 하기 위한 경제적 요인을 규명하기 위한 연구도 진행 중이다. Shavkat Mirziyoyev 대통령의 방한에 관해서는 4월 13일 양국 정상이 전화 통화를 한 뒤에 이루어졌다.

이 문제는 문제 제기에서 끝나는 것이 아니라 한국 학계에서 시급하게 논의하여 두 나라의 교류를 위한 학술적인 뒷받침을 해야 한다. 더구나 한국 대통령이 방문하고 1년 만에 다시 우즈베키스탄 대통령이 방문한다고 한다. 그 이전에 관계 기관에서는 가능한 한 빨리 학술토론회를 열어 두 나라의 교류에 방해가 되는 요소를 해소해야 할 것이다. 그러기 위해서 이 책은 그러한 논의를 시작하기 위한 기초자료가 되기 바란다.

8. 꼬리말

1) 이 책에는 200장이 넘는 사진이 들어가 있다. 대부분 글쓴이가 찍은 것인데, 글쓴이가 찍은 것은 괄호 안에 찍은 날짜를 써넣었다. 나머지 사진들은 가능한 한 출처를 밝혔다.

2) 감사의 말
 (1) 책 안에서 보겠지만 이 주제를 다룬 첫 발굴보고서가 러시아말로 출판되어 전모를

파악할 수 없었는데 마침 일본어 번역본이 있어 절대적인 도움을 주었다. 그러나 그 번역본을 구하려고 찾아보니 국내에서는 물론 일본에서도 그 책을 살 수가 없었다. 다행히 일본에 있는 에스페란토 벗들인 후지모도 히데꼬(藤本 日出子) 선생에게 부탁했더니 야마다 다다시(山田 義) 선생이 도서관에서 빌려 하나 하나 사진으로 찍어 젊은 사람에게 부탁해 pdf로 만들어 보내주어 쉽게 읽을 수 있었다. 두 분에게 감사드린다.

(2) 앞에 붙인 영문 요약문을 옮겨준 박아림 교수에게 감사드린다. 이 요약문은 2020년 10월 18일 아프라시압박물관에서 열리는 '아프라시압박물관 50주년과 아프라시압벽화 55주년 기념 학술회의(a conference on celebration 50th anniversary of Afrosiyab Museum and 55th anniversary of the murals of Afrosiyab) 발표논문 요약본으로 제출되었다.

(3) 교정은 이용성 선생, 김남진 선생과 아내 이은금 실장이 애써 주었고, 편집 교정까지 도맡은 여유당출판사 대표에게도 감사드린다.

3) 청와대 제공 사진을 실으려 했는데……

머리 마당에 나온 대통령 관련 사진은 포털에서 다운 받거나 연합뉴스에 실린 것을 다시 실었다. 연합뉴스에는 '청와대 제공'이라고 해서 글쓴이도 직접 청와대에 전화하여 가능성을 타진해 보았으나 몇 군데 돌아다니다 결국은 국민신문고에 신청하라고 안내해 주었다. 꽤 많은 시간을 투자해 회원에 가입하고 청와대에서 가르쳐준 대로 국민신문고에 글을 올렸다. 2020년 6월 23일 제출한 청원에 대한 신문고 답은 2020년 8월 26일에야 왔다. 포기하고 거의 잊혀질 만할 때 온 통지문에는 이런 구절이 있었다.

민원처리기간은 최종 민원 처리 기관의 접수일로부터 보통 7일 또는 14일이며 국민권익위원회에 고충민원으로 접수된 경우 60일이 소요됨(해당 민원을 처리하는 소관 법령에 따라 달라질 수 있음).

1. 귀하께서 우리 위원회에 제출한 의견에 대해 아래와 같이 알려드립니다.

2. 귀하께서는 문재인 대통령이 우즈베키스탄을 방문했을 때의 국정수행 사진 사용허가 및 관련 사진 파일 제공을 요청하는 취지의 서신을 보내주셨습니다.

3. 우리 위원회에서 조사하는 고충민원이란 행정기관등의 위법·부당하거나 소극적인 처분 등으로 인하여

국민의 권리를 침해하거나 국민에게 불편 또는 부담을 주는 사항에 관한 것을 의미하기에 귀하의 의견을 고충민원으로 검토하기는 어렵다는 점을 알려드리며, 이 점 양해해 주기 바랍니다. 감사합니다. 끝.

4) 문화재청 관련 사진도 마찬가지였다.

김사무관이 홍주무관을 통해서 원본이라고 보내온 사진은 출판용으로 쓸 수가 없었다.

① 200×118×24, 8.80KB
② 200×134×24, 8.91KB
③ 960×603×24, 114.88KB

인쇄를 위해서는 해상도가 1MB(1,000KM)는 되어야 한다고 했더니, "정부공식취재단에서 촬영한 사진이어서 저희 회사 차원에서 보관하고 있는 사진입니다. 사진 자료는 한 번 더 찾아 보겠습니다."라는 답이 왔다. 물론 그 뒤 연락이 없었다.

더 놀라운 것은 "4페이지 10페이지 수정사항 빨강색으로 표시했습니다. 참고하시기 바랍니다."라는 내용과 함께 문화재청 관련 내용을 수정하라는 일방적인 통지가 왔다. 보내줄 사진 참고하라고 보냈지, 교정을 봐달라고 한 게 아니었는데 참 황당했다.

> 보도자료를 낸 사무관에게 발굴조사를 하기 전에 국내에서 고구려 사신에 대한 깊이 있는 연구와 대화를 통해 학술적인 기초를 가지고 시작하였으면 한다고 했더니 "동북아역사와 긴밀히 협의하고 있다"고 하는 것을 보니 어떤 일이 일어났는지 그 자체를 모르고 있었던 것 같다.

문화재청에 관계되는 내용은 모두 지우라는 수정사항이다. 더 놀라운 것은 연합신문 기사를 인용했는데, 그 신문 기사까지도 수정하라고 했다.

> 끝이어 벽화 앞에서 양 정상 내외가 지켜보는 가운데 '한·우즈베크 문화유산 교류협력 양해각서 교환식'이 진행됐다. 정재숙 문화재청장과 벡조드 윤다셰프 우즈베키스탄 과학 아카데미 장관이 체결한 양해각서에는 양국 간 문화유산 분야에서 상호 교류협력, 정보교류, 지원사업 활성화 등에 대한 내용이 담겼다.[1]

참 어이가 없어 항의했더니 이런 문자 메시지가 왔다.

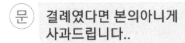 결례였다면 본의아니게 사과드립니다.. 오전 11:39

이 메시지를 곰곰이 뜯어보니 참담함과 슬픈 생각이 울컥 들었다. 주무관이 인쇄물에 쓰라고 보내 준 9KB짜리 사진도 어처구니 없지만 우리나라 문화재 행정을 담당하는 공무원의 우리말 수준이 이 정도라니, 이를 어찌하면 좋겠는가!

이것 또한 하나의 역사이기에 꼬리말에 달아 둔다.

2020년 9월 12일

고구리•고리연구소 연구실에서

보정 서길수

차 례

다섯째 마당

고리 사절은 사마르칸드에 가지 않았다?

Ⅰ. 문제 제기

중앙아시아에서 찾은 고리 사람(高麗人)
― 사마르칸드 아프라시압 벽화

Ⅰ. 가장 먼 나라에서 발견된 고리 사람(高麗人)

고구리 역사유적 답사는 물론 130개국이 넘는 세계의 박물관을 답사했지만 이상하리만큼 중앙아시아 답사는 늦어져 2019년이 되어서야 4차 실크로드 답사 일정으로 중앙아시아 5개국을 답사하게 되었다. 9월 30일부터 10월 21일까지 22일 간 카자흐스탄-타지키스탄-우즈베키스탄-투르크메니스탄-키르기스스탄을 답사하는 과정에서 10월 8·9·10일 사흘 동안 사마르칸드와 그 주변을 답사하였다.

글쓴이가 사마르칸드 답사를 준비한 지는 오래되었다. 2006년 10월 25일 모스크바대학 한국학연구소(소장 미하일 박 교수)에서 주최한 「모스크바대학교 아시아·아프리카대학 창립 50주년 기념 국제학술대회」에 발표자로 참석했을 때 「고구리(高句麗)는 고대 한민족의 국가」라는 주제를 발표한 로자 소타예브나 자릴가시노바 (러시아 아카데미 인류학연구소) 교수가 나에게 그림책을 한 권 선물했는데 그 책이 바로 아프라시압 벽화를 본뜬 그림(摹寫圖)[18]이었다.[17]

---

17) 당시 발표자 : 1. 고구려의 특징. 발표:미하일 박(모스크바 대학교 공훈교수. 한국학센터 소장) 2. 중국의 정치적 고려에서 바라본 고구려사. 발표 : 바닌 유리(Ph.D. 러시아 아카데미 동방 연구소 전 몽골한국과장), 3. 고구려는 고대 한민족의 국가. 발표 : 로자 자릴가시노바(교수. 러시아 아카데미 인류학연구소). 4. 중국의 고구려사 침탈과 동북공정. 발표 : 서길수(Ph.D. 서경대 교수. 사단법인 고구리연구회 이사장)

18) "Rospisi Afrasiaba", Akademiya Nauk Uzbekiskoy CCP, Institut Arxeologii, tabl 52.

그림1 박종효(모스크바대), 최서면(국제한국연구원), 미하일박, 자릴가시노바

그림 2 아프라시압 벽화의 고리(高麗) 사신(사진 : Rospici Afrasiaba)

　　로자 소타예브나 자릴가시노바(Džarylgasinova R. Sh.)는 1979년『금석학으로
보는 한민족의 발생과 민족사-광개토태왕비』[19]라는 책을 냈는데, 광개토태왕비
에 대한 전반적인 연구서임과 동시에 한민족의 발생을 민족사와 결부시켜 연구
를 심화시킨 결정판이라고 할 수 있다. 자릴가시노바 교수가 '고구리(高句麗) 사
신이 그려진 그림'이라며 본인이 간직한 것을 특별히 선물한 것인데, 아프라시압
벽화의 닭깃털관을 쓴 고구리(高句麗) 특사가 뚜렷하게 나와 있었다.
　　"당신은 고구리연구회 창립자이고, 고구리사 전문가이니 사마르칸드에 외롭게

---

19)　Р. Ш. Джарылгасинова, 『Этногенез и этническая корейцев по даным эпиграфики
　　《Стела квангэтхо-вана》』, Издательство《Наука》, Главная редакция восточноп лите
　　ратуры, Москва, 1979.

남아 있는 두 고구리(高句麗) 사절을 반드시 살려내야 한다."는 임무를 주었다.

이번 사마르칸드 답사는 2006년 마음먹었던 '사마르칸드 답사'가 13년 만에 실현된 것이다.

II. 아프라시압 벽화의 고리 사람(高麗人) 을 찾아서

1. 사마르칸드 가는 특급열차 아프라시압(Afrasiyab)

2019년 9월 30일, 카자흐스탄 알마티와 타지키스탄 두샨베를 거쳐 바로 우즈베키스탄 남쪽 아프가니스탄과 국경을 이루는 아무 강(Amu-darya) 가의 테르메즈로 갔다. 이곳에서 카라테파나 파예즈테파 같은 중요한 유적을 답사하고 기차로 우즈베키스탄 수도 타시켄트에 도착, 국립박물관으로 이동하여 우즈베키스탄에서 발굴된 진짜 유물들을 찬찬히 뜯어볼 수 있었다.

10월 8일(화), 타시켄트를 떠나 실크로드의 주요 노루목인 사마르칸드로 가는 날이다. 역에는 8시에 떠나는 특급열차를 타려는 외국 관광객들로 가득하다. 특급열차 이름이 바로 우리가 찾아가려는 '아프라시압(Afrasiyab)'이라서 더욱 의미가 있었다. 10년 전쯤 개통한 이 특급열차는 수도 타시켄트와 문화의 서울 사마르칸드를 잇는 상징적인 열차다.

우즈베키스탄 기차는 운임이 싸서 우리나라 일반 칸 반값으로 1등 칸을 타는 호사를 누렸다. 우리나라 1등 칸을 여기서는 비즈니스석이라고 한다. 우리가 탄

비즈니스 칸은 반으로 나뉘어 반 칸짜리 VIP 칸이 있는데 승무원들이 부지런히 아침밥을 나른다. 아마 외국의 큰손님이 온 모양이다. 우리 칸도 대부분 취재진이다. 간단하지만 비행기처럼 먹을 것도 주어 아주 쾌적한 여행을 할 수 있었다.

안내판에 나온 루트를 보면 사마르칸드까지 2시간 동안 달리는 특급열차는 중간에 역이 3개 있다. 그러나 우리 기차는 한 번도 쉬지 않고 사마르칸드까지 바로 갔다. 바깥 온도는 17도로 전형적인 가을 날씨다.

예정보다 3분쯤 늦은 8시 33분에 시르다리아(Sirdaryo)역을 지난다. 중앙아시아를 여행하면서 1990년대 시베리아횡단열차 여행을 위해 배웠던 러시아어가 많은 도움이 되었다. 많이 잊어버렸지만 그래도 읽는 데는 크게 불편이 없기 때문이다. 기차 안내판에 출발하는 타시켄트를 Toshkent라고 썼다.[20] 지금까지 우리는 타시켄트에서 시르다리아의 지류인 치르칙(Chirchiq) 강을 따라왔는데, 여기서 시르다리아 강(Syr Darya River)과 합쳐진다. 시르다리아의 다리아(Darya)는 페르시아 말로 바다나 강을 뜻하므로 정확히 옮기면 '시르(Syr) 강'이 맞다. 그러니까 시르다리아 강(Syr Darya River)은 우리의 '역전(驛前) 앞'과 같은 뜻이다.

시르 강은 키르기스스탄, 우즈베키스탄, 타지키스탄, 카자흐스탄을 거쳐 흐르는 길이가 2,212km나 되는 중앙아시아에서 가장 중요한 강 가운데 하나다. 키르기스스탄의 톈산산맥(Tian Shan Mountains)에서 나른 강(Naryn R.)과 카라 강(Kara Darya)이 합류하여 시르 강을 이룬다. 이후 서쪽과 서북쪽으로 흐르면서 우즈베키스탄과 카자흐스탄을 지나 아랄 해(Aral Sea)로 흘러 들어간다. 시르 강은 우즈베키스탄의 도시 코칸트(Kokand), 타지키스탄의 후잔트(Khujand), 카자흐스탄의 크즐오르다(Kyzylorda), 투르키스탄(Turkestan) 등을 흘러 지나며 중앙아시아의 면화 재배 지역에 물을 공급하는 역할을 맡았다. 18세기에 운하가 건설되고 소련연방 시절 면화 재배량을 늘리기 위해 운하 시스템과 댐을 무분별하게 늘리면서 자연환경과 생태계가 크게 파괴되었으며 오늘날에는 강물의 양이 줄어 아랄 해 역시 물이 말라서 두 줄기로 나뉘게 되었다(두산백과).

---

20) 우즈베크어에서는 /a/가 원순모음화하여 /ɒ/ 즉 å가 되는 경우가 많다. 그러므로 러시아어에서 차용한 것을 뺀 낱말에서 글자 o는 å, o'는 o/ö를 나타낸다.

2. 현장법사의 사마르칸드 가는 길

우리는 629년에 장안을 떠나 630년 무렵 타시켄트에 도착하여 사마르칸드로 간 현장법사의 길을 따라 달리고 있다. 글쓴이는 현장법사의 발자취를 찾아다닌 지가 몇 년째다. 이번 답사를 마치면 전쟁 때문에 갈 수 없는 아프가니스탄을 빼 놓고는 모든 일정을 마쳐서 이번 답사는 각별하다.

629년 현장법사는 장안을 출발, 이기니국(阿耆尼國, 지금의 焉耆)⇨굴지국(屈支國, 지금의 庫車)⇨대청지(大淸池, Issy-kul호수)⇨소엽성(小葉城, 지금의 Tokmok)을 거쳐 자시국(赭時國, Tashkent)에 도착하였다. 현재 중화인민공화국에 있는 이기니국과 굴지국은 2018년에 다녀왔고, 이번에 대청지 이후 일정을 계획한 것이다.

현장법사는 16년의 순례를 마치고 645년 장안으로 돌아와 세계에서 가장 먼저 그리고 방대한 여행기 『대당서역기(大唐西域記)』를 남김으로써 한문 문화권은 물론 서녘이나 인도에서도 역사를 연구하는 데 필요한 1차 자료가 되고 있다. 서녘 여러 나라와 인도에는 당시 역사를 기록한 책이 없기 때문이다.

현장법사가 타시켄트를 떠나 사마르칸드로 갈 때는 발한국(拔汗國, Ferghana)⇨패한국(怖捍國)을 지난다. 페르가나국에 대해서는 이렇게 기록하였다.

> 페르가나국은 주위가 4,000리쯤 되며 사방으로 산이 에워싸고 있다. 토지는 비옥하고 농사가 번창하고 꽃과 과일이 많으며 양과 말을 기르기에 좋다. 기후는 바람이 차고, 사람들의 성질은 용맹하다. 언어는 주변 여러 나라와 다르며 얼굴은 못생겼다. 수십 년 이래 대군주가 없었으며, 힘이 있는 부호들이 다투고 있어 서로 굴복하려고 하지 않는다. 강과 벼랑에 의지하여 살아가며 토지를 나누어서 도읍지를 각각 달리하고 있다. 여기서 서쪽으로 1,000리쯤 가면 솔도리슬나국에 이른다.[21]

그런데 지도를 보면 동쪽 키르기스스탄 오쉬로 가는 국경지대에 페르가나

---

21) 玄奘,『大唐西域記』, (大正藏 第51冊 No. 2087). 怖捍國, 周四千餘里, 山周四境. 土地膏腴, 稼穡滋盛, 多花果, 宜羊馬. 氣序風寒, 人性剛勇, 語異諸國, 形貌醜弊. 自數十年, 無大君長, 酋[1]豪力競. 不相賓伏, 依川據險, 畫野分都.『一切音義經』[怡-台+(姊-女)]桿國(番發反 下音旱 亦名跋賀那國.

(Ferghana)라는 현재의 도시가 있다. 당시는 길이 동쪽으로 갔다가 다시 서쪽으로 왔을 가능성이 있다. 그리고 이어서 샤흐리스트나(Shahri-stna = 窣堵利瑟那國)를 지난다. 바로 우리가 지나고 있는 시르 강 언저리다.

> 샤흐리스트나국(Shahri-stna = 窣堵利瑟那國)의 둘레는 1,400~1,500리에 이르며, 동쪽으로 시르 강(葉河/Syr Darya)에 닿아 있는데, 이 강은 파미르(葱嶺) 북쪽 고원(北原)에서 출발하여 서북쪽으로 흐른다. 강물은 아주 넓고 혼탁하며 물살이 세차고 물흐름이 매우 빠르다. 땅과 풍속은 자시국(현재의 타시켄트)과 같다. <u>스스로 왕을 세웠지만 돌궐²²⁾족에 복속되었다.</u>

  그 당시 이 지역이 모두 돌궐에 속해 있었다는 사실은 아주 중요하다. 고리(高麗)가 돌궐과 가까웠고, 고리(高麗) 사신은 바로 이 돌궐 루트를 따라 사마르칸드에 왔을 것이기 때문이다. 옛날 고리(高麗) 사신들이 돌궐의 초원길을 따라 몇 날 며칠 말을 달렸을 길을 우리는 특급열차를 타고 2시간 만에 달린다. 현장법사는 이어서 넓은 모래사막(大沙磧)을 지났다고 했다.

> 여기서 서북쪽으로 가다 보면 커다란 모래사막이 나온다. 이곳은 물이 완전히 말라 있어서 풀이 전혀 자라지 않는데 길이 끝없이 펼쳐져 있어 국경을 가늠하기 어려우며, 아득하게 큰 산을 바라보며 유골을 찾아내어 이로써 방향을 알게 되고, 나가는 길을 찾아낼 수 있다. 500리쯤 가면 사마르칸드(삼말건국, 颯秣建國)에 이른다.²³⁾

  실제로 아무 강을 지나 얼마를 달리면 사막이 나온다. 지금은 끈질긴 노력으로 사막 지역에 물을 대서 농사를 짓는 곳이 많다.

---

22) 玄奘,『大唐西域記』, (大正藏 第51冊 No. 2087). 從此西行千餘里, 至窣堵利瑟那國. 窣堵利瑟那國, 周千四五百[2]里. 東臨葉河. 葉河出葱嶺北原, 西北而流, 浩汗渾濁, 汩淴漂急. 土宜風俗, 同赭時國. 自有王, 附突厥.

23) 玄奘,『大唐西域記』, (大正藏 第51冊 No. 2087). 從此西北入大沙磧, 絕無水草. 途路彌漫, 疆境難測, 望大山, 尋遺骨, 以知所指, 以記經途. 行五百餘里, 至颯秣建國. (唐言康國.『一切音義經』窣堵利瑟那國(上孫訥反次音覩)

그림 3 사막지역　　　　　　　　　　　　　　그림 4 사막의 포도밭

3. 중앙아시아 최대의 문화도시 사마르칸드 도착

10시 10분쯤 도착한 사마르칸드역은 눈부신 햇살이 비치는 가을 아침이다.

◉ 사마르칸드(Samarkand)

인구 : 59만 6,300명(2008년), 광역인구 : 64만 3,970명, 해발 : 720m

사마르칸드는 중앙아시아에서 두 번째로 큰 우즈베키스탄의 옛 도시이며, 사마르칸드 주의 주도이다. 소그드어로 '돌 요새' 또는 '바위 도시'라는 뜻이며, 몽골어로는 '밤 바위' 또는 '딱딱한 바위'를 뜻한다. 이곳이 유명한 이유는 서역과 동아시아를 잇는 실크로드 중간에 자리 잡은 지정학적 위치 때문이고, 배화교·불교·이슬람 연구의 중심이 되는 곳이기 때문이다. 14세기 티무르제국의 수도였으며, 구르아미르의 유적지이다. 비비하눔 사원 유적지는 이 도시의 가장 유명한 랜드마크 가운데 하나이고, 레기스탄은 고도의 중심지였다. 그러나 사실은 이슬람 이전의 사마르칸드 역사유적 아프라시압은 더 중요한 역사의 현장이다. 자랍샨 강 하류에 있고, 기계·화학·면화·비단·피혁 같은 공업이 발달해 있다. 우즈베크인, 타지크족, 러시아인, 유대인이 거주하고 있다. 2001년, 유네스코는 세계유산 목록에 사마르칸드를 〈사마르칸드 – 문화의 교차로〉(Samarkand -Crossroads of Cultures)로 추가하였다.

그림 5 사마르칸드 역

1400년 전 현장법사는 사마르칸드를 이렇게 기록하였다.

◉ 사마르칸드(Samarkand) = 삽말건국(颯秣建國)

삽말건국(颯秣建國)은 둘레가 1,600~1,700리고 동서로 길고 남북으로는 좁다. 그 나라 큰 도성의 둘레는 20리쯤 되는데 아주 험하고 단단하며, 사람들이 많이 살고 있다. 다른 나라의 보물과 재화들이 이 나라에 많이 모인다. 땅이 기름지고 흙이 부드러워 농사 짓기에 알맞다. 나무숲이 울창하고 꽃과 열매가 잘 자라 넉넉하며 좋은 말이 많이 난다. 베 짜는 기술이 여러 나라 가운데 특히 뛰어나다. 기후는 온화하고 맑으며, 풍속은 사납고 세차다. 여러 호국(胡國) 가운데 이 나라를 중심으로 멀고 가까운 이웃 나라들이 모두 이 나라의 의례를 본보기로 삼는다. 그 나라 왕은 대담하고 용감하여 이웃 나라들이 그의 명령에 따른다. 군대와 말이 강성하고 자갈(赭羯) 사람들이다. 자갈 사람들은 성품이 용맹하고 장렬하여 죽음을 돌아간다고 보아 싸울 때 당해낼 자가 없다.[24]

역에는 30년지기 오랜 친구 아나톨리(Anatoli)가 마중나와 있었다.

---

24) 玄奘, 『大唐西域記』, (大正藏 第51冊 No. 2087). 颯秣建國. 周千六七百里. 東西長. 南北狭. 國大都城周二十餘里. 極險固. 多居人. 異方寶貨. 多聚此國. 土地沃壤. 稼穡備植. 林樹蓊鬱. 花果滋茂. 多出善馬. 機巧之伎. 特工諸國. 氣序和暢. 風俗猛烈. 凡諸胡國. 此為其中. 進止威儀. 近遠取則. 其王豪勇. 鄰國承命. 兵馬強盛. 多是赭羯. 赭羯之人. 其性勇烈. 視死如歸. 戰無前敵(『一切音義經』. 颯秣建國. 桑市反 秣音末).

Ⅲ. 사마르칸드의 옛 도시 아프라시압

1. B.C. 6세기부터 존재한 고대 도시 아프라시압

호텔 체크인을 하고 바로 아프라시압으로 달려갔다.

아프라시압은 사마르칸드 북부에 있는 옛 도성 터다. 1220년 몽골족에게 파괴 당할 때까지는 옛 사마르칸드가 있었던 곳이다. 면적 219ha의 아프라시압은 페르시아 신화에 나오는 유목민 왕의 이름이다. 그만큼 페르시아의 영향을 많이 받은 곳이다. 1874년부터 단계적으로 발굴되었으나 본격적인 발굴은 1958년부터 바실리 시시킨 조사대에 의하여 이루어졌다. B.C. 6세기에 이미 있었고 B.C. 4세기 말 알렉산더 대왕이 중앙아시아를 침입하였을 때는 그리스어로 '마라칸다(Marakanda)'라고 불렀다. 알렉산더 침입 후 그리스 문화가 들어와 카리테스 상이 붙어 있는 점토모형 이륜차, 아테나 파르테노스 상과 같은 투구를 쓴 키 큰 여자 두상(頭像), 히드라(물뱀)를 퇴치하는 헤라클레스 상이 있는 촛대, 메두사의 두상을 조각한 용기 등이 출토되고 있으며 그 밖에 많은 아나히타 여신의 토우, 골호(骨壺), 10~13세기의 도기와 유리그릇 등이 있다. 중요한 건물을 장식한 스투코 조각의 패널도 중요하다. 근래에는 중세의 주거지역, 공방지역, 궁전 등이 밝혀지고 1965년에는 궁전의 광당(廣堂)을 장식한 6~7세기 벽화가 발견되었는데, 이것의 상반부는 없어졌으나 밑에는 외국사절이 도착한 그림이 있다. 1970년, 출토품을 수집한 사마르칸드 박물관을 현지에 개설하였다(미술대사전).

2. 아프라시압 박물관(Afrasiyab Museum)

30년 동안 알고 지내던 사마르칸드 평화박물관 관장 아나톨리 이오네소프 (Anatoli Ionesov)가 3일 동안의 일정을 빈틈없이 준비해 주었다. 10월 8일 오후 아프라시압 박물관에 다다르자 관장 무스타포쿨로프(S. Mustafokulov) 박사가

그림 6 아프라시압 박물관 동전(5~8세기)(2019.10.08.) **그림 7** 아프라시압 박물관 인물상(7~8세기)(2019.10.08.)

문 앞에서 기다리고 있었다. 관장실에 들어가서 내가 쓰고 있는 닭깃털관(鷄羽冠) 인물상에 관한 자료를 지역별로 일본, 시안, 둔황 순서대로 모두 보여주고 마지막으로 아프라시압을 왔다는 설명을 하였다.

나는 먼저 내가 연구하고 있는 고리(高麗) 사신에 대해 간단히 설명했다. 무스타포쿨로프 박물관장은 5개월 전 한국의 대통령이 방문했고, 한국의 동북아역사재단과 학술회의도 가졌다며 여러 자료를 보여 주었다.

30분쯤 대화를 나눈 뒤 무스타포쿨로프 관장은 관장실 바로 옆에 있는 벽화 전시실을 안내하였다. 아프라시압 박물관은 사마르칸드에 오는 거의 모든 관광객이 들르는 곳이기 때문에 뜻밖에 관람객들이 많았고, 박물관도 1층의 벽화 보존실을 비롯하여 2층까지 아주 규모가 크고 전시를 잘한 박물관이었다.

아프라시압 궁전터에서 가장 중요한 벽화는 한 변의 길이가 11m쯤 되는 바른 네모꼴 1호실 벽에 그려져 있었다. 그리고 발굴된 벽화는 현재 보존처리를 거쳐 모두 아프라시압 박물관으로 옮겨 전시하고 있었다. 전시실, 시청각실을 비롯해서 많은 현대적 시설을 한국에서 제공하였다고 한다.

그림 8 박물관 입구의 실크로드 대상

그림 9 아프라시압 박물관 관장

그림 10 Anatoli와 박물관장

그림 11 글쓴이가 관장에게 설명하고 있는 연구과정

그림 12 아프라시압 박물관 벽화 실물 전시관(2019.10.08.)

3. 아프라시압 벽화 발굴터 답사

벽화 전시관을 본 뒤 박물관장의 안내로 벽화가 발견된 발굴터를 가보았다. 박물관 뒤에 큰 대문을 열고 들어가면 옛날 아프라시압 성터는 개발하지 않고 그대로 잘 보존되어 있고, 발굴터로 가는 길이 나온다. 10분쯤 걸어가자 아프라시압 벽화가 발굴된 지점이라는 표지판이 세워져 있었다. 1220년 칭기스칸이 처참하게 파괴한 뒤 사라졌던 아프라시압 도성을 거닐며 인류가 잘못 부르고 있는 영

그림 13 박물관장의 안내로 찾은 벽화

그림 14 고리(高麗) 사절(맨 오른쪽 2명) 그림의 현황

웅 칭기스칸의 역사적 의미에 대해 다시 되씹어본다.

1965년 봄, 당시 소련연방이었던 우즈베크 공화국의 사마르칸드(Samarkand) 시 교외에 있는 옛 도성 터 아프라시압(Afrāsiāb)에서 옛날 궁전유적이 발굴되었다. 성 중심 세 번째 성벽 안 23 발굴지점에서 불도저로 도로를 내는데 둔덕 일부가 잘리면서 그 흙더미에서 벽화 조각들이 드러났다. 도로 공사가 중단되고 바로 고고학 발굴조사를 한 결과 찬란한 빛깔로 그린 벽화가 있는 궁전터가 발굴되었다. 이 작업은 1965~1968년 3년에 걸쳐 단계적으로 진행되었는데 발굴단장이었던 V. A. 시시킨(Shishkin)이 발굴을 마치지 못하고 1967년 세상을 떠나면서 L. I. 알바움(AI'baum)이 뒤를 이었다.

〈그림15〉의 아프라시압 평면도를 보면 궁궐은 도시 복판에 있었다는 것을 알 수 있다. 그리고 궁궐 평면도(〈그림16〉)를 보면 1호실은 동쪽 문으로 들어갈 수 있는데 4면에 모두 벽화가 그려져 있었다. 박물관에서 전시하고 있는 사진에서 정면으로 보이는 것이 서벽이고, 오른쪽에 북벽, 왼쪽에 남벽의 벽화가 배치되어 있다. 고구리(高句麗) 벽화는 남문으로 들어가 북벽에 주인공이 그려지는데 방향이 사뭇 다르다. 발굴보고서에서는 1호실 벽화에 대해 이렇게 설명하고 있다.

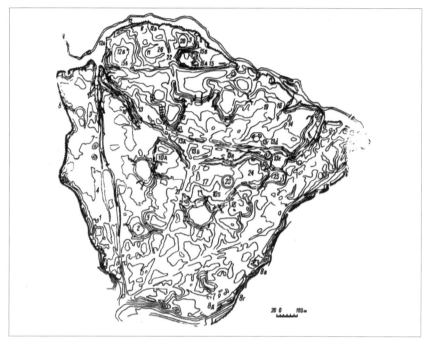

그림 15 아프라시압 평면도(○지점이 23호 발굴터)

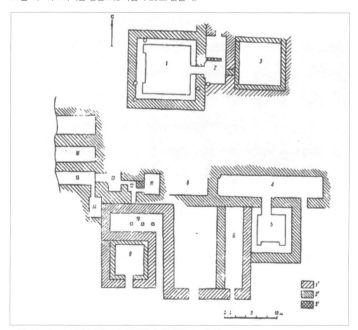

그림 16 아프라시압 23발굴지점 궁궐터, 위 왼쪽이 1호실

그림 17 보존된 옛 아프라시압 도성 터(구글어스 켑처)

그림 18 벽화궁전 발굴터(뒤 높은 둔덕)

◉ 1호실 벽화

허물어진 점토벽돌로 쌓은 넓은 공간에 바닥에서 1.5m 높이에 깨진 벽화 조각들이 보
였으나 퇴적한 윗부분에는 벽화 흔적은 없었다. 새 건물을 지을 때 벽 윗부분이 무너지
면서 아랫부분은 그 조각으로 꽉 차고, 윗부분의 부족한 흙은 다른 곳에서 가져다 메웠
다. 이처럼 땅을 고른 뒤 그 위에 8세기 후반이나 9세기에 건물을 세웠는데, 10~12세기

에 오지그릇 가마를 만들 때 무너졌다.

넓은 공간의 흙을 파내자 벽 네 면에서 보존 정도가 다른 벽화가 발견되었다. 남벽과 서벽 벽화 일부는 1965년, 동벽 남측은 1966년, 나머지는 1967~1968년에 발굴하였다.

네 벽의 벽화는 언뜻 볼 때는 따로따로인 것처럼 보인다. 그러나 자세히 연구하고 화면에 쓰인 문자를 해독한 결과 모두 하나의 주제로 이루어졌다는 것을 알 수 있었다. 곧 사절들이 사마르칸드에 오고 사마르칸드 왕이 대접하는 것이었다.[25]

4. 우즈베키스탄 과학아카데미 고고학연구소 방문

2019년 10월 10일 우즈베키스탄(RUz)의 과학아카데미 고고학연구소(the Institute of Archaeology of the Academy of Sciences)를 방문하였다. 이곳도 아나톨리가 주선해 보존처리장까지 자세하게 보면서 현지 학자들과 대화를 나눌 수 있는 기회를 가졌다.

연구소 작업실을 방문했을 때 아프라시압 벽화 보존처리를 했던 레우토바

그림 19 고고학연구소 보존처리장(왼쪽 Anatoli, 오른쪽 둘째 Marina A. Reutova)

---

25) L. I. 알바움(Al'baum), 아프라시압 벽화(Живопись Афрасиаба), Tashkent FAN, 1975, 19. 加藤九祚 譯, 『古代サマルカンドの壁畫』, 文化出版局, 1980, 66쪽.

(Marina A. Reutova) 박사가 마침 카피르-칼라에서 발굴된 목각 벽화를 보존처리하고 있다가 자세하게 설명해 주었다. 2020년 파리 루브르박물관 특별전을 위해 준비 중이라고 했다. 아프라시압 벽화 서벽 벽화 복원도를 보면서 위쪽의 절반 이상을 상상하여 그린 것이 좀 지나치다는 생각이 들었다. 그런데 카피르-칼라 유적에서 나온 4단짜리 그림 맨 위에 나나 여신이 크게 그려져 있는 것을 보고 그 지역의 전통 화법을 참고했다는 인상을 강하게 받았다. 이 부분은 나중에 아프라시압 벽화에 대한 논문을 쓸 때 큰 도움이 되었다.

사마르칸드 아프라시압 벽화의 세계

I. 7세기 사마르칸드 아프라시압 벽화의 세계

이 마당에서는 아프라시압 벽화를 이해하기 위해서 4면 전체를 둘러보자.

이 벽화가 크게 주목을 받게 된 계기는 발굴단장이었던 알바움이 1975년 『아프라시압 벽화』[26]라는 보고서를 내면서부터다. 158쪽에 달하는 이 보고서에는 선으로 본뜬 그림(摹寫線畫)을 통해서 벽화의 내용을 자세히 설명하고 있고, 맨 마지막에는 컬러로 본뜬 그림(모사도)이 모두 44쪽이나 실려 있어 이 벽화를 이해하는 기본서가 되었다. 더구나 50년이 지나면서 원형이 많이 손상된 현재 그 보고서의 내용은 더욱 중요성을 갖게 된다. 가장 먼저 이 보고서를 보는 까닭이다.

아프라시압 발굴현장에 세워진 박물관은 나름대로 지금까지의 연구성과를 종합해서 전시와 설명을 하고 있다. 그러므로 전시 설명을 통해 벽화의 내용을 개관하는 것이 두 번째 검토다.

세 번째는 박물관 전시설명과 같은 순서로 벽화 내용을 자세히 관찰하면서 가능한 부분에서는 글쓴이의 의견도 내보려고 한다.

---

26)　L. I. 알바움(Л.И. Альбаум), 『아프라시압 벽화(Живопись Афрасиаба)』, 타시켄트(Tashkent) 판(Фан), 1975.

II. 아프라시압 남벽 벽화

들어가면서 왼쪽 벽에 있는 벽화인데 4면 가운데 가장 잘 남아 있는 벽화다.

그림 20 아프라시압 남벽 벽화(동북아역사재단 디지털복원 모사도).

그림 21 아프라시압 남벽 벽화 (아프라시압 박물관)

1. 알바움의 『아프라시압 벽화』 남벽 설명

다른 벽화와 마찬가지로 완전하게 남아있지 않다. 낙타, 코끼리를 탄 화려한 옷을 입은 사람들이 행렬 맨 앞에 간다. 사람들은 전체 벽화의 왼쪽 벽 동쪽에 그려진 조금 높은 곳으로 이동하는 것처럼 그려져 있다.

남벽 벽화의 일부인 깃이 1개인 새에 소그드 문자가 쓰여 있다. 그 글에 따라

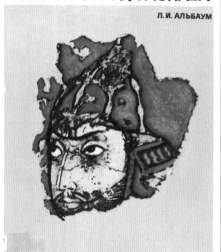

| 그림 22 알바움의 「아프라시압 벽화」 표지 | 그림 23 알바움의 「아프라시압 벽화」 속표지 |

벽화 장면은 수르한다리아(Surkhandarya) 주 유역의 차가니안(Chaganian)에서[27] 소그드 왕 바르후만의 궁정으로 가는 사절임을 알 수 있다. 차가니안은 7세기에서 8세기 초에 걸쳐 토하리스탄(Tokharistan) 왕에 종속된 반독립국가였다. 그에 대해 자세한 것은 서벽에 쓰여 있는 16줄의 소그드 문자에서 알 수가 있다.[28]

2. 아프라시압 박물관 전시 설명

아프라시압 박물관 전시장에는 4면에 모두 기둥이 2개씩 서 있고 안내판이 높이 서 있어 벽화 전면을 찍을 수가 없었다. 다행히 한국의 동북아역사재단에서

---

27) 우즈베키스탄에서 가장 남쪽에 자리하고 있으며, 카슈카다리아 주, 투르크메니스탄, 타지키스탄, 아프가니스탄과 이웃하고 있다. 수르한다리아 주는 14개 구로 구성되어 있으며, 주도는 테르메즈 (인구 9만 5,000명)다.

28) L. I. 알바움(Al'baum), 아프라시압 벽화(Живопись Афрасиаба), Tashkent FAN, 1975, 19쪽. 加藤九祚 譯, 『古代サマルカンドの壁畫』, 文化出版局, 1980, 66쪽.

2013~2018년까지 벽화에 대한 2D디지털 복원모사도를 만들고 3D디지털 다국어 영상을 제작하여 전모를 한눈에 볼 수 있게 되었다.[29] 벽화는 본디 모습을 보기 위해 동북아역사재단의 복원모사도를 보고, 이어서 현지의 복원도를 실었다.

박물관에는 관람객들이 쉽게 벽화를 이해할 수 있도록 각 그림을 설명해 놓았다. 설명은 모두 프랑스어·영어·우즈베크어로 설명되어 있는데 여기서는 영어를 옮겨서 번역해 보기로 한다.

벽화 해설과 그림은 프랑스 건축학자 오리(F. Ory), 바르벳(A. Barbet), 아프라시압을 발굴한 알바움(L. Al Baum), 사마르칸드 고고학연구소 레우토파(M. Reutova) 같은 4명의 학자들이 공동 제작한 것이라는 설명이 곁들어져 있다.

1989년부터 프랑스 고고학 발굴단(Mission archeologique francaise)이 프란츠 그르네(Frantz Grenet) 교수의 지휘 아래 우즈베키스탄 과학아카데미 고고학연구소와 공동으로 대규모 발굴을 했다. 1997년 '사마르칸드 시립박물관에 전시된 아프라시압 벽화 연구회(L'Association pour la Sauvegarde de la Peinture d'Afrasiab)'가 그르네(F. Grenet)와 바르벳(A. Barbet, CNRS, Paris)의 주도로 설립되었다.

협회는 벽화의 손상을 막기 위해 전시장의 온도와 습도를 알맞게 맞추는 작업부터 시작하였다. 프랑스 건축가 오리(F. Ory)는 복원한 벽화에 대한 새로운 기록을 했고, 그르네(F. Grenet)는 이 기록을 전시장의 전체 구성을 재현하는 데 사용하였다.[30]

❶ 바르후만 어버이의 무덤(Mausoleum of Varkhuman's parents)

❷ 왕비(The queen)

❸ 바르후만의 제2 부인들(Varkhumans second-rank wives)

---

29) 고광의, 「아프라시압 궁전벽화 디지털 복원 모사」, 『2019년 한국·우즈베키스탄 국제학술대회-아프라시압 궁전벽화와 한국·우즈베키스탄의 교류』, 2019. 4. 17, 15~27쪽.

30) Afrasiab Wall-paintings Revisited : New Discoveries Twenty-five Years Old, Proceedings of the conference held in Venice on the pre-islamic paintings at Afrasiab, Pisa·Roma, Accademia Editoriale, 2006, p. 185.

Le mausolée des parents de Varkhuman
Mausoleum of Varkhuman's parents
Varxuman ajdodlari maqbarasi

La reine
The queen
Malika

Les épouses secondaires de Varkhuman
Varkhuman's second-rank wives
Varxuman kanizaklari

...res de Varkhuman
...ank wives

❹ Deux dignitaires portant des massues pour le sacrifice
Two dignitaries carrying clubs for the sacrifice
Qurbonlik keltirish uchun gurzi ushlagan ikki kohin

❺ Dignitaires avec masque rituel, oies, cheval
Dignitaries with ritual mask, geese, horse
Marosim niqoblaridagi kohinlar, ot, g'ozlar

❹ 제물로 바칠 곤봉을 가지고 가는 두 고위 관료(Two dignitaries carrying clubs for the sacrifice).

❺ 의식용 마스크, 거위, 말과 함께 가는 고위 관료들(Dignitaries with ritual mask, geese, horse).

❻ 바르후만 사마르칸드 왕(Varkhuman king of Samarkand).

전시해설에서는 바르후만 왕이 어버이의 무덤에 제사 올리기 위해 가는 행렬을 그린 장면이라고 했다. 왼쪽에 무덤을 그리고, 그 무덤을 향해서 왕이 군대를 거느리고 가는데 왕 앞에 왕비와 제2부인들, 제물을 나르는 관료들이 가고 있다.

3. 남벽 벽화 검토

알바움은 이 그림을 "차가니안(Chaganian)에서 소그드 왕 바르후만의 궁정으로 가는 사절"이라고 했다. 알바움이 남벽의 그림을 차가니안 사절단이라고 본 것은 서벽에 적혀 있는 글에 사마르칸드 왕 바르후만이 차가니안 사절과 대화하는 내용이 나오기 때문이다(글 내용은 나중에 다시 자세히 본다.). 알바움은 남벽의 벽화 장면을 서벽의 글에 나온 차가니안 사절이라고 보았지만 발굴 당시도 논란이 있었다.

아프라시압 벽화를 처음 연구한 시시킨(V. A. Shishkin)은 남벽의 광경은 주제가 서벽과는 관계 없고, 코끼리 등에는 새색시가, 말에는 새신랑이 타고 있다고 생각했다. 맆시츠(V. A. Livshits)는 벽과 남벽 벽화는 주제가 연결되어 있다고 보았다. 그러나 이미 보았듯이 처음에는 벽화가 실제 역사적 사건을 나타나는 것인지에 의문이 있었다.

가푸로프(B. G. Gafurov)는 이 글은 실제 있었던 사실을 말하는 것이 틀림없다고 생각하였다. 그러나 추론은 벽화의 전체 모습이 다 밝혀지기 전의 일이다. 글은 해독되고, 벽화가 모두 발굴된 지금은 벽화의 주제가 일정한 역사적 사건을 나타내는 것이라고 생각한다.

남벽의 주제는 서벽의 주제와 밀접한 관계가 있다. 서벽에는 사절이 선물을 들고 있는 광경, 남벽에는 차가니안 사절단이 사마르칸드로 이동하는 모습을 그린 것이다.[31]

그러나 지금까지의 연구성과를 모아 설명하는 박물관에서는 "바르후만 왕이 어버이 무덤에 제사 올리러 가는 행렬"이라고 했다. 이러한 해석은 고구려 벽화에서도 문을 들어가 바로 만나는 건너편 벽에 주인공이 그려져 있고, 왕이 바라보는 좌우에는 평생의 생활을 그렸다는 것을 참고하면 바르후만의 행렬이라고 보는 게 더 합리적이라고 볼 수 있다.

마르쿠스 모데도 "남벽은 바르후만 왕이 대규모 장례행렬에 참여하고 지시하는 모습을 보여준다. 왕의 가까운 친척을 위해 마련한 의식이 틀림없으며, 그 친족을 바르후만의 전임자로 상정해 볼 수 있다. 당나라의 기록과 소그드 주화를 통해서 그 전임자는 시스피르(Shishpi) 군주임을 알 수 있다."[32]고 해서 알바움의 설을 부정하였다.

---

31) L. l. 알바움(Al'baum), 아프라시압 벽화(Живопись Афрасиаба), Tashkent FAN, 1975, 56쪽. 加藤九祚 譯, 『古代サマルカンドの壁畫』, 文化出版局, 1980, 96쪽.

32) Markus Mode, 『Court art of Sogdian Samarqand in the 7th century AD-Some remarks to an old problem-』, a web publication, 2002.
http://www.orientarch.uni-halle.de/ca/afras/index.htm

이 문제는 이미 현지 학자들과 유럽학자들이 열심히 논의하고 있으므로 글쓴이는 더 논의하지 않고, 앞으로 연구하는 분들을 위해 박물관의 그림 설명 순서에 따라 세부 그림을 덧붙인다.

❶ 바르후만 어버이의 무덤(Mausoleum of Varkhuman's parents).

그림 24 남벽 ❶ (알바움 부록 도판 19)

그림 25 남벽 ❶ (알바움 그림 8, 41쪽)

❷ 왕비(The queen).

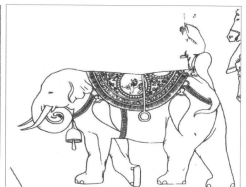

그림 26 남벽 ❷ (알바움 부록 도판 20)　　　　그림 27 남벽 ❷ (알바움 그림 9, 41쪽)

❸ 바르후만의 제2 부인들(Varkhumans second-rank wives).

그림 28 남벽 ❸ (알바움 부록 도판 22)　　　　그림 29 남벽 ❸ (알바움 그림 10, 44쪽)

❹ 제물로 바칠 곤봉을 가지고 가는 두 고위 관료

(Two dignitaries carrying clubs for the sacrifice)

그림 30 남벽 ❹(알바움 도판 23)

그림 31 남벽 ❹(알바움 그림 11, 45쪽)

❺ 의식용 마스크, 거위, 말과 함께 가는 고위 관료들

(Dignitaries with ritual mask, geese, horse).

그림 32 남벽 ❺(알바움 도판 27)

그림 33 남벽 ❺(알바움 그림 12, 46쪽)

❻ 바르후만 사마르칸드 왕(Varkhuman king of Samarkand)

그림 34 남벽 ❻ 인물 아랫부분(알바움 도판 23)

그림 35 남벽 ❻ 인물 윗몸(알바움 도판 24)

그림 36 남벽 ❻ 바르후만(알바움 그림 13, 49쪽)

❼ 왕을 따르는 신하들(박물관에는 설명이 없어 글쓴이가 보충)

그림 37 남벽 ❼ 말 머리(알바움 도판 31)

그림 38 남벽 ❼ 신하(알바움 그림 14, 50쪽)

Ⅲ. 아프라시압 북벽 벽화

입구에 들어가면서 오른쪽 벽에 있는 벽화다. 앞에서 본 남벽의 건너편이다.

그림 39 아프라시압 북벽 벽화(동북아역사재단 디지털복원 모사도)

그림40 아프라시압 북벽 벽화(아프라시압 박물관)

1. 알바움의 『아프라시압 벽화』 북벽 설명

알바움은 이 그림의 전체적인 구성이 동투르키스탄에서 사마르칸드로 오는
사절단이라고 했다.[33]

① 북벽은 내용이 둘로 나뉜다. 동쪽에는 기사가 강가에서 그들에게 달려드는 맹수와

---

33) L. I. 알바움(Al'baum), 아프라시압 벽화(Живопись Афрасиаба), Tashkent FAN, 1975, 19쪽. 加藤
    九祚 譯, 『古代サマルカンドの壁畫』, 文化出版局, 1980, 66쪽.

싸우는 광경이고, 서쪽에는 작은 배가 2척 그려져 있다. 한 척에는 여성, 한 척에는 남성이 앉아 있다. 이 두 부분은 하나의 구도라고 생각한다. 옷을 보면 사마르칸드 왕에게 경의를 표하기 위해 사마르칸드로 가는 동투르키스탄의 어느 한 지역에서 온 사절들이 그려져 있다고 본다.

다음에 보겠지만 서벽 벽화를 설명할 때는 당(唐)과 동투르키스탄이라고 하면서 옷은 당식이라고 했는데, 여기서는 동투르키스탄의 어느 한 지역에서 온 사절이라고 해서 동투르키스탄으로 못을 박는다.

② 북벽과 서벽의 벽화를 고찰해 보면 먼저 사람들의 옷과 그 유형이 눈길을 끈다.

이들 인물은 형질인류학적으로 볼 때 극동형이라는 것이 틀림없다. 전체적으로 털이 작고, 몽골로이드 같은 가는 눈이고, 얼굴도 가늘고 길다. 머리칼이 모자 속에 숨겨져 있으며, 여성의 경우 머리를 꼭대기에 묶었다.

벽화에 나타난 인물에 대해 정확히 결정하기는 어려운데, 이런 모습이 동투르키스탄에서도 당(唐)과 똑같기 때문이다.[34] 남녀 옷도 수와 당 시대의 특징이다.

이 사자들이 동투르키스탄의 대 카라반 노선에서 소그드인의 주요 파트너 가운데 하나인 쿠차(龜玆)에서 왔다고 볼 수 있다. 화가가 북벽에 사자들이 사마르칸드로 가는 강을 건너 이동하는 것을 그렸다고 볼 수 있다.

동투르키스탄에서는 이미 수·당의 복식을 그대로 입고 있으므로 복식은 당과 같지만 인물들은 동투르키스탄, 그 가운데서도 쿠차(龜玆)라고 규정한다.

---

34) 알바움은 러시아어로 키따이(Китай)라고 했는데. 이는 요나라. 곧 거란(契丹)을 뜻한다. 러시아어에서는 요나라 때 부르던 이름이 고착되어 지금까지 내려온 것이다. 영어에서는 캐세이(Cathay)라고 옮기는데 모두 Khitan(契丹)에서 온 것이다. 서양의 학자들은 China라고 옮긴다. 이는 산스크리트 찌나(Cina)에서 비롯된 것으로 진(秦)나라를 소리 나는 대로 옮긴 것인데, 일본에서는 지나(支那)라고 했다. 일본 가또(加藤九祚)는 이 낱말을 모두 중국(中國)이라고 옮겼다. 그러나 중국이라는 나라는 역사상 없었다. 지금 부르는 쭝궈(中國)도 중화인민공화국(中華人民共和國)의 약자다. 때문에 역사적인 이름을 제대로 쓰려면 반드시 당(唐)이라고 옮겨야 한다고 보아 수·당 따위로 그 시대에 맞는 정확한 당시의 나라이름으로 옮긴다.

③ 사절들 가운데 무장한 전사들이 강기슭에서 창과 활로 맹수를 물리칠 때 여성들과 사절의 주요 무리가 배를 타고 있다. 이 두 장면은 비스듬하게 검은 띠로 칸막이를 그렸는데 여기에 붉은 무늬 자국이 있다. 우리는 꽃이 핀 강기슭을 그린 선이라고 본다.

④ 북벽 화면에는 뱃머리에 그리폰(griffon)[35]의 머리가 달린 붉은 배를 그린 그림이 잘 남아 있다. 이런 뱃머리를 가진 배는 중세 미니어처 그림으로 잘 알려져 있다. 여성 옷도 이에 못지않게 흥미롭다. 원피스 위에 입은 소매가 긴 소매 할라트(xalat)[36]에는 높은 가슴 장식과 가로로 가장자리 장식이 붙어 있다. 그 아래 가슴에 여러 색의 천으로 꿰매 넣은 것이 늘어뜨려져 있다.

머리 모양도 주목할 만하다. 머리 윗부분을 묶어 모으고, 리본이나 죔쇠로 맺어 그 끝은 빗어서 고리 꼴이 되도록 하여 머리 뒷부분에 붙였다. 변발이 아주 긴 경우에는 8자 꼴로 고리를 2개 만들었다. 머리 좌우 양쪽에는 황금으로 만든 마름모꼴 장식으로 꾸몄다. 그 끝은 부채꼴의 깃이 된다. 머리카락이 떨어지지 않도록 핀으로 고정시켰는데, 이것은 7~8세기 당나라 여성들의 특징적인 머리 장식이다. 이것은 둔황 그림에서도 확인된다.

이런 알바움의 옷에 대한 언급은 그 뒤 많은 연구자에게 크게 영향을 미친다.

⑤ 북벽의 화면은 동투르키스탄이나 당에서 오는 사절들이 사마르칸드로 이동하는 상황이라고 결론 내릴 수 있다. 그들은 차가니안에서 온 사절과 마찬가지로 바르후만에게 선물을 가져가고 있는데, 이 가운데 가장 앞의 배 한가운데 앉은 왕녀도 포함되어 있다. 왕녀 옆에 앉은 여성들의 손 모양은 혼담(婚談)이 성립되었다는 것을 말하고 있다.[37]

---

35) griffon=**griffin**:털이 거친 개《포인터의 개량종》; 독수리의 일종(영한 엣센스).
36) 할라트(xalat):가운, 화장옷, 실내복, 의사 가운. (Naver. 우즈베크어 사전)
37) L. l. 알바움(Al'baum), 아프라시압 벽화(Живопись Афрасиаба), Tashkent FAN, 1975, 70~73쪽. 加藤九祚 譯, 『古代サマルカンドの壁畫』, 文化出版局, 1980, 108~110쪽.

앞에서 구체적으로 쿠차(龜玆)라고 했으나 뒤에는 다시 동투르키스탄이나 당에서 오는 사절이라고 해서 알바움도 뚜렷한 결론을 내리지 못했지만 '당나라와 복식이 같은 쿠차(龜玆)의 사절단'으로 보았다고 결론 내릴 수 있다.

배에 탄 여인이 왕녀가 사마르칸드로 시집오는 장면이라고 했는데, 당에서 사마르칸드나 서돌궐에 왕녀가 시집온 사례는 역사서에 나오지 않는다.

2. 아프라시압 박물관 전시 설명

알바움이 동투르키스탄이라고 한 데 반해 그 뒤 많은 연구자가 당의 사절이라고 보았다. 그런데 박물관에서는 아예 당나라 측천무후와 고종이라는 이름과 함께 연도까지 써넣고 있다.

❶ 당나라 용선(龍船) 축제(Chinese festival of Dragons Boat). 무측천(武則天) 여황제와 악사들(the empress Wu Zetian; musicians).

❷ 표범을 사냥하는 당나라 사람들(Chinese hunting panthers).

❸ 당나라 황제 고종(Chinese emperor Gaozong, 649~683).

3. 북벽 벽화 검토

박물관에서는 왼쪽은 중원 역사상 유일한 정통 여황제(690~705년 재위, 67~82살)인 무측천(武則天, 624~705)이 용선(龍船)을 타고 뱃놀이하는 장면을 그렸고, 오른쪽은 표범을 사냥하는 그림인데 오른쪽에 창으로 표범을 찌르는 사람은 당 고종(628~683, 재위 649~683)이라고 설명하고 있다.

한편 마르쿠스 모데는 공주가 시집가는 장면이라고 했다.

> 북벽은 황제 사냥꾼인 당 태종(太宗)과 공주가 서녘에 (가상으로) 여행한다는 사실에 집중하고 있다. 공주는 돌궐 엽호사궤 카간(葉護射匱可汗, Yabghu Shekui Qaghan)에게 (시집갈) 예정이었으며, 우리는 바르후만이 사는 곳이나 사마르칸드에서 만나기로 되어 있었다고 본다. 실현되지 않은 이 국가적 사건이 바르후만 왕의 정당성을 나타내는 추가적인 상징으로 사용되었다.[38]

마르쿠스 모데가 엽호사궤 카간(葉護射匱可汗, Yabghu Shekui Qaghan)이라고 한 카간은 연대로 보아 을비사궤 카간(乙毗射匱可汗, Irbis Shekui Qaghan, 641~651)을 말하는 것으로 보인다. 『신당서』에는 "을비사궤[可汗]가 사자를 보내 토산품을 바치면서 또한 청혼을 하자 황제가 구자, 우전(于闐), 소륵, 주구파(朱俱波), 총령(蔥嶺) 같은 다섯 나라를 떼어내 혼례 예물(聘禮)로 삼으라고 명령했기 때문에 혼인이 성사되지 못했다.[39]"고 되어 있다. 『당회요』에 따르면 이 사실은 정관(貞觀) 19년(645) 6월의 일이었다.[40] 이렇게 실패한 결혼을 그려서 통치의 정당성을 높였다는 것이 모데의 주장이다.

---

38) Markus Mode, 『Court art of Sogdian Samarqand in the 7th century AD-Some remarks to an old problem-』, a web publication, 2002.

39) 『新唐書』 列傳 第140(下), 突厥(下). 乙毗射匱遣使貢方物, 且請昏, 帝令割龜茲.于闐.疏勒.朱俱波.蔥嶺五國爲聘禮, 不克昏.

40) 『唐會要』 卷94 「北突厥」. 十九年六月, 乙毗射匱可汗遣使入貢, 且請婚, 許之, 使割龜茲.于闐.疏勒.朱俱波.蔥嶺五國以爲聘禮.

❶ 당나라 용선(龍船) 축제(Chinese festival of Dragons Boat). 무측천(武則天) 여황제와 악사들(the empress Wu Zetian; musicians).

그림 41 ❶ 당나라 용선 축제(알바움 도판38)　　　그림 42 ❶ 무측천(武則天) 여황제(그림 21, 106쪽)

❷ 표범을 사냥하는 당나라 사람들(Chinese hunting panthers).

그림 43 ❷ 표범 사냥(알바움 도판35)　　　그림 44 ❷ 표범 사냥(알바움 도판18)

❸ 당나라 황제 고종(Chinese emperor Gaozong, 649~683).

그림 45 ❸ 당나라 황제 고종(도판33)　　　그림 46 ❸ 당나라 황제 고종(도판34)

그림 47 ❸ 당나라 황제 고종(그림 16, 101쪽)

아프라시압 박물관에서 북벽 그림을 설명하면서 ❶을 측천무후와 악사들이라 하고, ❸을 고종이 사냥하는 장면이라고 했다는 내용을 보자마자 역사적으로, 특히 시대적으로 맞지 않는다는 생각이 들었다.

사마르칸드는 서돌궐의 5대 카간인 통엽호 카간(統葉護可汗, Tong Yabghu Qaghan, 619~628) 때 그 지배 아래 들어간다. 『구당서(舊唐書)』「강국전(康國傳)」을 보면 알 수 있다.

> 강국(康國)은 한대(漢代) 강거(康居)란 나라다. ……수 양제 때(604~618) 왕인 굴술지(屈朮支)가 서돌궐의 엽호 카간(葉護可汗, 야브구 카간)의 딸을 아내로 맞으면서 마침내 서돌궐에게 신속(臣屬)하게 되었다.[41]

그러므로 만일 이 그림이 정말 혼인과 관련된 장면이라는 기록으로 보면, 강국의 굴술지가 서돌궐의 딸을 아내로 맞이하는 장면 외에 당과 연관시킬 사료는

---

41) 『舊唐書』 권198, 「康國傳」. 康國, 卽漢康居之國也. …… 隋煬帝時, 其王屈朮支娶西突厥葉護可汗女, 遂臣於西突厥.

없다. 수 양제 때(604~618)라고 했는데, 그때는 사궤 카간(射匱可汗, Sheguy 또는 Shekui Kaghan, 611~619)이었기 때문에 약간 차이가 나지만 수 양제 때 사마르칸드가 혼인관계를 맺으며 서돌궐의 신하국이 되었다고 볼 수 있다.

그 뒤 당 태종 때인 629~630년 이 지역을 지나간 현장의 기록을 보면 전 지역이 서돌궐의 지배 아래 있었다는 것이 확인된다. 그 뒤 당나라에 조공한 기록이 있고, 당이 이 지역 세력 균형에 관여한 기록은 있지만 왕녀를 시집보낸 기록도 없고, 서돌궐을 제치고 사마르칸드를 완전히 지배한 기록도 없다. 다음에 서벽 벽화에서 보겠지만 아프라시압 벽화에는 많은 돌궐 사람들이 등장한 것으로 보아 서돌궐이 멸망한 657년까지는 서돌궐이 지배하였으므로 고종이나 측천무후의 영향이 미칠 수 없었을 것이다. 658년 바르후만을 강거도독으로 임명하지만 그 뒤로도 서돌궐의 남은 세력은 계속 당나라를 침범한다(뒤에 가서 더 자세히 본다). 그리고 670년에는 토번이 안서 4진(카라샤르·쿠차·호탄·카슈가르)을 빼앗아 중앙아시아와의 길이 차단된다.[42]

일본의 가게야마는 당나라 황실에 있는 그림본(模本)을 가져다 본떠서 그렸다고 했다. 그러나 ❷와 ❸에서 사냥하는 그림이나 1975년 알바움 책에 나온 본뜬 그림(摹寫本)을 봐도 주인공들의 의상이나 모습이 당나라 사람이라고 보기 어렵고, 사냥하는 그림이 모두 표범을 잡고 있는데, 당 황제가 표범을 사냥하는 그림본이 당나라에 존재하였다고 보기 어렵다.

알바움은 서벽 벽화를 설명하면서, "서돌궐의 지배자 사궤 카간(射匱可汗)의 선물에 있던 사자 가죽이나 호탄(Khotan)의 표범 가죽을 비롯하여 의복과 신발 같은 특징을 들며, 차치(Chach, 현재의 타시켄트) 지배 아래 있는 텐산(天山) 같은 산악지대에서 온 사절이거나 동투르키스탄"[43]이라고 해서 표범 가죽의 출산지를 호탄으로 보았다. 실제로 러시아국립대학의 야첸코(Yatsenko)는 2004년 논문에서 '호탄의 신부와 실제 여성의 옷(The bride from Khotan and her female suite)'이란 장을 설치하여 고고학적으로 발굴된 자료를 바탕으로 호탄 여인의 복장과

---

42) 그네 그루쎄 지음. 김호동 등 옮김. 『유라시아 유목제국사』. 사계절. 1998. 169쪽.

43) L. I. 알바움(Al'baum), 『아프라시압 벽화(Живопись Афрасиаба)』, 타시켄트 판(Fan), 1975, 73~74쪽. 加藤九祚 譯, 『古代サマルカンドの壁畫』, 文化出版局, 1980.

배에 탄 여인들의 복장이 같다는 것을 밝혔다.[44]

소그드인의 벽화 가운데 표범은 아주 중요한 그림 주제라는 바라흐샤(Varakhsha)[45]의 벽화를 보면 알 수 있다.

바라흐샤는 사마르칸드 부하라(Bukhara) 서쪽에서 45km 떨어진 자랍샨(Zarafshan) 기슭에 자리 잡은 고대 도시다. 고고학적 자료에 따르면, 바라흐샤는 이미 기원전 4~3세기에 마을이 이루어져 있었다. 1937~1939년과 1947~1954년에 시시킨(V. A. Shishkin)이 부호로후돗(Bukhorokhudot) 왕조의 벽화를 발굴하였고, 왕궁의 '빨간 홀'과 '동부 홀' 벽에는 코끼리를 타고 표범과 싸우는 장면이 이어져 있다.[46] 에르미따쥐 박물관 그림 설명에도 비슷한 설명이 있다.

● 바라흐샤(Varakhsha). 7~8 세기

바라흐샤는 부하라 오아시스(Bukharan Oasis)의 맨 서쪽 끝에 자리 잡고 있으며, 부하라 왕 부하르-후다(Bukhar-Khudah)가 사는 곳으로 세웠다. V. A. Shishkin이 1938년에서 1953년 사이에 발굴한 결과, 벽화와 간츠(ganch, 새긴 석고)로 만든 돋을새김(浮彫) 장식이 드러났다. 바라흐샤의 이른바 '레드 홀 (Red Hall)'에서 벽화의 아래층에는 코끼리를 타고 몰며 고양이과의 동물과 환상적인 생물이 싸우는 장면이 포함되어 있다. 코끼리는 아주 큰 귀와 엄니, 그리고 말갗춤이 마치 코끼리를 한 번도 보지 않은 화가가 그린 것처럼 독특한 방식으로 그렸다. 간츠 조각은 건축장식의 단편과 높은 돋을새김으로 만들어진 거의 자연 크기의 인물로 구성되어 있다.[47]

---

44) Yatsenko S. A., 2004, The costume of foreign Embassies and Inhabitants of Samarkand on Wall-Painting of the VII c. in the Hall of Ambassadors from Afrasiab (interpretation of Image), "transoxiana", 8, http://www.transoxiana.org/0108/yatsenko-afrasiab_costume.html

45) Historical value of the ancient town Archaeological excavations of Varakhsha began in 1937 and were continued in 1947-1953 by archaeologist Shishkin. The settlement was founded in the ancient period, the heyday of his falls on YII-YIII cent. And in the XI century, the city was abandoned. During its zenith building was a well-organized structure. To have survived only the ruins of large structures XVI-XVIII centuries.

46) 세계문화유산 사이트 Varakhsha. https://whc.unesco.org/en/tentativelists/5302/

47) Varakhasha (7~8세기) Varakhsah was located on the westernmost edge of th Bukharan Oasis, and its palace was built as the country residenc of Bukhar-khudah, the king of

그림 48 바라흐샤 표범 사냥(에르미따쥐 박물관, 2014.08.30.)

　사냥하는 그림은 당의 그림본을 보고 그린 게 아니라 소그드 지역의 전통 그림을 바탕으로 했을 가능성이 더 크다. 연구자들 대부분은 ❷와 ❸의 특징에서 당의 특징을 잡기 어려우므로 ❶의 복식 등을 바탕으로 당나라 설을 주장하였다. 그러나 많은 사람들이 당의 복식을 닮았다고 하지만 아직 그 그림본(模本)을 정확하게 제시하지 못하고 있다. 이 복식이 정말 당나라 복식인가 깊이 연구해 볼 필요가 있다. 2010년 김용문은 「아프라시압 벽화에 나타난 복식 연구」에서 ❶의 복식에 대해 이렇게 묘사하였다.

　　<그림 49>의 선명한 모사도를 중심으로 복식분석을 하였다. 배에 탄 여자 주인공은 쌍환계로 빗고 상의 위에 줄무늬 치마를 가슴까지 끌어올려 입었으며 소매가 넓지 않다. 오른쪽 어깨에 숄을 걸치고 있으며 꽃무늬 금직의 선장식이 화려하다. 줄무늬 치마는 돌궐 여성복식의 영향이며 숄은 페르시아의 영향이다. 『북사』 페르시아조에 페르시아

Bukhara. Excavation carried out by V. A. Shishkin between 1938 and 1953 revealed wall-paintings and relief decorations made of ganch(carved gypsum). In the so-colled "Red Hall" of Varakhsaha, the lower register of paintings contains scenes with a rider and a driver on an elephant fighting with felines and fantastic creatures. The elephant is depicted in a peculiar way, with abnormal ears and tusks and horse harness, as if the painter had never seen real elephants. The ganch carvings comprise fragments of architectural decorations and figures in almost natural size made in high relief.

그림 49 ❶ China 용선 축제(알바움 도판 38)

여성복에 대한 기록이 있다. "부녀복은 대삼(大衫)을 입고 솔(大帗)를 두른다." 6~7세기 사산조 페르시아는 북방의 인접국들과 밀접한 관계를 유지하면서 문화의 영향을 받았을 것이다.[48]

　김용문의 논문에서도 Granet(2006)의 도판을 인용하면서 '중국 여인 묘사도'라고 했다. 그러나 내용을 보면 "줄무늬 치마는 돌궐 여성복식의 영향이며 솔은 페르시아의 영향이다. 『북사』 페르시아조에 페르시아 여성복에 대한 기록이 있다."고 해서 당나라 복식과의 닮은 점을 언급하지 않았다.

　<그림 49>는 앞에서 본 그림에서 배에 탄 인물들만 잘라 포토샵으로 가능한 한 선을 살려 보았다. 글쓴이는 복식사에 대해 자신이 없지만 역사적 사실을 바탕으로 접근할 때 이 그림에 나온 여인들이 당나라 여인들이라는 근거를 제시하기 어렵다. 알바움의 첫 판독과 그 뒤 연구자들의 논리를 검토하여 이 문제만을 집중적으로 연구할 필요가 있다고 본다. 그로핀이란 배의 머리도 당나라의 용머리와는 전혀 다르고, 배 주변에 그려진 뱀이나 날개 달린 짐승 그림도 당나라의 그림과는 너무 다르다는 것도 참고할 필요가 있다. 여기서는 문제만 제기하고 앞으로 전문가의 연구를 기대한다.

---

48)　김용문, 「아프라시압 벽화에 나타난 복식 연구」, 『服飾』 60-7, 2010, 125쪽.

Ⅳ. 아프라시압 동벽 벽화

들어가는 문 양쪽 벽에 그려진 벽화다. 가운데 들어가는 문이 있다.

그림 50 아프라시압 동벽 벽화(동북아역사재단 디지털복원 모사도)

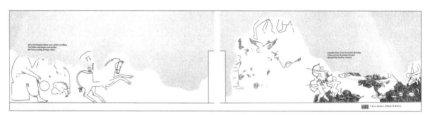

그림 51 아프라시압 동벽 벽화(아프라시압 박물관)

1. 알바움의 『아프라시압 벽화』 동벽 설명

동벽에는 벽화가 별로 남아 있지 않기 때문에 알바움의 설명도 간단하다. 여
기서 하나 눈에 띄는 것은 동벽 북쪽에 있는 두 사람을 인도인으로 보았다는 부
분이다.

다른 벽화의 보존 상태가 좋지 않다. 높이 1.5m 안에 아래 있다. 그 남쪽 부분의 문 옆에
는 바다가 그려져 있고, 그 파도 속에는 젊은 사람들이 떠들며 돌아다니고, 새와 동물이
헤엄을 치고 있다. 벽 북쪽 부분에는 두 사람이 그려져 있는데 옷을 보면 인도사람 같다.[49]

---

49) L. I. 알바움(Al'baum), 아프라시압 벽화(Живопись Афрасиаба), Tashkent FAN, 1975, 19~20쪽.
加藤九祚 譯, 『古代サマルカンドの壁畫』, 文化出版局, 1980, 66쪽.

2. 아프라시압 박물관 전시 설명

❶ 혼천의(渾天儀)와 두 인도 천문학자(Two Indian astrologers with armilla).

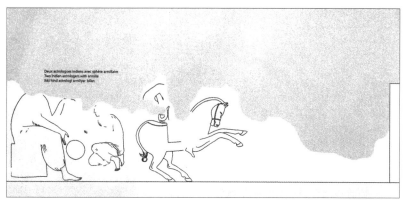

그림 52 아프라시압 동벽 벽화(아프라시압 박물관)

❷ 난쟁이 사수들(Pygmy archers), 인도의 초혼(招魂, evocation of India)

그림 53 아프라시압 동벽 벽화(아프라시압 박물관)

3. 동벽 벽화 검토

동문이 가운데 있고 양쪽에 그림이 남아 있는데, 알바움은 모두 인도의 이야기라고 설명하고 있다.

동벽 벽화 인물은 반 알몸이거나 알몸이고 맨발이다. 이것을 보면 동벽 화면은 인도인이나 인도인의 생활 모습으로 볼 수 있다. 그러나 이는 4~8세기 고전적인 인도벽화를 본뜬 것은 아니다. ……이 장면은 사마르칸드로 가는 인도 사절들이라는 결론에 이른다.[50]

❶ 혼천의(渾天儀)와 두 인도 천문학자(Two Indian astrologers with armilla).

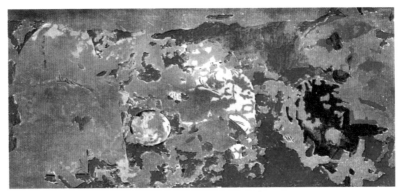

그림 54 ❶ 혼천의(渾天儀)와 두 인도 천문학자(알바움 부록 그림 46.)

그림 55 ❶ 혼천의(渾天儀)와 두 인도 천문학자(알바움 그림 27. 118쪽)

50) L. l. 알바움(Al'baum), 아프라시압 벽화(Живопись Афрасиаба), Tashkent FAN, 1975, 84~85쪽.
     加藤九祚 譯, 『古代サマルカンドの壁畫』, 文化出版局, 1980, 66쪽. 119~120.

❷ 난쟁이 사수들(Pygmy archers), 인도의 초혼(招魂, evocation of India)

맨 아래 높이 0.5m의 무늬로 만든 띠를 두르고, 그 위에 물 표면(水面)이 그려져 있다. 그 위에 사람들과 헤엄치는 동물, 새, 물고기, 거북 같은 것이 그려져 있다(알바움 116쪽).

그림 56 ❷ 左右, 도판 14

그림 57 ❷ 左右, 그림 26, 117쪽

그림 58 ❷ 右下 물결 속 인물 부분, 도판 43

그림 59 ❷ 右下, 난쟁이 사수들, 그림 25, 116쪽

그러나 인도설의 근거는 뚜렷하지 않다. 남아 있는 그림 조각만으로 인도설을 주장하는 것은 무리가 있다고 본다. 아마 4벽의 벽화를 서벽은 주인공인 바르후만이 조공을 받는 모습, 남면은 차가니안, 북면은 동투르키스탄, 동쪽은 인도에서 오는 사절단이라는 가정을 세우고 논리를 전개한 것으로 보인다. 그러므로 그 뒤 많은 반론이 있었는데 모데의 견해를 보기로 한다.

> 홀의 벽화 프로그램은 동벽이 완성한다. 우리는 돌궐 조상의 신화를 반영하여 적어도 그림의 오른쪽 절반을 설명하려고 노력했다. 이것은 동벽이 서벽과 완벽하게 대응한다는 것을 뜻한다. 서벽에서 서돌궐 통치자의 모습이 나타났고, 따라서 (추정되는 옥좌에서) 동쪽을 바라보고 있다. 그리고 우리는 다시 『당서(唐書)』를 인용해야 한다. "[카간은] 늘 동쪽을 향해 앉아 있다."[51]

마르쿠스 모데는 동벽 벽화를 돌궐 신화를 가지고 해석했는데, 그 신화는 몽골 체체를렉(Tsetserleg) 아르항가이 아이막(縣) 박물관(Arkhangai Aimag Museum)에서 발견된 제1돌궐 4대 타스파르 카간(他鉢可汗, 572~581)이 세운 비석에 나온 이야기를 인용하였다. 돌비석 정면과 두 측면에는 소그드 문자가 새겨져 있고, 뒷면에는 산스크리트어 브라흐미(Brahmi) 문자가 새겨져 있는데 닳아 없어져 전혀 읽을 수가 없다(몽·일조사보고서)[52]. 모데가 인용한 비문의 일부(영문)는 이렇다.

> 돌궐 조상은 큰 늪 기슭에서[다른 번역문에서는 서해(西海) 호수(곧 가훈강과 소고강이 만나는 곳)]에서 살았다. 이웃 부족의 전사들이 그들을 공격하고 없애 버렸는데, 열 살짜리 소년만 살아 남았다. 이 소년은 늑대 암컷이 데려다 길렀고, 나중에 늑대는 소년의 아

---

51) Markus Mode, 『Court art of Sogdian Samarqand in the 7th century AD-Some remarks to an old problem-』, a web publication, 2002. Eastern Wall. 모데는 자신의 주장을 온라인으로 완벽하게 공개하고 있어 큰 도움이 되었다.
http://www.orientarch.uni-halle.de/ca/afras/text/eright3.htm
52) 森安孝夫, オチル 責任編集, 『モンゴル国現存遺蹟·碑文調査研究報告』, 豊中：中央ユーラシア学研究会, 1999, pp.122~125(原文·英訳·和訳)

그림 60 부구트 비석의 전면 소그드 문자(2007.09.26.)

이를 가졌다. 마침내 늑대는 적을 탈출하여 투르판(高昌) 북쪽 산으로 왔다. 여기서 늑대는 10명의 아들을 낳았는데, 이 아들들은 10명의 고창(高昌) 출신 여자와 결혼했다. A-shih-na라는 아들 가운데 한 명이 A-shih-na 일족의 지도자가 되었다. ……. [53]

모데의 이와 같은 견해는 서벽의 벽화를 논하면서 보다 자세하게 돌궐 위주의 화면을 구성하게 된다.

---

[53] The ancestors of the Turks lived on the shore of a great marsh, or, according to another version, on the eastern shore of Lake Xi-hai ("Western Sea", i.e., the delta of the Etsin-gol with seas Gaxun-nur and Sogo-nur). Warriors of a neighbouring tribe attacked and exterminated them. Only a ten years old boy survived. This boy was brought up by a she-wolf. Later the wolf was made pregnant by the boy. Finally the wolf escaped the enemies and came to the mountains north of Turfan (Gaochang). Here the she-wolf gave birth to ten sons. These sons married ten women from Gaochang. One of the sons, called A-shih-na, became leader of the A-shih-na clan…….

V. 아프라시압 서벽 벽화

알바움의 궁정 문을 들어서면 바로 정면으로 바라보이는 곳이 서벽이다. 고리(高麗) 벽화는 문이 남쪽에 있는데 돌궐은 무덤을 비롯하여 모두 해가 뜨는 동쪽을 바라보고 있어 동쪽에 문이 있다.

그림61 현재 남아 있는 서벽 벽화(동북아역사재단 디지털복원 모사도)

그림 62 아프라시압 박물관에 전시된 서벽 복원도

실제 벽화는 발굴 당시부터 1층 그림과 2층의 아랫부분만 남아 있는데, 박물관 복원도는 벽화가 모두 3층으로 되어 있다. 그러므로 2층과 3층은 남은 그림을 바탕으로 상상하여 복원한 것이다.

1. 알바움의 『아프라시압 벽화』 서벽 설명

알바움은 서벽 벽화가 아프라시압 벽화 전체의 문제를 푸는 열쇠라고 아주 자세하게 다룬다. 그것은 서벽에 글월(銘文)이 남아 있기 때문이다.

서벽은 전체가 하나로 아울러 구성되어 있어, 남벽의 벽화 특히 소그드 문자와 함께 이 넓은 공간의 벽화 전체의 주제에 대하여 결론을 낼 수 있게 한다. 곧 사마르칸드 왕 바르후만이 다른 나라에서 온 사절을 맞이하고 있는 광경이다. 왕 모습은 남아 있지 않다. 왕이 벽화 상부 한가운데 있고, 여러 빛깔의 사치스러운 할라트를 입은 측근들에 둘러싸여 있는 모습이 분명하다.

옷은 (등에 길게 늘어뜨린) 머리 모양을 볼 때 소그드인이다. 일부는 융단 위에 앉아 있고, 다른 일부는 왕에게 예물을 가져온 사절의 시중을 들고 있다.

왕 앞 중앙에는 당나라에서 온 사절이 서 있다. 그들이 입은 옷과 머리 모양이 북벽의 모습과 같다. 왼쪽에는 차가니안에서 온 사절이 보이는데, 이미 남벽 그림에서도 만나고 있다. 서벽 오른쪽(북) 부분에도 두 사절단이 더 있는데, 아마 그 가운데 하나는 차치(이 사절에 대해서는 명문에 쓰여 있다.), 다른 한 무리는 옷으로 볼 때 코리아(일본어 번역 : 조선)에서 온 사절로 보인다.

이들 벽화는 역사적 사실을 해명하는 데 새로운 자료를 제공하고, 또 일부 기록자료는 벽화의 내용과 자세한 해명을 가능하게 한다. 그러므로 벽화의 그림을 각각 고찰하고 그 주제와 기능적 의미를 해명해 보려고 한다.[54]

알바움은 이 벽화의 주제가 사마르칸드 왕 바르후만이 여러 나라에서 온 사절들을 맞이하는 그림이라고 보았고, 그 사절단은 당나라, 차가니안, 차치, 코리아에서 왔다고 해석하였다.

---

54) L. I. 알바움(Al'baum), 아프라시압 벽화(Живопись Афрасиаба), Tashkent FAN, 1975, 19. 加藤九祚 譯, 『古代サマルカンドの壁畫』, 文化出版局, 1980, 66쪽.

2. 아프라시압 박물관의 서벽 전시 설명

1) 3층 : 바르후만(Varkhuman), 사마르칸드 왕(king of Samarkand) (c. 650~670)

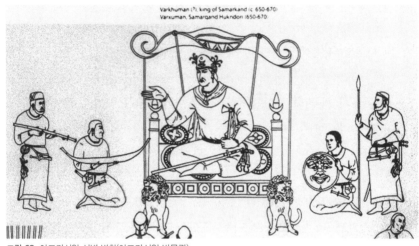

그림 63 아프라시압 서벽 벽화(아프라시압 박물관)

2) 2층 : 왼쪽 - 돌궐 호위병들(Turkish guards), 오른쪽 - 돌궐 사람들(Turks)

돌아앉아 있는 돌궐 사람들의 아랫부분이 남아 있는 것을 바탕으로 복원한 그림이다.

그림 64 아프라시압 서벽 벽화(아프라시압 박물관)

3) 1층 : 위의 3층은 상상해서 그렸고, 2층 벽화는 밑부분만 남아 있었다.
　　그러나 1층에는 많은 인물들을 확인할 수 있다.

❶ 예물과 목걸이를 가져온 이웃 나라의 사절들

　(Ambassadors from neighbouring principalities carrying presents and

　necklaces)

❷ 사절들을 안내하는 의전관(Chamberlains introducing ambassadors)

❸ 비단(고치, 실타래, 두루마리)을 가져온 당나라 사절

　[Chinese envoys bringing silk(cocoons, hanks, rolls)]

❹ 돌궐 호위병(Turkish guards)

❺ 티베트 사자(使者)를 안내하는 의전관과 통역관

　(Chamberlains and interpreter introducing Tibetan messengers).

❻ 코리아 호위병(Korean guards)

❼ 돌궐의 창과 기괴한 마스크를 새긴 방패

　(Turkish spears, shields with grotesque masks)

　위에서 보았듯이 알바움은 옛 사마르칸드의 왕 바르후만에게 당, 차가니안, 차치, 고리(高麗)의 사신들이 찾아온 사실을 벽화로 그린 것이라고 했다. 그 뒤 많은 논의가 있었고 지금도 계속되고 있다. 서벽 벽화에서는 바로 이 1층의 이해가 아프라시압 벽화 전체를 해석하는 데 결정적인 역할을 한다. 그러므로 이 서벽에 대한 내용은 다음 마당에서 아주 자세하게 보려고 한다.

셋째 마당

서벽 벽화와 고리(高麗) 사절

I. 벽화의 주제와 시기 : ㉗번 인물에 쓰인 글월(銘文) 해석

1. 발굴 당시 서벽의 현황

아프라시압 벽화 가운데 가장 중요한 그림은 바로 서벽에 그려진 주인공을 주제로 한 벽화다. 그리고 이 책에서 다루려고 하는 닭깃털관(鷄羽冠)을 쓴 고리 사람(高麗人)도 바로 서벽에 그려져 있다. 앞에서도 보았지만 이 고리 사람(高麗人)은 닭깃털관(鷄羽冠)을 쓴 고리 사람 가운데 가장 먼 나라에서 발견된 사례다. 그러므로 이 마당에서는 서벽의 벽화를 전체적으로 살펴보고, 동시에 고리(高麗) 사신에 대해서 집중적으로 보기로 한다.

먼저 알바움의 보고서에 나온 발굴 당시 서벽 벽화 상황을 보기로 한다.

이 벽은 높이 2.9m쯤 남아 있고, 그 아래쪽을 따라 한가운데 툭 튀어나온 부분에 높이 0.6m쯤 점토로 된 의자가 놓여 있다. 벽 아랫부분, 긴 의자 위에는 너비 0.5m의 무늬띠로 꾸며져 있다. 그 위에 벽화가 그려져 있는데 대부분 칠이 깨지거나 떨어져 나갔고, 일부러 손상한 자국도 보인다. 남쪽(왼쪽) 가운데는 벽면이 상당 부분 10~11세기에 지은 집에서 나온 구조물 때문에 파손되었으나 전체의 주제를 알 수는 있다. 푸른 바탕을 배경으로 한 벽화는 수평으로 나눈 세 그룹으로 되어 있다. 맨 아래 무늬 띠 위에 선물을 가지고 벽의 가운데로 움직이고 있는 사절과 그들을 맞이하는 왕의 가신(家臣)들이 그려져 있다 (첫 그룹). 그 위에 있는 둘째 그룹은 돌아서 있는 사람들이고, 또 그 위에 있는 셋째 그룹을 바라보고 있다. 그 가운데 남아 있는 것은 4명의 모습뿐이다. 둘째·셋째 그룹은 의복, 머리 모양, 그리고 가장 중요한 것은 손에 선물을 들지 않은 사마르칸드 왕의 시중들이다.[58]

2. 벽화 내용을 밝히는 ㉗번 인물에 쓰인 글월(銘文)

1) ㉗번 인물에 쓰인 글월(銘文) 번역

어떤 그림이든지 그림에 제목이 있으면 그림을 이해하기 더 쉽고, 또한 그림 설명이 있으면 그림의 배경을 이해하는 데 더할 나위 없이 유익하다. 다행히 아프라시압 벽화에는 최소한의 내용을 파악할 수 있는 글월이 남아 있어 이 벽화의 주인공과 벽화의 장면에 나오는 내용의 연대를 밝히는 데 결정적인 역할을 한다.

시벽 2층 맨 왼쪽 윗부분은 무너져 없어지고 아랫부분만 남아 있는 두 사람 가운데 오른쪽 사람(알바움의 정리번호 ㉗번)의 하얀 외투 자락에 글월(銘文)이 있다.

흰 가운(khalata)을 입은 남성이 홀을 등지고 서 있는데 머리 부분은 남아 있지 않다. 왼손을 허리에 올리고 있어 칼을 잡고 있는 듯하다. 칼 일부가 왼쪽 등으로 향한 것이 보인다. 오른손은 아래로 내리고 폴로(Chovgan, 시합용 막대)를 잡고 있다. 가운(khalata) 아랫부분 가운데 깊은 주름이 있고, 그 아래 붉은 가운의 안감이 보인다. 가운 옆에는 잘린 면이 있다. 이 그림에 세로로 쓰인 소그드 글자 16줄과 가로로 쓰인 박트리아 글자 2줄이 쓰여 있어 큰 관심을 끌었다.[59]

58) L. l. 알바움(Al'baum), 아프라시압 벽화(Живопись Афрасиаба), Tashkent FAN, 1975, 19쪽. 加藤九祚 譯, 『古代サマルカンドの壁畫』, 文化出版局, 1980, 66쪽

59) L. l. 알바움(Al'baum), 아프라시압 벽화(Живопись Афрасиаба), Tashkent FAN, 1975, 25~26쪽. 加藤九祚 譯, 『古代サマルカンドの壁畫』, 文化出版局, 1980, 71~72쪽.

그 가운데 가로로 쓰인 그레코-박트리아 글은 심하게 훼손되어 해석에 어려움이 있었지만 16줄의 소그드 글은 1965년 여름 1호실의 남벽과 서벽의 벽화가 발굴되자마자 그해 여름 바로 번역되었다. 그 뒤 번역을 맡은 V. A. Livshits(1923~2017)가 출판하기 위해 다른 소그드어 비문들을 비교하여 다듬은 원고본의 문장을 알바움이 자기 책에 소개하였다.[60]

이 립쉬츠의 러시아어 판독문은 그 뒤 영어[61]와 일어[62]로 번역이 되었고, 2002년 정수일이 처음으로 일본어에서 한국어로 중역하였다.[63] 러시아어 판독문과 다른

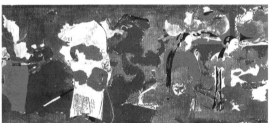

그림 65 글월이 쓰인 ㉗번 인물(알바움 그림10)

그림 66 현재 남은 ㉗번 인물(2019.10.08.)

그림 67 ㉗번 인물에 쓰인 글월(銘文)(2019.10.08.)

60) L. I. 알바움(Al'baum), 아프라시압 벽화(Живопись Афрасиаба), Tashkent FAN, 1975, 55~56쪽. 加藤九祚 譯, 『古代サマルカンドの壁畫』, 文化出版局, 1980, 94쪽.

61) R. N. Frye, The significance of Cr-ek and Ku-shan archaeology in the history of Central Asia. «Journal of Asian History», Wiesbaden, 1967, vol. I, pt. I, p.33~44.

62) 穴澤和光・馬目順一, 「アフラミヤブ都城址 出土壁畫に見られる朝鮮人使節について」, 『朝鮮學報』 80, 1976, 7쪽.

63) 정수일, 「고구려의 서역 관계 시고」, 『고구려연구』(14), 2002, 223쪽.

번역문을 참고하여 가능한 한 원문에 가깝게 다시 옮겨보았다.

❶ 우나시(Unash, 족)인 바르후만(Varkhuman) 왕이 그 (사절)에게

❷ 다가갔을 때, (그 사절은) 입을 열었다. 저는

❸ 차가니안(Chaganian) 다피르파트(dapirpat, 수상)인 (이름은) 푸카르–자테 (Pukar–zate)입니다. (~로부터)

❹ 차가니안 군주 투란타시(Turantash)로부터 이곳(~에게)

❺ 사마르칸드 왕에게

❻, ❼ 경의를 표하기 위해 제가 왔습니다. 이제 왕께 경의를 표합니다. [64]

❽ 그러니 (왕께서는) 저에 대한 의심은 없으실 것입니다.

❾ (저는) 사마르칸드의 신들, 또한

❿ 사마르칸드의 작품들에 대해서도 잘 알고 있습니다. [65]

⓫, ⓬ 그러니 저는 (사마르칸드) 왕께 어떤 해도 끼치지 않을 것입니다.

⓭ 왕이시여, 완벽한 번영을 누리소서! [66]

⓮ 그러자 우나시(족)인 바르후만 왕은 그를 보냈습니다. [67]

⓯ 그리고(나서) (~가) 입을 열었을 때,

⓰ 차치(Chach에서 온) 다피르파트(수상)가." [68]

---

64) 원주 154): 다시 말해서 허락을 받아 연설할 때.

65) 원주 155): 사마르칸드 차가니안 신앙과 관련 글. 차가니안 수상의 호소력은 아주 대단하다. 고고학적 유물를 통해서 보면 많은 종교적 격변과 배화교(Mazdaism)로 돌아온 7세기 중반의 소그드인들에게 당시 차가니안을 지배한 종교였던 불교의 새로운 융성을 두려워해야 할 까닭이 있었다. 719년 동 마니교의 특정 인물이 토하리스탄에서 중국으로 파견된 사절에 포함되었다는 보고서에 대해 특별한 의미를 부여해서는 안 된다. 차가니안과 주변의 테르메즈에서 7세기에서 8세기 초에 세워진 지배적인 종교는 불교였다(A. M. Belenitsky, Questions of ideology and cults of Sogd based on materials from Panjakent churches, "고대 판자켄트의 그림(Painting of the ancient Panjakent)", M., 1954, p. 44~45; B. A. Litvinsky, T.I. Zeymal, "Ajina-Tepe", p.121).

66) 원주 156): 말 그대로 "매우 번영했다."

67) 원주 157): 이 동사는 "(대화 등을 마치고) 인사를 하고 떠난다."는 뜻이다. 모든 메모와 번역은 V. A. Livshits가 친절하게 설명해 주고 있다.

68) L. l. 알바움(Al'baum), 아프라시압 벽화(Живопись Афрасиаба), Tashkent FAN, 1975, 55~56쪽. 加藤九祚 譯, 『古代サマルカンドの壁畵』, 文化出版局, 1980, 96쪽. 러시아 판독 원문 ❶ Когда цaрь Вархуман (из рода) Унаш к нему (-послу) ❷ приблизился, (посол) открыл рот. «Я-

2) 글월(銘文)의 내용 해석

(1) 간추린 내용
이 글월에서 몇 가지 중요한 열쇳말들을 정리할 수 있다.

① 이 벽화의 주인공은 우나시(Unash)족인 사마르칸드의 왕 바르후만 (Varkhuman)이다. 그리고 그는 우나시(Unash)족이다.
② 이 벽화의 내용은 다른 나라에서 온 사신들을 접견하는 것이 주제다.
③ 왕이 첫 대화를 나눈 나라는 차가니안 군주 투란타시(Turantash)가 보낸 푸 카르-자테(Pukar-zate)다.
④ 두 번째 나라는 차치(Chach)다.

(2) 벽화의 내용은 역사적 사실을 그린 것
여기서 가장 중요한 것은 주인공 바르후만(Varkhuman)이라는 사마르칸드 왕 의 이름이 밝혀졌다는 점이다. 이 벽화 주인공인 바르후만의 이름이 알려진 뒤 소그드 역사를 연구한 학자들이 동전과 다른 명문들을 통해 바르후만에 대한 연 구성과를 냈다. 특히 이 글월이 해석되었기 때문에 벽화 자체가 전설적인 내용이 아니라 역사적 사실을 바탕으로 그려졌다는 것을 증명해 주는 중요한 열쇠가 되 었다.

이처럼 현재의 16줄 글월은 우나시(Unash)족 출신으로 소그드 이름을 가진 사마르칸 드왕 바르후만(Varkhuman, 7세기 후반 재위)에게 차가니안 사절이 한 말이라고 할 수

---

❸ чаганианский дапирпат (по имени) Пукар-зате. От ❹ чаганианского государя Тур анташа сюда в ❺ Самарканд к царю для ❻ ❼ выражения почтения я прибыл и пре бываю я сейчас в почтении перед царем. ❽ И ты, (о царь), вовсе не имей подозрений относительно меня— ❾ о самаркандских богах, а также ❿ о самаркандской письме нности я хорошо осведомлен ⓫ ⓬ и я не причиню никакого зла (самаркандскому) цар ю (самаркандскому) царю ⓭ И пребывай, о царь, в полном благополучии. ⓮ И царь В архуман (из рода) Унаш отпустил его. ⓯ И (тогда) открыл рот ⓰ чачский дапирпат.

있다. 또 글월에 나오는 다른 인물도 역사 속의 인물이라고 본다. 7세기 후반 차가니안의 지배자에 대한 자료가 거의 남아 있지 않기 때문에 투란타시(Turantash)왕의 치세에 대해서는 정확하게 알 수 없다. 우리는 그의 이름을 이 글월에서 처음으로 안 것이다. 그러나 그가 바르후만과 같은 시대의 인물이고 실제 사마르칸드 왕에게 사절을 보낸 것은 틀림없다. 벽화를 통해서 알 수 있듯이 그는 자기 딸을 사마르칸드 왕의 왕비로서 바르후만의 궁정에 보냈다(코끼리에 앉아 있는 여성). 립쉬츠는 처음 번역문을 발표했을 때 글월도 벽화도 실제 있었던 역사적 사실을 그린 것이라고 확정하지 않고, 사마르칸드의 그다지 오래되지 않은 과거에 대해 반은 전설적이고 민간에 전승된 이야기일 가능성도 있다고 보았다. 그러나 그 뒤 글월에 사마르칸드 왕 바르후만의 성이 뚜렷하게 쓰여 있는 점, 차가니안의 박트리아 문자가 꽤 정확하게 복원된 점, 글월의 세부내용이 뚜렷이 밝혀진 점 등을 들어 그는 다음 같은 결론에 이르렀다.

곧 글월과 벽화에는 사마르칸드의 역사에서 실제로 있었던 일과 사마르칸드·소그드와 다른 중앙아시아 여러 지역과의 상호관계가 반영되어 있다. 이런 사실들은 아마 사마르칸드의 도시 연대기 및 공적 성격을 가진 기록문서나 실제로 본 사람의 말을 바탕으로 한 기록에 자세하게 근거하였다고 본다.[69]

남벽의 그림을 투란타시 왕이 딸을 바르후만에게 시집보내는 내용이라는 해석에는 무리가 있지만, 이 글월이 벽화의 성격을 규정하고 그려진 벽화의 내용이 역사적인 사건을 바탕으로 하였다는 것을 보여 준다는 견해는 크게 수긍이 간다.

또 한 가지 앞으로 밝혀야 할 문제는 바르후만이 소그드인인가? 하는 문제다. 만일 소그드인이라면 특별히 우나시(Unash)족이라는 것을 강조하지 않을 것이기 때문이다. 사마르칸드(薩末鞬, 颯秣建, 悉萬斤)의 통치자는 대부분 소무씨(昭武氏)였다.

강(康)은 다른 이름으로 살말건(薩末鞬) 또는 삽말건(颯秣建)이라고도 부르는데, 북위(元魏)에서 이른바 실만근(悉萬斤)이라고 부른다. 그곳에서 남쪽으로 사(史)는 150리 떨어

---

69) L. l. 알바움(Al'baum), 아프라시압 벽화(Живопись Афрасиаба), Tashkent FAN, 1975, 55~56쪽. 加藤九祚 譯, 『古代サマルカンドの壁畫』, 文化出版局, 1980, 96쪽.

져 있고, 서북으로 서조(西曹)와는 100리 남짓 떨어졌으며, 동남으로 100리 가면 미(米)와 이웃하고, 북으로 중조(中曹)와는 50리 떨어져 있다. 나밀수(那密水, Zarafshan)의 남쪽에 있으며, 큰 성(大城)이 30개, 작은 보루(小堡)가 300개 있다. 군주의 성은 온(溫)인데 본디 월지사람이다. 처음 기련(祁連) 북쪽의 소무성(昭武城)에 거주하였는데, 돌궐에 깨져 조금씩 남쪽으로 내려와 총령에 의지하다가 그 지방을 차지하게 되었다. 지파에 속한 사람을 왕으로 나누어 보내니 안(安), 조(曹), 석(石), 미(米), 하(何), 화심(火尋), 무지(戊地), 사(史)라고 불렀다. 세상 사람들이 말하는 이른바 '아홉 성(九姓)'이 그것인데, 모두 소무(昭武)라는 씨(氏)를 쓴다.[70]

벽화에서 특별히 우나시족을 강조하였는데, 현재까지 우나시족의 실체를 밝히지 못하고 있다. 다만 이 시기에는 서돌궐의 세력권에 있어서 서돌궐과 가까운 종족일 가능성도 생각해 볼 수 있다. 이 점은 앞으로 더 깊은 연구를 기다린다.

(3) 바르후만과 벽화 조성 연대

한편 주인공이 밝혀짐에 따라 벽화의 조성연대에 대한 문제도 연구되기 시작하였다. 서문을 쓴 굴랴모프(Ya. G. Gulyamov)는 벽화에 그려진 사실은 바르후만(Varkhuman) 생전의 모습이고 벽화 조성연대는 690년대로 보았다.

서벽에 남아 있는 글월에서 차가니안의 군주 투란타시(Turantash)가 바르후만(Varkhuman)에게 호소한 내용을 보면, 벽화에 묘사된 사건은 바르후만이 살아 있는 동안 일어났다고 본다. 방에 그려진 벽화는 그가 통치한 마지막 기간인 7세기 90년대에 속한다고 가정할 수 있다.[71]

---

70) The Tang shu reports on Sogd: "Les principautés s'en sont détachées des rameaux s'appelent Ngan (Boukhârâ), Ts'ao (Kaboûdhan), Che (Taschkend), Mi (Maïmurgh), Ho (Kouschânidja), Ho-siun (Khâarizm), Meou-ti, Che (Kesch). On les nomme communément les neuf familles." [Transl. Chavannes]. <옮긴이 주>『新唐書』列傳 第146(下) 西域(下) 康國. 康者, 一曰薩末鞬, 亦曰颯秣建, 元魏所謂悉斤者. 其南距史百五十裏, 西北距西曹百餘裏, 東南屬米百裏, 北中曹五十裏. 在那密水南, 大城三十. 小堡三百. 君姓溫, 本月氏人. 始居祁連北昭武城, 爲突厥所破, 稍南依蔥嶺, 即有其地. 枝庶分王, 曰安, 曰曹, 曰石, 曰米, 曰何, 曰火尋, 曰戊地, 曰史, 世謂"九姓", 皆氏昭武.

71) L. I. 알바움(Al'baum), 아프라시압 벽화(Живопись Афрасиаба), Tashkent FAN, 1975, 3쪽.

알바움은 본문에서 발굴 뒤 10년 동안 이어온 바르후만에 대한 연구성과를 정리하여 그에 대한 역사적 사실을 뒷받침한다.[72]

동전과 역대기에 대한 연구를 바탕으로 스미르노바(O. I. Smirnova)는 7세기 중반부터 8세기 전반까지 (아랍이 정복하기 전) 소그드를 통치했던 왕조의 이름 일부를 복원했다. 나사피(Nasafi)가 '사마르칸트 역사'에서 언급한 사마르칸드 왕 13명 중에 7명을 알아낸 것이다. 첫째는 카슈카 강(Kashkadarya) 계곡에 위치한 Kesh의 통치자 Shipshire인데, 소그드의 일부로 보았다. 다음은 사마르칸드를 다스렸던 새로운 통치자 가운데 첫째 왕조인 바르후만(Varkhuman)이다. 7세기 중반에 새로운 통치구역을 설립한 바르후만은 Kangyu(康居) 통치자로 승인을 받았다.[73]

또 다른 연구에서 스미르노바는 특히 '중앙아시아 통치 집단들', 곧 6~8세기 사이에 소그드를 통치한 왕조의 기원에 관한 정보, 특히 사마르칸드에서 힘을 쓴 카간의 부족 대표자들에 관한 정보에 대해 논하였다.[74]

이런 연구의 주요 원천은 동전과 역대기였는데, 특히 "강(康, Kang)의 지배자 가계는 강거(Kangyu 康居)의 한 갈래(Branch)다. 철에 관계없이 옮겨 다니면서 정착 생활을 하려 하지 않았다."고 주장하였다.[75] 같은 역대기에서 카간은 강력한 국가로 보았다. 서역의 대부분 속국들은 그에게 순종했다 : May-Murg, Tashkent 오아시스, Kabadian, Kushaniya, 부하라, Nakhsheb 같은 나라들이다. 이런 내용은 386년부터 618년까지의 사건을 묘사한 『북사(Beishi, 北史)』 역대기에서 처음 인용된 것으로, 다음 『수서(Suishu, 隋書)』의 역대기에서 반복된다. 후자는 627에서 650까지의 사건을 말한다. 같은 내용이지만 이름이 약간 변경된 정보가 『당서(Tang-shu, 唐書, 926~936)[76]』에도 나와 있다.[77]

---

72) L. I. 알바움(Al'baum), 아프라시압 벽화(Живопись Афрасиаба), Tashkent FAN, 1975, 36~37쪽.

73) <원문 주> 117 스미르노바(O.I. Smirnova), 『판자켄트(Panjakent) 출토 동전 카탈로그-1949~1956년 자료』, 동양문헌출판사, 1963, 27~28쪽.

74) 원주) 118 스미르노바(O.I. Smirnova), 『소그드 역사 개론』, Nauka, 1970, 24쪽.

75) 원주) 119 비추린(N. Ya Bichurin), 『고대 중앙 아시아에 살았던 사람들에 관한 자료집』, M.-L. : 소련과학원출판사, T. I. 1950, 27쪽.

76) 구당서 편찬 연도는 940~945인데, 착오가 있었던 것 같다.

77) 원주) 122. 비추린(N. Ya Bichurin), 『고대 중앙 아시아에 살았던 사람들에 관한 자료집』, M.-L. : 소련과학원출판사, T. I. 1950, 310쪽.

이상에서 보는 바와 같이 간접자료이지만『북사』『수서』『당서』를 인용하여 바르후만의 존재를 뒷받침하기 위해 애를 썼다. 그러나 사서를 통한 연구는 한계가 있었던 것 같다.『북사』『수서』『당서』를 인용하고 있지만 바르후만의 기록과 직접 연관이 있는『신당서』의 기록을 정확하게 일치시키지 못하였다. 그 밖의 사서도 검토하지 않았기 때문이다.

바르후만의 강거도독 임명에 대해서는 뒤에 다른 마당에서 자세히 검토하기로 한다.

Ⅱ. 하단 왼쪽 그림 설명

아래 그림의 2층 ㉗번 인물 하얀 코트에 쓰인 글월은 이미 앞에서 보았고, 나머지 ㉘~㉜번은 왕의 시종들이라고 보고 있다. 2층의 돌궐 인물에 대해서는 다음에 다시 보기로 하고 여기서는 1층 서벽의 왼쪽 그룹을 보기로 한다.

바로 아래 ①~④번의 인물들이 나오는데, 알바움은 ② ③ ④번 3명이 바로 글월에 나온 차가니안 사신이고, ⑤ ⑥번 2명은 사마르칸드 궁정 신하로, 3명의 사신을 안내하고 있다고 보았다.[78]

현재 아프라시압 벽화 설명 그림에서는 떨어져 나간 부분을 나름대로 복원하여 설명하였으므로 벽에 남은 그림에 비해 인원이 훨씬 많다는 것을 알 수 있다. 왼쪽 그림은 ② ③ ④번과[79] ⑤ ⑥번을 둘로 나누어 보기로 한다.

---

78)　①의 인물은 너무 많이 떨어져 나가 자세하게 알 수가 없다.
79)　이 번호는 알바움이 붙인 것을 그대로 따른다.

그림 68 서벽 하단 왼쪽의 그림(동북아역사재단 디지털복원 모사도)

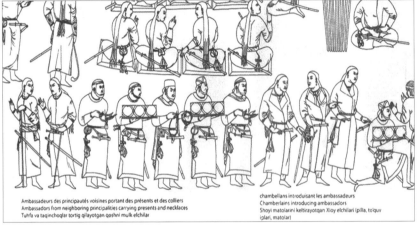

Ambassadeurs des principautés voisines portant des présents et des colliers
Ambassadors from neighboring principalities carrying presents and necklaces
Tuhfa va qarinchoqlar tortig qilayotgan qoshni mulk elchilar

chambellans introduisant les ambassadeurs
Chamberlains introducing ambassadors
Shoyi matolarini keltirayotgan Xioy elchilari (pilla, to'quv iplari, matolar)

그림 69 서벽 하단 왼쪽 그림(아프라시압 벽화)

1. ②③④번 3명의 사신은 차가니안 사절

1) 알바움의 『아프라시압 벽화』 설명

알바움은 ②③④번에 대해 "이 세 사람은 글월(銘文)에 따라 차가니안에서 온 사절이라는 것을 알 수 있다. 그들 앞쪽에 10세기에 만든 큰 하수도가 있어 (벽화가 손상되었는데) 이 부분에 한 명이 더 있을 가능성이 있다고 했다."고 해서 ㉗번

---

80)   L. l. 알바움(Al'baum), 아프라시압 벽화(Живопись Афрасиаба), Tashkent FAN, 1975, 21쪽. 加藤九祚 譯, 『古代サマルカンドの壁畫』, 文化出版局, 1980, 68쪽.

에서 나온 글월에 바르후만과 첫 대화를 나눈 차가니안 사절이라고 주장하였다.

사신 3명은 아주 화려한 비단옷을 입고 모자를 썼으며, 각각 손에 특산품을 들고 사마르칸드 신하(⑤ ⑥) 2명의 안내를 받으며 바르후만에게 다가가고 있다. 안내 신하 2명과 사신 3명의 사이가 떨어져 나가 보이지 않는데, 여기에 사신이나 사마르칸드 신하 1명이 더 있을 것으로 추측하였다.[81]

2) 아프라시압 박물관 전시 설명

❶ 예물과 목걸이를 가져온 이웃 나라 사절들
(Ambassadors from neighbouring principalities carrying presents and necklaces)

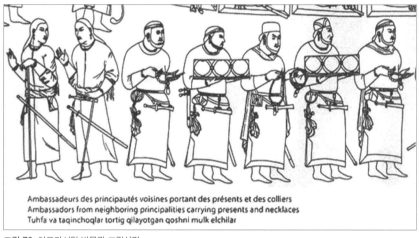

Ambassadeurs des principautés voisines portant des présents et des colliers
Ambassadors from neighboring principalities carrying presents and necklaces
Tuhfa va taqinchoqlar tortig qilayotgan qoshni mulk elchilar

그림 70 아프라시압 박물관 그림설명

아프라시압 박물관의 선으로 본뜬 그림에는 차가니안 사신 1명과 궁전 신하 1명, 모두 2명을 더 그려 넣었다. 그리고 차가니안 사절은 그냥 이웃나라 사절이라고 설명하였다.

---

81)   L. l. 알바움(Al'baum), 『아프라시압 벽화(Живопись Афрасиаба)』, 타시켄트 판(Fan), 1975, 21쪽.

3) ②③④번 벽화 검토

(1) 알바움이 주장한 차가니안에 대한 고찰

아프라시 압박물관에서는 이 세 사람을 ❶ 예물과 목걸이를 가져온 이웃나라 사절들(Ambassadors from neighbouring principalities carrying presents and necklaces)이라고 했다. 차가니안 사절이라고 주장한 알바움의 주장과는 다르다. 이 사절이 차가니안 사람인지 아닌지는 앞으로 더 많은 논의가 될 것이지만 글월에 차가니안이 뚜렷하게 나오기 때문에 차가니안에 대한 검토는 필요하다.

알바움은 차가니안을 현재의 데나우(Denau) 남서쪽에 있었던 나라라고 했다.

> 실제 당시에 차간(Chagan)이라고 불렸던 차가-니안(Chaga-nian)은 수르한(Surkhan = Chaganrud)과 힛사르(Hissar) 계곡이라는 강 계곡을 차지하고 있었다. 주요 도시인 차간(Chagan)은 오늘날의 데나우(Denau) 남서쪽에 자리 잡고 있었는데, 여기서 사절은 사마르칸드로 갔을 것이다.[82]

알바움은 이런 언급에 이어 남벽의 행렬도는 바로 그 차가니안 사절이 사마르

그림 71 ❶ 서벽 차카니안 사절(알바움, 도판 6).

Рис. 4. Западная стена. Деталь. Ірекоструцция, фиг. 1.

그림 72 ❶ (알바움 그림 4, 21쪽)

82) L. l. 알바움(Al'baum), 『아프라시압 벽화(Живопись Афрасиаба)』, 타시켄트 판(Fan), 1975, 56쪽.

칸드로 오는 장면이라고 주장하였다
는 것은 남벽 벽화에서 이미 보았다.
그러므로 여기서는 차가니안이 현재
의 어디를 말하는지 보려고 한다.

데나우(Denau)는 사마르칸드 동
남쪽에 있는데, 테르메즈에서 타지
키스탄 수도 두샨베로 가는 도로
를 따라 140km를 동북쪽으로 가
면 나온다. 이 길은 아무 강(Amu-
darya)으로 흘러 들어가는 수한 강
(Shkhan-draya)을 따라가는 길이다.

『이란 백과사전』에 따르면, 현재
아무 강(Amu Darya) 북쪽으로 보고
있으며, 현장법사의 『대당서역기』

그림 73 데나우(Denau)의 위치(google 지도)

에 나오는 적악연나국(赤顎衍那國)으로 보는 샤반(Chavannes)과 마르크바르트
(Marquart)의 설을 소개하고 있다. 적악연나국은 현재 테르메즈(Termez)인 달밀
국(呾蜜國) 동쪽에 있다. 현장은 629~645년에 두 나라를 직접 가서 기록했기 때
문에 당시 상황을 정확하게 살폈을 것이므로 살펴보고 가기로 한다.

◉ 테르메즈(Termez, 달밀국(呾蜜國)

아무 강(縛芻河)을 따라 북쪽 하류로 가면 달밀국에 이른다.

달밀국은 동서 600리, 남북 400리쯤 된다. 이 나라의 큰 도성은 둘레가 20리가 넘는데,
동서로 길고 남북으로는 좁다. 절(伽藍)은 10개쯤 되고 스님들이 1,000명쯤 된다. 여러
스투파(窣堵波)들은 바로 옛날 말하는 부도(浮圖)다. 또 유파(鍮婆)•탑파(塔婆)•사유파(私

83) Encyclopædia Iranica Foundation, "Encyclopædia Iranica", 컬럼비아대 이란학센터, 1985.
     http://www.iranicaonline.org/articles/caganian-middle-pers

84) E. Chavannes, Documents sur les Tou-kiue (Turcs) occidentaux, St. Petersburg, 1903. p. 157.

83) J. Marquart, Wehrot und Arang, Leiden, 1938, pp. 91-94.

鎡簸•수두파(藪斗波)라고도 하는데 모두 그릇된 것이다. 불존상(佛尊像)은 신기한 일이 많아 영험이 있다. 이곳에서 동쪽으로 가면 적악연나국(赤鄂衍那國)에 이른다.[86]

● 적악연나국(Chaganian, 赤鄂衍那國)

적악연나국(赤鄂衍那國)은 동서 400리쯤, 남북 500리쯤 된다. 이 나라의 큰 도성은 둘레가 10리쯤 되고, 절이 다섯 군데가 있고 스님들은 얼마 되지 않는다. 동쪽으로 가면 홀로마국(忽露摩國)에 이른다.[87]

이 경우 적악연나국은 알바움이 이야기하는 데나우의 서남쪽과 약간의 차이는 있지만 오래된 기록이라는 점을 감안하면 가까운 지역이라 할 수 있다. 이 문제는 앞으로 더 많은 연구가 필요하므로 간단히 아무 강 북쪽 테르메즈부터 사마르칸드 사이에 있는 나라라고 이해하는 것이 좋겠다.

위의 기록을 보면, 현장은 두 나라의 불교에 대한 현황을 정확히 기록했다는 것을 볼 수 있다. 현장은 가는 나라마다 반드시 불교에 대해 기록하면서 절과 스님의 현황, 그리고 소승인가 대승인가도 기록한다. 그런데 사마르칸드에서는 불교에 대한 기록이 없다. 사마르칸드는 당시 배화교(Mazdaism)를 믿고 있었기 때문이다.

앞에서 소그드어로 된 글월에 다음과 같은 내용이 있다.

❻ ❼ 경의를 표하기 위해 제가 왔습니다. 이제 왕께 경의를 표합니다.[88]

❽ 그러니 (왕께서는) 저에 대한 의심은 없으실 것입니다.

❾ (저는) <u>사마르칸드의 신들</u>, 또한

---

86) 玄奘,『大唐西域記』, 大藏經補編第 13 冊 No. 0080 大唐西域記(校點本). 順縛芻河北下流 至呾蜜國, 呾蜜國, 東西六百餘里. 南北四百餘里. 國大都城周二十餘里. 東西長, 南北狹. 伽藍十餘所, 僧徒千餘人. 諸窣堵波(即舊所謂浮圖也, 又曰鍮婆, 又曰塔婆, 又曰私鍮簸, 又曰藪斗波, 皆訛也). 及佛尊像, 多神異, 有靈鑒。東至赤鄂衍那國.

87) 玄奘,『大唐西域記』, 大藏經補編第 13 冊 No. 0080 大唐西域記(校點本). 赤鄂衍那國, 東西四百餘里, 南北五百餘里. 國大都城周十餘里. 伽藍五所, 僧徒尠少. 東至忽露摩國.

88) 원주 154) : 곧 허락을 받아 연설할 때.

그림 74 테르메즈 파야즈테파(Fayaztepa) 스투파(2019.10.05.)

그림 75 파야즈테파 붓다
(국립우즈베크 역사박물관) (2019.10.06.)

그림 76 테르메즈 카라테파에서 내려다 보이는 아무 강
(아무다리아 건너편 아프가니스탄)(2019.10.5).

그림 77 카라테파사원 토굴 속의 벽화(2019.10.05.)

❿ 사마르칸드의 작품들에 대해서도 잘 알고 있습니다.

⓫ ⓬ 그러니 저는 (사마르칸드) 왕께 어떤 해도 끼치지 않을 것입니다.

이 내용을 보면 차가니안과 사마르칸드는 좋은 사이가 아니라는 것을 알 수 있다. 먼저 사마르칸드는 배화교 신을 믿고, 차가인안은 불교를 믿었기 때문에 차카인안 사절이 사마르칸드가 믿는 배화교 신도 잘 이해하고 있다는 점을 밝힌다. 이어서 불교 문화와는 다른 사마르칸드의 문화도 이해한다는 입장을 밝혀, 그런 차이 때문에 두 나라가 서로 해치는 일은 없을 것이라는 점을 강조하고 있다.

이런 내용은 서벽 벽화 장면이 사마르칸드의 경사일을 맞이하여 평소 사이가 안 좋았던 차가니안이 사절을 보내 우의를 다지는 내용이라고 추측할 수 있다.

(2) 마르쿠스 모데의 페르시아 사산왕조 사절단 가설

모데는 아프라시압 서벽 벽화를 크게 남북으로 나누어 남쪽은 사마르칸드 서쪽에 있는 나라, 북쪽은 사마르칸드 동쪽에 있는 나라라고 보았다. 그래서 동쪽은 차이나(唐)와 코리아(高麗)로 보고, 남쪽의 사절단 가운데 인물 ② ③ ④번의 사절단은 사마르칸드 서쪽에 있는 페르시아 사절단이 된다는 가설이다.

그림 78 서벽 인물 ④ 옷 무늬

그림 79 서벽 인물 ④ 옷 무늬의 클로즈업

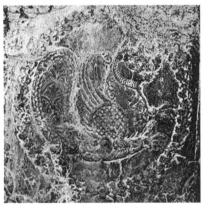

그림 80 Taq-e Bustan의 사산왕, Great Ivan

그림 81 사산왕 Great Ivan 옷무늬 글로즈업

그림 82 Senmurv 무늬 카르탄

그림 83 Senmurv 무늬 카르탄의 클로즈업

그림 84 아프라시압 벽화의 황소목(마르쿠스 모데)

두 번째 논증은 ④번 인물의 옷에 그려진 '시무르그(Senmurvs)'라는 짐승을[89] 그린 무늬가 페르시아의 무늬라는 것이다.[90][91]

아프라시압 벽화와 페르시아 마애석각에 나오는 시무르그와 비교해 보면 서로 닮았다는 주장이다. 또한 아프라시압의 왕 ④번과 타케부스탄(Taq-e Bustan)의 왕들은 비슷한 옷을 입었을 뿐 아니라 비슷한 왕관 (state 크라운이 아님), 수염, 그리고 특정한 '황소 목'을 지니고 있다는 점도 강조하였다.

이러한 비교분석을 통해서 마르쿠스 모데는 이렇게 결론짓는다.

---

89) 영어로 시무르그(Simurgh)라고 옮기는데 신화와 문학에 나오는 자비로운 신화적 새들이다. 그것
    은 때때로 '봉황'과 후마와 같은 다른 신화적인 조류와 동일시된다.

90) Markus Mode, 『Court art of Sogdian Samarqand in the 7th century AD-Some remarks to
    an old problem-』, a web publication, 2002.

91) 이 시무르그에 대한 문제는 이미 1976년 아나자와가 검토했으나 연대추정에 활용했고 벽화 사절
    단과 연관시키지는 않았다. ① 괴수 시무르그 무늬(그림 79) 시무르그는 신화에 등장하는 상서로운
    새로 사자·개·그리핀·공작을 합친 공상적 동물인데, 뒤에 보는 저두문(楮頭文)이 중국 본토에 수용
    되지 않은 것처럼 시무르그 무늬의 분포는 동투르키스탄에 미치지 못하고 아스타나 옛무덤에서
    도 나오지 않았기 때문에 아직 자세한 연대를 결정할 수 없다. 파리장식미술관의 녹색바탕 노란무
    늬 면(綠地黃文綿)이나 피렌체 국립박물관이 간직한 감색바탕 차무늬 면(紺地茶文綿), 거기에 대영박
    물관이 간직한 북인도에서 나왔다고 전해지는 은잔에 있는 시무르그 무늬도 같은 모양으로 강렬
    한 마성을 드러낸 모양이다. 아프라시압 벽화의 시무르그는 코마이누(駒犬 'ㅁㄱㄱㄹ 개'라는 뜻으로 일
    본 동대사 등에 수호신으로 등장한다.)처럼 온순한 얼굴, 발톱을 감춘 귀여운 발을 지니고 있어 마귀 같
    은 짐승(魔獸)으로 보이지 않는다. 이 점을 강조하면 테헤란 근교에 있는 라게스(Raghes) 유적 벽면
    장식의 돋을새김이나 우크라이나에서 발견된 도금 은제 물주전자와 비슷하다(穴澤和光·馬目順一,
    1976,「アフラミヤブ都城址 出土壁畵に見られる朝鮮人使節について」,『朝鮮學報』(80), 13~14쪽.).

사절단 그룹 A2는 '(사마르칸드) 서부' 국가에서 왔다. 인물 ④를 포함해 이 그룹에서 적어도 한 사람은 사산왕조의 왕을 나타내야 한다. 그리고 아프라시압 벽화의 시대에 관한 우리의 설명이 정확하다면 그 왕의 이름은 (사산왕조의) 마지막 왕인 아즈드가르드 3세(Yazdgard Ⅲ)다. 사절단 그룹 A2의 일원인 사산왕조의 왕은 서돌궐 통치자(로 추정되는) 초상화를 향해 움직인다.

아프라시압 벽화는 사산제국의 쇠퇴에 관한 관심을 불러일으킨다. 전체적인 상황은 640년대나 650년대에만 일어날 수 있다. 무슬림 군대와의 전쟁에서 패배하는 일련의 과정에서 페르시아 왕은 동부지방으로 후퇴하고 당나라 황제와 접촉했다(대단한 환상). 타바리(Tabari)가 쓴 역사의 어떤 기사는 왕이 심지어 소그드 왕과 서돌궐 카간(통치자)을 만나기 위해 아무 강(Amudarya)을 건넜다는 것을 시사하고 있다. 그것은 AD 651~652(= 히라 31) 마르브(Marv)에서 끝났다.

끝으로 주석에 "이 모든 사건에 관한 출처는 설명하기 어렵다. 마르브(Marv)에서 야즈드가르드가 사망한 사실조차 확실하지 않다. 우리는 사산 왕이 (마지막 날짜에 대한 일반적인 견해임) 서기 650년, 651년 이전에 동부에 왔었다고 본다."[92] 고 해서 아직은 가설이라는 점을 명시하였다. 나중에 한문 사서에 이에 관한 기사가 나올 때 다시 자세히 보기로 한다.

2. ⑤ ⑥번 사절들을 안내하는 의전관(Chamberlains introducing ambassadors)

1) 알바움의 설명
알바움은 맨 아래층 그림을 셋으로 나누어 왼쪽에 그림을 앞에서 보았는데, ⑤ ⑥번에 대해서는 다음 같이 설명한다.

사마르칸드 왕의 의전관으로 차가니안 사절을 맞이하고 있다. ⑤의 인물은 동작이 아

---

92) "Markus Mode, 『Court art of Sogdian Samarqand in the 7th century AD-Some remarks to an old problem-』, a web publication, 2002.

주 풍부하다. 이 인물은 몸을 약간 오른쪽으로 틀고 서 있다. 검은 머리는 머리끝에서 등 중간까지 길게 늘어뜨리고 있는데 얼굴 그림은 남아 있지 않다. 머리를 꾸미고 옅은 노란 카프탄(kaftan)을 입었다. 폭넓은 세모꼴 양쪽 옷깃과 소맷부리에는 날개 단 말 무늬로 꾸며져 있다. ……오른손에는 뿔꼴의 막대를 쥐었다. ……왼손은 팔꿈치를 구부리고 집게손가락은 움직이는 방향을 나타내는 것처럼 앞쪽을 가리키고 있다. 손에는 소그드 문자 자국이 있고 팔찌를 끼었다.

⑥번 인물은 몸을 왼쪽으로 향하고 있다. 얼굴은 밝은 갈색이고 4분의 3쯤 쏠리게 그렸다. 똑바른 코에 가는 눈썹, 작고 붉은 입술, 그 위에 가는 수염, 오른쪽 귀에는 귀고리를 했다. 얼굴에는 소그드 문자 자국이 남아 있다.[93]

2) 아프라시압 박물관의 벽화 설명

아프라시압 박물관에서는 ❷ 사절들을 안내하는 의전관(Chamberlains introducing ambassadors)이라고 했다.

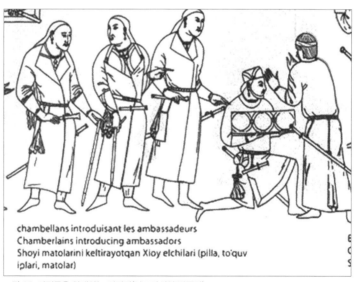

chambellans introduisant les ambassadeurs
Chamberlains introducing ambassadors
Shoyi matolarini keltirayotqan Xioy elchilari (pilla, to'quv iplari, matolar)

그림 85 사절들을 안내하는 의전관(아프라시압 박물관)

---

93)　L. I. 알바움(Al'baum), 아프라시압 벽화(Живопись Афрасиаба), Tashkent FAN, 1975, 21~22쪽.
加藤九祚 譯, 『古代サマルカンドの壁畫』, 文化出版局, 1980, 68~69쪽.

Рис. 5. Западная стена. Деталь 2, рекон-
струкция, фиг. 5, 6.

그림 86 ❷ 의전관(알바움 도판 8)　　　그림 87 ❷ 의전관(알바움 그림 5, 68쪽)

이 두 사람을 설명하는 그림에서는 남아 있는 두 사람이 왼쪽 하수도 때문에 없어진 곳에 의전관을 한 사람 더 그리고, 앞에도 무릎을 꿇고 선물을 바치는 사절을 한 사람 더 추가했다.

3) 서벽 북쪽 벽화 검토

알바움은 서벽의 인물에 대해 "서벽에는 모두 42명의 인물이 남아 있는데, 본디는 이보다 훨씬 더 많았을 것이다. 우리 해석에 따르면, 그 가운데 30명은 바르후만(사마르칸드 왕)의 의전관이고 12명은 사절이다.[94]"라고 해서 75%의 인물이 사절을 맞는 시종들이라고 했다. 앞에서 보았듯이 현재는 두 사람밖에 남아 있지 않지만 떨어져 나간 부분에 한 사람이 더 있을 것으로 보고 박물관에서는 의전관을 3명으로 설명하고 있다.

94) L. I. 알바움(Al'baum), 아프라시압 벽화(Живопись Афрасиаба), Tashkent FAN, 1975, 27쪽.
　　加藤九祚 譯, 『古代サマルカンドの壁畫』, 文化出版局, 1980, 73쪽.

Ⅲ. 서벽 1층 가운데 그림 ⑦~⑰번 인물 검토

알바움이 1층 '가운데 그림'이라고 규정한 화면에는 ⑦번에서 ⑰번까지 모두 11명의 인물이 등장한다. 그 중에 ⑦~⑭번 8명은 왼쪽을 향하고, ⑮ ⑯ ⑰번 3명은 오른쪽을 바라보아 서로 딴 방향으로 움직이고 있다.

여기서도 ⑦~⑭번과 ⑮ ⑯ ⑰번을 따로 나누어 보기로 한다.

그림 88 서벽 가운데 그림(알바움 도판 32)

그림 89 서벽 가운데 그림(알바움 그림 6, 23쪽)

1. 서벽 1층 가운데 그림 ⑦~⑰번 인물 8명

1) 알바움의 해석

알바움은 ⑦ ⑧ ⑨ ⑩ ⑪번은 ⑫ ⑬ ⑭번 인물상과 같은 사절단이라고 보았다. 다만 위의 3명은 윤곽만 그렸다고 했다.

> ⑦ ⑧ ⑨ ⑩ ⑪번의 인물상은 앞에서 본 인물상 오른쪽에 5명으로 짜인 사절이 보인다. <u>우리는 당(唐代)이나 동투르키스탄에서 온 사절이라고 본다.</u>
>
> ⑫ ⑬ ⑭번의 인물상은 같은 사절인데, 첫 화면에 밑그림만 그린 인물상으로 벽화의 파란 바탕에 윤곽만 그려 놓았다.[95]

알바움은 ⑦~⑭번의 8명을 같은 사절단이라고 했기 때문에 대규모 사절단임을 알 수 있다. 알바움은 이 사절단을 설명하면서 '「동투르키스탄」에서 온 사절단'이란 작은 제목을 붙이고 설명한다. 앞에서 당 아니면 동투르키스탄이라고 했는데, 제목을 보면 동투르키스탄에 더 무게를 둔 것처럼 보인다. 동투르키스탄이란 지금의 신장(新疆) 위구르 자치주를 말한다. 그러나 실제로 각 인물을 자세하게 논할 때는 당나라 옷이라고 해서 당과 동투르키스탄을 제대로 구별하지 않고 있다는 것을 알 수 있다. 알바움의 설명을 간추려 보면 다음과 같다.

> ⑦은 많이 손상되어 이 인물이 이 그룹에 꼭 들어가는지도 분명하지 않다고 했다.
>
> ⑧은 이 사절단의 단장으로 등을 돌리고 서 있다. 왕은 그 앞에 그려져 있지만 얼굴이 보이지 않는다. 머리는 위로 올려 검은 모자 아래 가려져 있다. 귀는 밖으로 나와 있고, 그 안쪽에서 목덜미 쪽으로 리본이 2개 나와 있다. 머리와 귀는 장밋빛이다. 할라트(khalat)는 네모꼴 하얀 장식판으로 꾸민 검은 띠를 매었다. 왼쪽 허리에 검은 긴 칼을 차고 있다. 손에는 서로 다른 색의 천(織物)을 들고 있는데, 2개는 흰색, 가운데 하나는 붉은색이다. 등 허리 언저리에 소그드어 글자 자국이 있다.

---

95) L. l. 알바움(Al'baum), 아프라시압 벽화(Живопись Афрасиаба), Tashkent FAN, 1975, 22~23쪽. 加藤九祚 譯, 『古代サマルカンドの壁畫』, 文化出版局, 1980, 69~70쪽.

⑨ 낯에 소그드어 글자 자국이 있다. 손에 베 3필을 들고 있는데, 2필은 붉은색, 가운데 1필은 하얗다.

⑩은 ⑨와 비슷하게 그렸다. 손에는 꼬인 비단실(실크 原絲)을 들고 있다. 오른발은 바닥에 단단히 딛고 왼발은 무릎을 구부려 앞발로만 받치는 것 같아 걸어가는 모습이다.

⑪ 거의 정면을 바라보듯이 그렸는데 손에 과일을 들고 있다.

이하 3명의 인물상은 벽화를 청소하고 보존용 약품을 침투시켰을 때 처음 그린 밑그림이 나타났다고 한다.

⑫는 ⑪의 그림을 그대로 되풀이한 것이다. 눈은 분명히 몽골로이드의 눈이고, 몽골 주름이 강조되어 있다. 손에 과일을 든 모습을 아주 뚜렷하게 그렸다.

⑬ 몸의 4분의 3을 오른쪽으로 돌린 옆얼굴을 그렸다. 얼굴은 몽골로이드 성격이 강조되었다. 가슴에 모은 두 손은 소매 속에 넣었다.

⑭ 밑그림 인물상 가운데 보존 상태가 가장 좋다. 이 인물의 손에 네모난 것(笏?)을 들고 있고, 그 끝이 주름 있는 소매에서 튀어나와 있다.

이들 인물의 옷은 노란 비단 카프탄이다. 모두 머리는 위로 모았고, 작은 검은 모자 속에 감추어져 있다. 이런 세부묘사는 당대(唐代) 옷의 특징이다.

화가는 이 사절을 바르후만 앞 옥좌가 있는 곳에 그렸을 뿐 아니라 나아가 전체 북벽의 넓은 공간을 그들을 위해 할애해 사절단이 소그드에 이동하는 것을 그렸다.[96]

그림에서 ⑦번은 왼쪽에 거의 보이지 않는데, ⑧ ⑨ ⑩ ⑪번 가운데 ⑧⑨번 사신은 하얗고 빨간 통 같은 공물을 들고 가고, ⑩번 사신은 털실로 보이는 공물을, ⑪은 과일을 들고 왕에게 바치러 가고 있다. ⑫ ⑬ ⑭번도 같은 사절단을 그린 것인데, 파란 바탕에 밑그림만 그려 놓았고, 그 위에 오른쪽 위로 가는 궁정 의전관 ⑮ ⑯ ⑰번을 그렸다고 했다. ⑫번의 밑그림도 ⑪번과 똑같이 과일을 들었고, 그

---

96) L. l. 알바움(Al`baum), 아프라시압 벽화(Живопись Афрасиаба), Tashkent FAN, 1975, 58~59쪽. 加藤九祚 譯, 『古代サマルカンドの壁畫』, 文化出版局, 1980, 99~100쪽.

뒤 두 인물도 앞의 사절단과 같은 모습이기 때문에 이 사절단은 적어도 7명으로 화면의 다른 사절단에 비해 대규모라고 할 수 있다.

이 사신들은 공물을 바치고 있는데, ⑧⑨번은 하얀색과 빨간색 천(織物) 3필을 들고 있다고 보았고, ⑩번은 실크 원사를 들고 있으며, ⑪번은 과일을 들고 있다고 했다. ⑫번도 ⑪번과 같이 과일을 들고 있는 그림을 다시 그렸지만, 윤곽만 남아 있고 그 위에 다른 그림을 그렸다. 비록 색깔은 칠하지 않고 선만 남아 있지만, 앞 인물이 훼손되어 사절의 앞모습을 어떻게 그렸는지 자세히 볼 수 있게 한다. 알바움은 이 앞모습을 자세하게 설명하였다. ⑬번 그림에서는 코와 입술의 모습들을 들어 몽골로이드 계통이라고 보았다. ⑭번은 비록 파란 바탕에 윤곽만 그렸지만, 그 특징이 잘 나타나 있으므로 알바움은 아주 자세하게 그 모습을 설명하고, 그런 내용을 종합하면 이 사절은 당나라(618~907) 옷의 특징을 지녔다고 결론을 내린다.

2) 아프라시압 박물관의 그림 설명

❸ 비단(고치, 실타래, 두루마리)을 가져온 China 사절

[Chinese envoys bringing silk(cocoons, hanks, rolls)]

Gardes turcs
Turkish guards
Turk sarbozlari

Envoyés chinois apportant la soie (cocons, écheveau, rouleaux)
Chinese envoys bringing silk (cocoons, hanks, rolls
Shoyi matolarini keltirayoqan Xitoy elchillar (pilla, to'quv iplari, matolar)

그림 90 ❸ 비단(고치, 실타래, 두루마리)을 가져온 China 사절

박물관 벽화에서는 밑그림에 나타난 ⑫ ⑬ ⑭번은 빼고 대신 2층에 사신 2명을 더 배치하였다. 그리고 이 대표단을 동투르키스탄이란 말을 빼고 China 사절이라고 설명하였다.

3) 서벽 가운데 그림에 대한 검토

서벽 가운데 그림에서 가장 중요한 문제는 사절단의 국적이다. 알바움이 당나라나 동투르키스탄이라고 했는데, 박물관의 설명에서도 China라고 한 것을 보면 지금까지의 연구성과를 당의 사절단으로 확정한 것 같다.

그러나 앞으로 많은 문제가 더 논의되어야 한다.

첫째, 당나라가 사절을 보냈다는 기록이 없다.

둘째, 당나라가 바르후만을 강거도독으로 임명하는 장면이라는 주장이 있다. 그러나 벽화에 쓰인 글월을 검토해 보면, 주변 국가와의 논의만 나오지 당나라에 관한 것은 전혀 나오지 않는다. 특히 30명이나 되는 돌궐인의 등장 시기가 서돌궐이 멸망한 657년 이전일 가능성이 크고 그때는 당이 사절을 보내기 어려웠을 것이다. 당나라가 바르후만을 도독으로 임명할 때의 사절이라면 사절이라고 하더라도 황제의 임명장과 선물을 높은 곳에 앉아서 받을 수가 없다.

셋째, 당나라 사절이 오면서 과일을 선물로 가져온다는 것은 이해하기 힘들다. 선물이란 주로 특산물을 보내는 것인데, 몇 달이 걸리는 사행길에 어떻게 과일을 선물로 가져가겠는가? 그것도 7명 사절 가운데 2명이 과일을 들고 있다. 이런 모습은 황제국 당의 사절단 모습이기 어렵다.

넷째, 만일 당나라 사절이라면 이 자리에 고리(高麗) 사절을 함께할 수가 없다. 많은 학자들이 이미 이야기했지만 당과 고리(高麗) 645년 이후 서로 전쟁상태이기 때문이다.

다섯째, 당나라 사절이라는 주장이 주로 복식을 증거로 대고 있는데, 그렇다면 당나라의 어떤 그림본(模本)인지 밝혀야만 할 것이다. 이 문제는 뒤에서 다시 자세하게 보기로 한다.

우리는 소그드 미술을 기원후 7~8세기 오늘날 우즈베키스탄의 소그드 벽화에 한정하여 이해하지만 소그드라는 서역의 한 지역은 단순히 7~8세기 벽화에 남은 특정 시기의 한 나라가 아니라 해당 지역을 점유하고 통과한 동서문화의 교류 통로를 의미한다. 이르게는 페르시아의 아케메네스 왕조에서 페르세폴리스의 궁정 부조에 소그드인이 조공을 바치는 장면을 묘사하였듯이 페르시아, 파르티아, 알렉산드로스 대왕의 침략을 통한 그리스 헬레니즘 문화, 그레코 박트리아, 쿠샨, 에프탈, 사산, 돌궐에 이르기까지 동서 여러 나라의 문화가 양쪽으로 흐르는 교류의 중심에 위치하였다는 점을 인식해야 한다.[97]

그러므로 아프라시압 벽화를 비롯한 소그드 벽화가 동쪽의 당나라 영향을 받았다기보다는 이전에 이미 페르시아 같은 서쪽 나라의 영향을 받은 그림이라고 볼 수 있다. 페르시아의 사산왕조(224~651)는 260년 소그디아를 정복한 뒤 5세기 라이벌인 에프탈(Ephthalites)에게 자리를 물려줄 때까지 지배했기 때문에 사마르칸드는 페르시아 문화의 영향을 많이 받았다. 그 뒤 550~560년 에프탈을 밀어내고 서돌궐이 사마르칸드를 지배하였다. 당나라가 사마르칸드에 강거도독을 세울 때가 658년이다. 아프라시압 벽화가 조성될 때 당나라의 세력권에 들어간 지 몇 년 지나지 않았고 실제로 큰 교류가 없었기 때문에 당의 미술이 사마르칸드에 영향을 미쳤다기보다는 서녘의 영향을 받은 전통적인 소그드 미술기법으로 벽화를 그렸다고 봐야 할 것이다. 이 문제도 다른 마당에서 자세히 다루겠다.

2. 서벽 1층 가운데 그림 ⑮ ⑯ ⑰번 인물 3명

1) 알바움의 설명

이 인물들도 사신들을 맞이하는 30명 가운데 3명인데 손으로 위쪽을 가리키고 있다.

---

97) 박아림, 「고대 미술 자료로 본 고대 한국과 우즈베키스탄의 국제 교류」, 동북아역사재단·사마르칸드시 역사박물관 주최 『2019년 한국·우즈베키스탄 국제학술회의-아프라시압 궁전벽화와 한국·우즈베키스탄의 교류-』, 2019, 50쪽.

그림 91 ❹ 돌궐 호위병(알바움 도판 32)

그림 92 돌궐 호위병(아프라시압 박물관)

⑮, ⑯, ⑰ 세 사람은 ⑦~⑪의 인물상 오른쪽에 그려져 있다. 이들은 사마르칸드 왕의 시종(侍從) 가운데 3명이다. 이 세 사람은 한 줄에 서 있는데 앞으로 갈수록 등이 높아진다. 모두 등을 돌리고 있는 모습을 그렸다.

⑮ 인물상은 흰 할라트를 입고 머리를 오른쪽으로 돌렸다. 이마는 높고 코는 우뚝 솟았고,…… 머리는 허리까지는 까맣게 하나로 묶었고, 그 끝은 4가닥으로 묶어 곱슬곱슬하게 했다. 허리 오른쪽에는 둥근 주머니 윤곽이 그려져 있다. 왼쪽은 손바닥을 밖으로 하고 오른쪽 손은 팔꿈치를 굽히고 집게손가락으로 위를 가리키고, 나머지 손가락은 쥐고 있다.

⑯은 ⑮와 같은 모습을 하고 있다. 얼굴은 밝은 갈색인데 약간 위를 바라보고 있다.

⑰ 보존 상태가 좋지 않아 윤곽만 남아 있다. 왼손은 위쪽으로 들어 올리고 있는데 집게손가락으로 위쪽을 가리키고 있다.[98)]

2) 아프라시압 박물관의 그림 설명

박물관에서는 ❹ 돌궐 호위병(Turkish guards)이라고 설명하고 있다.

---

98) L. I. 알바움(Al'baum), 아프라시압 벽화(Живопись Афрасиаба), Tashkent FAN, 1975, 23쪽. 加藤九祚 譯, 『古代サマルカンドの壁畫』, 文化出版局, 1980, 70쪽.

3) 세 인물에 대한 검토

먼저 그림에 돌궐 관리들이 30명이나 그려진 까닭을 밝혀야 할 것이다. 그리고 앞에서 본 사절단이 왼쪽으로 가고 있는데 왜 이 돌궐 시종들은 오른쪽으로 가는지 밝혀야 할 것이다. 이 문제는 마르쿠스 모데가 꽤 깊이 다루었다. 뒤에서 서돌궐 문제를 다룰 때 자세히 본다.

Ⅳ. 서벽 1층 오른쪽 그림과 고리(高麗, Kori) 사절

서벽 하단의 맨 오른쪽 그림을 보면 모두 8명의 인물이 등장한다.[99] 서벽 오른쪽 그림은 3가지로 나누어 본다. 첫째 ⑱~㉓번 6명을 한 절로 묶어서 보고, 둘째 ㉔ ㉕번 고리(高麗) 사절단을 보며, 마지막으로 인물이 아닌 창과 방패 그림을 검토해보기로 한다.

1. 서벽 1층 오른쪽 그림 ⑱~㉓번 인물 6명

1) 알바움의 설명

(1) 사마르칸드 왕궁의 의전관들 ⑱ ⑲ ⑳번

⑱ ⑲번 두 사람은 앞에서 본 궁정 시자(侍子) 30명을 말하고, ⑳번에 대해서는 특별히 설명하고 있지 않다.

⑱ 세모꼴로 양쪽으로 젖힌 깃이 달린 빨간 할라트를 입고 있다. ……머리는 등으로 내려뜨렸는데 변발(辮髮)의 끝이 허리 뒤쪽에 보인다. ……왼손은 몸 따라 아래로 내리

---

99) "Roxpisi Afrasiaba", Akademiya Nauk Uzbekiskoy CCP, Institut Arxeologii, tabl 52.

그림 93 서벽 하단 벽화 오른쪽 그림(알바움 도판 7)

그림 94 서벽 하단 오른쪽(알바움 그림 7, 70쪽)

고 있고, 새끼손가락에 반지를 낀 오른손은 지팡이를 짚었다.

⑲ 팔을 굽혀 ☞ 자 꼴 손잡이 있는 긴 지팡이를 짚고 있다. 오른손으로 지팡이를 잡고 왼손을 오른손 위에 올려놓았다.

⑱⑲의 인물상은 두 개의 대표단을 맞이하고 있다.

⑳의 인물상은 윤곽선으로만 그린 남자 상이다. 화면을 보면, 이 인물은 검은 장화를 신었다. 그는 맞이하는 사람 쪽을 바라보고 있는데 짧게 깎은 머리는 뒤에 따라오는 사

람 쪽을 향하고 있다. 오른손은 위로 올려 사절의 얼굴 앞에 있다. 왼손은 몸을 따라 아래로 내렸다. 옆얼굴을 그렸는데, 머리털은 뒷면만 그려져 있다. 이마로 내려온 곱슬머리의 붉은 윤곽이 잘 보인다. 귀에는 귀걸이를 하고, 입술과 콧수염은 검다. 할라트에는 색을 칠하지 않았다.[100]

⑱ ⑲번의 특징은 특히 변발이 앞에서 본 의전관들과 같아 30명 시자들의 가장 큰 특징으로 보인다. 다만 이 두 시자(侍子)는 모두 지팡이를 짚고 있는 것이 차이가 난다.

⑳번은 앞에서 본 시자들과 사뭇 다르다는 것을 알 수 있다. 이 세 사람은 오른쪽에 있는 3명과 2명의 두 사절단을 맞이하는 역할을 하는데, ⑳번은 통역관으로 보인다고 했다.[101]

(2) 천산(天山) 같은 산악지대에서 온 사절 ㉑ ㉒ ㉓번

㉑ ㉒ ㉓번 3명의 사절 그림은 너무 많이 떨어져 나가 어느 나라 사절인지 파악하기 어렵다며 몇 가지 특징을 이야기하였다. 먼저 마지막 사절의 짐승 가죽이 서돌궐의 지배자 사궤 카간(射匱可汗) 선물에 있던 사자 가죽이나 호탄(Khotan)의 표범 가죽을 생각나게 한다고 하면서, 의복과 신발 같은 특징을 들며 차치(Chach, 현재의 타시켄트) 지배 아래 있는 천산(天山) 같은 산악지대에서 온 사절이라고 보았다.

㉑ 대표단을 이끄는 남자. 밝은 붉은 색 짧은 카프탄을 입었다. 칼자루 끝에 둥근 구멍이 나 있다. 오른손 아래 파란 리본이 2개 늘어뜨려 있는데 거기에 용도를 알 수 없는 고리가 고정되어 있다. 이 인물상에는 소그드 문자 자국이 남아 있다.

㉒ 노란 카프탄을 입고 있다. 앞쪽에 내려뜨린 끈에 노란 물건을 지녔다.

---

100) L. l. 알바움(Al'baum), 아프라시압 벽화(Живопись Афрасиаба), Tashkent FAN, 1975, 21쪽. 加藤九祚 譯, 『古代サマルカンドの壁畫』, 文化出版局, 1980, 71쪽.

101) L. l. 알바움(Al'baum), 아프라시압 벽화(Живопись Афрасиаба), Tashkent FAN, 1975, 73쪽. 加藤九祚 譯, 『古代サマルカンドの壁畫』, 文化出版局, 1980, 110쪽.

㉓ 왼손에 검은 점이 있는 노란 짐승 가죽은 빛깔과 내려뜨린 발굽을 볼 때 표범으로 보인다. 오른손으로는 둥근 물건을 가슴에 대고 있다. 머리 가운데를 꾸민 장식이 있다.

현재로서는 이 사절단이 어느 민족인지를 정확하게 결정할 수 있는 데이터가 충분하지 않다. 풍부한 검은 머리칼을 뒤로 모아 등으로 내려뜨렸다. 또 황금 머리꾸미개가 보인다. 사절단 단장은 3개, 다른 사람들은 1개의 황금 장식(권력의 상징)을 (이마에) 붙였다. 보존 상태가 좋지 않아 그들의 손안에 어떤 선물을 들고 있는지는 알 수 없다. 동물 털가죽이 선물 품목에 들어가는 것은 서돌궐의 카간인 사궤 카간(射匱可汗)의 경우에서 볼 수 있다. 그것은 사자의 털가죽이었다. 호탄(Khotan) 왕은 표범의 털가죽을 선물하였다. 짐승 가죽으로 만든 끝이 젖혀진 구두(이것은 지금도 天山지방 같은 산지 사람들이 신고 있다)를 보면 이 사절이 차치(石國, 지금의 타시켄트)에서 온 것이라고 본다. 차치에 대해서는 글월(銘文)에서도 등장한다. 차치 지배자는 사마르칸드의 왕족 출신으로 풍습도 사마르칸드와 같다고 중국 자료에 기록되어 있다. 벽화를 통해서만 보면 긴 머리만 공통적이다.[102]

앞에서 본 글월(銘文)에서 바르후만이 차가니안 사절과의 대화를 마치고 차치 사절과 이야기가 시작되는데, 바로 그 차치의 사절이라고 본 것이다.

2) 아프라시압 박물관 벽화 전시 설명
❺ 티베트 사자(使者)를 안내하는 의전관과 통역관
(Chamberlains and interpreter introducing Tibetan messengers).

전시설명에서는 ⑱~㉓ 인물 6명을 한꺼번에 설명하고 있다. 왼쪽 2명이 의전이고 가운데 한 명이 통역관, 그리고 나머지 오른쪽 3명은 티베트 사절이라고 설명하였다.

---

102) L. l. 알바움(Al'baum), 아프라시압 벽화(Живопись Афрасиаба), Tashkent FAN, 1975, 73쪽. 加藤九祚 譯, 『古代サマルカンドの壁畵』, 文化出版局, 1980, 110쪽.

Chambellans et interprète introduisant les envoyés tibétains
Chamberlains and interpreter introducing Tibetan messengers
Tibetlik elchilarga körsatma berayotgan amaldor va tarjimon

그림 95 티베트 사자(使者)를 안내하는 의전관과 통역관(아프라시압 박물관)

3) ⑱~㉓번 인물 검토

여기서 알바움이 언급한 차치(Chach)는 당나라 현장법사가 서역과 천축을 돌아보고(629~645) 쓴『대당서역기』에 나오는 자시국(赭時國)을 이야기한다.

> 자시국(赭時國)은 주위가 천 리쯤 되고, 서쪽은 시르 강(臨葉河)에 접해 있다. 동서로 좁고 남북으로 길다. 토지와 기후는 노적건국(笯赤建國)과 같다. 성읍은 수십 개이며, 각각 우두머리를 세우고 있으나 전체를 다스리는 임금은 없고 돌궐족에 복속되어 있다. 이 곳에서 동남쪽으로 천 리쯤 가면 발한국에 이른다.[103]

자시국은 현재의 타시켄트를 일컫는데, 현장이 순례하던 시절(629~645) 자시국은 전체를 이끄는 왕은 없고 여러 성읍으로 나뉘어 있으며, 모두 돌궐에 복속되어 있었다는 것을 알 수 있다. 알바움은 그 여러 성읍 가운데 텐산산맥의 산속에 사는 한 성읍의 우두머리라고 보았다.

현재 아프라시압 박물관에서는 이 사절단을 티베트 사절(Tibetan messenger)이라고 설명하는데, 이에 대한 논리는 자세히 살피지 못하고 넘어간다.

---

103) 玄奘,『大唐西域記』(大正藏第 51 冊 No. 2087). 赭時國. 周千餘里. 西臨葉河[敦煌本作「葉葉河」]. 東西狹, 南北長. 土宜氣序, 同笯赤建國。城邑數十, 各別君長, 既無總主[敦煌本·石本·古本作「王」], 役屬突厥. 從此東南[敦煌本·古本作「東南行」]千餘里, 至怖(敷發反)捍國.

2. 서벽 1층 오른쪽 그림 ㉔㉕번의 고리(高麗) 사절

1) 고리(高麗, Kori) 사절에 대한 알바움의 견해

❻ 코리아 호위병(알바움 도판 7)

서벽 1층 맨 오른쪽 ㉔㉕번은 마지막 사절단으로 바로 이 책에서 주제로 삼는 고리(高麗) 사절들이다. 이 부분은 알바움이 쓴 글을 그대로 옮겨보려고 한다. 현재는 전체적인 형태만 남고 자세한 내용을 알아볼 수 없는 상태이기 때문에 발굴 당시 벽화를 직접 보며 묘사한 글은 1차 자료로서 가치가 있기 때문이다.[104]

그림 ㉔㉕ : 오른쪽에서 오는 사람들을 따라 맨 마지막에 좀 떨어져 서 있다. 이 그룹은 앞에서 본 사신들에 비해 머리 장식이 다르다. 처음 한 사람은 흰 구슬이 달린 리본을 묶은 머리 꼭대기에 작은 또아리(pommel)가 달린 둥근 모자를 썼는데, 그 끝에는 깃털이 2개 꽂혀 있다. 모자 아래 짧은 검은 머리가 보인다. 얼굴은 밝은데 (훼손되어) 사진에서 세부 사항을 볼 수 없다. 그의 카프탄(웃자락이 긴 외투)은 무릎까지만 내려와, 짧고 레몬색이다.[105]

카프탄은 주름이 잡혀 있고, 허리에는 넓은 검정 벨트를 찼다. 카프탄은 엉덩이 아래로 내려왔는데, 왼쪽에서 오른쪽으로 여몄다. 가벼운 비단 바지는 발목에 부드럽게 접히고 끈으로 조였다. 신발은 부드럽고 코가 젖혀 있다. 가슴에 올린 손은 넓은 소매에 숨겨져 있으며, 선물은 보이지 않는다. 왼쪽에는 검정 칼집에 든 일자형 칼을 찼는데, 허

---

104) L. l. 알바움(Al'baum), 『아프라시압 벽화(Живопись Афрасиаба)』, 타시켄트 판(Fan), 1975, 74~75쪽. 러시아말이 약하기 때문에 앞으로 깊이 연구하려는 이들이 정확한 번역을 할 수 있도록 원문을 함께 싣는다. 이 부분을 다 쓰고 난 뒤 일본어 번역판을 구하여 읽고 보강하였다. 加藤九祚 譯, 『古代サマルカンドの壁畫』, 文化出版局, 1980, 111~112쪽.

105) Фигуры 24−25 − стоят особняком, замыкая вереницу людей, идущих справа. От предыдущих посольств эта группа отличается головными уборами. У первого на голове круглая шапочка с небольшим навершием на макушке, перетяну-тым ленточкой с белыми перлами. Из на-вершия выступают два пера. Под шапочкой видны коротткие черные волосы. Лицо светлое, детали рисунка не прослеживаются. Кафтан у него короткий, до колен, лимонного цвета.

그림 96 ❻ 고리사신(알바움 도판 7)

리띠에 매달기 위해 위에 2개의 하트 꼴 고리가 달려 있다.[106]

사신 가운데 두 번째 사람은 같은 옷을 입었고, 모자는 일련의 둥근 바느질 해 붙인 장식이 있다. 얼굴은 연한 갈색이고 윤곽이 그려져 있으며 코는 약간 아래로 처져 있다. 머리카락은 짧고 검은색이며 모자 아래 튀어나와 있다. 아래 카프탄 측면에는 모서리를 둥글게 뭉친 작은 틈이 있다. 고리가 2개 있는 검은 칼집은 둥근 머리가 둥글고 소용돌이꼴 십자선이 있는 손잡이가 (그려져) 있다.[107]

이 사신들이 입은 의상의 특징은 이렇다. 넓은 소매가 있는 짧은 노란색 카프탄, 주름이 많은 긴 바지, 손은 긴 소매 주름 속에 숨겨져 있다. 머리에는 특이한 모자를 썼는데, 꼭대기에 작은 상투(chignon)가 있고, 거기에 깃털 2개가 꽂혀 리본으로 묶여 있다.[108]

2) 고리(高麗, Kori) 사절에 대한 아프라시압 박물관 전시 설명

아프라시압 박물관의 전시 설명에서는 ❻ 코리아 호위병(Korean guards)이라고 했다. 사절에 대하여 호위병을 뜻하는 'guard'라는 낱말을 쓴 것은 이해가 가지 않는다. 알바움은 러시아어로 파솔스뜨바(посо́льство)라는 낱말을 썼는데, 대사관, 대사관원, 대사 및 수행원, 사절단 같은 뜻을 가진다.

---

106) Он собран в складки широким черным поясом у талии. Ниже, на бедрах, кафтан обужен, запахивается слева направо. Легкие шелковые шаровары ниспадают мягкими складками до щиколотки и затянуты шнурками. Ботинки мягкие, носики вздернуты. Руки на груди скрыты широкими рукавами, даров не видно. С левой стороны прямой меч в черных ножнах с двумя сердцевидными петлями сверху для крепления на портупее пояса.

107) Второй член посольства одет в такой же костюм, шапочка украшена рядом круглых нашивок. Лицо светло-коричневого цвета, изображено в профиль, нос слегка опущен. Волосы короткие, черные, выступают из-под шапочки. Сбоку на кафтане внизу небольшой разрез с закругленными углами. Чехол меча черного цвета, с двумя петлями. Ручка меча с круглым навершием и фигурным перекрестием.

108) Для этого посольства характерны костюмы — короткие желтые кафтаны с широкими рукавами, длинные с многочисленными складками шаровары, кисти рук скрыты в складках длинных рукавов. На головах необычный убор: круглая облегающая шапочка с небольшим шиньоном, перетянутым лентой и торчащими из него двумя перьями.

벽화 설명에 나온 낱말들을 모아보면 다음과 같다.

❸ China 사절(Chinese envoys)
❹ 돌궐 호위병(Turkish guards)
❺ 티베트 사자(使者)(Tibetan messenger)
❻ 코리아 호위병(Korean guards)

그림 97 코리아 호위병(박물관)

China는 사절(envoys), 티베트는 사자(messenger)라는 낱말을 썼는데 코리아는 호위병(guards)이라고 썼다. 이 호위병(guard)은 궁정에서 사절을 안내하는 돌궐 호위병(Turkish guards)에 쓰이는 말로, 어떤 자료를 근거로 했는지 모르겠지만 맞지 않는 낱말이다. 보는 사람들은 앞에 티베트 사자(使者, Tibetan messenger)가 있고 바로 뒤에 서 있으므로 티베트를 따라간 코리아 호위병(Korean guards)이라고 오해할 수 있어서 달리 표현해야 한다.

3) 고리(高麗, Kori) 사절에 대한 검토

알바움은 이 사신들이 어떤 나라 사신인지를 보여 주기 위해 주로 N. Ya. 비추린(Bichurin)이 편찬한 『고대 중앙아시아 거주 민족에 관한 자료집』(러시아 과학 아카데미 출판국, 1950)을 참고하여[109] 고리(高麗)의 복식을 설명하였다. 비추린은 자료집에서는 『북사(北史)』열전 「고구리전」을 주로 번역하였다. 고리(高麗)는 중국어 발음으로 까오리(高麗, Gaoli)라고 기록되어 있는데, 이 까오리를 까레야(Korea)로[110] 옮겨 인용하였다. 이 고리(高麗)에 관한 기록은 먼저 추모(朱蒙)가[111] 태어나서 나라를 세울 때까지의 이야기를 길게 인용한 뒤, 이어서 절풍과 옷을 설명한다. 『북사(北史)』의 기록 가운데 고깔과 옷에 대한 것을 이렇게 인용하고 있다.

---

109) Н.Я. Бичурин (Иакинф), Собрание сведений о народах, обитавших в Средней Азии в древние времена. М.-Л.: Изд-во АН СССР. Т. I. 1950.
110) 한문은 모두 현재 중국어의 보통화로 옮기고 있으므로 'Gao-li'라고 한 것이다.
111) 고구리를 세운 시조는 광개토태왕비를 비롯하여 원자료는 모두 추모(鄒牟)라고 나오는데 북위가 처음 이름을 밝히면서 어리석은 난쟁이라는 뜻을 가진 주몽(朱蒙)을 쓰면서 잘못 전해진 것이다. (서길수, 『장수왕이 바꾼 나라이름 고리(高麗)』, 여유당, 2019, 67~68쪽).

그들은 기따이(China를 일컫는 러시아어) 모자와 비슷한 절풍(折風, Sifeng)을 머리에 쓴다. 절풍에는 새깃털을 2개 꽂는다. 겉옷은 넓은 소매와 넓은 샬나르(shalnar?)가 있는 카르탄으로 구성되어 있다. 허리에 띠를 두르고, 노란 가죽 신을 신는다.[112]

이런 사서 자료를 바탕으로 알바움은 "이 벽화를 역사기록과 대조해 보면 코리아(корейские) 사절이 서쪽 벽에 그려졌다고 볼 수 있다."고 결론을 내린다.[113] [114] 아울러 당시 고리(高麗)가 사마르칸드까지 올 수 있다는 것을 증명하기 위해 고리(高麗)가 돌궐과 교류했던 역사적 사실도 언급한다.

역사는 돌궐(тюрок)이 많은 민족들과 끊임없이 교류했다는 것을 증명해 주기 때문에 이것은 놀라운 일이 아니다. 특히 7세기 역사기록에 "이전 코리아 국왕은 종종 (돌궐의 카간) 키진(Ки-жин) (유목)집단에 사절을 보냈다."고 했다. 돌궐 칸 키진의 영역은 황하(黃河, 몽골 카라-무렌강)의 동서 루트 사이에 있었다.[115]

알바움이 인용한 돌궐의 카간 키진(Kizin, Кижин)은 'Kimin(Кимин, 啟民)'을

---

112) 원주 204) 위의 책 58쪽. Они на голове носят Сифын, похожий на китайский колпак. Приказные втыкают [в сифын] два птичьих пера… Одеяние состоит из кафтана с широкими рукавами и широких шальнар. Подпоясываются ремнем. Башмаки из желтой кожи. 『北史』의 기록: 사람들은 모두 머리에 절풍을 쓴다. 그 모양이 고깔과 같은데, 사인(土人)들은 더하여 2개의 새깃털(鳥羽)을 꽂았다. (귀족들은 그 관을 소골(蘇骨)이라 하고 대부분 붉은 비단으로 만들고 금은으로 꾸민다.) 옷은 소매가 큰 적삼에 통이 넓은 바지를 입고 흰 가죽띠에 노란 가죽신을 신었다. (人皆頭著折風, 形如弁, 土人加插二鳥羽. 貴者, 其冠曰蘇骨, 多用紫羅為之, 飾以金銀. 服大袖衫·大口袴·素皮帶·黃革履. 婦人裙襦加襈).

113) Koria는 Kori(高麗)+ia에서 비롯되었는데, 라틴어에서 /-ia/는 영토, 나라를 나타내는 뒷가지(接尾辭)다.

114) L. l. 알바움(Al'baum), 『아프라시압 벽화(Живопись Афрасиаба)』, 타시켄트 판(Fan), 1975, 75쪽. В росписях Афрасиаба головные уборы этого посольства, помимо перьев, имеют также круглые нашивные украшения. Сопоставляя росписи со сведениями хроник, можно предполагать, что на западной стене изображены корейские посланники.

115) L. l. 알바움(Al'baum), 『아프라시압 벽화(Живопись Афрасиаба)』, 타시켄트 판(Fan), 1975, 75쪽. В этом нет ничего удивительного, ибо история свидетельствует о постоянных контактах тюрок со многими народами. В частности, в хрониках VII в. говорится: «Прежде сего корейский государь часто присылал посланника в Ки-жиневу орду», владения тюркского хана Кижиня находились между восточным и западным руслом Желтой реки (Хара-Мурень—Монголия).

잘못 쓴 것으로 보인다. 607년 수나라 양제가 계민 카간(啟民可汗, 599~609)이 다스리던 돌궐에 갔을 때 그곳에 고리(高麗) 나라 사신이 와 있었다는『수서(隋書)』의 기록을 이야기한 것으로 보인다.[116]

알바움은 이런 사서의 기록을 바탕으로 고리(高麗)의 사신이 돌궐의 옛 수도였던 현재의 몽골 카라무렌(Khara-muren) 강의 동서루트를 통해서 사마르칸드에 왔을 것이라고 보았다. 알바움은 한 걸음 더 나아가 고리(高麗) 나라에 아프라시압 벽화와 같은 그림이 이미 있었다는 점을 지적하였다.

> 아프라시압의 벽화와 같다는 설득력 있는 증거는 고구리(Kogure, 高句麗)의 코리아 무덤벽화에서 찾을 수 있다.[117]
>
> 여기 복도의 동쪽 벽에는 말 탄 사람과 서 있는 사람이 있는데, 머리에 상투 달린 모자가 있고 깃털이 2개 붙어 있다. 그의 옷은 짧은 겉옷에 벨트를 매고 있고, 손은 넓은 소매에 숨겨져 있다. 두 인물의 다리에는 넓은 바지가 (그려져) 있다.[118]

평양에서 나온『고구리 무덤벽화(фрески гробницы Когуре)』에서 정확하게 아프라시압 벽화와 일치한 벽화를 찾아낸 것이다. 고구리 벽화 사진을 책에 내놓지는 않았지만 여기서 이야기하고 있는 고구리(高句麗) 벽화는 쌍기둥무덤(雙楹塚)의 동벽 널길의 벽화가 틀림없다.

이상의 알바움의 발굴보고서 가운데 고리(高麗) 사절에 대한 중요한 내용을 요약해 보면 다음과 같다.

---

116) 『隋書』卷67, 「列傳」第32, 裴矩. 從帝巡於塞北, 幸啟民帳. 時高麗遣使先通於突厥, 啟民不敢隱, 引之見帝.

117) 원주 210)『고구리 무덤벽화(фрески гробницы Когуре)』, 평양, 1958, 2쪽, 그림 26.

118) L. I. 알바움(Al'baum),『아프라시압 벽화(Живопись Афрасиаба)』, 타시켄트 판(Fan), 1975, 75쪽. Убедительную параллель росписям Афрасиаба можно найти во фресках корейской гробницы Когуре. Здесь на восточной стене коридора изображены всадник и стоящий мужчина, на голове которого шапочка с шиньоном, в нее воткнуто два пера. Одежда его состоит из куртки, перетянутой поясом, руки спрятаны в широкие рукава. На ногах обеих фигур широкие шаровары. (加藤九祚 譯,『古代サマルカンドの壁畫』, 文化出版局, 1980, 112~113쪽).

그림 98 쌍기둥무덤(雙楹塚) 벽화 속의 말탄 고리(高麗) 사람과 서 있는 고리(高麗) 사람

① 벽화 제자 시기는 서문을 쓴 굴랴모프(Ya. G. Gulyamov)가 주장한 690년대로 보았다. 이것은 벽화의 조성 연대일 것으로 본다. 고리(高麗)는 이미 668년 조정이 당에 항복하였다는 사실을 감안하면 고리 사신에 대한 치밀한 연대 비정이 부족했다고 볼 수 있다.

② 사서나 고구리(高句麗) 벽화를 통해서 고구리 사신임을 명확히 밝혀낸 것은 큰 성과라고 할 수 있다. 특히 고구리(高句麗) 벽화 책에서 쌍기둥무덤(雙楹塚)의 벽화에 나온 고리(高麗) 사람과 아프라시압 인물을 비교하여 결론을 내렸다는 것은 고리(高麗) 역사에 대한 기초검토가 있었다고 볼 수 있다.

③ 당시 돌궐과 교류가 많았던 고구리(高句麗)가 돌궐의 본거지였던 카라무렌을 통과하는 동서루트를 이용하여 사마르칸드까지 온 것이라고 사절의 루트를 나름대로 밝힌 것도 초기 연구로서는 큰 성과다. 이 루트는 고리 사절이 멀리 사마르칸드까지 간 사실을 증명하는 데 중요한 주제로 많이 논의될 것이기 때문에 마지막에 한 마당을 만들어 더 자세하게 보려고 한다.

알바움은 돌궐의 본거지를 카라무렌(Khara-muren)이라고 했는데, 정확히 어디를 말하는 것일까? 알바움은 비추린의 자료집을 인용하여 돌궐의 본거지는 황하(黃河, Желтой реки)라 했고, 괄호 안에 '몽골(Монголия)의 검은 강(黑水, Xa pa-Мурень)이라고 했는데, 몽골의 어떤 강을 이야기하고 있는지 언급하지 않았다. 일반적으로 러시아어에서도 황하(黃河, Желтой реки)는 중국의 황하를 이야기하고 검은 강(黑水, Хара-Мурень)은 러시아의 아무르 강(중화인민공화국의 黑龍江)을 이야기한다. 그러나 러시아를 비롯하여 많은 유럽 학자들이 몽골에 있는 검은 강(Black River)을 무슨 까닭인지 모르지만, 노란 강(Yellow River)이라고 한다. 『이란백과사전(Encyclopædia Iranica)』의 「서요(西遼, Qarā Ḳeṭāy)」에서는 카라무렌을 이렇게 설명하였다.

(서요의 덕종) 야율대석(耶律大石, Yelü Daši)은……[119] 1124년 (요나라) 천조(天祚) 황제가 보낸 두 장군을 물리치고 스스로 왕이라 일컬었다. 그는 얼마 안 되는 추종자들을 데리고 황제의 군대를 떠나 새로운 분쟁을 시작했다 (Biran, 2005, pp. 19-26). 그는 카라무렌(Qara Muren, 黃) 강을 건너 새로운 이민자에게 말·낙타·양을 제공하는 White Tatars(白韃靼)의 충성을 받아들였다. 옹구트(Öngüt)족으로도 알려진 화이트 타타르족은 7세기 오르도스에 정착한 네스토리우스(Nestorius) 기독교인이라고 공언하는 터키인이었다. (그곳에서) 잠시 머문 뒤 야율대석(Yelü Daši)은 서쪽으로 향했고, 고비사막을 건너 오늘날 몽골 남서쪽에 도착했다. 여기서 그는 주권의 상징으로 구르칸(Gurkhan, Kur Khan)이라는 칭호를 채택했다.[120]

119) 서요 덕종 무열황제 야율대석(西遼 德宗 武烈皇帝 耶律大石, 1087년~1143년, 재위 : 1124년 ~ 1143년)은 요나라의 황족 출신이며, 서요(西遼)의 초대 황제. 묘호는 덕종(德宗)이다. 자는 중덕(重德)[1] 이며 요나라의 태조(太祖) 야율아보기(耶律阿保機)의 8대손이다.

120) Encyclopædia Iranica, "QARĀ ḰEṬĀY". Having made away with two generals of Emperor Tianzuo, in 1124 he proclaimed himself king (wang). He abandoned the emperor's forces with a handful of retinue, thereby embarking upon a new way of dissension (Biran, 2005, pp. 19-26). He crossed the Qara Muren (Huang) River and accepted the homage of the White Tatars (Bai Dada), who provided the newcomers with horses, camels, and sheep. The White Tatars, also known under the ethnonym Öngüt, were a Turkic population settled in the Ordos in the 7th century and professing Nestorian Christianity. After a brief halt, Yelü Daši headed for the west and crossed the Gobi desert, arriving in what is today southwest Mongolia. Here he adopted as a symbol of sovereignty the title Gurkhan (Kür Khan). http://www.iranicaonline.org/articles/qara-ketay

이 설명은 카라무렌을 건너 백달달에 이르렀다고 하는 문장에서 카라 무렌=(Huang)이라고 해서 황하(黃河)임을 주장하였다. 이 부분은『요서(遼書)』에서 야율대석이 서요(西遼)를 세운 기록을 인용한 것으로, 흑수(黑水)를 카라 무렌(Qara Muren, 黃)으로 옮긴 것이다.

> (야율)대석(耶律大石)은 스스로 안전하지 않아 마침내 소을설(蕭乙薛)·파리괄(坡裡括)을 죽이고 스스로 왕이 되어 철기(鐵騎) 200을 거느리고 밤에 달아났다. 북쪽으로 3일을 달려 흑수(黑水)를 지나 백달달(白達達)에 이르러 (추장) 상고아(床古兒)를 평정하니, 상고아는 말 400필, 낙타 20필, 양 일부를 바쳤다. 서쪽에 있는 가돈성(可敦城)에 이르러 북정도호부(北庭都護府)에 머무르며, 무위(威武)·숭덕(崇德)·회번(會蕃)·신(新)·대림(大林)·자하(柴河)·타(駝) 같은 7개 주(州)와 대황실위(大黃室韋)·적자(敵剌)·왕기자(王紀剌)·다적자(茶赤剌)·야희(也喜)·비고덕(鼻古德)·니자(尼剌)·달자괴(達剌乖)·달밀리(達密裡)·달아기(密兒紀)·합주(合主)·오고리(烏古裡)·조복(阻蔔)·보속완(普速完)·당고(唐古)·홀무산(忽母思)·해적(奚的) 류이필(纍而畢) 같은 18부의 왕과 백성을 모았다. [121]

『요서(遼書)』에서 흑수를 지나 서쪽 가돈성(可敦城)에 자리 잡았다고 했다. 흑수를 건너 막북의 18부를 지배한 것이다. 가돈성(可敦城)은『바이두백과(百度百科)』에서 오르콘(Orkhon) 강 지류인 툴(Tuul) 강의 상류에서 발견된 회홀시대의 성 '친 톨고이 성(Чинтолгойн балгас)'이라고 했다. 몽골의 불간 아이막(Bulgan aimag) 다신칠렌 숨(Dashinchilen soum)에 있다. [122] 이렇게 보았을 때 검은 강을 뜻하는 흑수(黑水)는 오르콘 강 지류인 툴(Tuul) 강의 상류라고 볼 수 있다.

그렇다면 왜 흑수(黑水), 곧 오르콘 강을 황하(黃河)라고 불렀을까? 그것은 후대에 쓰여진 마르코폴로의『동방견문록(The Travels)』때문이라고 본다. 이 책의

---

121) 『遼史』卷30十 本紀 第30.「天祚皇帝」4. 大石不自安, 遂殺蕭乙薛·坡裡括, 自立為王, 離鐵騎二百宵遁. 北行三日, 過黑水, 見白達達詳穩床古兒. 床古兒獻馬四百, 駝二十, 羊若幹. 西至可敦城, 駐北庭都護府, 會威武·崇德·會蕃·新·大林·柴河·駝等七州及大黃室韋·敵剌·王紀剌·茶赤剌·也喜·鼻古德·尼剌·達剌乖·達密裡·密兒紀·合主·烏古裡, 阻蔔·普速完·唐古·忽母思·奚的·纍而畢十八部王眾.

122) Чинтолгойн балгас. https://mongoltoli.mn/history/h/320

2권 40장에 카라무렌(Qara Muren)이란 강이 나온다. 그리고 이 카라무렌 강에 대한 주석을 보면 모두 '황하=몽골 말로 검은 강'이라고 주석을 달았다.

> Qara-Muren: <u>The Yellow River</u>. Qara-Müren is the Mongolian and means 'Black River'.[123]
>
> Caramoran River, Kara-Müren = "Black River," Mongo name for Huang Ho, Yellow River of Chinese, 173, 218, 222.[124]

마르코폴로의 여행은 "또 서남쪽으로 가서 Pianfu(平陽府. 山西 臨汾)를 지나 Thaigin(太津, 山西 西南部의 河津)과 Caramoran(哈剌木連, 黃河), Cachanfu(開昌府, 陝西 同州)를 지나 Kenjanfu(京兆府, 西安)에 이르러 다시 Cuncun(關中) 지구에 들어간다.[125] 그렇기 때문에 마르코폴로의 책에 나오는 검은 강은 분명히 현재 중화인민공화국을 가로지르는 황하(黃河)가 분명하다. 마르코폴로가 황하를 몽골사람들이 검은 강(Qara-Muren)이라고 기록하였는데, 유럽학자들이 『요서(遼書)』에 나온 검은 강(黑水)을 황하라고 혼동하지 않았을까? 하는 생각이 든다. 현재의 흑룡강도 검은 강(Qara-Muren)이라고 한 것을 보면 막북에서는 아마 큰 강을 검은 강(Qara-Muren)이라고 했는지도 모른다.

어쨌든 알바움이 돌궐의 본거지라고 지적한 카라무렌(Khara-muren)은 현재 중화인민공화국의 황하가 아니다. 동돌궐의 수도를 검토해 보면 그 지점을더 분

---

123) Marco Polo, The Travels, Penguin Classics, 2015. note Four-8.
124) The Travels of Marco Polo: Translated Into English from the Text of Luigi Foscolo Benedetto by Aldo Ricci, Asian Educational Services, New Delhi · Madras, 2001. Here is told of the great river Caramoran, On leaving this castle and riding some twenty miles westward, one reaches a rive called Caramoran, so wide that there is no bridge that can span it; for truly it is ver broad and deep and swift. It flows into the Ocean Sea, Along the river there are many cities and towns, with may merchants and thriving trade. After crossing the river, and riding two days towards the west, you reach a noble city called Cachanfu.
125) http://www.world10k.com/blog/?p=745

명히 알 수 있다. 동돌궐의 수도에 관한 기록은 돌궐인들이 스스로 세운 오르콘 비문에서 찾아볼 수 있다. 퀼 테긴의 비문과 빌개 카간의 비문에 모두 나오는데 내용이 비슷하므로 퀼 테긴 비문의 내용을 보기로 한다.

    ① <S3> 튀르크 카간이 외튀캔 산악지역(Ötükän yïš)에 앉는(다면 그리고 그곳에서부터
        통치한)다면 나라에 (아무런) 걱정이 없다.
    ② <S3> 외튀캔 산악지역보다 더 좋은 곳은 전혀 없는 것 같다.
    ③ <S8> 외튀캔 땅에 앉아서 카라반을 보낸다면, 너는 전혀 걱정이 없다. 외튀캔 산악
        지역에 앉는다면, 너는 영원히 나라를 유지하며 앉을 것이다.[126]

    외튀캔 산악지역(Ötükän yïš)으로 옮긴 이 지역은 보통 외튀캔 산으로 옮기는 경우가 많다. 일반적으로 현재 몽골의 항가이(Khangai) 산맥으로 비정하는데, 항가이 산맥 가운데서도 가장 높은 오트곤 텡게르 산(Otgon Tenger, 4,008m 또는 4,021m)이라고 주장하는 학자도 있다.[127] 이 산은 자브항(Zavkhan) 지방에 자리 잡고 있으며, 항가이(Khangai) 지역에서 유일한 빙하로 덮인 봉우리다. 한문 사서에도 도근산(都斤山),[128] 대근산(大斤山),[129] 울도군산(鬱督軍山)[130]으로 나오며, 외튀캔 산은 튀르크계 유목민의 성지가 되어 자주 유목국가의 수도가 되었다.

    그러나 이런 산은 범위가 너무 커서 과연 수도가 어디인지 정확히 알기 어렵다. 그러기 때문에 좀 더 정확한 현재의 지점을 알기 위해 돌궐의 비석이 발견된 곳에 주의를 기울일 필요가 있다고 본다. 그 비석은 바로 코쇼 차이담으로 오르

---

126) Talat Tekin 지음, 이용성 옮김 『돌궐비문연구』, 제이엔씨, 2008, 81·82·85쪽.

127) J. Schubert, "Zum Betriff und zur Lage des ÖTÜKÄN, UAJ, 35/2, 1964, pp. 213~218. (『돌궐
       비문연구』 재인용)

128) 『周書』 권50, 列傳 42, 異域(下) 突厥. 可汗恆處於都斤山, 牙帳東開, 蓋敬日之所出也. 每歲率諸
       貴人, 祭其先窟.『隋書』 권84, 列傳 49, 北狄, 突厥;『新唐書』 열전 140(상). 國中相與議曰 : "四可
       汗之子, 攝圖最賢."因迎立之, 號伊利俱盧設莫何始波羅可汗, 一號沙缽略. 治都斤山. 菴羅降居獨
       洛水, 稱第二可汗.

129) 『隋書』 권84, 列傳 49, 北狄, 突厥. 遣太平公史萬歲出朔州以擊之, 遇達頭於大斤山, 虜不戰而遁,
       追斬首虜二千餘人.

130) 『旧唐書』·『新唐書』. 永徽元年 … 高宗數其罪而赦之, 拜左武衛將軍, 賜宅於長安, 處其餘眾於鬱
       督軍山, 置狼山都督以統之.

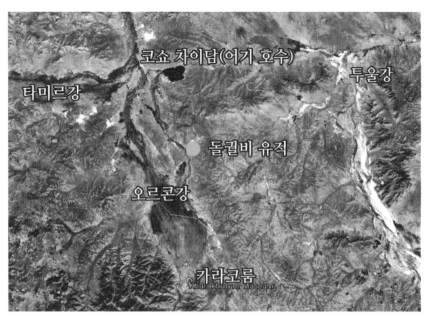

그림 99 돌궐비 위치

콘 강 가에 자리 잡고 있다. 그리고 코쇼 차이담은 바로 13세기 몽골의 수도였던
카라코룸(Kharakhorum)으로, 현재 몽골어로 하르호린(Kharkhorin)이라 하고,
외뵈르항가이 도(Övörkhangai Province)에 속한다. 카라코룸은 항가이 산맥 가장
동쪽 기슭에 자리 잡고 있고, 몽골 중부 초원지대와 만나는 곳이다.[131]

 알바움이 카라-무렌이라는 곳은 이 카라코룸일 가능성이 크다. 다시 말해 당
시 고리(高麗)의 수도였던 평양에서 카라코룸까지 와서, 다시 거기서 사마르칸드
까지 갔다고 보았다. 이 문제는 그 뒤 고리(高麗) 사신이 사마르칸드로 간 루트에
대한 논의를 불러일으키는 실마리가 되었다. 이 루트는 마지막에 한 마당을 마련
하여 자세히 보려고 한다.

---

131) L. l. 알바움(Al'baum), 『아프라시압 벽화(Живопись Афрасиаба)』, 타시켄트 판(Fan), 1975, 75쪽. В
росписях Афрасиаба головные уборы этого посольства, помимо перьев, имеют так
же круглые нашивные украшения. Сопоставляя росписи со сведениями хроник, мо
жно предполагать, что на западной стене изображены корейские посланники.

3. 서벽 l층 오른쪽의 깃발과 방패

1) 알바움의 설명

알바움이 인물을 빼놓고 다룬 그림으로는 제법 자세히 설명한 것이다. 이것은 전체적인 그림의 내용을 보여주는 상징일 수 있기 때문이다.

인물상들과 나란히 위쪽으로 솟은 작대기가 11개 그려져 있다. 작대기 아래는 보이지 않는다. 아마 땅바닥에 꽂아 놓았을 것이다. 작대기가 옆으로 넘어지지 않도록 위쪽에 가로막대가 있고, 각각 작대기에 끈으로 ×자꼴로 묶었다. 윗부분은 남아 있지 않지만, 위쪽 가운데 작대기에 맨 것으로 보이는 붉은 리본이 2개 내려뜨려져 있다.

이 구도 아래 5개의 동그라미가 보이는데 모두 파손되어 부분만 남아있다. 위 열의 3개 가운데 하나는 노란 테 속에 눈썹 위에서 코까지 가지 같은 활이 있는 공상적인 얼굴이 그려져 있다. 왼쪽 눈썹 밑에 큰 둥근 눈동자가 있는 눈이 남아 있다. 오른쪽에 같은 얼굴이 있다. ……두 번째 원의 오른쪽에 세 번째 원이 남아 있다. …….

그림 100 깃발과 방패(알바움 도판 41)

그림 101 깃발(알바움 그림 22 76쪽)

우리들의 견해는 화면 위쪽에 그려져 있는 것은 깃발이라고 생각한다. 깃발은 사령관의 심벌로, 끝머리 장식 아래 말꼬리를 거는 것인데, 중앙아시아의 튀르크·몽골족에게는 잘 알려져 있다. 아프라시압 벽화에서 깃발이 완전히 남은 것은 남벽 1호실의 14번 그림뿐이다. 작대기 끝에 금속제 끝머리 장식이 달려 있고 거기서 두꺼운 털뭉치가 내려뜨려져 있다. 같은 끝머리 장식이 바르후만의 옥좌 옆에도 있다고 본다. 그 왼쪽 지면에 11개의 깃발이 걸려 있는 것이다. 이 수는 바르후만의 지휘 아래 있는 전투군단의 수나 그에게 소속되어 지배를 받는 부족의 수를 나타낸다고 본다. …….

서벽의 바르후만 오른쪽에도 장대가 9개 아랫부분만 남아 있다. 그 단편이 발견되었을 때 옥좌에서 내려뜨린 천(布)을 그린 것이라고 해석했다. 지금은 이것이 깃발의 장대라고 확신할 수 있다.

깃발 아래 앞에서 본 5개의 둥근 것에 대해 보았다. 인물상에 견주어 보면 지금이 0.5m쯤 된다. 노란 테 속에 사람을 무섭게 할 수 있는 괴인의 얼굴이 그려져 있다. 우리는 이것을 방패로 본다. 이와 비슷한 꼴의 방패 그림을 남벽 부근의 무너져 쌓인 곳에서 찾았다.[132]

이 깃발과 방패는 이로써 주인공의 권위를 나타내는 표시라고 보았다.

2) 아프라시압 벽화의 전시 설명

아프라시압 벽화에서는 ❼ 돌궐의 창과 기괴한 마스크를 새긴 방패(Turkish spears, shields with grotesque masks)라고 했다. 깃발에 대한 설명은 없다.

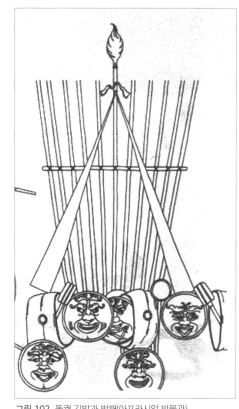

그림 102 돌궐 깃발과 방패(아프라시압 박물관)

---

132) L. l. 알바움(Al'baum), 아프라시압 벽화(Живопись Афрасиаба), Tashkent FAN, 1975, 78~79쪽.
加藤九祚 譯, 『古代サマルカンドの壁畵』, 文化出版局, 1980, 113~114쪽.

3) 창과 방패에 대한 검토

이 그림에 대해서 부록 컬러 그림에서는 '깃발과 방패(Бунчуки и щиты)'라고 했고, 본문의 선으로 그린 그림에서는 '깃발(Бунчук)'이라고 했는데, 전시장에서는 ❼ 돌궐의 창과 기괴한 마스크를 새긴 방패(Turkish spears, shields with grotesque masks)라고 했다.

이 그림에 대해서는 마르쿠스 모데가 그림 전체가 서돌궐의 카간이 주인공이 되는 그림임을 나타내는 의장 깃발이라는 것을 아주 자세하게 설명하는 논문이 있다. 기본 설명은 알바움으로 출발했지만 전체 그림의 주제를 확정 짓는 도구로 썼다. 뒤에 자세히 보기로 한다.

넷째 마당

아프라시압 벽화의
고리(高麗) 사절에 대한 연구사

Ⅰ. 1970년대 아프라시압 벽화 소개와 기초 연구

1975년 알바움의 『아프라시압 벽화』가 나온 뒤 바로 다음 해인 1976년 일본과 한국에서 논문이 2편 발표된다.

  ① 穴澤和光•馬目順一, 「アフラミヤブ都城址 出土壁畫に見られる朝鮮人使節について」, 『朝鮮學報』(80), 1976.

  ② 김원용, 「사마르칸트 아프라시압 宮殿壁畫의 使節圖」, 『考古美術』, 129•130, 1976.

1. 1976년, 아나자와 와꼬의 「아프라시압 도성 출토 벽화에 나온 조선인 사절에 대하여」

이 두 논문 가운데 특히 아나자와 와꼬(穴澤和光)•마노메 준이치(馬目順一)의 논문은 러시아 말로 된 발굴보고서를 일본말로 옮겨 충실한 자료를 제공함으로써 일본과 한국에서 아프라시압 벽화 연구를 일으키는 촉매제가 되었다. 아울러[133]

---

133) 이 논문의 도판은 모두 마노메 준이치(馬目順一)가 작성하고 3장과 4장의 일부도 집필하였지만 전체적인 맥락은 모두 아나자와 와꼬(穴澤和光)가 썼기 때문에 여기서는 아나자와 와꼬. 또는 아나자와로 줄여 쓴다.

벽화의 주제와 연대, 사절의 국적과 시대 배경에 대해 일정한 연구성과를 낳은 수작이었다.

1) 벽화의 연대 비정

앞서 보았듯이 알바움의 보고서 서문에 굴랴모프(Ya. G. Gulyamov)는 벽화에 그려진 사실은 바르후만(Varkhuman) 생전의 모습이고, 벽화 조성연대는 690년 대로 보았다. 아나자와는 벽화를 만든 연대와 벽화에 나온 사실은 제작연대보다 더 이른 시기라는 점에 착안하여 그 이전 시대를 검토한다. 먼저 러시아의 동양학자 스미르노바(O. I. Smirnova, 1910~1982)가 서벽 벽화의 주인공인 바르후만 (Varkhuman)이 『신당서』에 나온 불호만(拂呼蔓)과 같은 인물이라고 한 주장을 바탕으로 『신당서』 열전에 당(唐)이 불호만을 강거도독부로 삼았다는 고종 영휘 (永徽) 때인 650~655년을 그 시점으로 밝힌다. 그리고 이를 뒷받침하기 위해 벽화에 나타나는 몇 가지 무늬와 인물의 복식 따위를 검토하고, "『신당서』에 기록된 당 고종 영휘 연간(650~655) 바르후만에 대한 강거도독 임명이 가장 가능성이 강하다.[134]"고 보았다.

2) 고리(高麗) 사신 파견의 배경과 사신의 국적

(1) 사신 파견의 배경

아나자와는 고리(高麗)가 강국(康國, 사마르칸드)에 사신을 보낸 배경을 연개소문이 당나라와의 관계가 나쁠 때 당나라 서쪽 나라들과 우호와 통상을 맺으러 파견한 것이라고 주장하였다.

> 고구리(高句麗)는 642년 이후 막리지[135] 연개소문의 독재체제 아래 있어 당나라와의 관계에 늘 긴장하고 있었다. 이런 상황에 있던 고구리가 서녘 여러 나라의 우호와 통상을 맺

---

134) 穴澤和光·馬目順一, 「アフラミヤブ都城址 出土壁畫に見られる朝鮮人使節について」, 『朝鮮學報』(80), 1976, 21쪽.
135) 원문에는 막지리(莫支離)로 되었으나 바로 잡음.

으려 돌궐-소그드 관계를 이용하여 사마르칸드까지 사자를 보낸 것이라고 생각할 수
있다.[136]

아프라시압 벽화의 조선인 사절이 당나라 사절과는 전혀 다른 장소에 그려져 있는 것
도 이 추정을 뒷받침한다. 아마 이 사절의 파견은 연개소문이 생각해서 한 것이 아니겠
는가? 이렇게 보면 고구리가 사마르칸드에 사절을 보낸 연대의 하한은 연개소문이 죽
어 고구리의 정정이 혼란스럽게 된 666년(보장왕 25년)이 되어 3장에서 본 연대 비정과
꼭 들어맞는다.[137]

연개소문의 사절파견 주장은 그 뒤 많은 연구자가 인정하고 인용하였다. 연개
소문의 등장은 자연스럽게 연개소문이 죽은 666년이 사절파견 시기의 하한이 되
었다. 따라서 아나자와의 사절파견 연대는 650~666년이 된다.

(2) 사절의 국적

알바움이 고구리 벽화를 통해서 비록 코리아라고 썼지만 고리(高麗, 장수왕 이
후 바뀐 나라이름) 사람이라는 것을 분명히 하였는데, 아나자와는 고리(高麗)와 신
라를 놓고 아주 모호한 글을 썼다.

아나자와는 5장에서 사절의 국적에 대해 "이 두 명의 사절은 도대체 고구리(高
句麗), 신라 가운데 어느 나라 사절인가?"라는 큰 질문을 던지고 시작한다. 그러
니까 알바움과 달리 신라를 더 끌어들인 것이다.

알바움이 인용한 『구당서』에 더하여 『위서』까지 인용하고 여러 고구리 벽화
를 열거하며 깃털관(羽冠)이 고구리(高句麗)・고리(高麗)의 풍속이라고 하면서도

---

136) L. I. 알바움(Al'baum), 『아프라시압 벽화(Живопись Афрасиаба)』, 타시켄트 판(Fan), 1975, 75쪽.
Убедительную параллель росписям Афрасиаба можно найти во фресках корейско
й гробницы Когуре. Здесь на восточной стене коридора изображены всадник и сто
ящий мужчина, на голове которого шапочка с шиньоном, в нее воткнуто два пера.
Одежда его состоит из куртки, перетянутой поясом, руки спрятаны в широкие рук
ава. На ногах обеих фигур широкие шаровары. (加藤九祚 譯, 『古代サマルカンドの壁畫』, 文化
出版局, 1980, 112~113쪽).

137) 穴澤和光・馬目順一, 「アフラミヤブ都城址 出土壁畫に見られる朝鮮人使節について」, 『朝鮮學報』
(80), 1976, 31쪽.

신라 가야에서도 새깃털관(鳥羽冠)이 나왔다는 사실을 놓고 신라 사람일 수도 있다고 보았다. 당시 학계에서 당 이현(李賢) 무덤의 벽화를 신라 사절로 본 것도 영향을 미쳤다.

연개소문이 파견한 사절이라고 주장하면서도 끝에 가서는 신라설을 이렇게 덧붙인다.

> "다만 이것은 어디까지나 상황증거에 따른 추정에 그치고, 벽화의 인물이 신라사람일 가능성도 결코 없는 것은 아니다."[138]

이러한 관점은 1970년대만 해도 고구리사에 대한 연구가 부족한 상황이었고, 한국 고대사가 신라사 위주로 연구되었던 연구풍토와도 무관하지 않다고 본다.

3) 사신이 사마르칸드로 가는 스텝 루트(steppe route)

아나자와(穴澤)가 사신이 간 루트를 스텝 루트(steppe route)라고 주장하였는데, 이는 알바움이 막북초원의 카라코룸을 통해서 갔다는 설보다 한 걸음 더 나아간 것이다.

> 조선에서 떠난 사자가 중국을 경유하지 않고 북방 루트를 통하여 사마르칸드에 도착한 것은 충분히 가능하다. 북아시아 경유 스텝 루트(steppe route)는 중앙아시아의 실크로드처럼 오아시스 도시 유적들이 없어 연구가 진행되지 않았지만, 최근에 이르러 몇몇 주목할 만한 자료가 발견되었다. 1959년 내몽골의 호흐호트(呼和浩特) 시에서 서아시아 제품 같은 초승달꼴(新月狀) 금 치렛거리, 은잔, 가락지, 비잔티움의 레오 1세(457~474)의 돈을 묻은 무덤이 발견되었고, 1965년에는 사산왕조 페르시아의 카바드 1세(Kavad I, 488~531)와 호스로 1세(Khosrow I, 531~579)의 은화 저장소가 출토되었다.[139] 이는 실크로

---

138) 穴澤和光·馬目順一,「アフラミヤブ都城址 出土壁畵に見られる朝鮮人使節について」,『朝鮮學報』(80), 1976, 31쪽.

139) 원문 주) 內蒙古文物工作隊·內蒙古博物館,「呼和浩特市附近出土的外國金銀幣」,『考古』1975-3.

드를 벗어난 곳에도 다른 동서교통로가 있었다는 것을 보여 주는 것이다.[140)]

아나자와는 이처럼 중국을 통과하지 않고 서녘세계로 갈 수 있는 루트를 요시미즈 쯔네오(由水常雄)의 연구에서 힌트를 얻었다고 했다.[141)] 아나자와는 1975년 마이니치(每日) 신문에 난 요시미즈의 기사를 인용하였으나 아나자와의 논문이 실린 『조선학보』(80)에 요시미즈의 완성된 논문이 실려 있다. 그 논문에서 요시미즈는 이렇게 쓰고 있다.

> 또 그 (유리제품의) 제작지에 대해서는 몇 가지 뚜렷하지 않은 점이나 의문점이 있지만 대체로 중부 유럽이 아니고 지중해 주변의 로마 유리 생산지로, 4~5세기에 만들어진 것이라고 미루어볼 수 있다. 그리고 동쪽으로 전해지는 루트는 흑해 북쪽으로 올라가 남러시아에서 스텝 루트(steppe route)를 거쳐 북부 중국에 이르러 신라로 들어갔다고 생각한다. 카자흐공화국 카라 아가치에서 나온 것으로 금관총에서 나온 토대가 달린 (土臺付) 유리잔과 같은 유형의 대부배(臺付盃)나, 대동(大同)에 처음 묻힌 봉마노(封魔奴) 무덤(483)에서 나온 그물눈무늬(網目文) 유리잔이나, 북연의 풍소불(馮素弗) 무덤(402)에서 나온 고리꼴 장식(環狀緣) 유리잔은 그 루트를 보여주는 관련 자료다.[142)]

요시미즈는 신라에 로마의 유리제품이 들어온 루트를 추적했기 때문에 유리잔이 나온 유적들의 궤적을 잇고 있다. 먼저 현재 중화인민공화국의 영토인 북위의 봉마노(封魔奴) 무덤과 북연의 풍소불(馮素弗) 무덤에서 나온 유리잔에 주목하였다. 봉마노(封魔奴,416~483)는 태화 7년(483) 대경(代京)에서 죽었다. 대경은 북위 전기의 도성으로 지금의 산시성 따뚱시(大同市) 동북쪽이었다. 1965년 랴오닝성(遼寧省) 베이퍄오(北票市 西官营镇 馒头沟村 将军山)에서 북연시대의 풍소불 부부의 무덤이 발굴되었는데 여기서도 유리잔이 나왔다. 따라서 요시미즈가 추적

---

140) 穴澤和光·馬目順一,「アフラミヤブ都城址 出土壁畵に見られる朝鮮人使節について」,『朝鮮學報』 (80), 1976, 32쪽.

141) 穴澤和光·馬目順一,「アフラミヤブ都城址 出土壁畵に見られる朝鮮人使節について」,『朝鮮學報』 (80), 1976, 2쪽.

142) 由水常雄,「古新羅古墳出土のローマン·グラスについて」,『朝鮮學報』 (80), 1976, 37쪽.

한 스텝 루트는 다음과 같다.

【루트 1】신라 ⇒ 랴오닝성(遼寧省) 베이퍄오(北票) ⇒ 산시성(山西省) 따뚱(大同) ⇒ 카자흐스탄 카라가쉬(Karagash)의 카라 아가치(Kara Agach) ⇒ 흑해 북쪽 남러시아(현재 우크라이나) ⇒ 터키 지중해

이와 같은 요시미즈의 루트에 아나자와는 내몽골의 호호호트(呼和浩特)에서 발굴된 비잔티움과 페르시아 사산왕조의 유물들이 발굴된 사실을 추가한다. 이 것이 아나자와의【루트 2】다.

【루트 2】신라 ⇒ 랴오닝성(遼寧省) 베이퍄오(北票) ⇒ 산시성(山西省) 따뚱(大同) ⇒ 내몽골 후어호터(呼和浩特) ⇒ 카자흐스탄 카라가쉬(Karagash)의 카라 아가치(Kara Agach) ⇒ 흑해 북쪽 남러시아(현재 우크라이나) ⇒ 터키 지중해

물론 이와 같은 루트는 신라에 있는 유물이 어떤 경로를 통해서 들어왔는지를 연구한 결과다. 고리(高麗) 사신이 사마르칸드를 간 당시는 신라가 당나라 편에 서서 고리(高麗)와는 적국이었기 때문에 이런 루트는 성립이 되지 않지만, 이처럼 스텝 루트를 통해서 고리(高麗) 사신이 사마르칸드로 갔을 것이라고 추정해본 것은 뚜렷한 연구실적이라고 할 수 있다. 뒤에 학계에서 이른바 초원로(草原路)가 많이 논의된 것은 이 논문에서 비롯된 것이다.

4) 아프라시압 벽화에 나타난 고리(高麗) 사절의 의의
아나자와는 아프라시압 벽화의 발견이 세계 문화가 중국을 통해서만 들어온 것이 아니고 적극적으로 받아들였다는 점에서 한국문화에 대한 편견을 바꾸어야 한다는 결론을 내렸다.

아프라시압 벽화 발견이 갖는 큰 의의는 7세기 동서세계의 교류에 대한 구체적인 상황을 보여줌과 동시에 고대 조선에 서역 문화가 어떻게 흘러들어왔는가 하는 수수께끼

를 풀어주는 유력한 실마리를 학계에 제공하였다는 점에 있다. 고대 조선이 결코 유라시아대륙의 큰 문화의 흐름에서 고립되었다는 것도 아니고, 오로지 중국을 매개로 하여 서녘 문화를 수동적으로 섭취하였다는 것도 아니라는 증거가 되었다. 고대 조선인은 우리가 상상하고 있던 이상으로 넓은 국제적 시야를 가진, 중앙아시아까지 발을 뻗는 적극성이 있었다는 것이다. 이것은 종래 편견에 찬 조선 문화관에 수정을 가하는 것이 아닐까?[143]

당시 이 연구가 한일학계에 한국문화의 국제성을 증명하는 받침돌이 되었다고 보았다.

2. 1976년, 김원용「사마르칸트 아프라시압 宮殿壁畵의 使節圖」와 신라 사절설

아나자와 논문의 덧붙이는 말(付記)에 "아프라시압 벽화는 한국에서도 큰 관심을 모아 머지않아「고고미술(考古美術)」에 김원용 박사의 논고가 발표될 예정이라고 들었다.[144]"고 했고, 김원용 논문 머리에서도 "보고서에서 문제의 벽화 부분의 제록스 사본과 기타 필요한 정보를 일본의 고고학자 아나자와(穴澤和光) 씨가 서신으로 보내주었다. 그래서 아나자와의 호의에 의해 먼저 그 발견을 소개하고 겸하여 외우(畏友) 최 관장의 화갑을 축하하려는 바이다.[145]"라고 한 것을 보면 아나자와가 자료를 제공해서 발표했음을 알 수 있다.

이 논문은 첫머리부터 신라 사절을 전제로 하여 논리를 편다.

唐章懷太子墓壁畵에 나타난 新羅使節에 關해서 本誌 一二三·一二四號에 紹介하였는

143) 穴澤和光·馬目順一,「アフラミヤブ都城址 出土壁畵に見られる朝鮮人使節について」,『朝鮮學報』(80), 1976, 32쪽.

144) 穴澤和光·馬目順一,「アフラミヤブ都城址出土壁畵に見られる朝鮮人使節について」『朝鮮學報』(80), 1976, 32쪽.

145) 金元龍,「사마르칸트 아프라시압 宮殿壁畵의 使節圖」, 한국미술사학회『考古美術』(129·130 ÷谷崔淳雨先生 華甲紀念論文集), 1976. 162쪽.

데 이번에는 新羅使節이라고 생각되는 두 사람이 中央亞細亞의 사마르칸드의 壁畫에서 나타난 新羅時代의 外交活動의 活潑과 唐을 거치지 않는 直接的 西域文化 受容의 生生한 現場의 하나를 實見시켜 주는 것 같다.[146]

이 같은 논문의 전개는 이 벽화의 시대가 "벽화는 보고자 알바움에 의하면 아랍인이 정복 직전, 즉 서기 7세기 말~8세기 극초(極初)의 것이다."라고 했다는 내용을 바탕으로 하였다. 7세기 말에는 고구리(高句麗)가 668년 조정이 항복하고 난 뒤의 일이기 때문에 보고서에서 '코리아'라고 했으니 당연히 신라라는 논리였다. 앞에서 보았듯이 아나자와가 보낸 것은 알바움의 보고서 전부가 아니라 '벽화 부분의 제락스 사본과 기타 필요한 정보'라고 했다. 러시아 언어로 된 발굴보고서 전부를 보낸 게 아니라, 아나자와가 일부 사진이나 도면, 그리고 논문을 쓰는 과정에서 번역한 일본어 정보를 일부 제공한 것이다.

김원용이 벽화를 7세기 말에서 8세기 초라고 본 것은 먼저 보고서의 서문을 쓴 굴랴모프(Ya. G. Gulyamov)가 벽화 조성연대를 690년대라 했고, 그 정권이 아랍에 멸망한 715년까지로 본 것이다. 그러나 벽화의 조성 연대와 벽화에 나온 장면의 시대는 다르다는 점을 보지 못했기 때문에 나온 결과다. <고구리•고리사 연구 총서> 3권 『세계 속의 고리(高麗)-막북초원에서 로마까지』에서 본 막북초원의 퀼 테긴 비석도 고리(高麗)가 항복한 뒤에 세워진 것이지만 그보다 훨씬 이전 칸이 죽었을 때 고리(高麗) 사절이 조문갔던 시기로 보는 것과 같은 논리다. 이 점은 김원용 논문의 추기(追記)를 보면 알 수 있다.

穴澤氏는 그 뒤 다시 便紙를 보내와 이 壁畫의 年代를 쏘連學者들이 七世紀中葉頃으로 본다고 하며 따라서 高句麗인일 可能性도 있다고 말하고 朝鮮學報에 따로 그 方向으로 原稿를 썼다고 하였다. 萬一 이 壁畫의 年代가 七世紀中葉이라고 한다면, 新羅보다는 高句麗人일 可能性이 確實히 더 크다. 그러나 이 壁畫의 정확한 年代決定은 우리의 能力圈밖에 있으니 一旦 七世紀末, 8世紀初라는 年代觀 위에서 그대로 發表하여

---

146) 金元龍, 「사마르칸트 아프라시압 宮殿壁畫의 使節圖」, 한국미술사학회 『考古美術』(129•130 令谷 崔淳雨先生 華甲紀念論文集), 1976. 162쪽.

두기로 하는 바이다(七六·七·一一).[147]

　앞에서 보았지만 실제로 아나자와 씨는 벽화 주인공인 바르후만(Varkhuman)이 『신당서』에 나온 불호만(拂呼蔓)과 같은 인물이라는 주장을 바탕으로 『신당서』 열전에 당(唐)이 불호만을 강거도독부로 삼았다는 고종 영휘(永徽) 때인 650~655년을 그 시점으로 상정한다. 만일 김원용이 아나자와의 논문이 나온 뒤에 논문을 썼다면 신라 사절설은 나오지 않았을 가능성이 크다. 스스로 추기에서 "연대가 7세기 중엽이면 신라보다는 고구려 사람일 가능성이 확실히 더 크다."고 했기 때문이다.

　이런 추기(追記)에도 불구하고 논문에는 아나자와로부터 처음 받은 연대를 바탕으로 신라사절설을 전개해 간다.

　이 壁畫의 年代는 앞에서 말했듯이 아랍人 侵入直前의 七世紀末, 八世紀極初로 되어 있어 分明히 統一新羅人이다. 그리고 보면 六四九年의 「以夷易華」의 中國式服制로 完全唐式이 아니고 在來式이 基本을 이루고 있었던 것이 實情인 듯하고 또 新羅人들의 氣質로 보아 그것이 當然했을 것이다. 그리고 두 사람의 服色이 黃色으로 되어 있는데 法興王 때의 服色制定에 따르면…… 이들은 新羅官吏로서는 下級官吏가 되며 外交儀禮上 異常한 듯하지만 먼 나라이고 小侯國이어서 늙은 高官 대신 젊은 下級官吏를 보냈던 것인지도 모른다. ……이 두 사람의 雙角飾帽는 李賢墓人의 그것과 雙角式[148]만이 共通일 뿐 細部는 크게 다르다. ……그렇다면 이 帽子는 그들의 옷과 마찬가지로 李賢墓의 純粹傳統形式에 對해 新式 또는 改良式帽子라고 할 수 있고 李賢墓人이 三國末期統一初期 卽 七世紀中葉頃의 新羅人을 描寫한 것이라면 아프라시압 韓人은 정말로 七世紀末, 八世紀初의 新羅人이고, 따라서 七世紀後半의 五〇年 동안에 新羅에

---

147)　金元龍, 「사마르칸트 아프라시압 宮殿壁畵의 使節圖」, 한국미술사학회 『考古美術』(129·130 ㅎ谷 崔淳雨先生 華甲紀念論文集), 1976. 167쪽.

148)　김원용은 고리(高麗) 사신이 꽂은 닭깃털관(鷄羽冠)을 2개의 뿔로 꾸민 모자(雙角飾帽)라고 했는데, 그 근거로 "『三國史記』 樂志 舞樂服制에 「放角幞頭」라고 나오는데, 이것이 바로 신라인들의 雙角形立飾帽를 指稱하는 듯하며, 따라서 新羅帽의 立飾는 羽가 아니라 牛角(牛角形飾)이었다고 보아야 하겠다."고 하여 깃털(羽)이 아니라고 했다.

서 冠帽·衣服의 近代化(?)가 이루어졌다고 할 수 있고 問題의 眞德王 二年(六四九), 이어서 文武王 四年(六六四)의 服制改革은 完全 唐制가 아니라 여기서 보는 程度의 改革을 한 게 아닌가 생각되는 것이다.[149]

　김원용은 벽화에 나온 인물의 옷이 당과 달리 아직 재래식이 남아 있다고 하고, 복식 빛깔로 신라 복식에 따라 사신의 신분을 추출했으며, 깃털 2개를 꼽은 관모는 신식이고 개량식 모자는 근대화라고 평가하면서 신라 문무왕과 진덕왕 때 바뀐 당나라 복식이 완전 당제로 바뀌지 않았다고 규정하기에 이른다. 이런 무리한 해석은 벽화에 나오는 장면의 시대를 정확히 밝히지 못한 상태에서 벽화를 조성한 시대만으로 분석함으로써 나온 것이라고 할 수 있다.

　벽화 조성연대를 가지고 신라 사절이라고 주장하는 김원용의 설과 달리 당시 이미 발해설이 나왔다는 것도 주석에 언급하였다.

　이 壁畵人物을 新羅人으로 본다는 筆者의 意見이 新聞紙上에 發表된 뒤 高柄翊, 閔斗基 兩氏로부터 (1) 그렇게 먼 거리이니 新羅가 아닌 渤海나 당시 西部中國에 있던 韓國人集團의 使者일 可能性이 더 크지 않느냐 (2) 설사 新羅人이라 하여도 어떻게 그들이 新羅政府에서 「派遣」되었다는 證據가 있는지 辛辣한 口頭批判을 받았다. 우리는 渤海人들의 服裝을 알 수 없어 確信할 수는 없으나 渤海의 支配層이 高句麗人이었던 만큼 渤海官吏들이 이러한 放角幞頭에 狹袖上衣 狹口袴를 입을 可能性이 커서 이 壁畵人物이 渤海使일 可能性은 認定된다. 앞으로 硏究해 볼 問題이다. 그러나 中國邊境의 移住民集團이 外國에 使節을 보냈거나 使者를 받아들였고는 생각하기 어렵고 두 번째의 「正式派遣」 問題에 있어서는 그들이 新羅人이었다면 印度로 가는 留學僧 말고는 服裝으로 보나 費用으로 보나 政府官吏 아니고서는 도저히 생각할 수 없으며, 그들이 政府官吏였다면 政府派遣 아닌 다른 경우를 생각할 수 없을 것 같다.[150]

---

149)　金元龍, 「사마르칸트 아프라시압 宮殿壁畵의 使節圖」, 한국미술사학회 『考古美術』(129·130 今谷 崔淳雨先生 華甲紀念論文集), 1976. 167쪽.

150)　金元龍, 「사마르칸트 아프라시압 宮殿壁畵의 使節圖」, 한국미술사학회 『考古美術』(129·130 今谷 崔淳雨先生 華甲紀念論文集), 1976. 167쪽. 추기(追記) ②.

결국 김원용은 신라설을 주장하면서도 발해설도 인정하고, 고구리(高句麗)설도 인정했다는 것을 알 수 있다.

Ⅱ. 1980년대 아프라시압 벽화 연구

1976년 이후 1988년까지 국내에서는 아프라시압 벽화 연구에 특별한 진전이 없었다. 그러다가 1988년 북녘의 박진욱과 남녘의 노태돈이 1년 사이를 두고 각각 논문을 발표한다.

> ① 박진욱, 「아흐라샤브 궁전지 벽화의 고구려 사절도에 대하여」, 『조선고고연구』, 1988-3.
> ② 노태돈, 「高句麗·渤海人과 內陸아시아 住民과의 交涉에 관한 一考察」, 『대동문화연구』(23), 1989.

앞에서 김원용이 미술사학자로서 신라 사신설을 주장한 데 반해 두 사람은 역사학자로서 신라 사신설이나 발해 사신설을 부정하였다.

1. 1988년, 박진욱의 고구리(高句麗) 사절론

박진욱은 사절이 사마르칸드로 간 시기에 대해 "왈흐만을 강거도독으로 책봉한 시기이거나 그 이후 시기, 곧 650년대나 660년대에 있었던 사건을 그린 것으로 보는 게 합리적일 것이다."라고 해서 아나자와의 견해를 그대로 소개하였다.[151]

---

151) 박진욱, 「아흐라샤브 궁전지 벽화의 고구려 사절도에 대하여」, 『조선고고연구』, 1988~3, 15쪽

그리고 고리(高麗)가 사신을 파견한 배경을 650~660년에 당나라가 계속 쳐 들어와 고리는 스스로 국방력을 강화하기 위해 당나라를 견제하는 세력과 우호 관계를 맺기 위한 외교행위로 보았다. 당시 백제는 660년에 멸망하고, 신라는 수·당 편에 섰고, 돌궐은 무너져 나라로서 존재하지 않았으므로 당나라의 배후 에 있는 사마르칸드와 우호관계를 맺으려 했다고 보았다. 아울러 아나자와가 주 장한 연개소문의 역할도 다시 뒷받침하였다.

> 이것은 중세기에 국가들 사이의 관계에서 전통적인 관례로 되어왔던 원교근공(먼데 있
> 는 나라와 사귀면서 가까운 데 있는 나라를 공격하는)의 원칙과도 부합되는 것이다. 고구려가
> 싸마르깐드로 사절단을 보낸 것은 이러한 력사적 환경에서 진행되었던 것이다. …….
>   이 시기에 고구려에서는 연개소문이 막리지로서 국가의 실권을 장악하고 자기 나라
> 에 대한 당나라의 내정간섭을 단호히 물리치고 나라의 자주권을 고수하였는데 싸마르
> 깐드에 사절파견과 같은 대담무쌍한 거사는 틀림없이 연개소문의 명령에 의하여 진행
> 되었을 것이다.[152]

박진욱은 고구리(高句麗) 사절이 사마르칸드로 간 루트에 대해서는 아나자와 의 스텝 루트를 지지하였지만 정확한 지명을 밝히지 않고 약간 추상적으로 표현 하였다.

> 고구려 사절이 싸마르깐드로 갈 수 있었던 유일한 길은 다시 돌궐족이 있었던 당나라
> 북쪽으로 가는 길이다. 이 길은 당나라를 거쳐서 가는 길과 달리 수천 수만 리 무인지경
> 인 대초원과 광활한 고비사막, 그리고 알타이 산맥을 넘어야 하는 매우 불리한 자연조
> 건을 가진 길이었다.[153]

당과의 사이가 안 좋으므로 돌궐인들이 다니는 루트로 갔을 것을 전제로 만주 를 지나 현재의 몽골 동부까지 가는 초원과 그 뒤 사막을 상정하였다. 그리고 특

---

152) 박진욱, 「아흐라샤브 궁전지 벽화의 고구려 사절도에 대하여」, 『조선고고연구』, 1988~3, 16쪽.
153) 박진욱, 「아흐라샤브 궁전지 벽화의 고구려 사절도에 대하여」, 『조선고고연구』, 1988~3, 15쪽

이한 것은 알타이산맥을 넘었다고 한 부분이다.

박진욱은 김원용의 신라 사신설을 부정하였다.

> 이 두 인물을 기본적으로 고구려 사절로 보면서도 신라 사람일 가능성도 전혀 부정해 서는 안 된다고 하는 견해가 있다. 물론 신라 사람은 고구려 사람과 같은 거레로서 그 풍속과 옷차림이 고구려 사람과 비슷하였다. 그것은 신라의 풍속과 옷차림이 고구려와 대체로 같다고 한『수서』『북사』『구당서』의 신라전 기록이 잘 보여 준다.
>
> 그러나 구체적으로 보면 신라의 복식은 고구려의 복식과 꼭 같지 않다. 신라의 금방 울무덤에서 나온 기마인물상과 천마무덤에서 나온 관모에 그려진 기마인물 그림에 형 상된 복식은 고구려의 것과 약간 차이가 있다. 그것은 우선 관모에서 찾아볼 수 있는데 신라의 관모는 2개의 깃이 나와 있는 절풍이 아니다. 금방울무덤에서 나온 기마인물상 에 형상된 관모는 띠모양의 밑테두리 우에 삼각형이 덮개가 있는 것이며, 천마무덤에 서 나온 관모에 그려진 기마인물상도의 것은 그저 둥근 것으로서 아흐라샤브 궁전지 벽화의 그 두 인물의 관모와는 다르다. <u>또한 신라에 절풍이 있었다는 기록도 없으며 그 런 유물이 나온 예도 없다.</u> 또한 신라무덤에서는 칼도 적지 않게 나왔는데 칼집에 M형 꼭지가 붙어 있는 것은 나온 예가 없다.
>
> 이런 것으로 보아 아흐라샤브 궁전지 벽화의 그 두 인물을 신라 사람으로는 도저히 볼 수 없다.[154]

박진욱의 논리는 다음 3가지다.

① 옷차림은 비슷하다는 기록이 많지만 구체적으로 보면 차이가 있다.

② 특히 쓰개(冠帽)에서 크게 차이가 나는데, 고구리(高句麗)는 2개의 깃이 달 린 절풍인데 신라에는 절풍이 없었다.

③ 신라 무덤에서는 칼집에 M꼴 꼭지가 붙은 칼이 나오지 않았다.

박진욱은 고구리사(高句麗史)를 연구한 학자로서 사마르칸드 벽화에 나타난

---

154) 박진욱. 「아흐라샤브 궁전지 벽화의 고구려 사절도에 대하여」.『조선고고연구』. 1988~3. 14쪽.

고리(高麗) 사절에 대해 아주 높게 평가하였다.

　　지금까지 이 무렵에 조선 사람으로서 가장 먼 외국에 려행한 실례로서는 8세기 20년대
에 신라의 중 혜초가 당나라의 장안에서 출발하여 인도까지 갔다 온 것을 들었다.

　　그러나 고구려의 사절이 싸마르깐드까지 갔다 온 것은 7세기 중엽의 일인 것인 만큼
혜초보다 반세기 이상이나 이른 시기의 일이며 그 거리에서도 비할 바 없이 멀다. 용감
한 고구려 사절의 싸마르깐드 행차는 우리나라 중세의 대외 관계사에서 빛나는 자리를
차지하는 력사적 거사이며 통이 큰 고구려 사람들의 대담무쌍한 행동을 보여 주는 또
하나의 실례이다. 이것은 물질적 자료로서 미루어볼 수 있는 아흐라샤브 궁전지 벽화
에 그려져 있는 고구려 사절도는 우리에게 있어서 매우 귀중한 자료로 된다.[155]

2. 1988년, 고병익의 고구리(高句麗) 사절론

　　앞에서 1976년 김원용의 논문을 볼 때 동양사학자인 고병익(1924~2004)이 사
마르칸드 벽화의 사신은 신라 사신이 아니고 발해 사신일 것이라는 내용을 보았
다. 당시 논의는 벽화 주제의 시대를 670~715년으로 보고 고구리는 이미 항복했
기 때문에 발해 사신론을 주장했다는 것을 보았다. 그러나 8년 뒤 고병익은 벽화
주제의 시대를 확인한 뒤 고구리(高句麗) 사신론으로 바뀐다.

　　옛 사마르칸드 都城이었던 아프라시압都城址가 近年에 발굴되어 거기에서 7세기 後
半의 사마르칸드王인 왈프만王(新唐書 西域傳의 「拂呼蔓」)의 宮廷에 各國의 使節團이
入朝하는 정밀한 壁畫가 발견되었는데, 그 使節團 한쪽에 鳥羽冠을 쓰고 黃色上衣와
袴를 입고 環頭大刀를 佩用하고 拱手해서 서 있는 2人像이 있다. 이 人物들이 韓國의
使節일 것이라는 추정은 우즈베크共和國 科學아카데미의 正式 發掘報告書 「아프라시
압의 壁畫(타시켄트, 1975)」의 著者 L.I. 알바움에 의해서 이루어졌으며, 이들이 高句麗

155) 박진욱. 「아흐라샤브 궁전지 벽화의 고구려 사절도에 대하여」, 『조선고고연구』, 1988~3. 16쪽.

人일 可能性이 많은 것으로 보인다. 高句麗는 中國을 통하지 않고 직접 西域과 陸路를 통한 交涉을 가졌으며 이를 통하여 상당한 文物의 流入을 본 것이다.[156]

고병익은 주를 달아 김원용의 논문과 아나자와의 논문을 소개하며 "7세기의 아시아 정황으로 보아 고구리(高句麗) 사람으로 보고자 한다."고 해서 신라 사절 설을 부정하고 고구리 사절설을 주장하였다.

3. 1989년, 노태돈의 고구리(高句麗) 사절론

이 논문은 고구리(高句麗)가 내륙 아시아의 주민과 교섭했던 사실을 펠리오의 둔황문서에 나온 무그리그(Mug-lig), 돌궐비문에 나온 뵈클리(Bökli), 그리고 아프라시압 벽화에 나온 사절도를 통해서 밝혀 나간다. 앞의 두 문제를 다루면서 특히 돌궐과 고구리의 교류에 대해 자세하고 논의함으로써 맨 마지막에 아프라시압 벽화에 나온 사신을 이해할 수 있는 바탕을 마련하였다.[157]

노태돈은 돌궐비문을 논하면서 비문에 나온 부민 카간(Bumin, 吐門可汗)이 죽은 552년부터 6세기 말까지의 돌궐과 고리(高麗)의 관계를 자세히 관찰하였다. 그리고 이어서 아프라시압 궁전벽화의 고리(高麗) 사절을 보면서 돌궐을 비롯한 서역과의 관계에 초점을 맞추어 연구하였다.

노태돈이 언급한 사건들의 원 사료들은 아래와 같다. 이런 사실들은 그 뒤 아프라시압 벽화를 논의할 때 많이 인용된 것이고, 앞으로 고리(高麗) 사절이 실제 가지 않았다는 부정론을 논의할 때 쓰일 사실들이라 미리 밝히고 간다.

---

156) 高柄翊, 『東아시아 傳統과 近代史』, 三知院, 1984, 79~80쪽.
157) 盧泰敦, 「高句麗·渤海人과 內陸아시아 住民과의 交涉에 관한 一考察」, 성균관대 대동문화연구원 『대동문화연구』(23), 1989.

① 수나라 초(605)년의 돌궐과 고리(高麗)의 교역관계 기록

대업(大業, 605~617) 초……거란이 영주를 노략질하러 들어오자 (위)운기(韋雲起)에게 돌궐군사를 이끌고 가서 거란부락을 치도록 하였다. 계민 가한(啓民可汗)은 2만 기병을 내서 그의 지휘를 받았다. (위)운기는 20영(營)으로 나누어 네 길을 따라 한꺼번에 진군하였는데, 각 영은 서로 1리씩 거리를 두게 하여 서로 섞이지 않게 하였다. (또) 북소리가 들리면 나아가고 호각을 불면 멈추도록 하였다. ……거란은 본디 돌궐을 섬겼기 때문에 꺼려하지 않았다. 위운기는 (거란의) 경내에 들어가자 돌궐에게 유성군에 가서 고려(高麗)와 교역을 한다고 속이도록 하고 병영 안에 수나라 사신이 있다는 말을 못하게 하고 만일 누설하면 베겠다고 하였다.[158]

이 전투에서 거란은 크게 패하여 4만 명이 포로로 잡혔다. 여자 포로의 절반과 집짐승들을 돌궐에게 주고, 나머지를 데리고 수나라로 돌아가다가 남자는 모두 죽이고 여자만 데리고 개선하였다. 수•당이 이웃나라를 치면서 주변 나라 군사를 동원하고 어떻게 나누어 가졌는지를 보여 주는 좋은 보기이고, 돌궐이 고리(高麗)와 교역하러 간다고 속였을 때 거란이 믿고 방비를 하지 않았다는 사실에서 평소 돌궐과 고리(高麗)의 교역이 왕성하였다는 사실을 보여 주는 사료인 것이다.

② 607년 고리(高麗)가 돌궐의 계민가한(啓民可汗)에게 사신을 보낸 기록

앞에서 알바움이 언급한 607년 수 양제가 계민가한(啓民可汗)에게 갔을 때 고리(高麗) 사신이 와 있었던 사건 기사다. 이 기사는 돌궐이 수나라의 세력 아래 있었지만 고리(高麗)가 사신을 보냈던 사건을 빌미로 수 양제가 대대적으로 고리(高麗)를 침략하고 돌궐은 수나라 편에 서서 함께 고리(高麗)를 쳤다.

---

158) 『舊唐書』 卷75, 「列傳」第25, 韋雲起. 大業初 …… 會契丹入抄營州, 詔雲起護突厥兵往討契丹部落. 啓民可汗發騎二萬, 受其處分. 雲起分爲二十營, 四道俱引, 營相去各一裏, 不得交雜. 聞鼓聲而行, 聞角聲而止, …… 契丹本事突厥, 情無猜忌. 雲起既入其界, 使突厥詐云, 向柳城郡欲共高麗交易, 勿言營中有隋使, 敢漏洩者斬之. 契丹不備. 去賊營百裏, 詐引南度, 夜復退還, 去營五十裏, 結陣而宿, 契丹弗之知也.

③ 당 태종 때(645) 연개소문이 설연타(薛延陀)를 끌어들인 외교

『구당서』에 나오는 다음과 같은 기록이다.[159]

> (정관) 19년(645) (태종이 설연타에서 온) 사신에게 말했다. "너의 가한(可汗)에게 전해라.
> 우리 부자가 함께 동쪽으로 고리(高麗)를 치려고 하는데, 만일 너희가 변경을 노략질하
> 려면 해 보라고 해라." (설연타의 가한) 이남(夷男)이 사신을 보내 용서를 빌고 다시 군사
> 를 내어 (당의) 군사를 돕고자 하자 태종이 조서를 내려 칭찬하고 그만두게 하였다. 그
> 해 겨울 태종이 요동의 여러 성을 빼앗고 주필진(駐蹕陣)을 깨트리자 고리(高麗)의 막리
> 지가 몰래 말갈에게 명하여 이남(夷男)을 꾀어내도록 하였는데 많은 이권을 주어 끌어
> 들이려고 하였다. 이남은 (당이) 두려워 감히 움직이지 못했는데, 얼마 지나지 않아 이
> 남이 죽자 태종이 애도의 뜻을 보내도록 하였다.[160]

이 기록은 고리(高麗)의 막리지 연개소문이 당나라와 맞서기 위해 반대편에 있
는 설연타를 끌어들이는 외교전을 벌인 것이다. 이 기록에 보면, 당 태종이 고리
를 치기 위해 북쪽 변방의 설연타에게 미리 경고하였고, 연개소문이 많은 이권을
주고 참전시키려 했지만 설연타의 카간 이남(夷男)이 두려워 군사를 움직이지 못
한 것으로 되어 있다. 그러나 같은『구당서』다른 열전인 전인회전(田仁會傳)에서
는 전혀 다른 내용이 나온다.

> (정관) 19년 태종이 요동을 치기 위해 떠난 뒤, 설연타(薛延陀)가 수만의 기병으로 하남
> (河南)을 쳐들어갔다. 태종은 전인회(田仁會)와 집실사력(執失思力)에게 명령하여 군사를
> 거느리고 가서 설연타를 치니 (간신히) 몸만 빠져나와 도망갔다. 태종은 전인회의 공적

---

159) 이 기록은『唐會要』권96에도 나오는데 같은 내용이기 때문에『舊唐書』열전 내용을 인용하였다.
　　　노태돈은『唐會要』를 인용하였다.

160) 『舊唐書』卷199(하),「列傳」第149(하). 北狄 鐵勒. 十九年, 謂其使人曰：語爾可汗. 我父子並東征
　　　高麗, 汝若能寇邊者, 但當來也. 夷男遣使致謝, 復請發兵助軍, 太宗答以優詔而止. 其冬, 太宗拔
　　　遼東諸城, 破駐蹕陣, 而高麗莫離支潛令靺鞨誑惑夷男, 啗以厚利, 夷男氣慴不敢動. 俄而夷男卒,
　　　太宗爲之擧哀.

을 드러내 칭찬하고 조서를 내려 위로하였다.

전인회 열전에서는 분명히 태종이 고리(高麗)를 치는 동안 설연타가 하남(河南)까지 쳐들어갔고, 전인회를 비롯한 장수가 크게 물리친 기록이 뚜렷하게 나와 있다. 먼저 앞에서 본 기록에 따르더라도 연개소문이 당의 다른 주변 국가와 손을 잡기 위해 중간에 있는 말갈을 통해 설연타에게 사신을 보냈다는 사실이 증명되고, 두 번째 기록에 따른다면 그 외교전은 성공하여 설연타가 당을 공격하였다고 볼 수 있다.

정사에서 한 장수를 기록하면서 있지도 않은 사실을 가짜로 만들어 넣을 수 없는 반면, 황제를 미화시키기 위해 사실을 왜곡한 기록들은 아주 많다. 당 태종이 안시성 전투에서 고리(高麗)를 이기지 못하고 황급히 밤에 도망간 기록에서까지도 "성안에서는 모두 자취를 감추고 나오지 않았으나 성주가 성에 올라 절하며 작별 인사를 하였다. 황제는 그가 굳게 지킨 것을 가상히 여겨 비단 100필을 주면서 임금 섬기는 것을 격려하였다."는 식으로 황제의 업적을 미화한 기록을 보면 알 수 있다. 그러므로 위에서 본 두 가지 기록은 후자가 훨씬 더 믿을 만하다. 이 문제는 뒤에서 자세히 볼 수 있어서 여기서는 간단히 언급하고 넘어가기로 한다.

노태돈이 이처럼 고리(高麗)가 서녘 나라들과 벌인 외교에 대해 논술한 것은 그 사절이 신라나 발해의 사절이 아니라는 점을 증명하기 위해서였다.

발굴보고서에 의할 때, 이 벽화의 작성 연대의 下限은 712년 아랍군의 침공 이전이며, 소그드語로 궁전 벽에 쓰여진 銘文 중의 '와르흐만'이라는 王은 唐의 永徽 年間(650~655)에 康居都督으로 冊封되어진 拂呼蔓과 (≪新唐書≫ 西域傳 下. 康條) 동일인으로 여겨지므로, 대체로 7세기 후반 와르흐만王의 治世 중 이곳을 방문한 외국 사절단들

---

161) 『舊唐書』卷 185(상).「列傳」第145(상) 良吏上. 田仁會. 貞觀十八年, 太宗征遼發後, 薛延陀數萬騎抄河南. 太宗令仁會及執失思力率兵擊破之, 逐北數百裏, 延陀脫身走免. 太宗嘉其功, 降璽書慰勞. (貞觀十八年：本書 卷三太宗紀下·通鑑卷一九八作「十九年」.)

의 모습을 그린 것으로 여겨진다. 그렇다면 사절도 중에 보이는 두 명의 고대 한국인은 698년 무렵 건국한 발해국의 사절일 가능성은 사실상 없으며, 신라인으로도 보기 어렵다. 역시 고구려인으로 보아야겠고, 그들이 이곳으로 간 루트는 唐을 통해서가 아니라 북아시아의 이른바 초원의 길이었을 것이다. 柔然·突厥·薛延陀 등과 오랜 교섭의 경험이 그것을 가능하게 하였던 것으로 여겨진다.

위 내용을 간추리면 ① 연대는 알바움을 따랐고, ② 신라·발해인 설을 부정하고 고리(高麗) 사람이란 것을 뚜렷이 하였고, ③ 앞의 연구에 따라 루트를 초원 길로 보았다. 끝으로 ④ 사신의 의의를 "이 벽화에 보이는 두 명의 사절의 모습은 7세기 후반 가열한 대당전쟁(對唐戰爭)의 절박한 상황에서 내륙아시아 국가들과 동맹을 추구하던 고구려 조정의 외교 노력의 일면을 우리에게 여실히 보여 준다."고 평가하였다.[162] [163]

1980년대는 북과 남에서 모두 신라설을 부정하고 고구리 사신설을 주장하는 논문이 거의 동시에 나온 것이다.

1980년 알바움의 러시아어 보고서가 일본어로 번역되어 출판되면서 한국과 일본에서는 러시아어를 몰라도 발굴 결과를 알 수 있게 되었다.[164] 가또 규죠(加藤九祚)가 옮긴 『고대 사마르칸드 벽화(古代サマルカンド壁畫)』는 복잡한 주석은 모두 뺐지만 꼼꼼하게 번역하면서 필요한 그림을 더 추가하였는데, 그 가운데는 쌍기둥무덤(雙楹塚)에 나오는 고구리 벽화도 넣었다. 그러나 앞에서 본 남북의 학자들은 아직 이 번역본을 본격적으로 분석하기보다는 아나자와(穴澤)의 논문을 바탕으로 했다고 할 수 있다.

---

162) 노태돈, 「高句麗·渤海人과 內陸아시아 住民과의 交涉에 관한 一考察」, 『대동문화연구』 23, 1989, 245쪽.

163) 그 뒤 거의 같은 내용이 다음 두 책에 실린다. 노태돈, 『고구려사연구』, 사계절, 1999, 540쪽: 노태돈, 『예빈도에 보인 고구려』, 서울대학교 출판부, 2003, 56쪽.

164) L. I. アリバウム (著), 加藤九祚 (翻訳), 古代サマルカンド 壁畫, 文化出版局, 1980.

Ⅲ. 1990년대 아프라시압 벽화 연구

1. 1990년, 문명대의 신라 사절론

1989年 한국의 동국대학 불교문화학술조사단이 중국과 소련 유적을 답사하고, 다음 해인 1990년 문명대는 다음 두 가지 글을 내놓는다.

① 文明大, 「실크로드의 新羅使節像」, 『中國大陸의 文化』. ⑴ 故都長安, 한•언, 1990.
② 文明大, 「실크로드上의 新羅使節像 考察」, 『(李載龒博士還曆紀念) 韓國史學論叢』, 한울, 1990.

같은 해에 쓴 것이지만 ②에서 ①의 내용을 인용한 것을 보면 ①을 먼저 썼다는 것을 알 수 있다. 앞에서 1980년대 남북의 두 역사학자가 김원용의 신라 사절설을 비판하였는데, 1990년대 들어와 같이 미술사를 연구하는 문명대가 김원용의 신라설을 그대로 이어받아 논리를 전개한다. 작은 제목부터 '사마르칸드의 新羅使節圖'로 시작한 문명대는 "670(670~679)년 경부터 715(705 ~715)년까지 약 30~40년 동안이 강국으로서는 가장 화려한 시기였다고 할 수 있을 것이다. 따라서 그 당시가 당나라 등 앞에서도 말했다시피 각국 사절이 직접 왕래할 수 있는 가장 좋은 조건이며, 특히 신라 사절이 강국까지 갈 수 있는 가장 좋은 기회였을 것이다."고 해서 김원용의 설을 뒷받침한다.

두 사신의 가장 중요한 특징인 깃털관(羽冠)에 대해서도 "이 장식은 새깃(鵄) 모양으로 보기도 하지만 고구려 벽화의 새깃장식과는 다르며, 당 이현묘의 신라 사절 쌍뿔 장식에 보다 가깝기 때문에 쌍뿔 장식으로 보는 것이 순리가 아닌가 한다."고 해서 김원용의 설을 그대로 잇는다. 그는 글을 시작하면서부터 신라인을 전제로 논리를 전개한다.[165]

---

165) 文明大, 「실크로드의 新羅使節像」, 『中國大陸의 文化』⑴ 故都長安. 한•언. 1990. 27쪽. 고구려,

현재 남아 있는 예로서는 220굴과 335굴의 유마경변상도의 인물상이 가장 확실하고, 103굴 유마경변상도 및 158·332굴 열반경변상도에도 신라인 그림이 있을 가능성도 배제할 수 없다. 한국인임을 가장 잘 알 수 있는 특징은 깃털(鳥羽)을 꽂은 모자나 관을 쓴 인물상이다. 당 이현묘의 신라 사절상, 사마르칸트 아프라시압 궁전벽화 신라 사절상, 서안 도관칠개국합(都管七個國盒) 사절상, 서안 경산사지(慶山寺址) 사리보장(舍利寶帳) 사절상(조우인물상; 鳥羽人物像), 서안 법지사지(法池寺址) 사리용기 사절상(조우인물상) 등에는 깃털을 꽂은 모자 쓴 인물상이 있는데, 이들은 모두 고구려 내지 신라의 사절상으로 확인되고 있다. 양직공도와 도관칠개국합의 깃털 꽂은 인물상을 고려국(高麗國) 사절로 표기하고 있어서 고구려 인물들만 깃 꽂은 모자를 쓰는 것으로 생각하기 쉽지만 그런 것은 결코 아니다.[166]

그리고 이러한 신라 사신설은 고고학자인 이은창도 그대로 인용하여 논리를 전개한다.

新羅는 7世紀頃에 스탭루트로 中央亞細亞와 直接 交流한 것으로 推定되는 事實이 있다. 蘇聯 우즈백共和國 사마르칸트(Samarkad)의 아프라시아브 都城址(古代사마르카드)의 第33號 發掘地點인 7세기頃의 소그다 時代 宮殿址에서 東洋諸國使節團의 入朝모습의 壁畵가 撥遺되었다. 그리고 이 壁畵에는 新羅服飾을 한 新羅使節의 壁畵가 있다. 이것으로 보아 新羅는 일찍이 中央아시아는 물론 유라시아大陸 各地域과 友好의 關係를 맺고 政治的인 使節團과 文化的인 技術者와 經濟的인 通商人들이 往來하였을 것이고 이에 따라 彼地의 文物이 傳來하였을 것이다.[167]

앞 두 논문에서는 아나자와의 논문과 가또 규죠(加藤九祚)가 옮긴 『고대 사마

백제, 신라 가운데 어느 나라 사람인지는 정확히 알 수 없지만 당나라 때 그림이므로 신라 사람일 가능성이 가장 높다. 다만 관행적인 그림일 때는 다를 수도 있을 것이다. 현재로서는 신라인 으로 간주하는 것이 무난하기 때문에 먼저 신라인으로 보고 논의를 전개하겠다.

166) 文明大,「실크로드의 新羅使節像」,『中國大陸의 文化』. (1) 故都長安, 한•언. 1990. 181~191쪽.

167) 李殷昌,「新羅文化와 伽耶文化의 比較研究 - 考古學的인 측면에서 본 新羅•伽耶 兩國文化의 同質性과 異質性을 중심으로-」, 新羅文化宣揚會『新羅文化祭學術發表會論文集』(9), 1991. 64쪽.

르칸드 벽화(古代サマルカンド壁畫)』를 인용하였지만 아나자와의 고구리 사신설보다는 "신라 사신일 수도 있다"는 덧붙인 언급을 더 평가한 것으로 보인다. 이것은 1980년대 당시 신라사 위주의 학계 풍토 때문이라고 볼 수 있다.

2. 1992년, 정수일의 고구리(高句麗) 사신론

위의 미술사학계의 흐름과 달리 정수일은 기존 연구사를 정리하고 벽화에 나타난 두 사신은 고구리(高句麗) 사신이라고 확정한다.

고구려는 밀려오는 당의 침공 앞에서 자구책의 일환으로 돌궐을 비롯한 서역 일원의 여러 나라들과 제휴를 시도하는 등 공식관계를 유지하고 이를 위해 사신을 그곳으로 파견할 수도 있었을 것이다. 고구려에 반해 신라, 백제나 통일신라가 벽화가 그려질 당시(7세기 후반) 서역과 교제했다는 것을 입증하는 사실이 아직 드러나지 않고 있다. 또한 위에서 보다시피 2인상의 의상복식이나 佩物이 고구려의 그것과 더 가깝고, 또 실제로 그러한 유사품이 고구려 舊址에서 다수 출토되고 있다. 이러한 <u>모든 점들을 감안할 때 2인상의 주인공은 다름아닌 고구려 사신으로 보는 것이 타당할 것이다.</u>[168]

정수일도 고구리(高句麗) 사신설을 뒷받침하기 위해, 서역과 고리(高麗)의 교류를 증명하기 위해 알바움을 비롯하여 노태돈이 제시한 607년 수 양제가 계민카간(啓民可汗)에게 갔을 때 고리(高麗) 사신이 와 있었던 사건 기사 따위를 제시하는데, 시대를 좀 더 거슬러 올라가는 자료를 하나 더 내놓는다.

고구려는 일찍이 長壽王 19년(427)에 丸都에서 平壤으로 천도한 후 북방수비를 위해 後魏와 우호관계를 유지하면서 서역과 互通하기 시작하였다. 『隋書』에 따르면 고구려는 서기 436년에 遼西의 北燕皇帝 馮氏를 멸하고 後魏와 수교함으로써 처음으로 서역

---

168) 정수일, 『新羅·西域交流史』, 단국대학교출판부. 1992. 442쪽.

과 통하여 樂伎를 구득하였다. 이것은 고구려와 서역 간의 직접적 접촉과 내왕을 시사해 주는 최초의 문헌기록이라고 할 수 있다. 이를 계기로 고구려와 서역, 특히 돌궐 간의 내왕은 부단히 지속된 것으로 보인다.[169]

고구리(高句麗)가 서역과 교류하게 된 것은 북연이 멸망한 뒤 북위와 수교하면서 시작되었고, 그때 서역과 통하여 (서역의) 음악과 기예(樂伎)를 구하여 얻었다고 했다. 만일 북위와 수교한 자체를 두고 말하는 것 같지 않고, 이때 고리(高麗)[170]가 서역의 사신들과 교류한 부분을 이야기한다면 이해가 가지 않지만 그때 고리(高麗)가 서역의 음악과 기예를 얻을 수 있었다는 해석은 다시 살펴볼 필요가 있다. 정수일이 제시한『수서』의 기록을 보자.

> 개황(開皇, 581~) 연간 초에 율령을 정하여 '7부악(七部樂)을 설치하였다. 첫째 국기(國伎), 둘째 청상기(淸商伎), 셋째 고리기(高麗伎), 넷째 천축기(天竺伎), 다섯째 안국기(安國伎), 여섯째 구자기(龜茲伎), 일곱째 문강기(文康伎)다. 또 소륵(疏勒)·부남(扶南)·강국(康國)·백제(百濟)·돌궐(突厥)·신라(新羅)·왜국(倭國) 들의 기(伎)도 들어 있다. ……대업(大業, 605~617) 연간·양제(煬帝)가 청악(淸樂)·서량(西涼)·구자(龜茲)·천축(天竺)·강국(康國)·소륵(疏勒)·안국(安國)·고리(高麗)·예필(禮畢) 들을 정해 9부(九部)를 만들었다. ……
>
> 　소륵(疏勒), 안국(安國), 고리(高麗)는 모두 북위(北魏)가 풍씨(馮氏, 北燕)를 멸하고 서역과 통하게 되면서부터 그들의 음악을 접하면서 얻게 되었다(疏勒·安國·高麗, 並起自後魏平馮氏及通西域, 因得其伎). 그 뒤 그 소리가 점차 많이 모이게 되고 태악에서 갈라져 나왔다.[171]

169) 정수일,『新羅·西域交流史』. 단국대학교출판부. 1992. 441쪽.
170) 장수왕이 즉위하여 나라이름을 고구리(高句麗)에서 고리(高麗)로 바꾸었다.
171) 『隋書』卷15,「志」第10, 音樂(下). 始開皇初定令, 置七部樂: 一曰國伎, 二曰淸商伎, 三曰高麗伎, 四曰天竺伎, 五曰安國伎, 六曰龜茲伎, 七曰文康伎. 又雜有疏勒·扶南·康國·百濟·突厥·新羅·倭國等伎. …… 及大業中, 煬帝乃定 淸樂·西涼·龜茲·天竺·康國·疏勒·安國·高麗·禮畢, 以爲九部 …… 樂器有笛·正鼓·加鼓·銅拔等四種, 爲一部. 工七人. 疏勒·安國·高麗, 並起自後魏平馮氏及通西域, 因得其伎. 後漸繁會其聲, 以別於太樂. …… 高麗, 歌曲有芝棲, 舞曲有歌芝棲.

7부악과 9부악이 형성되는 과정을 설명하면서 소륵기(疏勒伎), 안국기(安國伎), 고리기(高麗伎)는 북위가 북연을 멸하고 서역과 고리와 통하게 되면서 얻게 되었다고 해석할 수 있다. 그러니까 고구리(高句麗)가 소륵이나 안국의 기예를 들여왔다고 해석하기 어렵다는 것이다. 이 기사에서 하나 중요한 것은 바로 사마르칸드인 강국(康國)의 음악과 기예도 들어 있다는 점이다. 그렇다면 북위를 통해서 이때 이미 사마르칸드와 교류했을 가능성을 생각해 볼 수 있는 자료이다.

한편 "고구려의 사신 파견은 천개소문(泉蓋蘇文)의 발상으로 보고 그 연대의 상한을 그의 사망연(도)인 666년(보장왕 25년)으로 추산하면 대체로 알바움이 제시한 7세기 후반과 일치한다."고 해서 아나자와와 박진욱의 설을 뒷받침한다.

3. 1997년, 방상현의 749년 고선지 설

방상현은 아프라시압 벽화에 그려진 깃털관을 쓴 인물을 고구리(高句麗) 사람으로 확정하고, 그 그림에 고구리(高句麗) 사람이 나타날 수 있는 것은 고구리(高句麗) 유민밖에 없다고 보았다. 그래서 깊이 살펴본 것이 고선지다.

> 사마르칸드 아프라시압 벽화 중에서 많은 使臣들 중 머리에 '두 새깃털' 모양을 단 사람은 고선지 고려인으로 접근함이 타당성이 있다. 이는 高仙芝가 소그드를 방문한 749년이었다. 소그드 왕이 唐에 사라센 세력을 방어하기 위하여 당나라에 지원병을 요청한 바 있었던 점이 거의 時差가 그리 나지 않게 일치하고 있다.[172]

이 연구는 벽화의 조성 연대와 벽화 내용에 관한 깊은 연구가 없이 고구리(高句麗) 사람이 그곳에 갈 수 있는 가능성만으로 문제를 접근했기 때문이라고 본다. 당나라 장수였던 고선지가 고구리(高句麗)의 깃털모를 썼을 리도 없다.

---

172) 方相鉉, 「소그드 壁畵와 高句麗人 考察」, 『東西文化論叢』(II), 1997, 573쪽.

4. 1998년, 가게야마 에쯔꼬(影山悦子)의 사행(使行) 부정설

국립 나라문화재연구소(奈良文化財研究所) 가게야마 에쯔꼬(影山悦子) 연구원
이 발표한 「사마르칸드 벽화에 나타난 중국 회화 요소에 대하여–조선인 사절은
바르후만 왕을 찾아갔는가?」라는 논문을 발표하였다.

이 논문에서 가게야마는 아프라시압 벽화에 나타난 고구리(高句麗) 사절이 실
제 사마르칸드까지 간 게 아니라 당나라 궁정 그림본(模本)을 바탕으로 그렸다
고 주장하였다.[173] 가게야마는 다음 해인 1999년 9월 6~10일 파리 유럽이란학회
(Societas Iranologica Europaea)가 주최한 4차 이란 연구 유럽회의에서 같은 요지
를 발표했고(발표 논문집 1권), 그 내용이 2004년 '이란학(Studia Iranica)' 25집에
실렸다.

지금까지 많은 연구들이 고구리(高句麗) 사람이 사마르칸드에 간 것을 전제로
그 시기와 목적, 간 루트 등을 연구하였는데, 사신이 간 적이 없다고 부정함으로
써 지금까지의 연구가 쓸모없게 되는 결과가 되었다. 이 문제의 제기는 전체 연
구사에서 아주 중요한 문제 제기이기 때문에 이 책의 후반부에서 한 마당을 만들
어 자세히 보기로 한다.

Ⅳ. 2000년대 아프라시압 벽화 연구

1. 2000년대 신라 사신설

2000년대 들어와서도 복식사와 미술사를 연구하는 학자들은 신라 사신설을
그대로 이어받았다. 신경섭은 새깃털관(鳥羽冠)을 연구하는 논문에서 "장회태자

---

173) 影山悦子, 「サマルカンド壁画に見られる中国絵画の要素について: 朝鮮人使節はワルフマーン王
のもとを訪れたか」, 『西南アジア研究』(49), 1998, 17~33쪽.

이현의 조미를 삽식하는 외국사절도에 묘사된 신라 사신의 모습과 사마르칸드 아프라시압 궁전벽화에 있는 벽화에 보이는 신라인의 모습에서 볼 수 있다."고 해서 기존 복식사에서 주장해 온 신라 사신설을 그대로 썼다.[174]

한편 문명대는 앞에서 본 1990년 논문에서 "양직공도와 도관칠개국은합의 깃털 꽂은 인물상을 고려국(高麗國) 사절로 표기해서 고구려 인물들만 깃 꽂은 모자를 쓰는 것으로 생각하기 쉽지만 그런 것은 결코 아니다."라는 단언을 증명하기 위해 결정적인 사료를 찾아서 발표한다. 바로 『대당서역구법고승전』에 나오는 아리야 바르마에 관한 기록이다. 이 문제는 <고구리•고리사연구 총서> 4권 『실크로드에 핀 고리(高麗)의 상징 닭깃털관(鷄羽冠)』에서 자세히 보았지만, 다시 한번 보기로 한다.

> 의정(義淨)의 『대당서역구법고승전』 신라승 아리야발마조에 "신라는 닭의 신(鷄神)을 받들어 모시므로 그 날개털을 꽂아 장식한다."고 기록되어 있으며, 또한 잇달아 신라를 곧 고려국으로 표기하고 있어서 신라와 고려를 같이 쓰고 있는 것을 알 수 있다.[175]

역사서가 아닌 불교 관계 사료에서 깃털관에 관한 자료를 찾아낸 것은 높이 평가할 만하다. 그러나 이것은 사료 해석을 잘못하여 고리(高麗) 사람인 아리야 바르마를 신라 사람으로 해석함으로써 고대 삼국의 모자에서 깃털관에 대한 정반대의 해석을 낳은 대표적인 보기라고 할 수 있다. 이는 문명대의 실수가 아니고 사료에서 나타난 뚜렷한 한계임을 이미 『실크로드에 핀 고리(高麗)의 상징 닭깃털관(鷄羽冠)』에서 본 바와 같다. 만일 아리야바르마가 고리(高麗) 사람으로 알았다면 전혀 다른 결론이 나왔을 것이라는 점을 보면 역사적 사실을 해석할 때 사료에 대한 깊은 탐구가 얼마나 중요한지를 알 수 있다.[176]

174) 신경섭, 「한국의 鳥羽冠과 중국의 鷂冠 연구」, 『복식』 50-4, 2000, 91쪽.
175) 문명대, 「돈황에 남아 있는 신라인의 족적」, 『신라인의 실크로드』, 2002, 29쪽.
176) 서길수, 「외국 高句麗 인물화에 나타난 닭깃털관(鷄羽冠)과 高句麗의 위상」, 『고구려발해연구』(51), 2015, 173~174쪽; 서길수, 『실크로드에 핀 고리(高麗)의 상징 닭깃털관(鷄羽冠)』, 여유당, 2020.

2. 2000년대 고구리(高句麗) 사신설

1) 2002년, 정수일의 고구리(高句麗) 서역 사이의 통로

정수일은 한국 학계에서 처음으로 벽화의 연대를 밝히기 위해 가또 규죠(加藤九祚)가 옮긴 『고대 사마르칸드 벽화』를 인용하여 벽화에 쓰인 글월을 소개한다. 그리고 벽화에 나온 주인공 바르후만이 당의 책복을 받은 영휘(永徽, 650~655) 때를 벽화 주제의 시기로 보고 당시 국제적인 정황과 복식을 연구하여 고구리(高句麗) 사신설을 굳힌다.

정수일의 논문에서는 '고구리와 서역 사이의 통로' 부분을 눈여겨볼 만하다.[177]

(1) 명도전로(明刀錢路)

정수일은 옛날 전국시대 연(燕)의 명도전이 한반도까지 전해진 길을 찾아 명도전로를 설정한다. 명도전이 발굴된 곳을 선으로 이은 것이다.

① 현재 중화인민공화국의 북경(北京) 부근 하간(河間)과 역현(易縣)⇨열하성 승덕 남쪽 남평(南平)⇨요령성 영성자(柳城 부근)와 반용산(盤龍山)⇨요동반도 남단 지역 8개소⇨한반도 양강도 동황성(東皇城, 현재 강계)⇨평안북도 영변과 영원(寧遠)⇨

이어서 고구리(高句麗) 시대 남북 2개 길을 세운다.

②-1(북도) : 평양⇨동황성(현재 강계)⇨통구(환도성)⇨십주(심양)⇨통정진(신민현)⇨회원진⇨여주(의현)⇨영주(조양)

②-2(남도) : 평양⇨(600리)⇨통구(환도성)⇨(420리)⇨요동(안동도호부 치소)⇨(500리)⇨연주(義縣)⇨(180리)⇨영주(營州, 현 朝陽)/영주(承德 이동)까지는 고대 명도전로와 같다.

---

177) 鄭守一,「高句麗의 西域 關係 試考」,『高句麗研究』(14), 2002, 237~238쪽.

이 길은 당시 고구리(高句麗)의 수도 평양에서 서쪽 기점인 영주까지의 길을 말한다. 이어서 영주에서 이어지는 초원길(草原路)을 현재 몽골의 오르콘까지 설정한다.[178]

③-1(營州-平城路) : 平城-(동행)⇒大寧(현 張家口)⇒濡源(灤河)의 禦夷鎭⇒(동남행 900리)⇒西密雲戌(현 大閣鎭)⇒安州(현 隆化)⇒三藏口(현 承德 북변)⇒(동북행)⇒白狼城(현 凌源 남변)⇒(동행 480리)⇒和龍

그 뒤 幽州(현 北京)⇒馬易路(실크로드 5대 지선의 하나)⇒현재 몽골의 오르콘으로 이어진다.

③-2(營州-室韋路) : 營州⇒(서북행, 100리)⇒松徑嶺(현 大靑山, 唐, 奚, 契丹 3국 분계선)⇒(서북행)⇒吐護眞水(현 老哈河)⇒(서북행, 300리)⇒奚 牙帳인 潢水石橋(현 巴林橋)⇒(1000리)⇒俱輪泊(현 呼倫池 서남)⇒烏素固部(실위의 최서부)

그 뒤 외몽골의 동부 초원로와 이어진다.

정수일의 초원로의 핵심 지역이 오르콘이라는 점은 아나자와의 스텝-루트와 같지만 평양에서 오르콘까지의 루트는 더 자세하게 제시했다. 오르콘 서쪽의 전통적 초원길은 다음과 같이 제시하고 있다.

④ 전통적 초원로 : 북유럽 발트해 남안⇒흑해 동북편⇒남러시아의 카스피해와 아랄해 연안⇒카자흐스탄⇒알타이산맥 이남의 중가리아(Zungaria) 분지⇒몽골 고비사막의 북단 오르콘강 연안⇒중국 화북지방

루트 ④는 아나자와가 제시했던 루트와 거의 같지만 오르콘에서 카자흐스탄 사이와 알타이산맥 이남의 중가리아 분지가 더 들어가 있다. 카자흐스탄에서 남쪽으로 사마르칸드까지 가는 루트는 밝히지 못하고 있다. 그러나 이러한 시도는

---

178) 이 길은 嚴耕望, 『唐代交通考』編伍叁(臺灣 中央硏究院 - 歷史語言硏究所. 1984)을 인용한 것이다.

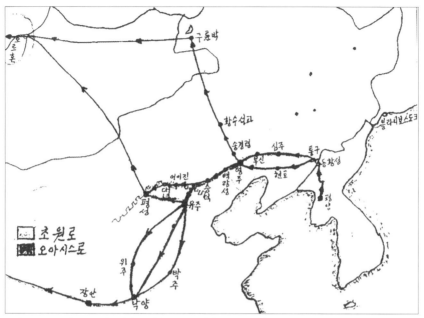

그림 103 고구리(高句麗)의 대서역 통로(육로와 초원로) 〈정수일 238쪽〉

고리(高麗) 사신들이 실제 사마르칸드로 갔던 길을 복원해서 밝히려 했다는 점에서 큰 성과라고 할 수 있다.

2) 2003년, 노태돈의 고구리(高句麗) 사절론 재론

노태돈은 2003년에 발표한 『예빈도에 보인 고구려』의 결론에서 아프라시압 벽화를 언급한다. 64쪽짜리 모노그래프는 당(唐) 이현(李賢) 무덤에 그려진 예빈도에서 깃털관을 쓴 사절이 고구리 사람이라는 것을 증명하는 데 집중한 책이다.

끝으로 언급할 것은 사마르칸드의 아프라시압 궁전 벽화에 보이는 조우관 쓴 사절의 성격이다. 사실 필자가 이 주제에 관심을 가지게 된 직접적인 동기도 이 점을 보다 명확히 이해하기 위해서였다. 아무튼 그간 이를 신라 사절로 보는 설은 그 주요 논거의 하나를 706년에 제작된 이현 묘의 예빈도에 두고 있다. 이제 이현 묘 예빈도의 조우관 쓴 이가 고구려인을 나타낸 것임이 분명한 만큼 아프라시압 벽화의 조우관 쓴 이를 신라사로 볼 근거는 없는 바이다. 아프라시앞 궁전 유지의 발굴 진전에 따라 벽화의 제작 시기에 대한 구체적인 자료가 제시된다면 새롭게 논의할 여지가 남아 있지만, 당으로부터 永徽 年間(650~655)에 강거도독으로 책봉받은 바 있는 와르흐만(拂呼蔓)王의 치세 동안 있었던 사건을 담은 이 벽화는 늦어도 712년 아랍의 침공이 있기 전에 그려진 것은 분명하다. 즉 7세기 후반에서 8세기 초 사이에 제작된 이 벽화에 등장하는 조우관 쓴 사절은 7세기 후반에서 8세기 후반 당과의 전쟁을 수행하는 과정에서 당을 측면에서 견제할 수 있는 동맹국을 찾아 몽골 고원의 '초원의 길'을 거쳐 서역 지역을 방문하였던 고구려 사절을 그린 것이라고 여겨진다.[179]

아프라시압에 관한 논조는 본인이 주를 단 것과 마찬가지로 1999년 논문과 같다. 다만 그때의 설을 증명하기 위해 신라 사절설을 주장하는 학자들이 내세우는 이현 무덤의 예빈도에 그려진 사절이 고구리(高句麗) 사신이라는 것을 증명하면서 1999년의 아프라시압 벽화에 나오는 사절이 고구리(高句麗) 사신이라는 것을 뒷받침한 것이다.

이현 무덤의 벽화는 고구리(高句麗)가 당에 항복한 지 40년 가까이 지난 706년에 만들어졌기 때문에 고구리(高句麗) 사절이 아니고 신라 사절이라는 주장에 대해 몇 가지 반론을 내세웠는데, 그 가운데 하나가 사절을 직접 그린 게 아니라 이미 존재한 그림본(模本)을 활용했다는 것이다.[180]

그간 논란이 많았던 이현 묘 예빈도의 조우관 쓴 사절은 고구려인을 묘사한 것임을 알 수 있었다. 이 그림은 궁전화가에 의해 묘사되어 당 조정에 보관되어 있던 '외국사절도'를 밑그림으로 삼아 그린 것으로 여겨지는 만큼, 이 그림 자체는 고구려 말기의 관인의 모습을 가장 생생하게 전하는 자료라 할 수 있다.[181]

---

179) 노태돈, 『예빈도에 보인 고구려』, 서울대학교 출판부, 2003, 40쪽.
180) 다음 책에서 자세하게 밝혔다. 서길수, 『실크로드에 핀 고리의 상징 닭깃털관』, 여유당, 2020.
181) 노태돈, 『예빈도에 보인 고구려』, 서울대학교 출판부, 2003, 55쪽.

여기서 화가가 고리에서 온 사절을 직접 보고 그린 게 아니라 그림본(模本)을 썼다는 설이 등장함으로써 아프라시압 벽화도 그림본(模本)일 수 있다는 추정을 낳게 한 실마리가 되지 않았는가 하는 생각이 든다.

3) 2003년, 우덕찬의 고구리(高句麗) 사절론

2003년에는 중앙아시아사를 전공하는 우덕찬이 「6~7세기 고구려와 중앙아시아 교섭에 관한 연구」에서 고구리(高句麗) 사신설을 주장한다.

> 중요한 사실은 벽화가 그려질 당시, 신라가 중앙아시아와 교섭했다는 사실을 입증할 문헌적 기록이 존재하지 않는 데에 있다. 이와는 달리 고구려의 경우, 앞에서 살펴본 바와 같이 교섭을 입증하는 여러 문헌적 기록이 존재하고 있다. 특히 문제가 되는 강국, 즉 사마르칸트의 경우, 앞에서 살펴본 바와 같이 당시 트랜스옥시아나(Transoxiana) 지역의 주도권을 장악해서 강국의 왕 불호만이 당에 의해 동 지역을 다스리는 도독에 임명되기도 했다.
>
> 이러한 제반 상황을 고려해 볼 때, 과거 유연, 돌궐 등과 같은 유목민족과의 오랜 교섭 결과 스텝로를 잘 알고 있었던 고구려는 바로 이 길을 통해 대당전쟁의 동맹국을 찾고자 사절을 중앙아시아의 트랜스옥시아나 지역의 주도세력이었던 강국에 사절단을 파견했던 것이다. 아무튼 사신파견 연대는 불확실하지만 아프라시압 궁전 벽화의 고구려인 사절상은 중아아시아와 고구려의 접촉을 시사하는 대체문헌(代替文獻)으로 큰 가치가 있다.[182]

이렇게 해서 2000년대 들어오면서 역사학계에서는 고구리(高句麗) 사신설이 자리를 잡아가는 과정에 교육부 수정심의회에서 교과서를 바꾸라는 명령을 내려 물의를 일으킨다.

교육부 수정심의회가 현재 거의 폐기된 수십 년 전 학설을 내세워 금성출판사 고교 한

---

182) 「6~7세기 고구려와 중앙아시아 교섭에 관한 연구」, 『한국중동학회논총』, (24-2), 2003. 247쪽.

국사교과서의 고대사 2곳에 대해 수정명령을 내려 학계가 반발하고 있다. 몇 년 전까지 국정 교과서에도 실렸던 보편화된 통설을 바꾸라는 명령이어서 심의회의 전문성과 일관성을 놓고 논란이 일고 있다.

수정심의회는 금성출판사 70쪽 아프라시압 궁전 벽화에서 <u>조우관을 쓴 두 인물이 고구려 사신이라는 명확한 근거가 없으므로 '고구려 사신으로 추정됨'으로 고치라는 수정명령을 내렸다.</u>

그러나 고대사 전공 학자들은 이 벽화에서 조우관을 쓴 인물은 1976년 고 김원룡 교수가 처음 소개하며 신라 사절로 추정한 뒤 많은 미술사학자와 역사학자들의 연구가 이뤄져, 현재는 고구려인임에 이의를 제기하는 학자는 거의 없는 것으로 알려졌다. 학계에서 시대착오적 명령이라고 반발하는 이유다.[183]

국정교과서 문제는 나중에 정치적인 문제 때문에 다시 한 번 문제가 되었으나 실현되지 못했다.

4) 2008년, 동북아역사재단,『중앙아시아 속의 고구려인 발자취』

2008년 동북아역사재단에서 중앙아시아 고중세사를 전문적으로 연구하는 국내 학자들의 글을 모아 책을 냈다. 이 책은 우리나라에서 처음으로 중앙아시아 전체적인 관점에서 아프라시압 궁전벽화를 조명해 본 책이라고 평가할 수 있다.

[1] 권영필,「아프라시압 궁전지 벽화의 '고구려 사절'에 관한 연구」
 Ⅰ. 머리말
 Ⅱ. 6~7세기 북·동 아시아와 소그드
 Ⅲ. 고구려인의 서역관
 Ⅳ. 아프라시압 벽화의 세계상과 고구려 사절
 Ⅴ. 맺음말
[2] 정수일,「고선지의 서역 원정이 갖는 문명교류사적 의미-종이의 전파를 중심으로」

---

183) 경향신문 2013.12.03. 06:00.

이 책에서 고구리(高句麗) 사신에 대해 구체적으로 논의한 것은 권영필과 최광식의 논문이다. 최광식은 지금까지의 연구성과를 간추려 고구리(高句麗) 사신설을 다시 한번 강조하였고, 권영필의 논문은 광범위한 자료를 섭렵하여 연구사에서 역사적 배경까지 꼼꼼하게 살펴서 집필한 수작이다. 권영필은 특히 국내 학자들의 연구사뿐 아니라 세계적으로 연구되고 있는 아프라시압 연구 학자들의 연구성과를 모았다는 점에서 국내 학자들에게 좋은 연구자료를 제시하였다.

(가) 권영필, 벽화의 편년

권영필은 1991년 현지를 답사하고 난 뒤 1992년 1월 28일 자 조선일보에 발표한 글에서 발해 사람일 가능성을 제기하였고, 1997년의 책에서는 연대에 따라서[185]는 고구리(高句麗) 사람일 가능성도 제시하였다. 그리고 2002년 논문에서는 고[186]구리(高句麗) 사람으로 입장을 정리하였다. 이와 같은 관점의 변화는 벽화의 편년과 밀접한 관계가 있다. 그러므로 2008년의 논문에서는 벽화의 편년에 대해많은 지면을 할애해 여러 연구 결과들을 연구•검토한다.[187]

〈표 1〉 아프라시압 벽화 편년에 대한 학자들의 연구 결과(권영필)

	연도	이름	편년	국적
1	1975	알바움(L. I. Al'baum)	7C 후반	고구리 사신
2	1976	아나자와(穴澤和光•馬目順一)	7C 중엽~666년 이전	고구리 사신
3	1976	김원용(金元龍)	7C 중엽	신라 사신
4	1994	마르샥(Boris Ilyich Marshak)	660년/655년 무렵	고구리 사신
5	1992	정수일(鄭守一)	666년 무렵	고구리 사신
6	1993	모데(Markus Mode)	649년 무렵	고구리 사신
7	2002	권영필(權寧弼)	7C ¾기	신라 사신
8	2003	노태돈(盧泰敦)	7C 후반~8C 초**	
9	2004	얏센코(Sergey A. Yatsenko)	662년	
10	2005	그르네(Frantz Grenet)	660년	
11	2006	현지 학자 토론 결과	640년, 655년, 675년 무렵	
12	2008	권영필(權寧弼)	651~657년	

➡ 이 <표>는 권영필(2008) 논문 결론(57~58쪽)을 연도와 원문 이름을 추가해 작성한 것임

---

184) 최광식, 「고구려와 서역의 문화교류」, 『중앙아시아촉의 고구려인 발자취』, 동북아역사재단, 2008.
185) 권영필, 『실크로드의 미술-중앙아시아에서 한국까지』, 열화당, 1997, 151쪽.
186) 권영필, 『실크로드의 미술-중앙아시아에서 한국까지』, 열화당, 1997, 151쪽.
187) 권영필, 「아프라시압 궁전지 벽화의 '고구려 사절'에 관한 연구」, 『중앙아시아 속의 고구려인 발자취』, 동북아역사재단, 2008.

** 노태돈은 「高句麗·渤海人과 內陸아시아 住民과의 交涉에 관한 一考察」(『대동문화연구』 23, 1989)
에서 "'와르흐만'이라는 왕은 당의 영휘 연간(650~655)에 강거도독으로 책봉되어진 불호만과 동일인
으로 여겨지므로 대체로 7세기 후반 와르흐만 왕의 치세 중 이곳을 방문한 외국 사절단의 모습으로
여겨진다. 그렇다면 사절도 중에 보이는 2명이 고대 한국인은 698 무렵 건국한 발해국의 사절일 가능
성은 사실상 없으며 신라인으로도 보기 어렵다."고 해서 8세기 초까지는 내려가지 않았다.

이와 같은 연구사를 바탕으로 권영필은 벽화의 연대를 다음과 같이 끌어낸다.

고구려 사절이 벽화에 등장하기 위한 벽화의 조성 연대는 다음 조건을 충족해야 한다.

① 고구려가 당과 우호적이었을 때보다는 대립적이었을 때 —벽화에서 당 사절과 고구
려 사절이 서로 떨어져 있으므로— 고구려 사신이 사마르칸드에 방문하였을 것이다.
이에 방문 시기는 연개소문의 집권기(642~665)의 후반으로 생각되며, 특히 '645년 이
후'에 설연타와 협공계획을 세운 바로 그 연대를 중시해야 할 것으로 보인다.

② 더욱이 서돌궐이 세력을 회복한 시기와 관련이 있을 것으로 사료되므로 651~657년
이 중요하다. 고구려가 돌궐의 영토를 통로로 이용할 수 있는 시기를 적극적으로 고
려해야 하기 때문이다.

위의 조건들을 충족시키는 연대를 토대로 따져 보면, 고구려 사절이 사마르칸드에
간 시기는 651~657년 사이일 것이다. 또한 벽화 제작의 시작은 고구려 사절의 방문
(651~657)을 종합하면 651~657년이 될 것이다.[188]

권영필의 651~657년 편년은 <표 1>에서 보듯이 가장 이른 연도에 들어가는
편년이고, 6년이라는 짧은 기간을 제시한 연도라고 할 수 있다.

(나) 영주(營州)에서 사마르칸드에 이르는 루트
영주(營州) 언저리에서 소그드인의 유물이 나왔기 때문에 이미 여러 논문에서[189]

---

188) 권영필, 「아프라시압 궁전지 벽화의 '고구려 사절'에 관한 연구」, 『중앙아시아 속의 고구려인 발자
취』, 동북아역사재단, 2008, 58~59쪽.

189) 榮新江, 「傲漢旗李家營子出土金銀器」(1978) 같은 논문을 인용하고 있다.

그를 바탕으로 소그드에서 영주에 이르는 루트를 연구하였다. 그러므로 권영필은 먼저 전통적인 타클라마칸 남북로가 아닌 그 천산북로 길을 검토한다.

① 사마르칸드(康國)⇨타시켄트(石國)⇨도쿠막(托克馬克, 碎葉 : 세미레치 하부, 이시쿨湖 서부)⇨톈산 북로의 베이팅(北庭)⇨하미(伊州)⇨둔황(敦皇)

그러나 이런 정통적인 루트는 당나라와의 관계상 통과가 불가능하므로 북중국 루트를 검토한다.

② 허시(河西)⇨바오터우(包頭)⇨후허하오터(呼和浩特)⇨다둥(大東)⇨내몽골 츠펑(赤峰)⇨자오양(朝陽)

이 루트는 아나자와가 제시한 루트와 비슷하다. 그러나 "이 루트는 640년쯤 당의 판도에 비추어 검토하면 츠펑(赤峯)을 제외한 지역, 즉 동쪽의 차오양(朝陽)과 황허(黃河)의 허타오(河套) 지역은 모두 당의 영역이었다. 따라서 고구려가 당과 적대관계인 상황에서는 돌궐의 서역 루트를 이용하였을 것이라는 점을 고려할 수 있다"고 해서 돌궐 루트를 제시한다.

③ 영주(朝陽)⇨츠펑(赤峯)⇨서북쪽으로 올라가 돌궐의 중심부 통과⇨알타이 남쪽의 준가르 분지⇨바르하시 호(湖)⇨일리 천(川)⇨세미레치⇨소그드

정수일의 영주—실위로(營州—室韋路)와 비슷한데, 중가르 분지를 지나서 사마르칸드에 이르는 루트가 자세한 게 특징이다. 이 루트는 모리 마사오(護雅夫)의[190] 연구성과를 준용한 것이다.

---

190) 護雅夫, 『草原とオアシスの人々』, 三省堂, 1984, 50쪽.

V. 2010년대 아프라시압 벽화 연구

1. 2010년대 복식사학계의 고구리(高句麗) 사절론

지난 10년 동안 아프라시압 벽화에 대한 연구가 많아지면서 몇 가지 뚜렷한 경향이 생겨났다. 첫째 그동안 신라 사신설을 많이 주장하던 복식사 연구자들도 대부분 고구리(高句麗) 사신이라는 사실을 기정사실로 받아들였다는 것이다. 2010년 김용문은 「아프라시압 벽화에 나타난 복식 연구」[191]에서 벽화에 나타난 여러 나라 옷의 특징을 논의하면서 작은 제목을 '고구려의 복식'이라고 붙였으며, 이상은•김애련의 「사마르칸트 아프라시압궁전 벽화에 나타난 삼국시대 복식 연구」[192]에서도 "2인의 사신 복식이 고구려의 것과 유사하여 고분출토품이나 고분벽화, 문헌 등에서 볼 수 있다는 점에서 아프라시압 벽화의 2인을 고구려 사신으로 추정하고자 한다."고 하였다. 이로써 2000년대까지 꾸준히 이어오던 신라 사신설은 막을 내렸다고 할 수 있다.

2. 2010년대 고구리(高句麗) 벽화 연구성과와 아프라시압 벽화

근년에 들어 고구리사 영역에서 벽화를 연구하는 전호태, 박아림이 아프라시압 벽화와 고구리(高句麗) 벽화의 관계를 연구하였다.

2012년 전호태는 「고분벽화로 본 고구려와 중앙아시아의 교류」에서 벽화에 나타난 서역 문화 요소를 시대별로 정리하고 그 문화의 성격과 갈래를 치밀하게 분석하여 "고구려 고분벽화에 보이는 요소 가운데 북중국이라는 중간 기착지에 일시 머물다가 다시 동방으로 전래된 것도 있지만 초원길로 곧바로 고구려에 전

---

191) 김용문, 「아프라시압 벽화에 나타난 복식 연구」, 『服飾』 (60-7), 2010, 122쪽.
192) 이상은•김애련, 「사마르칸트 아프라시압궁전 벽화에 나타난 삼국시대 복식 연구」, 한국의상디자인학회지 Journal of the Korea Fashion & Costume Design Association, (8-2) 2018, 197쪽.

해져 수용되었음을 시사하는 것도 있다."고 보았다.

> "651년경 제작된 현 우즈베키스탄 사마르칸드 아프라시압 궁전지 벽화에 고구려인으
> 로 추정되는 두 사람의 동방사절이 거의 유일한 고구려–중앙아시아 교류의 유적 증거
> 로 거론될 뿐이다. 그러나 고구려가 북중국 외에도 내륙 아시아 유목제국들과 오랜 기
> 간 여러 가지 방식으로 접촉하였으며 중앙아시아 지역이 중국 왕조들이나 유목제국들
> 의 영향력 아래 놓여 있는 경우가 많았음을 감안하면 중국 및 유목제국을 매개로 한 고
> 구려와 중앙아시아 지역과의 직간접적인 교류는 충분히 상정할 수 있다. 더욱이 위에
> 서 차례로 살펴본 고구려 고분벽화 속의 서역문화 요소 가운데 일부가 매개자, 전달자
> 변형을 거치지 않은 것으로 보인다는 사실은 고구려와 중앙아시아 지역이 생각보다는
> 밀접한 교류관계를 유지하였을 가능성조차 고려하게 된다."[193]

중앙아시아에 있는 유일한 고구리(高句麗) 인물상에만 집중했던 연구가 고구
리(高句麗) 자체에 그려진 중앙아시아적 인물상을 정리하여 중앙아시아와 고구
리(高句麗)의 교류를 밝혔다는 점에서 큰 성과였다고 할 수 있다.

박아림은 미술사 입장에서 아프라시압 벽화를 동서문화의 흐름 전체에서 보
아야 한다는 점을 강조한다.

> 소그드의 미술을 우리는 기원후 7~8세기 현대의 우즈베키스탄의 소그드의 벽화에 한
> 정하여 이해하지만 소그드라는 서역의 한 지역은 단순히 7~8세기의 벽화에 남은 특정
> 시기의 한 나라가 아니라 해당 지역을 점유하고 통과한 동서문화의 교류로를 의미한
> 다. 이르게는 페르시아의 아케메네스 왕조에서 페르세폴리스의 궁정 부조에 소그드인
> 이 조공을 바치는 장면을 묘사하였듯이 페르시아, 파르티아, 알렉산드로스 대왕의 침
> 략을 통한 그리스 헬레니즘 문화, 그레코 박트리아, 쿠샨, 에프탈, 사산, 돌궐에 이르기
> 까지 동서의 여러 나라의 문화가 양쪽으로 흐르는 교류의 중심에 위치하였다는 점을

---

193) 전호태, 「고분벽화로 본 고구려와 중앙아시아의 교류」, 한국고대사학회 『한국고대사연구』(68),
2012, 163~164쪽.

인식해야 한다.

　이런 고구리(高句麗) 벽화 연구자들의 성과는 아프라시압 벽화를 고구리(高句麗)나 중국의 관점에서 보던 것을 동서 전체의 교류라는 측면에서 볼 수 있는 자료를 제공하였고, 고구리(高句麗) 벽화를 동서교류의 유적 증거로 등장시켰다는 점에서 큰 의의가 있다고 볼 수 있다.

3. 2010년대 동양사학계의 652년설과 662년설

　2010년대 들어오면서 동양사 전공자들이 고구리(高句麗) 사절이 사마르칸드로 간 사실에 대해 집중적으로 연구한 결과 꽤 깊이 있는 연구 결과를 내놓는다. 동양사를 전공한 지배선과 이재성은 강국(사마르칸드)의 역사는 물론 수·당·돌궐·거란과 고구리(高句麗) 관계사에 대해 아주 자세하게 연구함으로써 이 부분에 부족한 한국사 연구자들에게 좋은 재료를 제공하였다.

　이 두 사람의 연구는 당이 바르후만을 강거도독으로 임명한 시기에 대한 검토부터 시작된다. 1975년 알바움이 발표한 아프라시압 벽화 보고서에서 7세기 후반이라고 한 것을 1976년 일본의 아나자와(穴澤和光·馬目順一)가 『신당서』의 기록에 따라 고종 영휘(永徽) 연간(650~655) 당이 바르후만을 강거도독으로 임명한 시기를 제시한 뒤 학계에서 이 연도를 기준으로 한 논문이 많았다. 그 뒤 1998년 가게야마(影山悅子)가 『당회요』의 기록을 들어 강거도독을 임명한 시기가 658년이라고 주장하였다. 지배선과 이재성은 가게야마가 제시한 연도를 검증하여 그 시기를 논리의 기준으로 삼는다.

　지배선은 고구리(高句麗) 사신이 간 시기는 당나라가 658년 도독을 임명하기 전인 650~658년 사이에서 찾았다.

---

194) 박아림, 「고대 미술 자료로 본 고대 한국과 우즈베키스탄의 국제 교류」, 동북아역사재단·사마르칸드시 역사박물관 주최 『2019년 한국·우즈베키스탄 국제학술회의-아프라시압 궁전벽화와 한국·우즈베키스탄의 교류-』, 2019, 50쪽.

당의 永徽원년(650)에서 顯慶3년(658)과 동시기는 고구려에서 보장왕 9년에서 17년 사이다. 이시기를 주목하는 까닭은 康國王 拂呼왕 재위 시작부터 당에 의한 康居도독부 설치시기(顯慶3년)라 주목했다. 그런데 고구려는 652년에 당에 사신을 보내 조공하였으며, 654년 10월 고구려가 신성에서 松漠都督 李窟哥에 의해 크게 패퇴하였으며, 655년 고구려가 신라의 북쪽 33성을 빼앗자 김춘추가 당으로 사신을 보내는 그런 상황이었다. 654년부터 고구려는 북쪽 松漠都督 李窟哥에 의해 패퇴하는 상황이라 이를 반전시키기 위해서인지 고구려는 신라를 공격하는 그런 상황이었다. 이는 고구려 주변 정세가 긴박하게 돌아갔던 시기의 조짐이 652년부터 감지되었기 때문에 고구려는 성격이 다른 사신들을 당과 강국에 각각 보냈던 것 같다. ……

필자가 주목하고 싶은 시기는 고구려가 당에 사신을 보냈던 652년 정월에 강국으로 사신을 보냈다고 본다. 이때 고구려가 당에 사신을 보낸 이유가 당을 염탐할 의도로 사신을 보냈지만, 당에 대하여 비우호적인 康國에 고구려가 사신을 보낸 것은 당을 협공하기 위해 연합 전선 형성이 목적이었다고도 볼 수 있다.[195]

당시 동북아 정세가 요동치고 있었기 때문에 652년 당나라의 정세를 파악하기 위해 사신을 보낼 때 강국에도 사신을 보내 연합전선 가능성을 타진했다고 보았다.

이재성은 660년 백제가 멸망하고 661년 나·당 연합군이 고구리(高句麗)를 침공했을 때 압록강 전투에서 크게 이기고도 더 진군하지 않고 철군한 사실에 주목하여 그 까닭을 추적하였다.

설필하력이 지휘하는 당의 육로군이 남생이 거느리는 고구려 정예 부대와의 전투에서 대첩을 거두었음에도 불구하고 곧바로 고구려 전선에서 철군하게 된다. 그것은 660년 8월부터 개시된 철륵 제부의 반란이 이 무렵 그 수부인 회흘까지 확대되고, 그것이 고구려 원정에 참전하고 있는 회흘부 부족장인 파윤 휘하의 회흘군을 비롯한 철륵 제부의 군대에까지 전해짐으로써 설필하력의 육로군 내부에서 동요가 일어나 육로군이 계

195) 지배선, 「사마르칸트(康國)와 고구려 관계에 대하여-고구려 사신의 康國 방문 이유-」, 『백산학보』 (89), 2011, 122~124쪽.

속 전쟁을 수행하기가 어려워졌기 때문일 것이다.[196]

한편 661년 7·8월부터 7개월이 넘게 평양성이 포위되자 연개소문은 출구를 찾기 위해 일본에 구원을 청하고, 이어서 반란을 일으킨 철륵에도 연합을 제의했을 것이라고 보았다.

그는 이번에는 철륵에 사자를 파견하여 그들과의 연합을 성사시켜서 당을 배후에서 강력하게 공격한다면, 당의 수로군 사령관 소정방의 평양성 포위를 풀 수 있을 뿐만 아니라 나아가 당군을 고구려에서 철수시킬 수 있을 것이라는 희망을 가졌을 것이다. 연개소문은 당시 철륵 제부가 그들을 기미지배하고 있는 당에 대하여 반란을 일으킨 상태였기 때문에, 이전과 달리 말갈을 중매로 삼지 않고 고구려에서 직접 철륵에 사자를 파견한다면 '고구려와 철륵의 연합'이 성사될 가능성이 대단히 높다고 생각했을 것이다. 필자는 당시 파견된 사절이 바로 '조우관 사절'이라고 생각한다.

그러면 '조우관 사절'은 언제 고구려를 출발하여 몽골 철륵으로 갔을까? 연개소문이 가장 위기를 느꼈을 때라고 보는 것이 자연스러울 것이다. 그 시기는 설필하력이 철수하여 고굴에서도 철륵 제부의 반란이 인지되는 661년 9월 이후로 생각된다. 특히 소정방의 수로군이 신라 김유신에게 군량을 전달받은 후 잠시 평양성의 포위를 푸는 662년 2월 무렵이 가장 유력할 것이다. 따라서 '조우관 사절'이 고구려를 출발하여 몽골의 철륵으로 간 시기는 662년(보장왕 21) 2월 무렵으로 비정할 수 있을 것이다.[197]

이재성은 고구리(高句麗) 사절이 철륵에 간 시기를 662년 2월 무렵으로 보았고, 철륵을 간 사절이 철륵의 반란이 당에 의해 진압된 것을 보고 다시 사마르칸드로 갔다고 보았다. 그 시기는 토벌군이 항가이 산맥에 진입한 662년 3월이나

196) 이재성, 「아프라시아브 전지 벽화의 '조우관 사절'이 사마르칸트(康國)로 간 원인·과정 및 시기에 대한 고찰」, 『동북아역사논총』(52), 2016, 155쪽.
197) 이재성, 「아프라시아브 전지 벽화의 '조우관사절'이 사마르칸트(康國)로 간 원인·과정 및 시기에 대한 고찰」, 『동북아역사논총』(52), 2016, 158~159쪽.

완전히 진압된 663년으로 보았다.[198]

이재성은 그 밖에도 철륵을 가기 전 지나야 할 거란과 해(奚)에 관한 문제를 해결하기 위해 「麗唐戰爭과 契丹·奚」라는 논문을 썼고,[199] 고구리(高句麗) 사신들이 갔을 루트를 밝히는 「아프라시압 宮殿址 壁畫의 '鳥羽冠使節'에 관한 고찰-高句麗에서 사마르칸드(康國)까지의 路線에 대하여-」라는[200] 논문을 발표하여 치밀한 논리를 쌓았다. 그리고 이런 논문들을 모아서 2018년 책으로 발행했다.[201][202]

이 두 논문은 다음 두 마당에서 자세하게 본다.

4. 2010년대 국사학계의 고구리(高句麗) 사행(使行) 부정론 등장

조윤재는 『실크로드와 한국불교문화』에서 「古代 韓國의 鳥羽冠과 실크로드-鳥羽冠 관련 연구사 검토를 중심으로-」에서[203] 조우관에 관한 연구사를 전체적으로 정리하였기 때문에 특별히 아프라시압 벽화에 대해 자신의 의견을 제시한 것은 없다. 서길수도 「외국 高句麗 인물화에 나타난 닭깃털관(鷄羽冠)과 高句麗의 위상」에서[204] 일본에서 발견된 호류사(法隆寺) 불상 대좌에 새겨진 인물도에서 아프라시압까지 모두 다루었는데, 특별히 관에 꾸민 두 개의 깃털(羽)이 새깃털(鳥羽)이 아니고 닭깃털(鷄羽)이라는 점을 강조하였다. 아울러 이런 고구리(高句麗)

---

198) 이재성, 「아프라시아브 전지 벽화의 '조우관사절'이 사마르칸트(康國)로 간 원인·과정 및 시기에 대한 고찰」, 『동북아역사논총』(52), 2016, 172쪽.

199) 李在成, 「麗唐戰爭과 契丹·奚」, 中國古中世史學會 『中國古中世史硏究』(26), 2011.

200) 이재성, 「아프라시압 宮殿址 壁畫의 '鳥羽冠使節'에 관한 고찰-高句麗에서 사마르칸드(康國)까지의 路線에 대하여-」, 『중앙아시아연구』(18-2). 2013.

201) 이재성, 『고구려와 유목민족의 관계사 연구』, 소나무. 2018.

202) 이재성, 『고구려와 유목민족의 관계사 연구』, 소나무. 2018.

203) 조윤재, 「古代 韓國의 鳥羽冠과 실크로드-鳥羽冠 관련 연구사 검토를 중심으로-」, 고려대학교 한국사연구소, 고려대학교 BK21 한국사학교육연구단 '실크로드를 통한 한국불교문화 해외 전파조사 및 DB구축'사업 국제학술회의 발표논문집 『실크로드와 한국불교문화』, 2012 ; 조윤재, 「古代 韓國의 鳥羽冠과 실크로드」, 『先史와 古代』(39), 2013.

204) 서길수, 「외국 高句麗 인물화에 나타난 닭깃털관(鷄羽冠)과 高句麗의 위상」, 『고구려발해연구』 (51), 2015. 173~174쪽.

인물도가 중앙아시아까지 발견된 사실을 통해 당시 고구리(高句麗)의 위상이 높았다는 점을 강조하였다.

　2010년대 아프라시압 연구 가운데 가장 특기할 만한 연구는 정호섭이 2013년 발표한 「鳥羽冠을 쓴 人物圖의 類型과 性格 -외국 자료에 나타난 古代 한국인의 모습을 중심으로-」와 이성제가 2019년 발표한 「고구려와 투르크계 북방세력의 관계-고구려 사절이 아프라시압 궁정벽화에 그려진 배경에 대한 검토-」다.[205][206]

　이 두 논문은 아프라시압 벽화에 나온 깃털관(羽冠)을 쓴 인물이 고구리(高句麗) 사절은 맞지만 고구리(高句麗) 사절이 직접 간 것은 아니라고 부정한다. 이처럼 고구리(高句麗) 사절의 사행(使行)을 부정하는 주장은 앞에서 보았듯이 1998년 일본의 가게야마 에쯔꼬(影山悦子)가 「사마르칸드 벽화에 나타난 중국 회화 요소에 대하여 -조선인 사절은 바르후만 왕을 찾아갔는가?」라는 논문에서 "아프라시압 벽화에 나타난 고구리(高句麗) 사절이 실제 사마르칸드까지 간 것이 아니라, 당나라 궁정화의 그림본(模本, 手本)을 바탕으로 그렸다고 주장하였다."[207]

　이러한 가게야마의 관점을 국내에서 처음 뒷받침하고 나선 사례가 정호섭과 이성제의 논문이다. 이 고구리(高句麗) 사행(使行) 불가론은 크게 2가지 논점이다. 첫째는 가게야마가 주장한 중국 그림본(模本)을 베꼈다(模寫)는 주장이고, 다른 하나는 사료를 통해서 당시 국제적인 상황이 동·서돌궐 지역을 거쳐 먼 강국(사마르칸드)까지 갈 수 없다는 주장이다. 첫째 논점은 가게야마 이후 정호섭, 이성제가 모두 주장한 것이고, 둘째 논점은 정호섭과 이성제가 주장한 것이다.

---

205) 정호섭, 「鳥羽冠을 쓴 人物圖의 類型과 性格 -외국 자료에 나타난 古代 한국인의 모습을 중심으로-」, 『영남학』 (24), 2013, 102쪽; 정호섭, 「사마르칸트 아프라시압 궁전벽화의 고대 한국인」, 동북아역사재단·사마르칸트시 역사박물관 주최 『2019년 한국·우즈베키스탄 국제학술회의 -아프라시압 궁전벽화와 한국·우즈베키스탄의 교류-』, 2019. 4. 17. 34~44쪽.

206) 이성제, 「고구려와 투르크계 북방세력의 관계 -고구려 사절이 아프라시압 궁정벽화에 그려진 배경에 대한 검토-」, 동북아역사재단·사마르칸트시 역사박물관 주최 『2019년 한국·우즈베키스탄 국제학술회의 -아프라시압 궁전벽화와 한국·우즈베키스탄의 교류-』, 2019. 4. 17. 61~69쪽; 이성제, 「650년대 전반기 투르크계 북방세력의 동향과 고구려 -고구려 사절이 아프라시압 궁정벽화에 그려진 배경에 대한 검토」, 『東北亞歷史論叢』(65), 2019.

207) 影山悦子, 「サマルカンド壁画に見られる中国絵画の要素について : 朝鮮人使節はワルフマーン王のもとを訪れたか」, 『西南アジア研究』(49), 1998.

이러한 사행(使行) 부정론은 많은 학자들이 고구리(高句麗)가 강국에 사절을 파견한 배경과 목적을 찾기 위해 노력하고, 한 걸음 더 나아가 고구리(高句麗) 사절이 어떻게 평양에서 강국까지 갔는지 그 루트를 상정하는 연구를 진행해 왔는데, 그러한 모든 연구 결과를 한꺼번에 쓸모없는 것으로 만드는 결과를 낳는다. 그러므로 이 문제는 뒤에 두 마당을 설치하여 자세하게 다루려고 한다.

Ⅵ. 현지 학자와 유럽학자들의 연구

지금까지 주로 한국 학자들의 연구성과를 중심으로 살펴보았는데, 실제로는 더 많은 연구가 현지 학자와 유럽 학자들에 의해 이루어졌다. 연구사를 다루면서 이 부분을 제대로 섭렵하지 못한 것이 아쉽다. 그것은 글쓴이의 능력을 벗어난 일이기 때문에 마침 26년의 연구성과를 검토한 연구가 있어 소개하는 것으로 줄이려고 한다. 그 논문도 일부만 옮겼지만 전체적인 연구를 이해하는 데 도움이 될 것이라고 본다. 그 글에서 'Afrasiab Wall-Painting Resvisted'를 검색하면 pdf 파일로 27쪽 짜리 전체 논문을 다운받을 수 있다.[208]

> 아르잔체바와 이네밧키나, 「다시 찾은 아프라시압 벽화 - 25년의 새로운 연구 성과」
> 베니스에서 열린 『이슬람시대 이전의 아프라시압 벽화에 대한 회의 발표문집』, 피사·로마, Accademia Editoriale, 2006.[209]

---

208) "Afrasiab Wall-Paintings revisited"
https://www.academia.edu/1320324/Afrasiab_wall-paintings_revisited_New_discoveries_twenty-five_years_old

209) Irina Arzhantseva · Olga Inevatkina, "Afrasiab Wall-Painting Resvisted - New discoveries Twenty-five Years Old", Royal Nauruz in Samarkand, Proceedings of the Conference held in Venice on the pre-islamic Paintings at Afrasiab, Pisa · Roma, Accademia Editoriale, 2006.

■ (아프라시압 벽화에 대한) 25년 간의 새로운 연구성과
NEW DISCOVERIES TWENTY-FIVE YEARS OLD

널리 이름이 알려진 아프라시압의 초기 중세 벽화는 학자들 사이에서 괄목[210]할 만한 관심을 불러일으켰다. 도로 건설 과정에서 운좋게 발견된 이 벽화는 1965~1967년 시스킨(V. A. Siskin)이 이끄는 고고발굴단이 발굴했다(Siskin 1966; Al'baum 1975).

이 벽화는 여러 가지 면에서 독특하다. 무엇보다 먼저 벽화의 주제가 바로 세 인들의 관심을 끈다. 이 벽화에는 다양한 아시아 지역의 주민, 곧 소그드 사람, 돌궐 사람, 페르시아 사람, China 사람, 코리아 사람, 예복을 입은 산악 부족 같은 사절단들을 나란히 그려져 있다. 이런 사실 때문에 실제 생활을 정확히 그린 아프라시압 벽화는 초기 중세의 중앙아시아 '민족백과사전'(Al'baum 1976, pp.8, 107~109)으로서 자리매김하고 있다. 둘째, 아프라시압 벽화는 AD 7과 ⅔세기라고 시대를 비정할 글월(銘文)이 있는 하나밖에 없는 훌륭한 기념비다. 립시츠(V. A. Livsitz : Livsitz 1965. C.5~6; Al'baum 1975, pp. 21~26, 54~56)는 (이 글을 읽어내) 이 훌륭한 자료의 중요성을 크게 올렸다. 1978~1985년에 관련 건축 단지를 조사한 아훈–바바예프(Kh. Akhun-Babaev)는 이 궁전이 650~655년 사마르칸드가 새로 강거도독의 수도가 된 뒤 바르후만 왕 자신이 당 제국의 왕권을 바탕으로 지었고, 도독으로 제수되었다고 하였다.[211]

고고학 기록과 화폐 자료를 통해서 보면, 이 유적은 AD 675년까지 존재했으

---

210) 이 그림들은 1965~1967년 시스킨(V. A. Siskin)이 이끄는 고고학 발굴단이 조사하였다(SISKIN 1966; Al'baum 1975). 1989년부터 프랑스 고고학 발굴단(Mission archeologique francaise)이 프란츠 그르네(Frantz Grenet) 교수의 지휘 아래 우즈베키스탄 과학아카데미 고고학연구소와 공동으로 대규모 발굴을 했다. 1997년 '사마르칸드 시립박물관에 전시된 아프라시압 벽화 연구회(L'Association pour la Sauvegarde de la Peinture d'Afrasiab)'가 그르네(F. Grenet)과 바르벳(A. Barbet. CNRS, Paris)의 주도로 설립되었다. 협회는 벽화의 손상을 막기 위해 전시장의 온도와 습도를 알맞게 맞추는 작업부터 시작하였다. 프랑스 건축가 오리(F. Ory)는 복원한 벽화에 대한 새로운 기록을 했고, 그르네(F. Grenet)은 이 기록을 전시장의 전체 구성을 재현하는 데 사용하였다.

211) AKHUN-BABAEV, KH. G., 1999, Dvorets ikhshidov Sogda na Afrasiabe (The Palace of the Ikhshids of Sogdiana at Afrasiab), Samarkand.

며, 아랍이 최초로 공격하여 호라산(Korasan)의 통치자인 사이드 빈 우스만(Said bin Usman, 675~677)이 진출하면서 사라진다(Axun-Babaef, 1999, p.11).[212]

많은 출판물이 아프라시압 벽화를 다루었다.

① 실비 안토니니(Silvi Antonini, Ch.), 1989, 「(사마르칸드) 아프라시압 궁전벽화」,『동양학 잡지』(63), 109~144쪽.[213]

② 마르쿠스 모데(Mode M.), 1993, 「소그드와 세계의 지배자. 옛 사마르칸드의 7세기 역사적 배경 속 돌궐·페르시아·당」,『유럽 대학의 저작 시리즈』25m, Bd. 162.[214]

③ 마이디노바(Maidinova, G. M.), 1994, 「7세기 아프라시압 벽화 해석(보트 장면)」,『타지크과학아카데미 사회과학연구소 소식』(2), 두샨베.[215]

③ 마르샤(Marshak B.), 1994, 「(사마르칸드) 아프라시압 '사절단의 홀' 벽화 도상(圖像) 프로그램」,『아시아 예술』(49), 5~20쪽.[216]

③-1. 마르샤(Marshak B.), 1999, 「중앙아시아의 예술 – 소그디안(5~9세기)」, P. Chuvin 편,『예술과 위대한 문명』, 파리, 114~163·131~132·170~180쪽.[217]

④ 가게야마 에쯔꼬(影山悅子, Kageyama E.), 2002, 「아프라시압 벽화에 나타

---

212) 그러나 시시키나(Sishkin 1966. p. 12), 마르샤(Marshak 1994. p. 5), 라스포포바/시시키나(Raspopova/Shishkina. 1999. p.59)는 도시 귀족이 사는 구역의 집으로, 독립된 궁전 건물이 아니라 고관의 주거지였을 것이라고 했다.

213) Silvi Antonini, Ch., 1989, The paintings in the palace of Afrasiab (Samarkand),『Rivista degli Studi Orientali』, 63, pp. 109~144.

214) Mode M., 1993, Sogdien und die Herrsher der Welt. Türken, Sasaniden und Chinesen in Historiengemahlen des 7Jahrhunderts n. Chr. Aus alt Samarkand (europaische Hochshulschriften. Reihe xxvm. Bd. 162), Frankfurt am Main.

215) Maidinova, G. M., 1994, Kinterpretatsii zhivopisi Afrasiaba vnv. n.e. (stsena v lodke) (On the interpretation of the Afrasiab painting of the 7th century A.D. [the boat scene]), in Izvestiia Otdeleniia obshchestvennykh nauk Tajiskoi Akademii Nauk 2, Dushanbe.

216) Marshak B., 1994, Le programme iconographique des peintures de la 'Salle des ambassadeurs' Afrasiab (Samarkand), "Arts Asiatiques", 49, pp. 5~20.

217) Marshak B., 1999, Van sogdien (Ve-IXe siecles), in Les arts de Vasie centrale, ed. P. Chuvin, coll. "L'art et les grandes civilisations", Paris, pp. 114~163, 131~132, 170~180. ※ 참고서적에 덧붙인 논문 : Marshak B. I., 2004, The Miho Couch and the ther Sino-Sogdians Works of Art of the Second Half of the 6th Century, "Bulletin of Miho Museum", 4, pp. 15~31.

난 외국 사신의 중국식 묘사」, 제4차 이란 연구 유럽대회 발표논문집『이란 : 질문과 이해』, 파리, 1999년 9월 6~10일, Vol. 1 ; 휘세(Ph. Huyse) 편『고대 이란 연구』, 파리, 313~327쪽.[218]

⑤ 그르네(Grenet E), 2003, 「이슬람 이전 이란과 중앙아시아의 종교적 주제와 텍스트에 나타난 7세기 소그드 벽화의 점성가」, 『게라르도 뇰리(Gherardo Gnoli) 추모 연구』, (독일) 비스바덴, 123~131쪽.[219]

⑥ 야첸코(Yatsenko S. A.), 2004, 「아프라시압 벽화 '사절단 홀'의 7세기 벽화에 나타난 외국 사절단의 복장과 사마르칸드 거주자(인물 해석)」, 『Transoxiana』(8), www.transoxiana.com.ar[220]

학자들 대부분은 그림을 해석하고 연도를 개선하려고 노력하지만 벽화 실물을 분석하는 논문은 극히 드물다(Lobaceva 1979학자들; Arzhantseva 1983, 1986, 1987 ; Majdinova 1987; Мотов, 1997; Yatsenko 2004). 보존 상태가 불완전한 벽화(위층이 남아 있지 않다.)는 갖가지 가설과 해석을 일으켰지만, 어느 것도 완전한 설득력을 갖지 못했다. 벽의 깨진 조각에서 발견된 그림 조각이나 그림이 완성되지 않은 채 남았을 가능성도 모두 고려되지 않았다(AL'BAUM 1975, pp. 77~78, 81~83, 100).

갖가지 해석은 모두 홀의 서벽에 그려진 인물을 통치자로 보느냐 신으로 보느냐에 따라서 '역사적' 또는 '종교적'이라는 2개의 그룹으로 나눌 수가 있다. 시

---

218) Kageyama E., 2002, A Chinese Way of Depicting Foreign Delegates Discerned in the Paintings of Afrasiab」// Iran: Questions et connaissances. Actes du ive congres europeen des Etudes iraniennes, Paris, 6-10 septembre 1999, Vol. 1, Etudes sur I'Iran ancien, ed. Ph. Huyse, Paris, pp. 313-327.

219) Grenet E, 2003, LTnde des astrologues sur une peinture sogdienne du vii siecle, in Religious themes and texts of pre-Islamic Iran and Central Asia. Studies in Honor of Gherardo Gnoli, Gherardo Gnoli, pp. 123-131.

220) Yatsenko S. A., 2004, The costume of foreign Embassies and Inhabitants of Samarkand on Wall-Painting of the VII c. in the Hall of Ambassadors from Afrasiab (interpretation of Image), "Transoxiana", 8, www.transoxiana.com.ar; <참고문헌 추가> Yatsenko S. A., 2003, The Late Sogdian Costume (thejthSth cc. A.D.J, in Iran and Aneran Studies, presented to B. I. Marsak on the Occasion of His 70th Birthday, "Transoxiana", 6, www.transoxiana.com.ar.

시키나(V. A. Siskin)와 벽화를 발굴한 알바움(L. I. Al'baum)은 서벽 벽화에 바르후만 왕의 돌궐 관리들이 4개 나라의 외국 사절단을 맞이하는 것을 그렸다고 했고, 북벽과 남벽은 다른 나라에서 오는 신부가 많은 시종을 거느리고 도착하는 장면을 그린 것이라 했으며(Siskin 1966, p. 18; Al'baum 1975, p. 56), 동벽 벽화는 인도의 이야기를 다루었다고 했다. 벨레니츠키(A. M. Belenitsky)와 마르샥(B. I. Marsak)은 서벽 벽화는 다른 나라 사절들이 소그드의 여신 나나(Nana)를 참배하는 것이라 하고, 다른 그림들은 왕 부부를 그린 것이라고 했다. 북벽은 (당나라) 태종 황제와 배우자를 새긴 것이고, 남벽 그림은 설날(Nowruz) 바르후만(Varkhuman) 왕과 그의 아내가 조상 무덤으로 가는 행렬을 나타낸 것이라고 했다(Belenitskii Marshak 1981, 61~63; Marshak 1994, 5~20쪽).[221]

실비 안토니니(Ch. Silvi Antonini)는 벽화를 설날(Nowruz) 잔치에서 통치자가 선물하는 장면으로 보았다(Silvi Antonini 1989, pp. 109~144).[222] 아프라시압 벽화의 새로운 재건을 제안한 마르쿠스 모데(M. Mode)는 그의 논문에서 다른 나라 사절들을 맞이한 것은 바르후만(Varkhuman)이 사는 곳이 아니라 서돌궐 칸의 수도에서 이루어졌다고 주장했다(MODE 1993, 74쪽).[223] F. Grenet에 따르면, 아프라시

---

221) Belenitskii A. M., Marshak B. I., 1981, The Painting of Sogdiana, in G. Azarpay, Sogdian Paiting, Berkley-Los Angeles-London, pp. 11~77.
   A. M. Belenitsky and B. I. Marsak, on the contrary, believed that the western-wall painting represented the worship of the Sogdian goddess Nana by the envoys of foreign kingdoms, while the other paintings portrayed royal couples. The northern wall bore the picture of the emperor Taizong with his spouse, and the southern-wall painting represented the New-Year (Nowruz) procession to the mausoleum of royal ancestors headed by the king Varkhuman and his wife (Belennitskii Marshak 1981, pp. 61-63; Marshak 1994, pp. 5-20).

222) Silvil Antonini CH., 1989, The paintings in the palace of Afrasiab (Samarkand), Rivista degli Studi Orientali, 63, pp. 109-144. C. Silvi Antonini regards the wall-paintings as featuring the Nowruz celebration at the court of the ruler who is presented with gifts (Silvi Antonini 1989, pp. 109~144).

223) Mode M., 1993, Sogdien und die Herrsher der Welt. Ttirken, Sasaniden und Chinesen in Historiengemahlen des 7Jahrhunderts n. Chr. Aus alt Samarkand (europaische Hochschulschriften. Reihe xxvm. Bd. 162), Frankfurt am Main. Mode M., 2004, Die Tiirken von Samarkamd-Von Eisenleuten Gesandten und Empfangszeremonien, in Morgenlandische Altertiimer. Studien aus dem Institutfiir Orientalische Archaologie und Kunst. Halle, pp. 241-296. M. Mode, who suggested new reconstructions of the Afrasiab wall-paintings in

압 벽화의 그림 구성은 7세기 중반 외교적으로 중요한 정치 상황을 반영한 것으로, 소그디아나(Sogdiana)-전반적인 이란 세계와 돌궐 및 China와 관계를 강조하고, 인도와의 관계는 그다지 중요하게 보지 않아 주의를 기울이지 않았다고 했다(Grenet 2004, pp 123~129). 야첸코(S. A. Yatsenko)는 아프라시압 벽화 연대에 더 [224] 정확한 시기를 제시했는데 바로 사서의 기록에 나온 China(당)에서 서역으로 간 유일한 사신에 대한 기록인 662년(Ystsenko 2004)이다. [225]

북제(北齊, 550~577)와 북주(北周, 557~581) 때 소그드 출신의 이른바 사바오(薩寶, 소그드 귀족) 무덤의 발견과 장례용 돋을새김판에 대한 잇단 발표(Lerner 1995, 180~189쪽; Juliano, Lerner 2001, pp. 54"6i; Zhang Qingjie 2000, 30~32쪽; Xing Fulai 2000, 22~29쪽; Yin Shenping 2000, 15~21쪽; Jiang Bogin, 2000, 35~72쪽)는 최근 수십 년 동안 아프라시압 벽화에 대한 관심을 불러일으킨 새로운 외부 자극이었다. 이 화려한 업적은 장례식, 잔치 및 여행 장면에서 China 사람이 아닌 중앙아시아 사람, 곧 소그드 사람, 박트리아 사람, 에프탈 사람, 돌궐 사람들을 묘사하고 있다. 이러한 이미지와 더 새로운 아프라시압 및 펜지켄트 벽화 사이의 직접적인 유사성이 지적되었다(Lerner, 1995. 180~189쪽; Juliano, Lerner 2001, 54~61쪽; Marshak 2004, 16~31쪽; Raspopova 2004, 55~56 쪽).

그러나 위에서 본 아프라시압 벽화에 대한 논문 대부분은 (실제 벽화를 직접 다룬 논문 몇 개를 빼고는) 원 벽화의 컬러 사본이나 복원된 원본을 바탕으로 한 것이다(Mode 1993, p 15; Grenet 2004, 123~129쪽). 벽화가 발견되자마자 화가 팀(A. Islamov, R. Krivosei [도 7, a], V Vadopsin, V Bokhan 및 G. Ulko 등)이 고고학자들

---

his monograph, holds that the reception of foreign envoys took place in the capital of the Western Turkic qaghan rather than at Varkhuman's residence(Mode 1993, p. 74).

224) According to F. Grenet, the pictorial composition of the Afrasiab paintings reflects the political situation of the mid-7th century A.D. somewhat stressing diplomatic priorities, i.e. the links of Sogdiana - and the Iranian world in general-with the Turcs and China, and paying less attention to the less important relations with India(Grenet 2004, pp. 123-129).

225) Yatsenko S. A., 2004, The costume of foreign Embassies and Inhabitants of Samarkand on Wall-Painting of the VII c. in the Hall of Ambassadors from Afrasiab (interpretation of Image), "Transoxiana"â, 8, www.transoxiana.com.ar.

의 도움을 받아 컬러 배열을 적절하게 재현했지만 많은 오류가 있었다. 중요한 세부 사항이 많이 잘못 이해되거나 생략되었다. 처음에는 트레싱(透寫: 지도·그림 등을 투명한 종이 밑에 받쳐 놓고 베끼는 것) 작업이 없었다(판지켄트 발굴에서는 필수 작업이었다. : Marshak, Raspopova 2004a, pp. 50~52 참조).[226] 그런 사실은 벽화 전체적인 해석에는 영향을 미치지 않을 수 있지만 실물 분석과 벽화의 기술적 특성을 풀어내는 데는 방해가 되었다. 따라서 아프라시압 벽화에 대한 연구에는 채워야 할 간격이 있다.[227]

이를 염두에 두고 당시 아프라시압 고고학 발굴단 책임자인 시시키나(G. V. Shishkina)는 벽화 일부를 흑백으로 트레싱할 수 있는 팀을 구성했다. 1978년에 압두라자코프(A. A. Abdurazakov)가 이끄는 우즈베키스탄 과학아카데미 고고학 연구소의 화학기술연구소는 내부 규정에 따라 추가 복원하기 위해 북벽과 동벽 벽화에서 페인트칠을 제거하기 위한 작업대를 설치했다(남벽 벽화는 1976년에 제거했다). 표면을 꾸준히 깨끗하게 하고 일부 화학 용액을 사용하자 도면에서 지금까지 눈에 띄지 않거나 보이지 않던 선과 윤곽이 나타났다. '사절단 방'의 서벽과 북벽 일부가 트레싱(透寫) 팀의 재량에 따라 배치되었다. 그 작업은 펜지켄트 발굴에서 진행했던 과정에 따랐다(Marshak, Raspopova 2004a, pp. 50~52).

이 방법의 요지는 훤히 비치는 필름으로 윤곽을 베낀 뒤 카트리지 용지에 옮겨 베끼는 것이다. 팀원들은 필요할 때마다 조언해 준 펜지켄트 발굴단의 대표인 마르샥(B. I. Marsak)과 (러시아 쌍 뻬쩨르부르그) 에르미따주 박물관의 바실렌코(T. I. Vasilenko)의 도움이 컸다. 현재 처음 흑백으로 베낀 것은 사마르칸드에 있는 우즈베키스탄 과학아카데미의 고고학연구소에서 간직하고 있으며, 연구자들이

---

226) Now, the copies executed in the very year of discovery of the painting by a team of artists (A. Islamov, R. Krivosei [Fig. 7, a], V. Vadopsin, V. Bokhan and G. Ulko, et al.) with the aid of archaeologists adequately reproduce the colour array yet contain a number of errors. Many significant details were misunderstood or just omitted. At first there was no tracing of paintings (an obligatory practice in, say, the Panjikent expedition: cf. Marahak, Raspopova 2004a, pp. 50-52), the only reliable source for the scholarly study.

227) The fact might not affect the interpretation of the wall-paintings as a whole yet hampered the analysis of the realia as well as that of the technological peculiarities of the painting. Thus, there is a gap in the study of the Afrasiab painting that needs to be filled.

사용할 수 있다.

알바움의 책에는 없는 새로운 세부 사항이 베끼는 도중 발견되었다. 그런 발견은 벽화의 기술적인 면에서 새로운 데이터를 제공하고 주제 해석은 물론 실물 묘사에 새로운 시각을 얻을 수 있었다. 시시키나가 「해석하는 사람이 알바움의 '사마르칸드 야외박물관'에 대하여 언급하지 않았던 것」이란 작은 장을 설치하여 부분적으로 구성을 재해석하였다(Shishkina, Bulatova 1986, pp. 33~34). 아쉽게도 아프라시압 벽화에 대한 이 중요한 성과는 거의 조명받지 못하고 지나쳤다. 시시키나(G. V Shishkina)는 국내외의 많은 학자들이 다루었던 이 주제를 처음으로 다루었다.

이처럼 시시키나는 '사절단 홀(Hall of Envoys)' 북벽에 그려진 장면의 구성과 스타일에 같은 시기 China의 상징적이고 이상화된 자료가 직접적인 영향이 있었다는 것을 강조하였다. 의식용 홀 벽에 여러 나라 사절을 그린 것이 당시 중앙아시아의 표준 관행이라는 사실에 처음 눈을 돌린 사람은 시시키나(G. V Shishkina)였다. 시시키나는 쿠샨의 파빌리온에 대한 China의 기록을 인용하며 '북·남·동·서 사람들의 삶에 대한 장면에서 의식용 홀을 그리는' 관습이 있다는 것을 지적하였는데, 바로 쿠샨 파빌리온, China 사람, 돌궐 사람, 페르시아 사람, 로마 사람, 인도 브라만에 관한 것이다(Shishkina 1986, p. 34). 시시키나는 또 동벽에 그려진 주제가 서양, 곧 후기 고전의 도상학(圖像學)의 영향이 컸다는 것도 언급하였다. 이 문제는 모데(M. Mode), 마르샥(B.I. Marshak) 및 그르네(E Grenet)(Mode 1993, pp. 105~118 ; Makshak 1994, pp. 5~20 ; Grenet 2004, 123~129 ; Idem 2004a) 참조.

여러 이유로 트레싱(透寫)한 결과물을 일찍 발표할 수 없었다. 트레싱한 것은 LA에서 일부 사용되었는데, 아르잔체바(Arzhantseva)의 박사학위 논문과 그녀의 1983~1987년의 논문이다. 서벽과 일부 북벽을 트레싱한 완전한 결과물을 현재 준비 중이다. 이 논문에서 우리는 1978년에 이루어진 주요 발견에 주목하고 그에 관해 논의하고자 한다. 트레싱 과정에서 우리는 기술적 특성, 그림의 세부 사항 및 벨트에 단 꾸미개, 무기, 의상 같은 특정 요소뿐만 아니라 구성을 상세히 설명하는 새로운 인물을 밝히는 데 성공했다.

<다음과 같은 주제를 자세히 설명하였지만 여기서는 생략한다.>

1. 기술적 특징(Technological traits)
2. 스케치 세부(Details of drawing)
3. 벨트와 벨트에 달린 물건(Belts and articles hanging from them)
4. 무기류와 칼-벨트(Weaponry and sword-belts)
5. 의상 세부(Costume details)
6. 구성에 대한 새로운 세부(New details of composition)
7. China 장면(The Chinese Scene)
8. 묘사(Portrayals)

다섯째 마당

고리(高麗) 사신 사행(使行) 부정론에 대한 비판적 고찰(Ⅰ)

고리(高麗) 사절은
사마르칸드에 가지 않았다?

Ⅰ. 문제 제기

1. 벽화의 연대 비정과 국적 논란[228]

1965년 현재의 우즈베키스탄 사마르칸드에서 발굴된 아프라시압 벽화는 7세기 사마르칸드(康國)의 역사와 문화를 입체로 보여주는 뛰어난 증거였다. 이 벽화가 크게 주목을 받게 된 것은 발굴단장이었던 알바움이 1975년 『아프라시압 벽화』[229]라는 보고서를 내면서부터다. 특히 이 벽화에는 고구리(高句麗) 사람의 가장 큰 특징인 2개의 깃털을 꽂은 절풍을 쓴 인물이 그려져 있어 국내 학자들도 비상한 관심을 갖게 되었다.

발굴보고서가 나온 다음 해인 1976년 당시 서울대학교 박물관 관장이던 김원용과 일본의 아나자와(穴澤和光·馬目順一)가 이 내용을 소개하는 논문을 쓴 뒤 한

---

228) 이 마당의 내용은 다음 논문을 그대로 실은 것이다. 서길수, 「아프라시압 高句麗 사절에 대한 새 논란 검토-高句麗 사신 사행(使行) 부정론에 대한 비판적 고찰(Ⅰ)」, 『高句麗渤海研究』 (66), 2020.4.

229) L. I. 알바움(Л.И. Альбаум), 『아프라시압 벽화(Живопись Афрасиаба)』, 타시켄트(Tashkent) 판(Фан) 1975.

국에서도 많은 연구가 진행되었다. 앞 마당에서 검토한 45년 가까운 연구 결과를 종합해 보면 <표 2>과 같다.[230]

230) ① L. I. 알바움(Л. И. Альбаум), 『아프라시압 벽화(Живопись Афрасиаба)』, 타시켄트(Tashkent) 판(Фан) 1975. ② 穴澤和光·馬目順一, 「アフラミヤブ都城址 出土壁畵に見られる朝鮮人使節について」, 『朝鮮學報』80, 1976. ③ 金元龍, 「사마르칸트 아프라시압 宮殿壁畵의 使節圖」, 한국미술사학회 『考古美術』129·130, 兮谷 崔淳雨先生 華甲紀念論文集 1976. ④ 高柄翊, 『東아시아 傳統과 近代史』, 三知院, 1984. ⑤ 박진욱, 「아흐라샤브 궁전지 벽화의 고구려 사절도에 대하여」, 『조선고고연구』, 1988. ⑥ 盧泰敦, 「高句麗·渤海人과 內陸아시아 住民과의 交涉에 관한 一考察」, 성균관대 대동문화연구원 『대동문화연구』 23, 1989. ⑦ Boris Ilyich Marshak, Le programme iconographique des peintures de la « Salle des ambassadeurs » à Afrasiab (Samarkand), Arts asiatiques, tome 49, 1994. ⑧ 文明大, 「실크로드의 新羅使節像」, 『中國大陸의 文化』, 1, 故都長安, 한·언, 1990; 文明大, 「실크로드上의 新羅使節像 考察」, 『(李載襲博士還曆紀念) 韓國史學論叢』, 한울, 1990. ⑨ 李殷昌, 「新羅文化와 伽耶文化의 比較研究-考古學的인 측면에서 본 新羅·伽耶 兩國文化의 同質性과 異質性을 중심으로-」, 新羅文化宣揚會, 『新羅文化祭學術發表會論文集』 9, 1991. ⑩ 정수일, 『新羅·西域交流史』, 단국대학교출판부; 鄭守一, 2002, 「高句麗의 西域 關係 試考」, 『高句麗研究』 14, 1992. ⑪ Markus Mode, Sogdien und die Herrscher der Welt: Türken, Sasaniden und Chinesen in Historiengemälden des 7. Jahrhunderts n. Chr. aus Alt-Samarqand, Frankfurt am Main, Peter Lang GmbH, Internationaler Verlag der Wissenschaften, 1993. ⑫ 방상현, 「소그드 壁畵와 高句麗人 考察」, 『東西文化論叢』(Ⅱ) ⑬ 影山悅子, 1998, 「サマルカンド壁画に見られる中国絵画の要素について：朝鮮人使節はワルフマーン王のもとを訪れたか」, 『西南アジア研究』(49), 1997. ⑭ 권영필, 「신라문화 속에 남아 있는 서역 요소」, 『신라인의 실크로드』, 백산자료원, 2002. ⑮ 노태돈, 『예빈도에 보인 고구려』, 서울대학교 출판부, 2003, ⑯ 우덕찬, 「6~7세기 고구려와 중앙아시아 교섭에 관한 연구」, 『한국중동학회논총』, 24-2, 2003. ⑰ 권영필, 「아프라시압 궁전지 벽화의 '고구려 사절'에 관한 연구」, 『중앙아시아 속의 고구려인 발자취』, 동북아역사재단, 2008. ⑱ 최광식, 「고구려와 서역의 문화교류」, 『중앙아시아촉의 고구려인 발자취』, 동북아역사재단, 2008. ⑲ 김용문, 「아프라시압 벽화에 나타난 복식 연구」, 『服飾』60-7, 2010. ⑳ 지배선, 「사마르칸트(康國)와 고구려 관계에 대하여-고구려 사신의 康國 방문 이유-」, 『백산학보』89, 2011. ㉑ 전호태, 「고분벽화로 본 고구려와 중앙아시아의 교류」, 한국고대사학회 『한국고대사연구』 68, 2012. ㉒ 조윤재, 「古代 韓國의 鳥羽冠과 실크로드-鳥羽冠 관련 연구사 검토를 중심으로-」, 고려대학교 한국사연구소, 고려대학교 BK21 한국사학 교육연구단 '실크로드를 통한 한국불교문화 해외 전파조사 및 DB구축'사업 국제학술회의 발표논문집 『실크로드와 한국불교문화』. ㉓ 정호섭, 2013, 「鳥羽冠을 쓴 人物圖의 類型과 性格-외국 자료에 나타난 古代 한국인의 모습을 중심으로-」, 『영남학』 24, 2012. ㉔ 이재성, 「아프라시압 宮殿址 壁畵의 '鳥羽冠使節'에 판 고찰-高句麗에서 사마르칸트(康國)까지의 路線에 대하여-」, 『중앙아시아연구』 18-2, 2013. ㉕ 서길수, 「외국 高句麗 인물화에 나타난 닭깃털관(鷄羽冠)과 高句麗의 위상 연구」, 『고구려발해연구』 51, 2015, ㉖ 이재성, 「아프라시아브 전지 벽화의 '조우관 사절'이 사마르칸트(康國)로 간 원인·과정 및 시기에 대한 고찰」, 『동북아역사논총』 52, 2016. ㉗ 이상은·김애련, 「사마르칸트 아프라시압궁전 벽화에 나타난 삼국시대 복식 연구」, 한국의상디자인학회지 Journal of the Korea Fashion & Costume Design Association, 8-2, 2018. ㉘ 정호섭, 「사마르칸트 아프라시압 궁전벽화의 고대 한국인」, 동북아역사재단·사마르칸트시 역사박물관 주최 『2019년 한국·우즈베키스탄 국제학술회의-아프라시압 궁전벽화와 한국·우즈베키스탄의 교류-』,

〈표 2〉 아프라시압 벽화 연구사

	연도	이름	편년	국적
1	1975	알바움(L. I. Al'baum)	7C 후반	고구리 사신
2	1976	아나자와 (穴澤和光·馬目順一)	7C 중엽~666년 이전	고구리 사신
3	1976	김원용(金元龍)	7C 중엽	신라 사신
4	1984	고병익(高柄翊)	7C 후반	고구리 사신
5	1988	박진욱(朴晉煜)	650~660년대	고구리 사신
6	1989	노태돈(盧泰敦)	650~655년	고구리 사신
7	1994	마르샥 (Boris Ilyich Marshak)	660년, 655년 무렵	고구리 사신
8	1990	문명대(文明大)	670~715년	고구리 사신
9	1991	이은창(李殷昌)	7C 무렵	고구리 사신
10	1992	정수일(鄭守一)	666년 무렵	고구리 사신
11	1993	모데(Markus Mode)	649년 무렵	고구리 사신
12	1997	방상현(方相鉉)	749년	고구리 사신
13	1998	가게야마 에쯔꼬(影山悦子)	658년	조선 사신 使行 否定
14	2002	권영필(權寧弼)	7C ¾ 기	신라 사신
15	2003	노태돈(盧泰敦)	7C 후반~8C 초	고구리 사신
16	2003	우덕찬(禹悳燦)	650~655년	고구리 사신
17	2008	권영필(權寧弼)	651~657년	고구리 사신
18	2008	최광식(崔光植)	660년 무렵	고구리 사신
18	2010	김용문(金容文)	7C	고구리 사신
20	2011	지배선(池培善)	652년	고구리 사신
21	2012	전호태(全虎兒)	651년 무렵	고구리 사신
22	2012	조윤재(趙胤宰)	650~670년	고구리 사신
23	2013	정호섭(鄭好燮)	650년대	고구리 사신 使行 否定
24	2013	이재성(李在成)	7C ¾ 기	고구리 사신
25	2015	서길수(徐吉洙)	7C	고구리 사신
26	2016	이재성(李在成)	662년	고구리 사신
27	2018	이상은(李相恩)·김애련(金愛蓮)	650~655년	고구리 사신
28	2019	정호섭(鄭好燮)	650년대	고구리 사신 使行 否定
29	2019a 2019b	이성제(李成制)	650년대(?)	고구리 사신 使行 否定

2019. ㉙ 이성제 a, 「고구려와 투르크계 북방세력의 관계-고구려 사절이 아프라시압 궁정벽화에 그려진 배경에 대한 검토-」, 동북아역사재단·사마르칸트시 역사박물관 주최 『2019년 한국·우즈베키스탄 국제학술회의-아프라시압 궁전벽화와 한국·우즈베키스탄의 교류-』, 2019; 이성제 b, 「650년대 전반기 투르크계 북방세력의 동향과 고구려-고구려 사절이 아프라시압 궁정벽화에 그려진 배경에 대한 검토」, 『東北亞歷史論叢』(65), 2019.

지금까지 본 연구성과에서 가장 많이 논의된 것이 아프라시압 벽화에 나온 장면의 연대(年代) 비정이다. 이 논의는 처음 발굴보고서에 7세기 후반이라고 나온 뒤 고구리(高句麗) 조정이 당나라에 항복한 668년 이후라는 점 때문에 신라 사신설이 제기되었다. 그러나 서벽 벽화의 주인공인 바르후만(Varkhuman)이 『신당서』에 나온 불호만(拂呼蔓)과 같은 인물이라는 것이 밝혀졌고, 당(唐)이 불호만을 강거도독부로 삼았다는 고종 영휘(永徽, 650~655) 연간이 비정의 기준이 되면서 차츰 신라 사신설은 사라지고 2000년대에 들어와서는 고구리(高句麗) 사신설이 일반화되었다.

2. 새로운 논란, '사행(使行)을 부정하는 설'

이처럼 고구리(高句麗) 사신설이 자리를 잡아가는 1998년(정리번호 13)에 사마르칸드 벽화에 나타나는 고구리(高句麗) 인물은 실제 고구리(高句麗)가 파견한 사신을 그린 것이 아니라 현지 화가가 당나라의 그림본(模本)을 보고 그린 것이라는 주장이 일본에서 나왔다.

일본 국립 나라문화재연구소(奈良文化財研究所)의 가게야마 에쯔꼬(影山悦子) 연구원이 「사마르칸드 벽화에 나타난 중국 회화 요소에 대하여-조선인 사절은 바르후만왕을 찾아갔는가?」라는 논문을 발표한 것이다. 가게야마는 이 논문에서 아프라시압 벽화에 나타난 고구리(高句麗) 사절이 실제 사마르칸드까지 간 것이 아니라, 당나라 궁정화의 그림본(模本, 手本)을 바탕으로 그렸다고 주장하였다.[231] 가게야마는 다음 해인 1999년 9월 6~10일 파리 유럽이란학회(Societas Iranologica Europaea)가 주최한 4차 이란 연구 유럽 회의에서 「아프라시압 벽화에 나타난 외국 사신의 중국식 묘사(A Chinese Way of Depicting Foreign Delegates Discerned in the Paintings of Afrasiab」)라는 제목으로 같은 요지를 발[232]

---

231) 影山悦子, 「サマルカンド壁画に見られる中国絵画の要素について：朝鮮人使節はワルフマーン王のもとを訪れたか」, 『西南アジア研究』49, 1998.

232) Kageyama Etsuko, "A Chinese Way of Depicting Foreign Delegates Discerned in the

표했고(발표 논문집 I권), 그 내용이 2004년 "이란학(Studia Iranica)" 25집에 실리면서 국제적으로 주목을 받았다.

이 논문의 특징은 당시까지 많은 학자가 고구리(高句麗)에서 사신을 파견하여 그 사신이 강국(康國)까지 온 것을 그렸다는 전제 아래 논리를 전개했으나, "고리(高麗) 사신은 강국에 간 적이 없다."는 독창적인 주장을 한 것이다. 이 주장은 많은 학자가 고구리(高句麗)에서 강국에 사절을 파견한 배경과 목적을 찾기 위해 노력하고, 한 걸음 더 나아가 고구리(高句麗) 사절이 어떻게 평양에서 강국까지 갔는지 그 루트를 상정하는 연구를 진행하였는데, 그러한 모든 연구 결과를 한꺼번에 쓸모없는 것으로 만드는 내용이었다. 다시 말해 강국의 화가가 단순히 당나라 그림본(模本)을 보고 그려 넣은 것이고 고구리(高句麗)와 강국 사이에는 교류가 없었는데 선행 연구자들이 근거 없는 연구를 한 셈이다. 그러므로 이 문제는 일찍이 깊은 논의가 필요했으나 오랫동안 논란이 없었다. 논의할 가치가 없다고 보았는지도 모른다.

국내에서는 이런 주장에 대해 깊은 관심이 없다가 10년이 지난 2008년 권영필이 동북아역사재단에서 펴낸 『중앙아시아 속의 고구려인 발자취』에 발표한 「아프라시압 궁전지 벽화의 '고구려 사절'에 관한 연구」에서 처음 소개되면서 알려졌다. 권영필은 모데(M. Mode)가 아프라시압 벽화 연대를 소개하면서 모데를 비판한 가게야마를 언급한 뒤 "가게야마는 아프라시압 벽화에 나타난 고구려 사절이 실제로 거기에 간 것이 아니라 벽화의 화가가 상상적인 관점에서 그렸을 것이라고 주장한 바 있다."는 간단한 주를 달았다.[233]

이러한 가게야마의 관점을 국내에서 처음으로 뒷받침하고 나선 것이 2013년 정호섭이 발표한 「鳥羽冠을 쓴 人物圖의 類型과 性格-외국 자료에 나타난 古代

Paintings of Afrasiab", Philip Huyse, éd., Iran. Questions et Connaissances. Actes du IVe congrès européen des études iraniennes, organisé par la Societas Iranologica Europaea, Paris, 6-10 septembre 1999, vol. I : La période ancienne, Paris : Association pour l'avancement des études iraniennes(AAEI), 2002, pp. 313-327.

233) 권영필, 「아프라시압 궁전지 벽화의 '고구려 사절'에 관한 연구」, 『중앙아시아 속의 고구려인 발자취』, 동북아역사재단, 2008, 51쪽.

한국인의 모습을 중심으로-」[234]이다. 정호섭은 깃털관(羽冠)의 형태를 3가지로 분류하여, Ⅲ형인 아프라시압 벽화는 Ⅰ형인 중국의 그림본(模本)을 바탕으로 그린 것이라는 주장을 하여 가게야마의 설을 뒷받침하였다.

이 논지는 다시 2019년 동북아역사재단과 우즈베키스탄 사마르칸드 역사박물관이 주최하는 학술대회에서 발표되었고[235], 같은 대회에서 동북아역사재단의 연구원인 이성제도 같은 요지의 발표를 하였다[236]. 따라서 이 문제는 이제 학술적으로 깊이 논의해야 하는 중요한 주제가 되었다.

이 주제는 아프라시압 벽화에 나오는 고구리(高句麗) 사신에 대한 아주 근본적인 문제이기 때문에 늦게라도 국내에서 그 문제를 제기했다는 점에서 좋은 시도라고 본다. 그러므로 그런 중요한 문제에 대한 불씨가 꺼지지 않고 좋은 논의가 계속될 수 있도록 비판적 고찰을 시도해 보는 것이 이 연구의 목적이다.

3. 연구 방법

위에서 주장한 고구리(高句麗) 사행(使行) 불가론은 크게 2가지 논점이 있다. 첫째는 가게야마가 주장한 중국 그림본(模本)을 베꼈다(模寫)는 주장이고, 둘째는 사료를 통해서 당시 국제적인 상황이 동·서돌궐 지역을 거쳐 먼 강국(사마르칸드)까지 갈 수 없다는 주장이다. 첫째 논점은 가게야마 이후 정호섭, 이성제가 모두 주장한 것이고, 둘째 논점은 정호섭과 이성제가 주장한 것이다. 이 논문에서

---

234) 정호섭, 「鳥羽冠을 쓴 人物圖의 類型과 性格 -외국 자료에 나타난 古代 한국인의 모습을 중심으로-」, 『영남학』(24), 2013, 102쪽.

235) 정호섭, 「사마르칸트 아프라시압 궁전벽화의 고대 한국인」, 동북아역사재단·사마르칸트시 역사박물관 주최 『2019년 한국·우즈베키스탄 국제학술회의-아프라시압 궁전벽화와 한국·우즈베키스탄의 교류-』, 2019, 34~44쪽.

236) 이성제 a. 「고구려와 투르크계 북방세력의 관계-고구려 사절이 아프라시압 궁정벽화에 그려진 배경에 대한 검토-」, 동북아역사재단·사마르칸트시 역사박물관 주최 『2019년 한국·우즈베키스탄 국제학술회의-아프라시압 궁전벽화와 한국·우즈베키스탄의 교류-』, 61~69쪽. 이성제 b. 2019, 「650년대 전반기 투르크계 북방세력의 동향과 고구려-고구려 사절이 아프라시압 궁정벽화에 그려진 배경에 대한 검토」, 『東北亞歷史論叢』(65) 2019.

는 먼저 첫째 논점인 중국 그림본(模本)을 베꼈다는 설에 대해서만 보고, 둘째 논점은 한 마당을 더 만들어 다음 마당에서 다루겠다.

이 마당에서는 먼저 Ⅱ장에서는 세 사람이 주장하고 있는 아프라시압 벽화의 당나라 그림본(模本)이란 무엇을 말하는지 분명히 하기 위해 당나라에서 나온 이른바 그림본(模本)설을 검토한다. Ⅲ장에서는 아프라시압 벽화의 그림본이라고 주장하는 그림들 가운데 지금 남아 있는 그림들의 제작 연대를 검토하여 만들어진 시기가 아프라시압 벽화와 거의 같은 시기나 훨씬 뒤에 만들어진 것이라는 사실을 밝힌다. 이어서 실제 그림본이라고 주장하는 당나라 그림과 아프라시압 벽화를 비교하고, 나아가 진짜 그림본이라고 할 수 있는 고구리(高句麗) 벽화와 비교함으로써 아프라시압 벽화가 고구리(高句麗) 사람을 직접 보지 않고는 그릴 수 없다는 사실을 밝힌다. Ⅳ장에서는 모본설 자체에 대한 부정으로 소그드인들이 스스로 벽화를 구성하여 그린 사례를 들어, 그 사례에 나타나는 구성과 화법이 존재하였다는 것을 밝힌다.

Ⅱ. 아프라시압 벽화의 당(唐) 그림본(模本)설 개요

1. 가게야마 에쯔꼬(影山悦子)의 고구리(高句麗) 사행(使行) 부정론

가게야마는 서론에서 "아프라시압 벽화에 중국 미술에서 온 요소가 적지 않게 보인다는 것을 분명히 하고, 특히 거기에 조선인 사절이 그려진 이유에 대해 필자의 의견을 제출한다.[237]"고 했다. 아프라시압 벽화에서 나타난 중국 미술의 요소를 밝히는 과정에서 조선인 사절도 그런 도상의 영향을 받은 것 아닐까? 하는 문제를 제기한 것이다.

---

237) 影山悦子, 「サマルカンド壁画に見られる中国絵画の要素について: 朝鮮人使節はワルフマーン王のもとを訪れたか」, 『西南アジア研究』 49, 1998, 17쪽.

1) 아프라시압 벽화에 나타난 당(唐) 회화의 영향

그렇다면 아프라시압 벽화에 나타난 당 회화의 영향이란 무엇을 말하는가? 먼저 당시까지 연구성과에서 나오는 선행 연구에서 2가지를 찾아 언급하였다.

① 아프라시압 벽화에 중국의 영향으로는 보이는 가장 명확한 부분은 정면 벽(正壁)과 오른쪽 벽에 그려진 중국인의 도상이다. 그들의 복장이나 여성들이 손에 쥔 악기가 둔황막고굴 벽화나 서안 근교에 당묘 벽화의 모습과 유사하다는 점을 지적하였다[238] (姜 1996).

② 우벽의 사냥하는 장면에서 기사가 붉은 베를 말아 붙이는 듯한 것을 말 옆구리(脇腹)에 붙였는데, 그것은 이현(李賢) 무덤(706~711)의 사냥 장면에서 기사가 꽂고 있는 붉은 깃발(五旋旗)과 어떤 관련이 있지 않은지 추측한다(Mode 1993 : 82-3).[239]

이어서 가게야마 자신이 발견한 2가지 유사점을 이렇게 이야기한다.

③ 하나는 M19의 인물상이다. 그것은 이현 무덤 무덤길의 의장도(儀仗圖)에 막대를 앞에 세우고 그 위에 손을 얹고 있는 자세뿐 아니라 위엄 있는 모습까지도 아주 많이 닮았다.

④ 다음으로 알바움은 M27의 인물상이 왼손에 든 것을 폴로 라켓이라고 추측했는데 [Al'baum 1975 :25-6(71)], 필자는 사람은 다르지만 영태공주 무덤(706) 전실 동벽의 궁녀나, 소사욱(蘇思勖) 무덤(746) 무덤방 북벽의 남자 종 손에 들린 여의(如意)를 모방한 게 아닌가 생각하였다[『美術』墓室 : pl.119, 『世界』 : fig. 15].

그리고 아프라시압 벽화의 제재(題材), 다시 말해 작품의 주제 3가지가 당나라 이현(李賢) 무덤에도 있다는 것을 눈여겨보아야 한다고 강조한다.

---

238) [원 논문 주] 姜 伯勤, 「敦煌壁畫與粟特壁畫比較研究」, 『敦煌藝術宗教與禮樂文明』, 中國社會科學院出版社, 1996, 157~78

239) [원 논문 주] Markus Mode, Sogdien und die Herrscher der Welt: Türken, Sasaniden und Chinesen in Historiengemälden des 7. Jahrhunderts n. Chr. aus Alt-Samarqand, Frankfurt am Main, Peter Lang GmbH, Internationaler Verlag der Wissenschaften, 1993.

⑤ 다음 아프라시압 벽화에 그려진 제재(題材) 가운데 3가지가 이현 무덤벽화와 일치한다는 것은 눈여겨볼 만하다. 곧 아프라시압 벽화의 사냥 장면(우벽), 외국사절을 받아들이는 장면(안 벽), 여성의 뱃놀이 장면(우벽)은 이현 무덤벽화의 수렵출행도(무덤길 동벽), 객사도(客使圖, 무덤길 양 벽, Fig. 3-b), 궁녀도(앞방·뒷방)와 각각 제재(題材)가 일치한다. 그런 제재들은 모두 이현 무덤만이 갖는 특징이라고 생각하기 어렵다.

그런데 이런 유사점을 나열하면서 ⑤ 이전의 유사점들은 이현 무덤만의 특징이 아니라면서 왜 그런 유사점을 눈여겨봐야 한다고 했는지 알 수 없는 논리를 편다. 이어서 "그러나 사마르칸드 왕의 궁정이나 개인 저택으로 추정되는 건물 벽화가 당대 무덤을 모방하여 만들었다고 생각하기 어렵다."고 해서 ①~⑤까지 아프라시압 벽화와 당나라 무덤벽화를 비교하면서 "아주 잘 닮아 있다."거나 아프라시압 벽화가 이현 무덤의 벽화를 "모방한 것이 아닌가 생각한다."고 했던 논리를 스스로 부정하여 혼란을 준다. 그 까닭은 보기로 든 영태공주 무덤(706)이나 소사욱(蘇思勗) 무덤(746)이 모두 아프라시압 벽화보다 100년 이상 뒤에 만들어진 것이기 때문이다. 그리고 ①~⑤를 바탕으로 ⑥이란 결론을 끌어낸다.

⑥ 아프라시압 벽화는 당대 무덤벽화가 아닌 궁정화(宮廷畵)의 구성을 모방하였다고 봐야 할 것이다.

당나라 궁정화가들에게는 궁정화의 주제나 기법을 전해 주는 그림본(模本)이 있고 후대의 화가들이 그것을 똑같이 그렸다(模寫)는 것이다. 그 증거로 『역대명화기(歷代名畵記)』와 『광천화발(廣川畵跋)』을 들었다.[240]
이처럼 결론을 이야기한 뒤 다시 다음과 같은 사족을 달았다.

⑦ 이들 제재(題材)는 당 무덤벽화에서 자주 그려져 있어, 그것에서도 당대 궁정화와 무덤벽화가 제재를 공유하였다고 추론할 수 있다.

---

240) 동유(董逌)가 지은 『광천화발(廣川畵跋)』 서문에 나오는 왕회도(王會圖)는 지금 전해지지 않고 있다. 현재 볼 수 있는 고리(高麗) 사진이 그려진 양직공도 모사도가 아니다. 뒤에서 다시 보겠다.

그러니까 당의 무덤벽화도 이런 그림본을 참고했다고 사족을 단 뒤 다시 ⑧로 써 마지막 결론을 내린다.

⑧ 아프라시압 벽화를 그린 화가는 화면구성을 결정할 때 당대 궁정화를 참고했다고 생각할 수 있다.[241]

결국 무덤벽화나 궁정화 모두 그림본(模本)을 베껴서 그리는데 아프라시압 벽화는 당의 무덤벽화를 본떠 그린 그림이 아니고, 궁정화를 참고하였다는 것이다. 다시 말해 아프라시압 벽화는 당나라 때의 궁정화 그림본(模本)을 참고한 그림이라고 결론을 내린 것이다. 이에 대한 문제점은 뒤에서 보겠지만 우선 논리 전개 자체가 명쾌하지 않아 전체적인 의미를 정리하는 데 어려움이 있었다.

2) 조선인 사절은 바르후만 왕이 있는 곳에 찾아갔을까?

이 제목은 가게야마가 설치한 장(章)의 이름이다. 가게야마는 'M24, 25가 조선인 사절이라는 사실은 받아들이지만 그들이 사마르칸드를 직접 간 것은 아니라고 생각하는 이유'[242]를 다음과 같이 밝힌다. 먼저 둔황 막고굴의 유마힐경변상도를 설명하면서 변상도에 나오는 외국사절 가운데 나오는 고구리(高句麗) 사람이 왜 거기에 들어가 있는지를 설명한다.

---

241) 影山悦子, 「サマルカンド壁画に見られる中国絵画の要素について: 朝鮮人使節はワルフマーン 王のもとを訪れたか」, 『西南アジア研究』 49, 1998, 24쪽.

242) 가게야마는 "알바움은 한문 자료에 나온 기록과 도상 자료를 근거로 M24, 25의 인물상을 조선인 사절로 비정하였다. 아나자와(穴澤‧馬目)는 그 밖에 고구리(高句麗) 춤무덤(舞踊塚)의 벽화와 이현 무덤 객사도(客使圖)에 그려진 같은 특징을 가진 인물상을 검토하고 알바움의 비정을 보강하였다. 또 서안에서 출토된 '도관칠개국육판은합'에는 '고리 나라(高麗國)'라는 글월과 머리에 2개의 깃을 꽃은 인물상이 있어 아프라시압 벽화와 이현 무덤벽화의 깃을 꽃은 사절이 틀림없이 조선인 사절이라는 것을 확인하고 있다. 그 뒤 연구자는 이 생각을 받아들여 조선인이 실제 사마르칸드를 찾아 갔다고 해석하고 있다."고 하여 앞에 연구한 학자들이 사신의 국적을 고구리(高句麗)‧고리(高麗) 사신으로 보았다는 것을 알았고, "모데(Mode)와 마르삭(Marshak)은 M 24, 25의 인물상을 고구리(高句麗)에서 파견된 사절이라고 하였다. 그리고 고구리 사절이 그려져 있는 사실을 놓고 벽화의 제작 연대는 고구리가 멸망한 668년 이전이라고 했다(Mode 1993: 47; Marshak 1994: 8)."고 주를 달았기 때문에 고구리 사신이라는 것을 알고 있었지만 일관되게 '조선인 사절'이라고 썼다.

중국에서는 외국사절 장면을 그릴 때 조선인 사절 모습이 아주 일반화되어 있다는 근거는 둔황 막고굴의 유마힐경변상도에서 추측해 볼 수 있다. 막고굴에는 67가지 사례의 유마힐경변상도가 알려져 있는데, 그린 시기가 수(隋)에서 송(宋)에 걸쳐 있다. ⋯⋯ 유마힐과 문수가 좌우 어디에 앉느냐는 시대에 따라 바뀌지만 반드시 유마힐의 주위는 외국사절(蕃王)이, 문수의 주위는 한(漢) 황제가 에워싼다. 대부분 번왕의 집단 앞 열에 나란히 서 있는 몇 명의 남방계 민족으로 반쯤 벌거벗고 피부 빛깔이 짙은 맨발이 특징이다. 그들의 뒤에 나란히 서 있는 사람들은 용모, 관이나 옷이 뚜렷이 구별할 수 있게 그려져 있어 여러 나라의 사절이 유마힐을 병문안 하러 왔다는 사실을 한눈에 알 수 있다. 조선인으로 특징적인 깃털관(羽冠)을 쓴 사절은 남방계 민족 바로 뒷줄 안(유마힐 쪽)에 그려져 있는 경우가 많다.

⋯⋯당대 이후의 작품 가운데 필자가 외국사절도를 참조할 수 있는 것은 15점이었다. 그 가운데 11점에 조선인 사절 또는 그 변형이라고 생각되는 인물상이 그려져 있었다. 실로 3분의 2 이상에 조선인 사절도가 그려져 있는 것은 외국 사절을 그릴 때 반드시 그림본(手本)으로 하는 그림이 있었고, 그 그림 가운데 나오는 한 사람이 조선인 사절이었다고 추측한다.[243]

둔황 막고굴 유마힐경변상도에 나오는 15점의 외국사절도 가운데 ⅔에 고구리(高句麗) 사절이 나오기 때문에 둔황의 유마힐경변상도에 고구리(高句麗) 사절이 나오는 것은 아주 일반적이라는 것이다. 다시 말해 그림본을 보고 그린 것이지 직접 보고 그린 것이 아니라는 것을 증명하기 위해 이 일반론을 든 것이다. 그러나 이러한 둔황의 막고굴 유마힐경변상도 외국사절이 아프라시압 벽화의 그림본(模本)이라는 것은 아니었다. 가게야마는 이러한 막고굴의 사절도도 그림본(模本)이 따로 있다는 주장이다.

이런 형식화된 외국사절 그림이 둔황에서 처음 만들어졌다고 보기 어렵고, 중국의 중심부에 그러한 형식화된 외국사절 그림이 있어, 그 그림을 바탕으로 그렸다고 추측된

243) 影山悦子, 「サマルカンド壁画に見られる中国絵画の要素について: 朝鮮人使節はワルフマーン王のもとを訪れたか」, 『西南アジア研究』 49, 1998, 26쪽.

<u>것이 이현(李賢) 무덤의 '객사도(客使圖)'다.</u> 이 객사도는 무덤길 양쪽 벽(동서)에 그려져 있고, 물론 3명의 홍려사(鴻臚寺) 문관이 서 있고, 그 뒤쪽에 3명의 외국사절이 따르고 있다. 조선인 사절은 동벽에 그려져 있다. 물론 조선인 사절은 실제로 조공을 하러 중국을 찾았겠지만 '객사도'는 조공하러 온 각국 사절의 당시 장면을 벽화에 있는 그대로 재현했다고 볼 수는 없다. 그보다는 <u>이미 있었던 외국사절 그림을 그림본으로 하여 작성하였기 때문에 그 그림에는 조선인도 사절의 한 사람이 되었다고 생각할 수 있을 것이다.</u>

　여기서 말하는 이현 무덤의 객사도가 베껴 그린(模寫) 그림본(模本)은 앞에서 보았던 궁정화를 일컫는데, 당나라에는 전통을 이어온 궁정의 사절도가 있다는 것이다. 따라서 이현 무덤의 객사도(客使圖)는 바로 그 궁정의 사절도를 바탕으로 그린 그림이지 직접 외국 사절을 보고 그린 그림이 아니라는 주장이다. 이와 마찬가지로 막고굴의 유마힐경변상도 또한 궁정화의 사절도를 베낀 그림이지 사절을 보고 직접 그린 그림이 아니라는 점을 연역해 낸 것이다.

　가게야마가 이처럼 궁정화에서 이현 무덤과 둔황 막고굴에 그린 사절도의 족보를 만들어 낸 이유는 바로 아프라시압 벽화도 똑같이 당의 정형화된 외국 사절 그림을 베낀 것이라는 결론을 끌어내기 위해서였다.

　　아프라시압 벽화 속 조선인 사절도 이와 같이 그려지지 않았을까? 이 벽화를 만든 화가는 중국에서 "사방의 나라에서 여러 사절이 왔다."는 것을 나타낼 때 반드시 채용된 그림을 몇 가지 방법으로 알고 있어서 그 방법에 따라 사절 가운데 한 사람인 조선인의 도상을 그렸다고 볼 수가 있다.

　　아프라시압 벽화의 조선인 앞에는 모피를 손에 든 사절이 줄을 서 있는데, 둔황의 유마힐경 변상도에는 모피를 몸에 두른 사절이 그려져 있다(103, 454굴). 이처럼 비슷한 점에서도 아프라시압의 화가가 중국의 정형화한 외국사절 그림을 참고하였던 것이 추측된다.

　　이상의 추측이 옳다면 조선인이 아프라시압 벽화에 등장하는 것을 근거로 하여 그들이 실제 사마르칸드를 찾았다고 단정할 수 없다. 그 가능성을 완전히 부정할 수는 없지만, 그보다는 오히려 사마르칸드 화가가 중국 그림(繪畫)의 표현 방법을 잘 알고 있었다고 해석할 수 있지 않겠는가?[244)]

가게야마의 사행부정론은, 중국 궁정에 전해 내려오는 그림본(模本, 일본어 手本), 곧 궁정화가 있는데 이현 무덤의 객사도와 둔황 막고굴 유마힐경변상도의 사절도가 그 그림본을 베껴 그렸듯이 사마르칸드의 사절도도 중국 궁정화를 본 뜬 것이다. 따라서 그림본(模本)에 고구리(高句麗) 사신이 그려져 있기 때문에 사마르칸드의 벽화 속 고구리(高句麗) 사신들 모습도 그 그림본을 참고해서 그렸지 강국에서 직접 온 사신을 보면서 그리지는 않았을 것이라는 문제 제기이다.

가게야마는 벽화에 그려진 장면이 당나라가 바르후만에게 강거도독을 임명하는 장면이라고 보았다. 그리고 아나자와(穴澤和光·馬目順一)가 바르후만을 강거국도독으로 임명한 해를 『신당서』에 기록된 영휘 연간(650~655)으로 보았지만 『당회요』에 나오는 현경(顯慶) 3년(658)으로 보았다.

현경(顯慶) 3년(658), 고종이 과의(果毅)[245)] 동기생(董寄生)을 보내 (왕이) 사는 성을 강거도독부로 하고, 나아가 그 왕 불호만을 도독으로 삼았다.[246)]

새로운 자료를 제시하여 벽화의 시대를 좀 더 자세히 밝힌 것은 중요한 기여라고 할 수 있다.

---

244) 影山悦子, 「サマルカンド壁画に見られる中国絵画の要素について : 朝鮮人使節はワルフマーン王のもとを訪れたか」, 『西南アジア研究』 49, 1998, 27쪽.
245) 과의도위(果毅都尉)로 당나라 때 군사 직관 명칭.
246) 『唐會要』, 권99, 「康國」. 顯慶三年 高宗遣果毅董寄生 列其所居城爲康居都督部 仍以其王拂呼縵爲都督.

2. 정호섭의 중국의 세계관에 나타난 모본설

정호섭은 연구목적에서 지금까지의 연구가 "민족사적 입장에서는 고무적인 일임에는 틀림 없으나, 조우관을 쓴 인물도에 대한 해석이 자의적이고 무비판적으로 이루어지고 있다는 느낌도 없지 않다. 조우관을 쓴 인물도의 이해에 대해 객관적인 시각이 필요하다는 차원에서 본고를 작성하게 되었다.[247]"고 했다. 그리고 연구의 시작이 "근래 고구려 사절이 사마르칸드까지 직접 온 것이 아니라 중국에서 유행하여 전하여진 도상(圖像)으로만 존재하였다는 견해도 제기된 바도 있어 구체적으로 살펴보겠다."고 해서 가게야마(影山悦子)의 논문이 계기가 되었다는 점도 밝혔다.[248] 그는 아프라시압 궁정벽화에 등장하는 고구리(高句麗) 사절은 다음 두 가지 가능성이 있다고 보았다.[249]

첫 번째 가능성은 중국 장안이나 둔황에서 중앙아시아 쪽으로 사절도와 관련한 자료가 전해져서 강국이 그 모본이나 이미지에 따라 도상을 그린 것으로 이해할 수 있을 듯하다. 이것은 당시 강국의 바르후만 왕이 당나라 고종 영휘(650~655) 연간에 康居都督으로 책봉 받은 사실이 있다는 점과 함께 고려해 볼 문제이다. 강거도독으로 책봉 받은 사실에서 당나라의 세계관은 강국에도 영향을 미쳤을 것임을 짐작하는 것은 어렵지 않다.

두 번째는 당시 강국이 고구려와의 접촉에서 파악한 고구려인에 대한 정보를 바탕으로 묘사하였을 개연성이다. 고구려인들과의 접촉에서 강국인들에게 조우관을 쓴 모습이나 이미지가 전해졌고, 그것이 벽화를 그리는 과정에서 동쪽 나라의 대표 격으로 고구려인의 모습을 그렸을 수 있는 것이다.[250]

---

247) 정호섭, 「鳥羽冠을 쓴 人物圖의 類型과 性格-외국 자료에 나타난 古代 한국인의 모습을 중심으로-」, 『영남학』 24, 2013, 102쪽.
248) 정호섭, 「鳥羽冠을 쓴 人物圖의 類型과 性格-외국 자료에 나타난 古代 한국인의 모습을 중심으로-」, 『영남학』 24, 2013, 104쪽.
249) 가게야마의 논문은 주에 Studia Iranica에 실린 "Kageyama Etsuko, 2002, A Chinese way of depiting foreign delegates discerned in the painting of Afrasiab"을 소개하고 있는데, 실제 본문에서 인용하지는 않았다.
250) 정호섭, 「鳥羽冠을 쓴 人物圖의 類型과 性格-외국 자료에 나타난 古代 한국인의 모습을 중심으로-」, 『영남학』 24, 2013, 116쪽.

간추려 보면 이렇다.

① 장안이나 둔황의 사절도 그림본(模本)이 전해져 그 그림본을 본떠 그렸다.

② 고구리(高句麗)와의 접촉을 통해 고구리(高句麗) 사람의 이미지를 확보하고 있다가 그린 것이다.

이와 같은 가설에 대한 결론도 ①이 아니면 ②라고 해서 좀 어정쩡하게 마무리 짓고 있지만, 당나라의 세계관을 반영한 그림본이 전해져 그것을 바탕으로 그렸다는 쪽에 무게를 두고 있다는 것을 알 수 있다.

① 앞서 지적한 바와 같이 初唐시기 둔황 막고굴 벽화의 조우관을 쓴 인물도에서 보이는 것처럼 인물들이 가로로 서 있고, 2인의 조우관 인물이 배치되고 있는 점에서 당나라로부터 사절도 혹은 번국인물도와 관련한 형태의 모본이 강국에 전해졌을 개연성이 높다. 특히 아프라시압 벽화에서는 조우관 인물도의 턱 아래로 묶는 끈이 확인되지 않는 점 등을 보면 고구려인의 실제 모습을 그대로 그렸을 개연성은 상대적으로 낮지 않을까 생각된다. 중국적인 세계관을 반영한 모본이나 이미지가 당시 당나라로부터 강국에 전해져서 그것이 강국의 입장에서 재해석되어 표현된 그림이 아프라시압 궁전벽화로 생각된다.

② 현재 그 어떤 형태의 모본도 확인할 수 없는 상황이기 때문에 모본의 존재를 부정한다면, 적어도 궁궐벽화의 고구려 사절은 강국이 파악하고 있었던 고구려인에 대한 이미지가 표현되었을 가능성을 상정할 수도 있을 것이다. 하지만 상대적으로 아프라시압 궁궐벽화를 근거로 한국인의 활동무대가 강국이 있었던 사마르칸트 지역에까지 확대되었다고 보는 한국학계의 시각은 다소 확대해석일 수 있다. 이것은 앞서 제시한 둔황 벽화들의 사례에서도 충분히 확인할 수 있다.[251]

한편 ①을 뒷받침하기 위한 그림본(模本)이 존재하지 않는다는 한계성을 이미 파악하고 대안으로 ②를 제시했지만, 그렇다면 강국이 고구리(高句麗) 사절을 어

---

251) 정호섭, 「鳥羽冠을 쓴 人物圖의 類型과 性格-외국 자료에 나타난 古代 한국인의 모습을 중심으로-」, 『영남학』 24, 2013, 117쪽

떻게 그렸는지는 밝히지 못했다. 만일 강국에 오지 않았다면 어떻게 강국의 화가가 고구리(高句麗) 사람의 이미지를 그릴 수 있었는지를 밝혀야 했다. 이 부분은 더욱 더 증명하기 어려웠을 것이다.

그럼에도 한국인의 활동무대를 강국까지 확대한 것은 지나친 해석이라는 관점이다. 결론적으로 정호섭의 논문은 깃털관을 쓴 그림들을 유형화해서 그 가운데 사마르칸드 벽화는 어떤 위치에 있는지를 밝히는 데 초점을 맞추었다.

Ⅰ형 : 정치경제 목적으로 중국을 방문한 고구려 사절을 직접 그린 원형. 그림본(模本)

Ⅰ-A형 : 고구려 사절을 직접 보고 그린 원형(梁 職貢圖)

Ⅰ-B형 : 태자 생전의 접객 모습을 그린 것(章懷太子墓壁畵)

Ⅱ형 : Ⅰ형의 그림본(모본)이 전해져서 그려진 것. 불교적 내용과 관련된 유형

Ⅱ-B형 : 경전의 변상도(敦煌 莫高窟 人物圖)

Ⅱ-A형 : 사리와 관련하여 등장하는 인물도(都管七個國六瓣銀盒,

傳 山東省 濟陽縣出土 舍利函, 陝西省 藍田縣 舍利用器)

Ⅲ형 : 아프라시압 : Ⅰ형의 그림본(模本)이 전해져서 그리게 된 것

위의 세 유형 가운데 Ⅰ형만 고구리(高句麗) 사신을 직접 보고 그린 것이고, Ⅱ형과 Ⅲ형의 경우는 고구리(高句麗) 사람이 그 지역에서 직접 활동한 모습을 그린 그림이 아니라는 것이다. 가게야마는 Ⅰ-A형만 고구리(高句麗) 사절을 직접 그렸다고 보았는데, 정호섭은 Ⅰ-A형과 Ⅰ-B형 모두가 고구리(高句麗)에서 온 사신을 직접 그렸다는 점이 다르고, Ⅱ-B형까지 아프라시압에 영향을 미쳤다는 점이 다르다. 정호섭의 논리가 가게야마보다 훨씬 더 폭넓다는 것을 알 수 있다.

3. 이성제의 고구리(高句麗) 사행(使行) 부정론

이성제도 머리말에서 벽화에 나온 깃털관을 쓴 두 사람이 "고구려 사절이라는 것을 인정하지만, 고구려가 당(唐)에 맞서기 위한 대외전략의 일환으로 멀리

중앙아시아 사마르칸드까지 사절을 보냈다고 판단하고 있는 점에 대해서는 부정적인 생각을 갖고 있다.”[252]는 전제 아래 논리를 전개한다. 가게야마와 정호섭이 이 문제를 가장 중심적으로 본 데 반해 이성제는 두 사람의 연구를 그대로 받아들이는 상태에서 논리를 전개한다.

> 필자는 벽화에 그려진 고구려 사절의 모습이 고구려인에 대한 이미지 혹은 도상(圖像)이라고 본다. 선행 연구에 따르면 이 도상의 출처는 당으로, 장안(長安)이나 둔황(燉煌)에서 전해져 현지에서 그것에 따라 그린 것으로 이해된다.”[253]

여기서 선행 연구란 2002년의 가게야마 에쯔꼬 논문과 2013년 정호섭의 논문이라는 주를 단 것을 보면 이성제의 논리는 이 두 논문에서 주장하는 당나라의 그림본설(模本說)에 동조하는 것이다. 가게야마가 궁정화가 그림본이 되었다고 주장한 데 반해 정호섭이 “장안이나 둔황의 사절도 모본이 전해져 그 모본을 본떠 그린 것이다.”라고 둔황의 사절도도 모본이 될 수 있다고 했는데, 이성제는 정호섭의 설을 긍정한 것이다.

다만 이성제는 벽화의 그림본이 과연 당나라 것인지에 대해서는 의문을 갖는다. 이런 의문은 정호섭이 제기한 “고구려 사절은 끝자리를 차지하는 관념적이고 상징적인 표현이었다.”는 주장을 발전시킨 것으로 보인다.

> 궁정 벽화의 인물 배치는 강국(康國) 사람들이 가졌던 세계관이나 지리적 이해 속에서 나온 것임이 분명하다. 문제는 이러한 인식의 출처가 과연 당이 될 수 있을까 하는 점이다. 고구려 사절이 그려진 서벽 벽화의 인물 배치를 보면, 정면의 바르후만 왕이 앉아

---

252) 이성제, 「고구려와 투르크계 북방세력의 관계-고구려 사절이 아프라시압 궁정벽화에 그려진 배경에 대한 검토-」, 동북아역사재단·사마르칸트시 역사박물관 주최 『2019년 한국·우즈베키스탄 국제학술회의-아프라시압 궁전벽화와 한국·우즈베키스탄의 교류-』, 2019. 4. 17; 이성제, 「650년대 전반기 투르크계 북방세력의 동향과 고구려-고구려 사절이 아프라시압 궁정벽화에 그려진 배경에 대한 검토」, 『東北亞歷史論叢』 65, 2019, 244쪽. * 발표논문을 보완해서 『東北亞歷史論叢』에 실렸기 때문에 인용은 논총에 실린 것으로 한다.
253) 이성제, 「650년대 전반기 투르크계 북방세력의 동향과 고구려-고구려 사절이 아프라시압 궁정벽화에 그려진 배경에 대한 검토」, 『東北亞歷史論叢』 65, 2019, 259~260쪽.

있는 단 아래로 앉아서 대화를 나누고 있는 두 무리가 있고, 다시 그 아래에 고구려 사절을 비롯한 각국의 사절들이 차례를 기다리고 있다.

여기에서 왕 아래에서 대화를 나누고 있는 인물들에 관심이 간다. 이들은 돌궐인으로, 외국 사절로 이루어진 대열과는 뚜렷한 구분을 보이고 있는 것이다. 마치 바르후만 왕의 국정 운영을 곁에서 지켜보는 듯한 모습인데, 당시 강국이 서돌궐의 영향력 아래 놓여 있었던 사정과 무관해 보이지 않는다. 반면 당의 사절은 예물을 왕에게 바치기 위해 차례를 기다리고 있는 대열 속에서 보인다. 적어도 벽화의 묘사는 강국에 미치고 있던 당의 영향력이 대단치 않았음을 보여주고 있는 것이다.

그렇다면 고구려는 강국에서 볼 때 동쪽의 끝에 있는 나라라고 하는 인식은 어디서 비롯되었을까. 아래의 기사는 그 같은 인식이 돌궐인들에게 있었음을 보여준다.[254]

이성제가 제시한 기사는 오르콘 강가에서 발견된 돌궐비에 기록된 "문상객(으로서) 동쪽에서는 해 뜨는 곳에서부터 뵈클리(고구려)"가 왔다는 문장을 들고 있다. 그리고 이렇게 결론을 맺는다.

이렇게 볼 때 벽화의 끝자락에 고구려 사절을 배치한 세계관은 바르후만 왕의 전면에 앉아 사절을 굽어볼 수 있었던 서돌궐인들에게서 유래한 것이라고 여겨진다. 나아가 도상의 계통 역시 다르게 볼 수 있는 가능성은 없을까 하는 생각이 든다. 그간의 연구들은 조우관(鳥羽冠)을 쓰고 있는 모습을 중시하였지만, 사마르칸드 궁정벽화의 고구려 사절처럼 칼을 차고 있는 모습은 중원(中原)에서 나온 각종 인물도에서는 찾을 수 없다. 당 장회태자묘(章懷太子墓)의 사신도에 보이는 비무장으로 공손히 두 손을 모으고 있는 모습의 이미지와 달리, 고구려인을 허리에 칼을 찬 무인(武人)으로 묘사하고 있다는 점에서 그러하다. 별개의 정보에서 유래했을 가능성을 엿볼 수 있는 것이다.[255]

---

254) 이성제. 「650년대 전반기 투르크계 북방세력의 동향과 고구려-고구려 사절이 아프라시압 궁정벽화에 그려진 배경에 대한 검토」. 『東北亞歷史論叢』 65, 2019, 260쪽.

255) 이성제. 「650년대 전반기 투르크계 북방세력의 동향과 고구려-고구려 사절이 아프라시압 궁정벽화에 그려진 배경에 대한 검토」. 『東北亞歷史論叢』 65, 2019, 260쪽.

앞에서 가게야마와 정호섭의 중국 모본설에 대해서 "다른 모본이 있을 수 있다."는 문제를 제기하였고, 그 대안으로 돌궐비문의 내용을 내세운 것이다.

그러나 돌궐비문은 동쪽 해 뜨는 나라라는 뜻이지 끝자리를 차지한다는 뜻은 아니고, 바르후만이 강거도독으로 임명될 당시는 이미 631년 동돌궐은 멸망했다는 점에서 의문이 가는 자료이며, 이 문제는 이미 가게야마도 언급하였다. 가게야마는 이 벽화의 사절도가 당이 바르후만을 강거도독으로 임명할 때 취임식 (658년)[256] 장면이라고 보았는데, 그림에 나오는 튀르크 사람에 대해서 이렇게 언급하였다.

> 서돌궐이 멸망한 뒤 행해진 도독 취임식을 그린 장면이라면, 왜 많은 튀르크 사람들이 그 자리에 앉아 있는지 의문이 생긴다. 알바움과 모데는 그들을 바르후만 왕의 신하라고 해석하고 있다[Al'baum 1975 :27(73), Mode 1993 : 33 - 4]. 한편 마르샥은 그들을 중국 황제의 '노예'라고 생각하고, 그 근거로 릲시츠가 새로 해독한 '일에 붙들려 매인'(M5의 왼손)이라는 글귀와 튀르크 사람이 철문에서 조선까지 멀리 정복한 중국 황제를 위해 피를 흘렸다는 기록을 들고 있다. 필자는 벽화에 그려진 튀르크인은 사마르칸드 왕의 개인적인 친위대가 아닌가 생각한다.[257]

이런 논의를 볼 때 고구리(高句麗) 사신의 배치와 벽화에 나온 돌궐 사람들을 연결하고, 더 나아가 돌궐비문에 나오는 '해 뜨는 나라 고리(高麗＝Bökli＝貊高麗)'를 강국의 세계관으로 끌어들이는 것은 큰 무리라고 생각한다. 그러나 이성제가 가게야마와 정호섭의 중국 모본설에 문제를 제기한 점은 성과라고 할 수 있다.

---

256) 가게야마는 『唐會要』(권 99 康國條)에 나오는 "顯慶三年. 高宗遣果毅董寄生 列其所居城爲康居都督府. 仍以其王拂呼縵爲都督"을 바탕으로 현경 3년(658)에 바르후만이 강거도독으로 임명되었고. 아프라시압 벽화는 바로 그 장면을 그린 것이라고 주장하였다. 시대 비정에 일정한 진전을 이룬 것이다.

257) 影山悦子,「サマルカンド壁画に見られる中国絵画の要素について : 朝鮮人使節はワルフマーン王のもとを訪れたか」,『西南アジア研究』49, 1998, 27쪽.

Ⅲ. 아프라시압 벽화의 당 모본설에 대한 비판적 검토

1. 당 그림본(模本)의 시대(時代) 문제

그림본(模本)과 베낀 그림(摹寫圖)의 계통을 설명하려면 반드시 시대적으로 베낀 그림보다 훨씬 먼저 그린 그림본이 있어야 한다. 그러나 사행 부정론자들이 말하는 그림본(模本)은 실제 존재하지 않고 아프라시압 벽화와 비슷한 시대이거나 그보다 훨씬 후대 그림으로 그 이전 시대의 그림본을 추정하는 방법이라서 설득력이 많이 떨어진다. 이는 정호섭 본인이 이미 지적하였다는 것을 앞서 보았다.

1) 가게야마가 제시한 증거 검토

가게야마가 아프라시압 벽화에 나타난 중국 회화의 영향을 받았다고 주장하는 보기들을 검토해 보면 그 논리가 얼마나 앞뒤가 맞지 않는지 알 수 있다. 앞장에서 번호를 붙인 순서대로 다시 한번 찬찬히 검토해 보기로 한다.

① 아프라시압 벽화에 중국의 영향으로 보이는 가장 명확한 부분이 정면 벽(正壁)과 오른쪽 벽에 그려진 중국인의 도상이다. 그들의 복장이나 여성들이 손에 쥔 악기가 둔황 막고굴 벽화나 서안 근교에 당묘 벽화의 모습과 유사함을 지적하고 있다(姜 1996).[258]

② 우벽의 사냥하는 장면에서 기사가 붉은 베를 말아 붙이는 듯한 것을 말 옆구리(脇腹)에 붙이고 있는데, 이는 이현(李賢) 무덤(706~711)의 사냥 장면에서 기사가 꽂고 있는 붉은 깃발(五旋旗)과 어떤 관련이 있지 않은지 추측하고 있다(Mode 1993 : 82-3).[259]

③ 하나는 M19의 인물상이다. 그것은 이현 무덤 무덤길의 의장도(儀仗圖)에 막대를 앞세우고 그 위에 손을 얹은 모습뿐 아니라 위엄 있는 모습까지 아주 잘 닮았다.

---

258) <원문 주> 姜 伯勤,「敦煌壁畫與粟特壁畫比較硏究」,『敦煌藝術宗敎與禮樂文明』, 中國社會科學院出版社, 1996, 157~78.

259) Markus Mode, Sogdien und die Herrscher der Welt: Türken, Sasaniden und Chinesen in Historiengemälden des 7. Jahrhunderts n. Chr. aus Alt-Samarqand, Frankfurt am Main, Peter Lang GmbH, Internationaler Verlag der Wissenschaften, 1993.

④ 다음으로 M27의 인물상이 왼손에 든 것을 알바움이 폴로 라켓이라고 추측했는데 [Al'baum 1975 :25-6(71)], 필자는 사람은 다르지만 <u>영태공주 무덤(706)</u> 전실 동벽의 궁녀나, <u>소사욱(蘇思勖) 무덤(746)</u> 무덤방 북벽의 남자 종 손에 들려 있는 여의(如意)를 모방한 것이 아닌가 생각한다(『美術』 墓室 : pl.119, 『世界』: fig. 15).

⑤ 다음 아프라시압 벽화에 그려진 제재(題材) 가운데 <u>3가지가 이현 무덤 벽화와 일치한다는 점은 눈여겨볼 만하다.</u> 곧 아프라시압 벽화의 사냥 장면(우벽), 외국사절을 받아들이는 장면(안 벽), 여성의 뱃놀이 장면(우벽)은 이현 무덤벽화의 수렵출행도(무덤길 동벽), 객사도(客使圖, 무덤길 양 벽, Fig. 3-b), 궁녀도(앞방·뒷방)와 각각 제재(題材)가 일치한다. 그런 제재들은 모두 <u>이현 무덤만이 갖는 특징</u>이라고 생각하기 어렵다.

아프라시압 벽화의 구성이 이현 무덤·영태공주 무덤·소사욱(蘇思勖) 무덤의 여러 장면을 닮았다고 설명하며 당나라 그림본을 본뜬 것이라고 주장한다. 그러나 이현 무덤과 영태공주 무덤은 706년에 만들어졌고, 소사욱(蘇思勖) 무덤은 그보다 40년이나 뒤인 746년에 만들어졌기 때문에 658년 강거도독을 제수할 때는 영향을 받을 수 없다.

이에 대한 가게야마의 논리는 당나라 전통적의 궁정 사절도가 있는데, 이현 무덤의 객사도(客使圖)를 비롯한 후대 그림들은 이 궁정 사절도를 바탕으로 그린 것이라고 주장한다. 가게야마는 궁정화의 존재를 이렇게 설명하였다.

> 왜냐 하면 『역대명화기(歷代名畫記)』에 전해지는 당대 궁정화가의 활동과 현재 남아 있는 그들의 작품 모사에서 당 무덤벽화는 당시 궁정화의 제재나 기법을 그림본으로 삼았다고 <u>추정되고 있기 때문이다</u>[260](Fong 1978, 1984).
>
> 또 송(宋)의 동유(董逌)가 지은 『광천화발(廣川畫跋)』 권2에 「상왕회도서록(上王繪圖敍錄)」에 전해지는 내용에 따르면, 북송의 조정 비각(祕閣)에는 정관 연간(627~49)의 그림으로 보이는 왕회도를 간직하고 있는데 거기에 외국 사절이 조공하러 찾아올 때의 광

---

260) [원 논문 주] Mary H. Fong, Tang Tomb Murals Reviewed in the Light of Tang Texts on Painting, Artibus Asiae, Vol. 45, No. 1, 1984, pp.35~72.

경이 그려져 있다고 한다. (長廣 1959 : 22-4). 또 동유(董逌)는 그 그림에는 외국사절 외에 의장병, 문관, 악대가 <u>그려져 있다고 전한다.</u>[261]

『역대명화기(歷代名畫記)』는 당 대중(大中) 연간(847~859)에 장언원(张彦远)이 지은 책으로, 그 책에서도 무덤벽화가 궁정화의 제재나 기법을 본뜬 것으로 '추정'한 정도이고, 후대의 기록인『광천화발(廣川畫跋)』에서도 '그려져 있다고 전한다.'는 정도의 사료들이다.

결국 가게야마도 그림본을 볼 수 없으므로 아프라시압 벽화보다 후대에 만들어진 그림에서 비슷한 점을 찾아 거꾸로 그림본을 추정하는 방법을 쓰고 있다. 일단 시대적으로 아프라시압보다 뒤인 그림을 바탕으로 그 원본이 있을 테고, 그 원본을 본떠 그렸을 것이라는 주장은 기존의 학설들을 반박하는 데 있어서 설득력이 약하다고 할 수 있다. 한편 많은 당나라 관습이나 그것을 그린 그림에 나타난 복식 등이 서녘에서 왔다는 점도 고려해야 할 것이다.

2) 정호섭이 제시한 증거 검토

(1) 양직공도의 연대와 그림본(模本)

정호섭도 가게야마와 같은 방법을 쓰고 있다. 먼저 정호섭이 고구리(高句麗) 사절을 직접 그린 원형이라고 주장한 Ⅰ-A형을 보기로 한다.

> Ⅰ형 : 정치경제 목적으로 중국을 방문한 고구려 사절을 직접 그린 원형.
> Ⅰ-A형 : 고구려 사절을 직접 보고 그린 원형(梁 職貢圖).

양나라 직공도(職貢圖)는 양(梁, 502~557) 무제(武帝)의 일곱째 아들 소역(蕭繹, 508~554)이 형주자사(荊州刺史)로 있을 때 무제의 즉위 40년(541)을 기념하여 불

---

261) [원 논문 주] 長廣敏雄,「閻立德と閻立本について」,『東方學報』(29), 1~50쪽.
262) 影山悦子,「サマルカンド壁画に見られる中国絵画の要素について : 朝鮮人使節はワルフマーン 王のもとを訪れたか」,『西南アジア研究』49, 1998, 24쪽.

교 나라인 양나라에 조공하는 사절들의 모습을 그린 그림이다.[263] 직공(職貢)이란 조공이란 뜻이기 때문에 양나라에 조공하는 그림이라고 해서 「양직공도(梁職貢圖)」라고 부른다. 정호섭이 아프라시압 벽화의 그림본이라고 주장할 수 있는 가능성이 가장 큰 그림이다. 그러나 이 양직공도에 대해서 양서(梁書)를 비롯하여 여러 사료에 언급이 되어있었으나 아직 541년에 그린 실물이 발견되지 않았다.[264] 그러므로 정호섭도 그 양직공도를 후대에 베낀 그림(摹寫圖)을 바탕으로 거꾸로 그림본을 유추해 낼 수밖에 없었다.

1960년 남경박물원(南京博物院)에서 송나라 때 본떠서 그린 그림(模寫圖)이 발견되어 처음으로 그 존재가 밝혀졌다.[265] 그 뒤 1987년 대만 고궁박물원에서 새로 다음 같은 2가지 본뜬 그림이 발견(模寫圖)되었다.

① 「당 염립본 왕회도(唐 閻立本 王會圖)」 : 「왕회도(王會圖)」라고 줄여 쓴다.

이 그림은 당나라 때 염립본(閻立本, 약 601~673)이라는 화가가 소역(蕭繹)의 직공도를 본떠서 그린 그림이다. 그러니까 염립본이 고리(高麗)[266] 사신을 직접 그린 게 아니라 모사도다.[267] 염립본이 언제 양직공도를 모사했는지는 현재까지 연구성과가 없다. 그러나 그의 생애가 72년이나 되기 때문에 범위를 좀 더 좁히기 위해 먼저 640년 송찬간포(松贊幹布)가 장안에 와서 태종을 뵙고 문성공주에게 청혼하는 장면을 그린 보련도(步輦圖)를 그린 해(당시 39살)와 656년 형 염립덕(閻立德)이 죽자 대신 궁실의 수리와 건축을

263) 深津行德, 「臺灣古宮博物院所藏 '梁職貢圖'模本について」, 學習院大學 東洋文化硏究所 調査硏究報告 No. 44, 『朝鮮半島に流入した諸文化要素の硏究』, 1999, 42쪽.

264) 서길수, 「춤무덤(舞踊塚)의 사신도와 조우관(鳥羽冠)에 대한 재검토-고구리(高句麗)의 닭 숭배 사상을 바탕으로-」, 『역사민속학』(46), 2014.

265) 金維諾, 1960-7, 「職貢圖的年代與作者 - 讀畫札記」, 『文物』.

266) 고구리(高句麗)는 장수왕 때 나라이름을 고리(高麗)로 바꾸었기 때문에 왕회도에는 고구리(高句麗)가 아니라 고리나라(高麗國)라고 되어 있다.

267) 梁開建, 2011, 「唐《王會圖》雜考」(『民族硏究』, 2011(01), 77~85)에서 『광천화발(廣川畵跋)』「상황회도서록(上王繪圖敍錄)」의 기록(643년), 『신당서』와 『자치통감』(629)에 나온 기록을 검토하여 왕회도가 629년 작성된 것으로 보았다. 그러나 여기 나오는 기록은 안사고(顔師古)가 새로운 왕회도(王會圖)를 만들자고 제안하여 황제의 재가를 받았다는 기록이지 염립본이 양직공도를 모사한 것과는 다른 이야기다.

담당하는 장작대장(將作大匠)이 된 해(당시 55살)를 기준으로 잡아보면 대체로 640~656년쯤으로 볼 수 있다. 이것은 다른 그림들과 견주어 보기 위해 어림잡은 것이다.

② 「남당 고덕겸이 본떠 그린 양나라 원제의 번객입조도(南唐 顧德謙 摹 梁 元帝 蕃客入朝圖)」: 「번객입조도(蕃客入朝圖)」라고 줄여 쓴다.

이 그림은 남당(南唐, 937~975) 때 고덕겸(顧德謙)이라는 화가가 그린 그림이다. 이 그림은 원본이 그려진 뒤 400년쯤 지난 뒤에 그렸기 때문에 원본을 직접 보지 않고 여러 번 거친 그림을 보고 그렸을 가능성이 크다.[268]

위의 베낀 두 그림(摹寫圖)은 우선 아프라시압 벽화와 같은 시기이거나 300년이나 지난 뒤 그려진 그림이기 때문에 아프라시압 벽화의 그림본(模本)이 될 수 없다. 그러므로 이 2개의 베낀 그림으로 그림본(模本)을 유추할 수밖에 없다. 다음에 보겠지만 이 베낀 두 그림(摹寫圖)에 나온 고리(高麗) 사신은 아프라시압 벽화에 나온 인물과 깃털관(羽冠)을 빼놓고는 닮은 곳이 거의 없어 아프라시압 벽화의 그림본(模本)이라고 단정하기 어렵다. 특히 베껴 그린 위의 두 양직공도를 보면 30명이 넘는 사신이 등장하고, 그 사신이 속한 나라에 대한 설명이 붙어 있어 먼저 아프라시압 벽화의 구도와 전혀 다르다. 만일 아프라시압 벽화가 양직공도를 베낀 것이라면 30명이 넘는 사신 가운데 특별히 고리국(高句麗) 사신을 고른 까닭을 설명해야 하는데, 그것은 사실상 어려운 일이다. 그러므로 후대의 그림을 바탕으로 541년의 그림을 유추하는 방법은 큰 의미가 없고, 원본인 541년의 그림이 발견된다고 해도 이 점은 바뀌기 어려울 것이다.

(2) I-B형 : 장회태자(章懷太子) 이현(李賢) 무덤벽화의 제작 연대

측천무후가 황후가 되어 권력을 잡자 황태자를 폐위하고 자기 맏아들 이홍을 황태자로 삼았으나 675년 이홍이 죽자 둘째 아들 이현(李賢)을 황태자로 세웠는데, 이현(李賢)이 바로 장회태자 벽화무덤의 주인이다. 이현이 황태자가 될 당시

---

268) 서길수, 「외국 高句麗 인물화에 나타난 닭깃털관(鷄羽冠)과 高句麗의 위상 연구」, 『高句麗渤海硏究』(51), 2015, 161쪽.

는 이미 고리(高麗) 왕실이 당나라에 항복하고 7년이 지난 뒤의 이야기다. 그러니까 이현은 황태자로서 고리(高麗) 사신을 맞이할 수 없었다. 그 뒤 측천무후는 680년에 이현(李賢)을 폐위시키고 결국 자살하도록 만들었다. 고리(高麗)가 항복한 뒤 15년 뒤의 일이다. 683년 고종이 죽자 측천무후는 셋째 아들 이현(李顯)을 황제로 세우니 바로 중종이다. 그러나 측천무후는 중종도 폐위시키고 넷째 아들을 황제로 세웠다가 다시 폐위시키고 결국 690년 자신이 직접 황제가 되어 나라 이름을 주(周)나라로 바꾸었다. 698년에 다시 중종(中宗)이 복위되어 당 왕조가 부활하였고, 새로 자리에 앉은 중종은 706년 억울하게 죽은 형 이현(李賢)을 고종과 측천무후가 묻힌 건릉에 함께 묻히도록 하였다. 그러니까 이현의 무덤이 만들어진 것은 706년, 고리(高麗)가 당나라에 항복하고 38년이 지난 뒤의 일이다.[269]

정호섭은 이현(李賢)의 무덤벽화는 사신을 직접 보고 그린 그림이라고 했다. 그렇다면 706년쯤 그려진 이현 무덤의 벽화는 그보다 이른 650~660년대에 그려진 아프라시압 벽화의 그림본(模本)이 될 수 없다.

3) 둔황 막고굴의 경전 변상도

> Ⅱ형 : Ⅰ형의 그림본(모본)이 전해져서 그려진 것. 불교적 내용과 관련된 유형
>
> Ⅱ-B형 : 경전의 변상도(敦煌 莫高窟 人物圖)

가게야마는 막고굴의 유마힐경변상도에 나온 외국 사절도는 아프라시압 벽화와 마찬가지로 궁정화를 그림본으로 삼았는데, 많은 그림에 고구리(高句麗) 사람이 나온 사실을 놓고 그림본에 고구리(高句麗) 사람이 그려져 있었기 때문이라고 했고,[270] 정호섭은 막고굴 유마힐경변상도도 아프라시압 벽화에 영향을 미쳤다고

---

269) 서길수, 「외국 高句麗 인물화에 나타난 닭깃털관(鷄羽冠)과 高句麗의 위상 연구」, 『高句麗渤海研究』 51, 2015, 167쪽.

270) 막고굴의 유마힐경변상도 가운데 외국 사절도를 참조할 수 있는 그림이 15점이고, 그 가운데 11점에 조선인 사절이 그려져 있다. 그만큼 중국의 외국 사절도에는 조선인 사절 장면이 일반화되었다는 점을 근거로, 거꾸로 유마힐경변상도의 그림본(模本)인 궁정화에 고구리 사람의 이미지가 들어 있었다는 추측을 유추한 것이다.

주장한 사실은 이미 앞에서 보았다. 그러나 그처럼 막고굴의 변상도에 나오는 많은 고구리 사람의 통계를 가지고 그림본의 도상을 일반화시킬 수 없다. 둔황 막고굴에 그려진 고구리(高句麗) 인물상을 시대별로 간추려 보면 다음과 같다.

(1) 초당(初唐, 618~712) : 3개 굴　　(2) 성당(盛唐, 713~755) : 3개 굴

(3) 중당(中唐, 756~824) : 3개 굴　　(4) 토번(吐蕃) 통치시대(781~848) : 9개 굴

(5) 만당(晩唐, 825~907) : 4개 굴

(6) 금산국(金山国, 張議潮 歸義軍, 851~1036) : 10개 굴

(7) 송(宋, 960~1036) : 1개 굴　　(8) 서하(西夏, 1032~1225) : 1개 굴[271]

비록 많은 벽화에 고구리(高句麗) 사람으로 보이는 깃털관(羽冠)을 쓴 인물이 보이지만 그 가운데 당나라 때 그린 것은 9개밖에 되지 않고 나머지 벽화는 대부분 당나라가 아니라 토번을 비롯한 다른 나라에서 그린 것임을 알 수 있다. 당나라 때 그린 9개 그림 가운데서도 아프라시압 벽화보다 먼저 그린 벽화는 단 하나밖에 없다. 정호섭이 제시했던 초당(初唐, 618~712)시대의 3개 굴 가운데 220호 굴 벽화만 아프라시압과 비슷한 연대(642년)이고, 나머지 2개는 모두 아프라시압 벽화보다 나중에 만들어진 것들이다. 335호굴은 '수공(垂拱) 2년(686) 5월 7일'이란 글이 적혀 있어 아프라시압 벽화보다 훨씬 나중에 만들어졌다는 것을 알 수 있다. 다른 하나인 332호굴 벽화는 335호굴 바로 옆에 있고, 335호굴의 벽화는 332호굴 벽화를 그린 사람이 그린 것으로 볼 만큼 여러 면에서 그 내용이 같기 때문에 686년 앞뒤에 만들어졌다고 할 수 있다.[272][273]

이처럼 아프라시압 벽화와 같은 시기에 만들어진 것은 단 하나밖에 없는데 나중에 만들어진 벽화들과 함께 검토하여 그림의 구성을 일반화하고, 그것을 아프

---

271) 서길수, 「외국 高句麗 인물화에 나타난 닭깃털관(鷄羽冠)과 高句麗의 위상 연구」, 『高句麗渤海研究』 51, 2015, 196쪽.

272) 李新, 「敦煌石窟壁畵古代朝鮮半島人物圖像調査研究」, 제2회 경주 실크로드 국제학술회의 자료집 『또 하나의 실크로드 북방초원의 길』, 2013, 161쪽.

273) 서길수, 「외국 高句麗 인물화에 나타난 닭깃털관(鷄羽冠)과 高句麗의 위상 연구」, 『高句麗渤海研究』 51, 2015, 182쪽.

라시압 벽화에 적용한다는 것은 무리한 논리 전개였다. 220호굴도 조성연대가 10년쯤밖에 차이나지 않은데 그런 벽화 그림본이 불과 몇 년 사이에 타클라마칸 사막을 넘어 아프라시압 벽화에서 모사되었다는 것은 수긍하기 어려운 논리다.

2. 도상을 통한 당나라 모본(模本)설 비교 검토

앞 절에서 당나라 그림본의 생성연대와 베낀 연대를 검토해 본 결과 아프라시압 벽화의 그림본이라고 주장하는 데 한계가 있다는 것을 보았다. 이 절에서는 실제 그림본들을 그림으로 대조하여 과연 당나라 그림본이 아프라시압 벽화의 그림본이 될 수 있는지 보기로 한다. 그림본(模本)과 베낀 그림(摹寫圖)을 비교하는 것은 두 그림을 놓고 보면 바로 드러나기 때문에 가장 정확하고 쉬운 방법일 수 있기 때문이다. 이 절의 문제를 검토하기 위해서 깃털관(羽冠)을 쓴 고구리(高句麗) 인물화를 시대별로 다시 정리해 보면 다음과 같다.

Ⅰ형 : 쌍기둥무덤(雙楹塚)의 인물상(5세기 초)[274]

Ⅱ형 : 양직공도(541년)

      Ⅱ-1형 : 염립본 왕회도(640~656년?)

      Ⅱ-2형 : 장회태자 이현 무덤(706년)

      Ⅱ-3형 : 번객입조도(南唐, 937~975년)

Ⅲ형 : 막고굴 220굴 유마힐경변상도(642년)

Ⅳ형 : 아프라시압 벽화(650~675)[275]

---

274) 한국방송공사 고구려특별대전 도록. 『고구려 고분벽화』. 1994. 51쪽.

275) 바르후만(拂呼縵)이 강거도독이 된 658년(『신당서』)부터 아랍의 침입으로 바르후만이 도망갔다는 675년으로 잡았다. 참고 : 권영필. 「아프라시압 궁전지 벽화의 '고구려 사절'에 관한 연구」. 『중앙 아시아 속의 고구려인 발자취』. 동북아역사재단. 2008. 56쪽. 〈바르후만 왕의 재위 기간에 대해서는 닷디바리(7세기 말~8세기 초 역사학자)가 쓴 아랍문헌(근년에 영어 버전이 나옴)에 "675년 아랍인의 침입에 의해 바르후만 왕이 도망갔다."고 기록한 것을 참고할 수 있다(아나르바예프).〉

1) I형 : 쌍기둥무덤(雙楹塚)의 인물상(5세기 초)

이 그림은 고구리(高句麗) 사람이 직접 자신들의 모습을 그린 것이다. 이 그림이야말로 고구리(高句麗) 인물상의 그림본(模本)이라고 할 수 있다.

알바움이 『아프라시압 벽화』에서 깃털관을 쓴 인물을 고구리(高句麗) 사람이라고 지정할 때 보았던 벽화가 바로 이 쌍기둥무덤(雙楹塚) 벽화의 인물도이다.

그림 104 쌍기둥무덤 닭깃털관(『조선유적도감』)   그림 105 쌍기둥무덤 닭깃털관

2) II형 : 양직공도(541년)와 이현 무덤 벽화(706년)

541년 양나라 때 고구리(高句麗) 사신을 보고 직접 그린 직공도는 아직 발견되지 않았기 때문에 현재 비교해 볼 수 있는 그림은 II-1형(640~656년?)과 II-3형(937~975년)이 있고, 두 그림 사이에 II-2형(706년)인 이현 무덤의 벽화가 있다.

이 그림들 가운데 II-1형(640~656년?)만 아프라시압 벽화와 거의 같은 시기로 볼 수 있고, 나머지 2가지는 모두 아프라시압 벽화보다 시대가 뒤떨어지기 때문에 아프라시압 벽화의 그림본(模本)이 될 수 없다. 위의 3가지 모사본도 시대가 늦어질수록 먼저 그린 그림보다 점점 원형에서 멀어진다는 것을 볼 수 있다. II형 양직공도(541)가 발견된다고 해도 앞에서 본 바와 같이 그림의 구성이란 측면에서 유사성을 발견할 수 없고 30개 나라 사신 가운데 고리국(高麗國)만 뽑은 이유를 설명하기도 어렵다.

그림 106 Ⅱ형:양직공도(541)　그림 107 Ⅱ-1형(640~656년?)　그림 108 Ⅱ-2형(706년) 그림 109 Ⅱ-3형(937~975년)

3) 막고굴 220호굴 유마힐경변상도(642년)

앞에서 보았지만 막고굴에 나타나는 여러 깃털관을 쓴 인물 가운데 아프라시
압 벽화보다 시대적으로 앞서는 것은 220호굴 유마힐경변상도 하나뿐이다.

그림 110 왼쪽부터 ① Ⅱ-1형 : 염립본 왕회도(640~656년?) ② Ⅲ형 : 막고굴 220호굴 유마힐경변상도(642년)
③ Ⅳ형 : 아프라시압 벽화(650~675)

이렇게 보면 현재 존재하는 당나라 그림본 가운데 아프라시압 궁전의 벽화를 그릴 때 그림본으로 쓸 가능성이 있는 그림은 ① 염립본이 양직공도를 본떠서 그린 왕회도와 ② 막고굴 220호굴 유마힐경변상도 두 그림뿐이다. 그런데 위의 세 그림은 거의 같은 시기에 그려졌다는 것을 보았다. 염립본이나 아프라시압 벽화는 연도가 추정치이기 때문에 어떤 그림이 먼저 조성되었는지 아직 확실하지 않다. 그리고 막고굴 벽화와도 연대 차이가 10년 안팎이다. 이 10년 차를 가지고 어느 그림이 그림본(模本)이고 어느 그림이 베낀 그림(模寫圖)인지 단정할 수는 없다. 무엇보다도 아프라시압 벽화와 앞의 두 그림을 견주어보면 한눈에 보아도 두 그림이 아프라시압 벽화의 그림본(模本)이 될 수 없다는 것을 알 수 있다.

실제로 머리에 쓴 깃털관과 소매 안에 두 손을 빼고는 공통점이 없다. 특히 막고굴 변상도에 나온 인물은 바지가 주름치마처럼 그려져, 바지 끝을 맨 아프라시압 벽화는 물론, 염립본 바지와도 전혀 다른 모습이다. 아프라시압 고구리 사신이 고리자루큰칼(環頭大刀)을 차고 있는 것도 고구리 특징을 잘 나타내는 것이다. 그런데 당나라의 ①② 그림본을 보고 ③처럼 고리자루큰칼을 상상으로 그려 넣는다는 것이 가능한가? 풍성한 도포를 입은 문인 그림본(模本)을 보고 전혀 다른 무인 모습을 그려 낼 수 있을까? 이는 전혀 현실성이 없는 추론이다. 결론적으로 아프라시압 벽화는 당나라 그림본을 써서 베껴 그린 그림이 아니라는 사실을 알 수 있다. 그보다 더 중요한 것은 왜 아프라시압에서 30명이나 되는 사신 그림 가운데 고구리(高句麗)의 사신 그림만 뽑아서 그려 넣었을지를 설명할 수가 없다. 이 점에서 설령 541년도 원본이 발견된다 해도 결과는 같다는 것을 알 수 있다.

4) 고구리(高句麗) 벽화와 아프라시압 벽화의 비교 검토

위에서 보았듯이 염립본의 왕회도와 막고굴 유마힐경변상도는 아프라시압 벽화의 그림본이 되기 어렵다. 그렇다면 고구리 사람들이 직접 그린 벽화의 모습과는 어느 정도 차이가 나는지 마지막으로 견주어보겠다.

윗단에는 고구리(高句麗) 벽화 가운데 깃털관(羽冠)을 쓴 보기를 모아 보았다. 말 타고 달리는 춤무덤(舞踊塚)의 활 쏘는 무사와 쌍기둥무덤의 인물은 모두 5세기 초에 그린 그림이고, 약수리(藥水里) 벽화에 나온 인물은 5세기 말에 그린 그림

그림 111 ① 춤무덤

그림 112 ② 쌍기둥무덤 ③ 약수리 벽화

그림 113 ① 알바움(1)

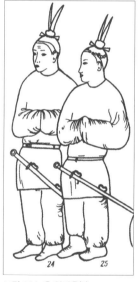

그림 114 ② 알바움(2)

그림 115 ③ 동북아역사재단

이다. 아래 그림은 모두 아프라시압 벽화에 나온 고구리(高句麗) 사람으로 ① ②
는 알바움이 1975년에 발표한 발굴보고서에서 따온 그림이고, ③은 동북아역사
재단이 근년에 특수촬영을 통해서 재현한 것으로 6세기 중반에 그린 그림이다.

고구리(高句麗) 벽화의 인물과 아프라시압 벽화의 인물을 비교해 보면 아프라
시압 벽화에서 옷깃을 생략해 버린 것과 깃털관을 매는 끈이 없다는 것을 빼놓고

는 전체적인 분위기가 아주 가깝다는 것을 볼 수 있다. 2개의 깃털로 장식한 모자, 갸름한 얼굴, 고리자루큰칼(環頭大刀)[276]과 활동적인 바지 등 몇 천 리나 떨어진 나라에서 그린 그림이라는 점을 감안하면 같은 계통의 그림이라 할 수 있을 정도로 비슷하다. 고구리(高句麗) 벽화와 직접 견주어볼 때 사마르칸드 벽화는 다른 어떤 그림본보다 고구리(高句麗) 사람을 잘 표현했다고 본다.

위에서 본 고구리(高句麗) 벽화들은 아프라시압 벽화보다 100년쯤 앞선 시기에 그려져 땅속에 묻혀 있다가 발견된 지 100년밖에 안 되었기 때문에 아프라시압에서 그림본(模本)으로 쓸 수 없었다. 따라서 당나라에서 그림본(模本)이 갈 수 없고, 고구리(高句麗)에서도 그림본(模本)이 갈 수 없다면 강국(사마르칸드) 사람이 고구리(高句麗) 사람을 그리려면 직접 고구리(高句麗) 사신을 보지 않고는 그릴 수 없다는 결론에 이르게 된다.

Ⅳ. 전통적 소그드 도상(圖像)의 검토를 통해서 본 아프라시압 벽화

1. 5~6세기 카피르-칼라(Kafir-kala) 유적의 소그드 전통 목제조각 벽화

앞에서 이성제는 가게야마와 정호섭의 중국 모본설에 대해서 "다른 모본이 있을 수 있다."는 문제를 제기하면서 돌궐비문을 제시하였다. 그러나 아프라시압 벽화의 원류를 강국(사마르칸드) 바깥에서만 찾는 것보다 더 좋은 것이 강국의 역사와 문화 자체에서 찾을 수 있다면 가장 바람직할 것이다.

글쓴이가 2019년 10월 10일 우즈베키스탄 과학아카데미 고고학연구소(the Institute of Archaeology of the Academy of Sciences) 작업실을 방문했을 때 아프라시압 벽화를 보존처리했던 마리나 레우토바(Marina A. Reutova) 박사가 마침 카

---

276) 평양에서 발굴된 고구리의 고리자루큰칼(環頭大刀)을 비롯하여 감신무덤 벽화 등에서도 나타난다.

그림 116 Marina A. Reutova 박사와 카피르-칼라 목각 벽화에 대해 대화(2019.10.10.)

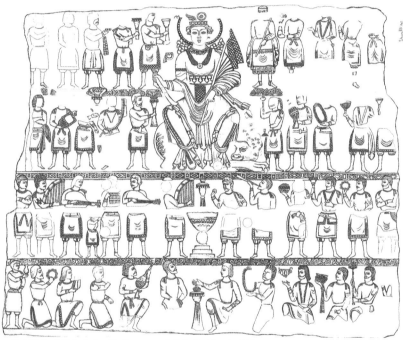

그림 117 5~6세기 카피르-칼라(Kafir-kala) 유적의 목제조각 벽화(Marina A. Reutova)

피르-칼라에서 발굴된 목각 벽화를 보존처리하고 있다가 자세히 설명해 주었다. 2020년 파리 루브르 박물관 특별전을 위해 준비 중이라고 했다. 이 목각벽화의 선으로 본뜬 그림(模寫線畫)을 보자마자 아프라시압 벽화가 사마르칸드(康國)의 전통 화법을 참고했었다는 인상을 강하게 받았다.

　레우토바 박사에게 설명을 자세히 들었지만, 아직 관련 서적이나 도록이 나오지 않은 상황에서 작업하고 있는 그림을 요청할 수가 없었다. 그런데 우즈베키스탄 문화예술사 박물관(Historical Museum of Uzbek Culture & Art)에 가 보니 간단한 설명과 함께 사진이 전시되어 있었다. 그러나 박물관에서는 사진 촬영이 금지되어 있어 간단히 스케치하는 사진만 찍고 자세한 촬영을 하지 못했다.

그 뒤 연구소 방문을 주선해 주었던 평화박물관 관장 아나톨리 이노체프(Anatolij Inocev)를 통해서 목각벽화 복원도를 입수할 수 있었다.[277]

먼저 우즈베키스탄 문화예술사 박물관에 전시되었던 간단한 설명문부터 보자.

> 2001년부터 우즈베키스탄 과학아카데미 고고학 전공자들이 카피르-칼라(Kafir-kala) 고대유적을 발굴하였다. 16ha의 유적을 발견한 결과 5~6세기에 큰 불로 무너진 궁전 본전(Arki a'lo)을 발견하였다. 그 (궁전의) 방 벽은 나뭇조각으로 꾸며져 있었다. 124× 141cm짜리 조각된 패널은 넓은 목판 두 장을 꺾쇠로 엮어 만든 것이다.
>
> 패널 위에는 46명의 인물들이 4층으로 그려져 있다. 조각의 주제는 사자가 앉은 꼴의 옥좌에 앉은 조로아스터교(拜火敎)의 여신 나나(아마히타)를 참배하는 것이다. 사람들은 갖가지 공양물을 가져왔다. 아래층에는 갖가지 악기를 든 악사들이 있고, 다음 아랫줄에는 공양물을 지니고 다다른 순례자들이 이 여신에게 무릎을 꿇고 큰절을 하고 있다. 맨 아래층에는 타고 있는 성스러운 불을 그렸다.[278]

---

277) 연구담당자 Marina A. Reutova 박사와 복원담당자 Munira Sultanova 선생의 배려로 무려 32MB짜리 도면을 확보할 수 있었다. 감사드린다.

278) 설명이 우즈베크어로만 되어 있어 방문을 주선한 Anatolij 선생이 에스페란토로 옮겨 준 것을 우리말로 다시 옮긴 것이다. <우즈베크어 원문> Kofirqa'la arxeologik yodgorligida 2001 yildan boshlab 16 gektarli maydonda Arxeologiya instituti mutaxassislari keng kamrovli arxeologik qazishma ishlarini olib borib, yong'in natijasida vayronaga uchragan milodiy V-VI asrlarga mansub qa'la (Arki a'lo) va uning ichida joylashgan tantanalar zali topilgan. Xonaning devorlari yog'och o'ymakorligi uslubida ishlangan panno bilan bezatilgan. O'lchamlari 124×141 sm bo'lgan panno ikkita keng taxtadan iborat bo'lib, ular temir tutqich bilan biriktirilgan. Pannoda to'rt qatorda jami 46 ta inson qiyofalari chizilgan. Kompozisiyaning asosiy syujeti – sher shaqlida taxtda o'tirgan zardustlar bosh ilohi Nanaga sajda qilishi aks ettirilgan. Odamlar uning huzuriga turli xil sovg'alar bilan kelganlar. Pastki qavatda turli musiqa asboblari ushlab turgan musiqachilar tasvirlangan. Undan keying pastki qavatda yana qullarida turli xil sovg'a-salomlar bilan kelgan ziyoratchilar suratlari bosh ilohga tiz cho'kkan holda tasvirlangan. Shuningdek, pastki qavat suratlarda muqaddas olov yonib turibdi.

한편 레우토바(Marina A. Reutova) 박사는 도면과 함께 다음과 같은 설명을 함께 보내주었다.

이 유물은 사마르칸드 지역(Samarkand province)의 카피르칼라(Kafırkala)에서 탄화된 나무판에 조각된 것이다. 고고학자들은 이 (조각) 판을 5~6세기로 편년하고 있다. (이 판이 발견된) 중앙 궁전의 연회실은 8세기 초 아랍인(아랍 정복자)들이 쳐들어와 불을 질러 무너진 것이다. 이 조각은 소그드인들이 숭배하던 여신 나나(Nana)를 그린 것이다. 나나 여신은 누워 있는 사자꼴 옥좌에 앉아 있다. 다른 사람들은 모두 선물과 이동용 제단, 향로, 단지, 쟁반 같은 것들을 가져온 남자들이다. 오른쪽에는 의식을 위해 연주하는 악사들이 그려져 있다. 악사들 손에는 당시 소그드에서 인기 있던 모난(angle) 하프, 류트, 나팔, 관이 여럿인 풀루트(flute) 같은 모든 악기가 들려 있다.[279]

2013년부터 일본 발굴팀이 조사한 결과를 발표한 보고서를 보면, 발굴 지점과 카피르칼라 성의 입체지도를 볼 수가 있다.[280] 이 목각벽화가 발굴된 지점은 아프라시압에서 동남쪽으로 아주 가까운 곳에 있다는 사실을 알 수 있다. 아프라시압과 마찬가지로 제랍산(Zeravshan) 강 언저리에 자리하고 있는데, 특히 고대 인공 운하로 보는 다르곰(Dargom) 유역의 문화이다.

---

279) Laŭ mia peto, D-ino Marina Reutova jene komentis la bildon, iom preciziginte la faktojn: Ĉi tio estas ĉizita karbigita ligna panelo el Kafırkala (Samarkanda provinco). La arkeologoj supozas, ke la panelo datiĝas je V~VI-a jarcentoj p.K. La festa halo en la ĉefa palaco (kie troviĝis la panelo!) estis detruita pro la incendio dum alveno de araboj (araba konkero) komence de la VIII-a jarcento. La panelo prezentas la diinon Nana, honoratan en antikva Sogdo (Sogdio). Ŝi sidas sur la trono forme de kuŝanta leono. Ĉiuj ceteraj figuroj estas viroj, kiuj alportas al ŝi donacojn (porteblajn) altarojn, incensilojn (incensujojn), vazojn, pladojn (telerojn) ktp.) Dekstraflanke estas bildigitaj muzikistoj akompanantaj la riton. En la manoj de la muzikistoj estas prezentata la tuta aro de muzikinstrumentoj, popularaj tiutempe en Sogdo (Sogdio): angula harpo, liuto-ud, buglo (korno), multtuba (multbarela) fluto.

280) Tomoyuki Usami(総合研究大学院大学), Alisher Begmatov(京都大學), Takao Uno(帝塚山大学), Berdimurodov(우즈베키스탄 과학아카데미 고고학연구소). 2017. 12, Archaeological Excavation and Documentation of Kafir Kala Fortress. Studies in Digital Heritage, Vol. 1, No. 2. 이 보고서는 판권을 공개한 것으로 다음 주소에서 볼 수 있다.
https://scholarworks.iu.edu/journals/index.php/sdh/article/view/23267/30042

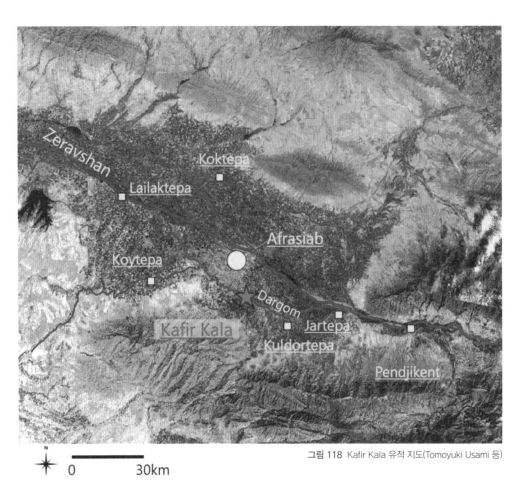

그림 118 Kafir Kala 유적 지도(Tomoyuki Usami 등)

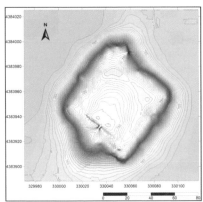

그림 119 Kafir Kala 유적 지도

그림 120 Kafir Kala 유적(Tomoyuki Usami 등)

앞 설명에서 보듯이 이 유적은 5~6세기로 편년되기 때문에 아프라시압 벽화보다는 적어도 100년 이상 앞서는 유적이라는 측면에서 소그드의 전통 문화를 살펴보는 데 중요한 단서가 되리라고 본다. 가장 눈에 띄는 것이 벽화를 4단으로 나누어 주제를 설명하고 있다는 점이다. 4단이라고 하지만 벽화의 주인공인 나나신을 중심으로 한다면 3단이라고 할 수 있다. 이 조각 벽화의 주제는 신에게 예물을 바치는 것이고 아프라시압 벽화는 사절단을 맞이하는 내용이라 등장하는 인물들이 다르지만, 전체적으로 화면을 구성하는 기법이 비슷하다는 것을 알 수 있다.

아래 도면은 현지 아프라시압 박물관에 전시된 벽화를 선으로 본뜬 그림이다. 현재 남아 있는 벽화는 하단과 중단의 아랫부분만 남아 있어 하단과 중단은 벽화를 기반으로 재현한 것이지만 상단의 바르후만은 상상해서 그린 것이다. 다시 말해 카피르 칼라 벽화의 나나여신이 있는 자리에 주인공인 바르후만을 배치한 것인데, 사자가 떠받든 평상이나 앉아 있는 아래 무늬 같은 것은 모두 카피르 칼라의 그림에서 힌트를 얻은 것으로 보인다. 그것은 현지 학자들은 아프라시압 벽화의 도상을 전통적인 소그드 화법에서 찾았다는 것을 알 수 있다.

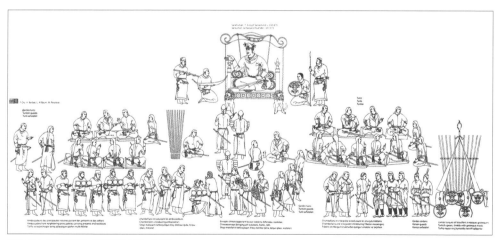

그림 121 아프라시압 서벽 벽화 전면 개념도

2. 8세기 판지켄트(Panjikent) 벽화

현재 타지키스탄 서쪽 판지켄트에서 8세기 초 벽화가 발굴되었다. 시대로 보면 아프라시압 벽화보다 100년쯤 뒤에 만들어진 벽화다. 판지켄트(타지키스탄)는 사마르칸드 동편 68km 지점인 제랍샨(Zeravshan) 강 상류에 있는 소그드인들의 옛 도시다. 아프라시압이나 카피르 칼라(Kafir-kala) 유적을 지나는 제랍샨 강의 가까운 상류이기 때문에 같은 문화권이다.

이 유적은 1947년부터 소련의 벨레니스키(A. M. Belenitskij)가 여러 차례 탐방•조사하였다. 그 결과 벽화가 있는 사원과 조로아스터 교도들의 묘지, 소그드 화폐, 후사산조(post-Sassanian)의 동전, 북주(北周) 보정(保定) 원년(561)에 주조한 '포천(布泉)' 동전, 개원통보(開元通寶) 같은 다수의 전폐(錢幣), 해수포도경(海獸葡萄鏡) 파편 등이 발견되었다. 이 유물들은 오아시스로의 요지에 있는 판지켄트의 페르시아 및 중국과의 교역상을 실증해 주고 있는데, 현재 상트페테르부르크의 에르미따주 박물관에 소장되어 있

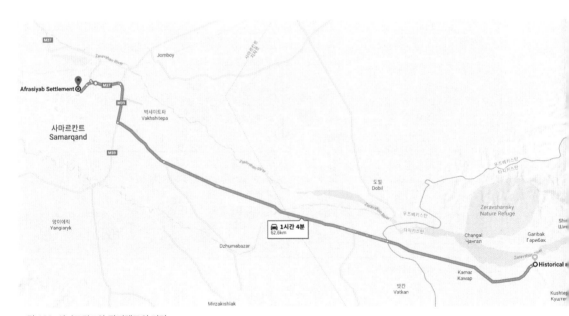

그림 122 사마르칸드와 판지켄트의 거리

다(정수일 『실크로드 사전』).

이란학사전(Encyclopaedia Iranica)에서는 이곳이 옛날 수·당시대 사서에 나오는 미국(米國)이라고 하였다.

> 8세기 초 판지켄트(Panjikent : 현재의 이름)는 판치(Panč) 지구의 주요 정착지였다는 사실은 그 이름만 보아도 수 있다. 일부 학자들은 판지켄트가 Bo-xi-te(Ma-1987 ; Yoshida 1993, p. 254)로 알려져 있으며, China 역사에서 당나라 때 사마르칸드 동남쪽에 있다고 본 미국(米國, Māymurḡ) 공국의 수도라고 본다. 판지켄트는 사마르칸드에서 동쪽으로 약 60km쯤 떨어진 곳에 있는데, 미국(米國)의 수도는 사마르칸드에서 동남쪽으로 100리 거리에 있다고 했다. 1리가 500m이므로 거의 같은 거리라고 할 수 있다.[281]

미국(米國)은 산스크리트로 마이무르그(Māymurḡ)라고 하는데 강국(康國, 사마르칸드)의 세력 안에 있던 소무구성(昭武九姓) 가운데 하나다. 『수서』에 가장 먼저

그림 123 판지켄트 벽화(에르미따주 박물관 2014.08.03)

---

281) Encyclopaedia Iranica : http://www.iranicaonline.org/articles/panjikant

나오고, 『신당서』 서역전에 "미국(米國)·미이(弭爾)·미말하국(弭秣賀國)이라고도
한다."고 했다. 현장의 『대당서역기』에는 미말하국(弭秣賀國)이라고 했다.[282]

이 지역에 꽤 잘 보존된 벽화가 발굴되었으나 대부분 중요한 유물은 러시아
상트페테르부르그 에르미따주(Hermitage) 박물관에 보존되어 있다. 사진에서 보
는 바와 같이 에르미따주(Hermitage) 박물관에는 남아 있는 벽화 전체를 뜯어 옮
겨 전시했다는 것을 알 수 있다.

박물관 연구팀은 전시된 판지켄트 벽화에 대해서 다음과 같이 해설하였다.

▣ 블루 홀(Rostam Hall)

이른바 '블루 홀'(VI구역, 41호실)의 벽화는 오늘날 알려진 판지켄트에서 가장 잘 보존된
것이다. 그 벽화는 740년쯤 만들어졌다. 무대의 배경을 중동에서 가장 비싼 물감인 청
금석으로 칠한 것은 이 집이 아주 부유한 사람 집이었음을 암시한다. 벽화의 주요 부분
은 4층으로 나뉜다. 맨 윗층은 명확하지 않으며, 위에서 두 번째 층에는 소그드인의 영
웅 서사시를 보여주는 전투 장면이다. 다음 (세번째) 층은 표범 가죽을 두르고 붉은 말을
탄 영웅과 그의 군대가 인간의 적인 용과 악마와 싸우는 장면을 보여준다. 그는 이란의
영웅 서사시에서 가장 두드러진 인물인 로스탐(Rostam)과 같다고 본다. 맨 아랫층에
는 우화와 동화로 채워져 있다. 이들은 인도의 판차탄트라(Panchatantra),[283] 근동 칼릴
라와 딤나(Near Eastern Kalilah와 Dimnah),[284] 이솝(Aesop)과 라퐁테뉴(Lafontaine)의
우화, 또는 아모르와 프시께 이야기(the Tale of Amour and Psyche) 같은 것들이다.
투르판의 소그디안 텍스트에서도 비슷한 주제가 발견되었다.[285]

---

282) 餘太山　撰, 『兩漢魏晋南北朝正史西域傳要注』(商務印書館, 558쪽)에서도 米國은 현재 타지키스
　　탄 판지켄트라고 했다.

283) 산스크리트 설화집. '다섯 편의 이야기'라는 뜻의 설화집으로, 원본은 존재하지 않고 이 본만 여럿
　　전한다. 원작자와 제작연대는 알려지지 않았다.

284) Fatema Al-Zahraa Hassan, 「Kalilah wa-Dimnah : Ancient Asian Folk Tales with Modern
　　Insight」, 『The Asian』, 12 Dec. 2014. 8세기 아랍 특권층 풍자로, 동물을 의인화해 특권층을 직
　　접 훈계하기보단 간접적으로 타일렀다(he was writing Kalilah wa-Dimnah with kings, ministers and
　　certain people in mind, so, instead of directing those elite, he wrote his wise stories to teach them
　　politely and indirectly).

285) Blue hall(Rostam Hall). The wall-paintings of the so called 'Blue Hall' (Sector VI, chamber
　　41) are the best preserved ones from Penjikent known today. They were created around

그림 124 Penjikant Ludaki Museum(smuglug.com)

이 벽화는 740년쯤 만들어진 것이니 아프라시압 벽화보다 100년 가까이 늦다. 이 벽화도 앞에서 본 카피르 칼라(5~6세기)나 아프라시압(650년대=7세기 중엽)처럼 벽화가 4층으로 나뉘어 층마다 일정한 이야기가 전개되고 있다는 것을 알 수 있다.

에르미따주(Hermitage) 박물관의 판지켄트 설명에 "지금까지 알려진 판치(Panch)의 세 왕은 한 왕조를 이루지 못했다. 마지막 공국의 왕인 데와시티치(Dewashtich)는 소그디아나 (Sogdiana)의 왕좌를 차지했지만, 722년에 판지켄트 동쪽 무그(Mugh) 산에서 아랍인들에 의해 잡혔다."고 한 것을 보면, 722년에 소그디아 왕권은 끊어지고 아랍의 지배를 받았다고 볼 수 있다. 그렇다면 벽화를

---

740 : the background is in lapis-lazuli, the most expensive pigment in Middle Asia. This suggests that the house belonged to a very rich person. The major portion of the mural was divided into four registers. The plot of the upper one is not clear, the second register(from above) has battle scenes illustrating Sogdian heroic epic. the next register show a hero in leopard skin riding a red horse and his troop fighting against a human enemy, a dragon and demons. He is identified with Rostam, the most prominent character of Iranian heroic epic. The lowest register is devoted to scenes of fables and fairy-tales. These are migratory plots represented in the Indian Panchatantra, Near Eastern Kalilah and Dimnah, Aesop's and Lafontaine's fables or the Tale of Amour and Psyche. Similar motifs have been discovered in Sogdian texts from Turfan.

만든 740년대부터 판지켄트가 폐쇄되는 770년까지는 아랍의 지배로 들어간 것이다. 비록 아랍의 지배 아래 있었지만, 전통적인 문화는 계속되었다는 것도 알수 있다.

이상에서 소그드인들이 직접 조성한 목각벽화와 프레스코벽화를 보았는데, 그림의 구성이나 화법이 중국의 화풍이나 기법을 베끼지 않고 소그드인들이 전통적으로 개발하여 지켜오는 문화가 있었다는 것을 증명해 준다.

3. 소그드 벽화의 원류와 페르시아의 석벽 돋을새김

소그드 미술을 우리는 기원후 7~8세기 현대의 우즈베키스탄의 소그드 벽화에 한정하여 이해하지만 소그드라는 서역의 한 지역은 단순히 7~8세기의 벽화에 남은 특정 시기의 한 나라가 아니라 해당 지역을 점유하고 통과한 동서문화의 교류 통로를 의미한다. 이르게는 페르시아의 아케메네스 왕조에서 페르세폴리스의 궁정 부조에 소그드인이 조공을 바치는 장면을 묘사하였듯이 페르시아, 파르티아, 알렉산드로스 대왕의 침략을 통한 그리스 헬레니즘 문화, 그레코 박트리아, 쿠샨, 에프탈, 사산, 돌궐에 이르기까지 동서의 여러 나라 문화가 양쪽으로 흐르는 교류의 중심에 위치하였다는 점을 인식해야 한다.[286]

그러므로 아프라시압 벽화를 비롯한 소그드 벽화가 동쪽의 당나라 영향을 받았다기보다는 그 이전에 이미 페르시아 같은 서쪽 나라의 영향을 받았다고 볼 수 있다. 페르시아의 사산왕조(224~651)는 260년 소그디아를 정복한 뒤 5세기 라이벌인 에프탈(Ephthalites)에게 자리를 물려줄 때까지 지배했기 때문에 사마르칸드는 페르시아 문화의 영향을 많이 받았다. 그 뒤 550~560년 에프탈을 밀어내고 서돌궐이 사마르칸드를 지배하였다. 당나라가 사마르칸드에 강거도독을 세운

---

286) 박아림. 「고대 미술 자료로 본 고대 한국과 우즈베키스탄의 국제 교류」, 동북아역사재단·사마르칸드시 역사박물관 주최 『2019년 한국·우즈베키스탄 국제학술회의-아프라시압 궁전벽화와 한국·우즈베키스탄의 교류-』, 2019, 50쪽.

해가 658년이다. 아프라시압 벽화가 조성될 때 당나라의 세력권에 들어간 지 몇 년 지나지 않았고 실질적으로 큰 교류가 없었기 때문에 당의 미술이 사마르칸드에 영향을 미쳤다기보다는 서녘의 영향을 받은 전통적인 소그드 미술기법으로 벽화를 그렸다고 보아야 할 것이다.

실제 이란 탕에 초간(Tang-e Chowgan)에 있는 비샤푸르(Bishapur)에 있는 사산왕조 시대 돋을새김(浮彫)을 보면 화폭을 층으로 나누어 이야기를 새기고 주인공이 맨 윗줄 가운데 자리를 잡는다. 이런 경향이 소그드 문화에서 본 그림의 구성에 영향을 주었다고 볼 수 있는 요소이다.

비샤푸르 석벽 돋을새김 3호(Bishapur relief Ⅲ)는 화면을 모두 5층으로 나누어 페르시아의 승리를 표현하고 있다. 이 그림은 사산왕조 샤푸르 1세(241~272)의 업적과 위엄을 나타내기 위해 새긴 것이다. 로마를 3번이나 이긴 샤푸르 왕을 기리기 위해 새긴 그림으로, 그림 한가운데 샤푸르 황제가 말을 타고 있고, 말 아래는 3명의 로마 황제가 초라하게 새겨져 있다. 244년 페르시아에 잡혀 죽은 로마 황제 고르디아누스 3세(Gordianus Ⅲ), 페르시아 황제 샤푸르가 고르디아누스 3세에 이어 황제로 앉힌 필리푸스 아라부스(Philippus Arabus, 204~249), 그리고 붙잡힌 발레리아누스(L Publius Licinius Valerianus, 253-260)다.

왕의 오른쪽과 왼쪽에는 여러 사람들이 다가오고 있다. 중간층의 말 탄 사람들은 위층이나 아래층의 말 탄 사람들보다 정교하게 새겨진 것을 보아 왕의 신하들로 보고 있다. 각 층에는 많은 사람이 새겨져 있는데 왼쪽에는 모두 말을 타고 있고, 오른쪽에는 말을 타지 않은 사람들로 나뉘어 있으며, 말을 안 탄 사람들은 샤푸르가 이긴 나라에서 보낸 공물들을 들고 있다. 그 가운데 코끼리도 보이는 것을 보면 간다라의 쿠샨에서 바친 공물로 보기도 한다. 이처럼 공물을 바치는 모습은 기원전의 유적인 페르세폴리스의 아파다나 계단에 새겨진 조각과 일맥상통하고 있다는 것을 알 수 있다.[287] 그리고 이런 공물을 바치는 모습은 아프라시압 벽화에서도 주된 모티프가 되고 있다.

---

287) https://www.livius.org/articles/place/bishapur/bishapur-relief-iii/

그림 125 비샤푸르 석벽 돋을새김 Ⅲ(2014.03.18)

이처럼 화폭을 몇 층으로 나누어 가운데 왕을 새기고 주변과 위아래 주제와 관계되는 그림을 새긴 것은 아프라시압에서 보는 화면구성의 원류가 페르시아의 영향을 받았다는 것을 상정해 볼 수 있다.

비샤푸르 돋을새김(浮彫) 6호(Bishapur relief Ⅵ)도 2층으로 나누어 구성하였다. 긴 직사각형 화면 2층 한가운데 페르시아 왕이 크게 새겨져 있는 것이 아프라시압 벽화나 판지켄트 벽화의 구성과 많이 닮았음을 알 수 있다.[288]

비샤푸르 돋을새김 6호는 샤푸르 2세(309~379)를 기리기 위해 350년쯤 새긴 것이다. 손에 칼을 들고 왕좌에 앉은 왕의 오른쪽에서 군인들이 죄인들을 데리고 오는 모습이 그려져 있다. 아래층에는 누군가가 참수당한 적의 머리를 바치고 있고, 승리한 나라로부터 받은 공물도 바치고 있다. 코끼리도 있는 것을 보면 3호에서 보는 것처럼 사산제국의 동부지역을 정복했다는 것을 뜻한다. 왼쪽에는 신하들과 친척들이 왕에게 다가가서 엄지와 검지를 들어 찬탄하는 몸짓을 하고 있

---

288) Guitty Azarpay, "Bishapur Ⅵ: An Artistic Record of an Armeno-Persian Alliance in the Fourth Century", Artibus Asiae Vol. 43, No. 3, 1981~1982, p171.

그림 126 비사푸르 석벽 돌을새김 6호(Louis Vanden Berghe, 1983)

그림 127 비사푸르 석벽 돌을새김 Ⅵ(2014.03.18.)

다. 이 몸짓은 다른 바위 돌을새김에 많이 나타나는 것으로, 이란의 바흐티아리 (Bakhtiari) 유목민의 관습이라고 한다.[289]

---

289) https://www.livius.org/articles/place/bishapur/bishapur-relief-iii/

위에서 본 두 가지 비샤푸르 석벽 돋을새김은 바로 페르시아가 사마르칸드를 지배하고 있을 때 조성한 것으로, 이러한 화면구성과 화법이 사마르칸드에 전해졌을 가능성은 쉽게 추정해 볼 수 있다. 때문에 아프라시압의 벽화가 당나라의 그림본을 바탕으로 그렸다는 설에 비해 페르시아 같은 서쪽에서 전해와 사마르칸드에 정착된 화법이라고 판단할 수 있는 중요한 근거가 되는 것이다.

Ⅴ. 맺음말

중국의 그림본(模本)을 바탕으로 그린 그림이라는 주장을 자세히 분석하여, 그 내용을 검토한 결과 다음과 같은 결론을 내렸다.

1. 사마르칸드 화가들이 중국 그림본을 보고 그렸다는 주장을 확인하기 위해 그림본(模本)을 검토한 결과 현존하는 그림본(模本)들은 대부분 아프라시압 벽화와 거의 같은 시기이거나 아프라시압 벽화보다 더 늦은 시기에 만들어진 것이었다. 그림본(模本)이란 그림을 그릴 때 그 그림본을 보고 그대로 베끼는 그림을 말하는 것이기 때문에 그림본(模本)이 베껴 그린 모사도(模寫圖)보다 뒤에 출현할 수는 없으므로 중국 그림본 설은 설득력이 없다.

가게야마가 아프라시압 벽화에 영향을 주었다고 제시한 그림본(模本) 가운데 이현(李賢)의 무덤과 영태공주 무덤은 706년에 만들어졌고, 소사욱(蘇思勖) 무덤은 그보다 40년이나 늦은 746년에 만들어졌기 때문에 650년대에 만들어진 아프라시압 벽화가 수십 년 뒤에 만들어진 벽화의 영향을 받을 수 없는 것이다. 가게야마는 둔황 막고굴에서 발견된 깃털관을 쓴 11점의 유마힐경변상도를 바탕으로 이 사실이 고구리(高句麗) 사신은 변상도에 관습적으로 들어가 일반화되었다는 논리를 도출했다. 그러나 찬찬히 검토해 본 결과 막고굴에서 발견된 깃털관을 쓴 인물 가운데 아프라시압 벽화보다 앞서 만들어진 것은 220호굴 벽화 한 점뿐이고 다른 것들은 모두 아프라시압 벽화보다 훨씬 뒤에 만들어진 것이었다.

결국 중국의 그림본 가운데 아프라시압 궁전의 벽화를 그릴 때 그림본으로 쓸 가능성이 있는 것은 ① 염립본이 양직공도를 본떠서 그린 왕회도(640~656년)와 ② 막고굴 220호굴 유마힐경변상도(642년) 두 점뿐이다. 따라서 그런 그림들은 650년대에 만들어진 아프라시압 벽화와는 거의 같은 시기이거나 10년 정도 차이밖에 나지 않기 때문에 아프라시압 벽화의 그림본(模本)이 될 수 없다는 것이 밝혀졌다. 결국 이런 후대의 그림을 통해 그 이전 그림을 유추해서 아프라시압 벽화에 적용하려 했는데, 이러한 연구방법은 설득력이 많이 떨어진다.

　　2. 실제로 위에서 본 ①②의 인물과 아프라시압 벽화의 고구리(高句麗) 사신을 비교해 본 결과 머리에 쓴 깃털관과 소매 안에 두 손을 넣은 모습을 빼고는 공통점이 없다는 것을 알 수 있었다. 특히 막고굴 변상도에 나온 인물은 바지가 주름치마처럼 그려져서 바지 끝을 맨 아프라시압 벽화는 물론 염립본의 바지와도 전혀 다른 모습이다. 중국의 그림본에는 없는 고리자루큰칼(環頭大刀)을 그려 넣었다는 것도 문인을 그린 당나라 그림을 보고는 그릴 수 없다는 증거다. 고리자루큰칼(環頭大刀)을 차고 있는 것도 고구리(高句麗)의 특징을 잘 나타내는 것인데, 소드드인들이 중국의 그림본에 없는 것을 그려 넣을 수 없기 때문이다. 결론적으로 아프라시압 벽화는 당나라의 그림본을 써서 베껴 그린 그림이 아니라는 것을 알 수 있다.

　　3. 위에서 보았듯이 염립본의 왕회도와 막고굴 유마힐경변상도는 아프라시압 벽화의 그림본이 될 수 없다. 그렇다면 고구리(高句麗) 사람들이 직접 그린 벽화의 모습과는 어느 정도 차이가 날까? 고구리(高句麗) 벽화의 인물과 아프라시압 벽화의 인물을 비교해 보면, 아프라시압 벽화에서 옷깃을 생략해 버린 것과 깃털관을 매는 끈이 없다는 것을 빼놓고는 전체적인 분위기가 아주 가깝다고 할 수 있다. 2개의 깃털로 장식한 모자, 갸름한 얼굴, 환두대도와 활동적인 바지 등 수천 리 떨어진 나라에서 그린 그림이라는 것을 감안하면 같은 계통의 그림이라 할 수 있을 정도로 비슷하다. 고구리(高句麗) 벽화와 직접 견주어 볼 때 사마르칸드 벽화는 다른 어떤 그림본보다 고구리(高句麗) 사람들을 잘 표현

했다고 본다. 그러나 고구리(高句麗) 벽화는 그림본(模本)이 될 수 없기 때문에 강국(사마르칸드) 화가가 직접 고구리(高句麗) 사신을 보지 않고는 그릴 수 없다는 결론에 이른다.

4. 아프라시압 벽화의 원류를 강국(사마르칸드) 바깥에서만 찾는 것보다 강국의 역사와 문화 자체에서 찾을 수 있다면 가장 바람직하다. 그래서 아프라시압 주변에서 발굴된 두 가지 소그드 예술품을 검토해 보았다.

첫째, 아프라시압에서 가까운 교외 카피르-칼라(Kafir-kala) 유적에서 발굴된 목제조각 벽화는 5~6세기에 제작된 것으로 소그드인들의 문화•전통을 알 수 있는 좋은 유물이었다.

아프라시압 벽화보다는 적어도 100년 이상 앞서는 이 목각벽화는 4단으로 나누어 주제를 설명하고 있다. 이것은 아프라시압 벽화가 2+α단으로 나누어 벽화를 구성한 것과 아주 비슷하다.

둘째, 8세기에 만들어진 판지켄트(Panjikent) 벽화도 앞에서 본 카피르 칼라(5~6세기)나 아프라시압(650년대)처럼 벽화가 4층으로 나뉘어 층마다 일정한 이야기가 전개되고 있다는 것을 알 수 있었다. 8세기 판지켄트는 아랍의 지배를 받았지만 소그드의 전통적인 문화는 계속되었다는 것을 알 수 있다.

이런 소그드인들의 그림 구성이나 화법은 중국의 화풍이나 기법과는 전혀 달라서 소그드인들이 전통적으로 개발하여 지켜오는 문화가 있었음을 증명한다.

5. 페르시아가 사마르칸드를 지배하고 있을 때 조성한 비샤푸르 석벽 돌을새김을 검토한 결과 화면구성과 화법이 사마르칸드에 영향을 주었다는 것을 알 수 있었다. 이를 통해 아프라시압의 벽화가 당나라의 그림본을 바탕으로 그렸다는 설에 비해 페르시아 같은 서쪽에서 전해와 사마르칸드에 정착된 화법이라고 판단하는 것이 훨씬 더 설득력이 있다는 것을 알 수 있었다.

여섯째 마당

고리(高麗) 사신 사행(使行) 부정론에 대한 비판적 고찰(Ⅱ)

고리(高麗) 사절은
655년에 사마르칸드에 갔다.

Ⅰ. 머리말

앞 마당에서 본 바와 같이 고리(高麗)가 사마르칸드에 사절을 파견할 수 없었다고 주장한 논리에는 크게 2가지 논점이 있었다. 첫째는 가게야마가 주장한 중국 그림본(模本)을 베꼈다(模寫)는 주장이고, 다른 하나는 사료를 통해서 당시 국제적인 상황이 동•서돌궐 지역을 거쳐 먼 강국(사마르칸드)까지 갈 수 없다는 주장이다. 첫째 논점은 가게야마 이후 정호섭, 이성제가 모두 주장한 것이고, 둘째 논점은 정호섭과 이성제가 주장한 것인데, 특히 이성제가 크게 다루었다. 첫째 논점은 이미 앞 마당에서 다루었기 때문에 이 마당에서는 둘째 논점을 다루려고 한다.

연구는 먼저 Ⅱ장에서 두 사람이 주장하고 있는 사행부정론(使行否定論)을 검토하여 그 논지를 확실하게 파악하고, Ⅲ장에서는 고구리(高句麗) 사신이 직접 갔었다고 주장하며, 정확한 연도까지 밝힌 선행 연구와 비교 검토한다. Ⅳ장에서는 고리(高麗) 사절이 소그드인의 도움이 없으면 초원길을 갈 수 없다는 주장에 대해 고리(高麗) 스스로 자체에서 초원길을 갈 수 있는 역량을 갖추고 있다는 점을 밝힌다. Ⅴ장에서는 658년 바르후만이 강거도독을 제수받은 시기를 앞뒤로 고리(高麗)가 서돌궐을 비롯한 세력과 연합을 시도할 수 있는 시대적 배경을 검토한다. Ⅵ장에서는 고구리(高句麗)가 당 태종이 쳐들어왔을 때 설연타와의 연합이 실패했다는 주장에 대해, 그 연합이 성공했다는 사실을 증명한다. Ⅶ장에서는 고리(高麗)와 서돌궐(西突厥)의 연합 시도 가능성에 대해서 연도별로 자세히 검토하여 고리가 사신을 파견한 연도를 확정해 보고자 한다.

Ⅱ. 고구리(高句麗)의 사마르칸드(康國) 사행 부정론의 논거

1. 정호섭의 고구리(高句麗) 사절 파견 부정론

정호섭이 당나라 그림본 설을 주장하기 위해 사료를 바탕으로 사신이 갈 수 없었다고 주장한 것 가운데 중요한 것은 다음 한 가지다.

> 7세기 중반 이후 고구려는 唐나라와의 전쟁 상황이었다. 고구려가 수도인 평양으로부터 약 8,000km나 떨어진 康國까지 사절을 파견하는 것은 전혀 실익이 없는 것이기도 하였다. 특히 고구려는 돌궐과 이미 접촉하고 있었던 사실이 문헌 기록에서도 보이고 있다. 당시 국제정세상 당나라 견제를 위해서는 동돌궐과의 외교에 충실할 필요가 더욱 있었을 것이고, 실제 강국까지 사절을 파견하려면 동돌궐 지역을 통과해야 한다. 돌궐루트는 동돌궐을 통과하여 여러 세력권을 거쳐야 하므로 해당 지역 사람들로부터 직접 안내를 받아야만 강국이 존재하였던 사마르칸트 지역까지 접근할 수 있었던 것으로 여겨진다. 그런데 당시 고구려와 동돌궐과의 관계를 고려해 볼 때, 돌궐 루트를 고구려 사절이 쉽게 통과하기 어려운 상황이었다. ……
> 따라서 벽화가 그려진 것으로 여겨지는 650년대를 기준으로 놓고 보면 아프라시압 벽화 속에 고구려 사절은 실제로 고구려에서 강국에 파견된 사절이라기보다는 강국의 입장에서 당시 국제관계에 대한 관념적인 인식을 상징적으로 표현했을 가능성이 높다. 고구려가 강국과의 외교에 치중하여 당나라를 견제하기 위해 실제로 사절을 파견한 것

이었다는 견해는 벽화의 내용으로 보아도 다소 납득하기 어려운 점이 있다.²⁹⁰⁾

정호섭의 주장은 고구리(高句麗)가 사마르칸드까지 가려면 동돌궐 루트를 경유해야 하는데 650년대 동돌궐과의 관계를 보았을 때 고구리(高句麗) 사절이 그 루트를 통과할 수 없었다는 점을 강조하는 것으로 보인다. 첫머리에서는 고구리(高句麗)와 동돌궐은 접촉하고 있었다는 사실을 밝힘으로써 가능성이 있는 것처럼 시작했으나 그사이에 어떤 일이 있었는지 상황을 설명하지 않고 갑자기 통과하기 어렵다고 반전되어 전체적인 맥락을 이해하기 어렵지만, 동돌궐 루트를 통과할 수 없으므로 아프라시압 벽화에 나오는 사절은 고구리(高句麗)가 실제 파견된 사절이 아니라는 주장으로 이해된다.

그러나 동돌궐은 내부분열과 철륵(鐵勒)의 여러 부가 반란을 일으키는 혼란이 일어나 630년에 이미 멸망하고 설연타를 비롯한 철륵의 세력 아래 있었기 때문에 동돌궐 루트라는 용어가 좀 어색하다. 동돌궐이 지배했던 지역이라는 개념으로 이해한다.

2. 이성제의 고구리(高句麗) 사절 파견 부정론

1) 설연타와의 교섭에 대한 비판

지금까지 아프라시압 사신을 연구하는 연구자들이 고구리(高句麗)와 서녘의 교섭을 설명하기 위해 가장 많이 인용한 부분이 설연타와의 교섭이었다. 이성제는 이 문제를 비판적으로 보았다.

7,000여km나 떨어진 지역을 상대로 고구려는 어떻게 협력을 꾀할 수 있었을까 또는 고구려가 연대하려 했던 상대는 어떤 세력이었을까 하는 점 등은 아프라시압 벽화의 사절을 볼 때 누구나 떠올릴 수 있는 의문점일 것이다. 이에 대해 사절의 경유 노선을

---

290) 정호섭, 「鳥羽冠을 쓴 人物圖의 類型과 性格-외국 자료에 나타난 古代 한국인의 모습을 중심으로-」, 『영남학』 24, 2013, 115쪽.

살핀 연구는 고구려가 과거 돌궐(突厥)•설연타(薛延陀)와 교섭했던 사실을 들어 고구려 사절이 몽골의 오르콘강 하류 초원지대에 이를 수 있었다고 본다. 그리고 여기에서 아프라시압 벽화가 있는 사마르칸드까지는 소그드인의 조력을 받아 닿을 수 있었다고 한다. ……고구려가 설연타를 움직이려 했던 것은 성사의 가능성을 보고 시도된 전략이라기보다는 위급 상황을 모면하기 위한 응급조치에 가까운 것으로 보인다. ……이때의 교섭은 말갈(靺鞨)을 매개로 한 것이었다. 이 점에서 고구려 사절이 몽골 초원지대까지 나아갔는지의 여부도 불확실하다. 무엇보다 말갈을 매개로 하였다는 것은 고구려가 직접 사절을 보낼 수 있는 지역적 범위가 제한적이었음을 알려준다.[291]

첫째, 설연타를 움직이려 했던 고구리(高句麗)의 계획은 전략적으로 유효하지 않고 실효성과 실익이 없었다는 것이고 둘째, 말갈을 통해서 시도한 것이기 때문에 고구리(高句麗) 사신이 직접 가지 못했다는 것이다.

2) 소그드인에게 도움을 받았다는 것에 대한 비판

막북(漠北) 초원에서 사마르칸드까지 가는 길은 소그드인들의 도움을 받았을 것이라는 주장에 대해서도 650년대는 그들이 이미 당나라 주•현(州縣)이 되었기 때문에 불가능하다는 것을 강조하였다.

한편 중앙아시아 지역은 몽골 초원에서 다시 서쪽으로 천산산맥을 지나 한참을 더 나아가야 이를 수 있는 그야말로 멀고 먼 곳이었다. 이에 대해 최근의 연구는 몽골초원에서 중앙아시아 지역으로 나아가는 데 소그드인의 협력이 있었을 것이라고 추정하고 있다. ……그러나 소그드인들은 당시 국제 질서의 바깥에 놓여 있던 독립적인 세력이 결코 아니었다. 동돌궐이 강성했을 때에는 그 세력 내에 있던 소그드인들이 패망 이후에는 대거 당에 투항해 들어갔다는 사실이 이를 말하여 준다. 특히 당에 들어간 소그드인들은 당의 주현(州縣)체제 아래 편제되어, 그 수령들은 당의 관인(官人)으로 탈바꿈하였다. 이러한 변화는 당의 관리로서 특권을 얻는다는 측면보다 저들의 본업인 상업활동

---

291) 이성제, 「650년대 전반기 투르크계 북방세력의 동향과 고구려-고구려 사절이 아프라시압 궁정벽화에 그려진 배경에 대한 검토」, 『東北亞歷史論叢』(65), 2019 b, 248~250쪽.

을 원활히 하기 위한 일종의 전략이라고 평가된다. 이러한 성향으로 보아 <u>소그드인들</u>
<u>이 당에 반하는 행위임에 분명한 일의 성사를 위해 유라시아 대륙의 동반부를 관통해</u>
<u>야 하는 위험천만한 일에 협력했을 것이라고는 생각되지 않는다.</u>[292]

3) 중앙아시아와 막북(漠北) 초원이 당의 지배 아래 있어 사행(使行) 불가능

이성제는 정호섭과 마찬가지로 "고구려 영역 밖 7,000km 떨어진 곳을 갈 수
있겠는가? 도와줄 수 있는 세력이 있어야 하는데, 있었는가?"라는 의문을 두고
문제를 제기하였다. 이성제는 설연타를 격파한 당이 막북 초원을 통제해 나갔기
때문에 고구리(高句麗) 사절이 초원길을 통해서 강국(사마르칸드)에 갈 수 없었다
고 주장하였다. 이 주장은 이성제 논문의 핵심적인 내용이기 때문에 좀 더 자세
하게 보기로 한다.

> 당은 652년과 655년, 그리고 657년에 걸쳐 세 차례 원정군을 파견하였고, 658년 2월 석
> 국(石國, 우즈베키스탄 타시켄트)에서 아사나하로를 사로잡을 수 있었다. 특히 657년 원정
> 은 소정방(蘇定方)을 이려도행군대총관(伊麗道行軍大總官)으로 삼아 천산산맥 남북의 두
> 경로로 진공했던 것으로, 도주한 아사나하로를 석국까지 추격했다는 점에서 당이 사태
> 해결에 기울인 관심의 정도를 짐작해 볼 수 있다. ……
>
> B-1 기록에 따르면 서돌궐 공격에는 회골부만이 참전했던 것으로 보이지만 복고을
> 돌의 묘지 기록으로 당시 공격군에는 복고부를 포함한 다른 철륵 제부도 포함되어 있
> 었다는 사실을 알 수 있다. 설연타가 사라진 몽골 초원에는 회골과 복고부를 비롯한 철
> 륵 제부가 남아 있었지만, 이들 모두는 당의 통제 아래 놓여 있었던 것이다. 서돌궐이
> 당에 저항하자 철륵 제부는 그 토벌군의 일원으로 동원되었고, 그 공을 인정받은 수장
> 은 당의 고관으로 승진할 수 있었다.
>
> 이러한 사실은 몽골 초원을 통과하여 서돌궐로 가려는 시도가 무망했음을 알려준다.
> <u>650년대 전반기의 시점에서 몽골 초원은 당의 지배 아래 있었고, 그 지배의 정도는 한</u>
> <u>차례의 원정에 5만의 병력을 문제없이 동원할 수 있는 수준의 것이었다.</u> 사정이 이러했

---

292) 이성제, 「650년대 전반기 투르크계 북방세력의 동향과 고구려-고구려 사절이 아프라시압 궁정벽
화에 그려진 배경에 대한 검토」, 『東北亞歷史論叢』(65), 2019 b, 250~251쪽.

<u>다면 고구려가 서방으로 사절을 보내려 했다고 하더라도 그 사절은 몽골 초원을 벗어</u>
<u>나는 것조차 어려웠다고 보인다.</u>[293]

이성제는 651년부터 657년까지 당과 서돌궐의 전쟁을 검토하고, 그 당시 당이 장악하고 있었기 때문에 고리(高麗) 사신이 갈 수 없었다고 보았다.

4) 적국인 당나라와 고구리(高句麗)가 함께 대면할 수가 있을까?

이성제는 아프라시압 벽화에 등장하는 사절들을 분석하여 적국인 당나라와 고구리(高句麗)가 함께 그려질 수 없다고 주장한다.

> 이 벽화는 고구려를 비롯한 여러 나라에서 보낸 사절들이 강국의 바르후만왕에게 예물을 바치고 있는 모습을 담고 있는 것이다. ……정면 중앙부에는 예물을 바치기 위해 차례를 기다리는 대열이 있는데, 가장 아래에서 보이는 세 사람은 당이 보낸 사절이라고 한다. 즉 묘사된 내용으로 보면 당의 사자가 사마르칸드의 강국 궁정을 방문했을 때, 고구려 사절도 거기에 모습을 드러낸 것이 된다.
> <u>고구려와 당은 645년 이래 교전을 이어오고 있었다. 그런데 이 벽화는 적대관계에 서 있던 양국 사자가 바르후만 왕 앞에서 대면했음을 보여주고 있다. 과연 그것이 가능한 일이었을까?</u>[294]

벽화에서 예물을 올리고 있는 사신이 과연 당나라 사신일까 하는 문제도 앞으로 큰 논란의 대상이 되어야 한다.

이성제는 위에서 본 4가지를 들어 고구리(高句麗)가 실제 사신을 보낼 수 없다고 주장했는데, 이러한 주장은 결국 아프라시압 벽화가 실제 찾아온 사신들을 그

---

293) 이성제, 「650년대 전반기 투르크계 북방세력의 동향과 고구려-고구려 사절이 아프라시압 궁정벽화에 그려진 배경에 대한 검토」, 『東北亞歷史論叢』(65), 2019 b, 254~255쪽.
294) 이성제, 「650년대 전반기 투르크계 북방세력의 동향과 고구려-고구려 사절이 아프라시압 궁정벽화에 그려진 배경에 대한 검토」, 『東北亞歷史論叢』(65), 2019 b, 258쪽.

린 게 아니라 그림본(模本)을 베껴 그린 것이고, 그러한 그림본은 돌궐에서 왔을
것이라는 주장이다.

III. 구체적인 고리(高麗) 사행(使行) 연도를 제시한 연구성과

위에서 본 두 사람의 주장에 대한 반론은 이미 선행 연구에서 찾아볼 수 있다.
다시 말해 두 사람이 사행을 부정할 때 이런 선행 연구에 대한 검토가 필요하고
그런 논의를 극복했어야 했다.

2010년대 들어오면서 동양사 전공자들이 고리(高麗) 사절이 사마르칸드로 간
사실에 대해 집중적으로 연구한 결과 꽤 깊이 있는 연구 결과를 내놓는다. 동양
사를 전공한 지배선과 이재성은 강국(사마르칸드)의 역사는 물론 수·당·돌궐·거란
과 고구리(高句麗) 관계사에 대해 아주 자세하게 연구하여 이 부분에 부족한 한
국사 연구자들에게 좋은 자료를 제공하였다.

그들은 바르후만이 강거도독으로 임명된 것을 658년으로 확정짓고, 지배선은
바르후만이 강거도독으로 임명되기 이전, 곧 당의 영향력이 미치지 못했던 652
년에 고구리(高句麗)가 사절을 파견했다고 주장하였고, 이재성은 658년 당의 기
미지배가 유명무실한 662년에 보냈다고 주장하였다.

이런 주장은 앞에서 정호섭과 이성제가 주장한 사행(使行) 부정설과 완전히 배
치되는 것으로 앞으로 이처럼 대치되는 주장에 대한 학계의 논란과 정리가 필요
하므로 여기서 자세하게 보기로 한다.

1. 바르후만(Varkhuman, 拂呼縵) 강거도독 임명 시기에 대한 논의

먼저 바르후만의 강거도독 임명 시기에 대한 문제를 자세히 검토하여 확정하

려고 한다. 이 시기가 아프라시압 벽화의 시대 문제를 풀 수 있는 열쇠이자, 논리 전개의 중심연대가 되기 때문이다.

1) 지배선의 658년 강거도독 임명설

1975년 알바움이『아프라시압 벽화』라는 보고서를 낼 때 서문을 쓴 굴랴모프 (Ya. G. Gulyamov)가 벽화 조성연대를 690년대로 보았지만, 다음 해인 1976년 아나자와가『신당서』의 기록을 바탕으로 바르후만이 강거도독으로 임명된 시기를 영휘 연간(650~655)이라고 보았다.[295] 바로 사료 ①을 바탕으로 한 것으로, 그 뒤 학계에서 이 연도를 기준으로 한 논문이 많았고, 한국 국사학계에서는 앞에서 본 정호섭과 이성제를 포함하여 대부분 이 학설을 바탕으로 논리를 전개하였다.

1998년 가게야마(影山悦子)가『당회요』의 기록을 들어 강거도독을 임명한 때가 658년이라고 주장했는데, 바로 ③의 내용이다.

> ①『신당서』: 고종 영휘(永徽) 연간(650~655)에 그 땅을 강거도독부(康居都督部)로 하고, 바로 왕 바르후만(Varkhuman, 拂呼縵)을 도독으로 삼았다.[296]
>
> ②『당회요』: 영휘(永徽) 연간(650~655)에 그 나라(康國)는 자주 사신을 보내 대식(大食, 아라비아, 632~1258)이 쳐들어와 세금을 물린다고 아뢰었다.[297]
>
> ③『당회요』: 현경(顯慶) 3년(658), 고종이 과의(果毅) 동기생(董寄生)을 보내 (왕이) 살고 있는 성을 강거도독부로 하고, 나아가 그 왕 불호만을 도독으로 삼았다.[298][299]

지배선은 위의 자료 가운데 ①과 ②에서 같은 연도에 전혀 다른 사건이 기록된 것에 주의를 기울였고, ①과 ③의 자료는 같은 사건인데 연도가 다른 것을 보

---

295) 穴澤和光·馬目順一,「アフラミヤブ都城址 出土壁畵に見られる朝鮮人使節について」,『朝鮮學報』(80), 1976, 21쪽.

296) 『新唐書』列傳 第146(下) 西域(下). 高宗永徽時, 以其地爲康居都督府, 即授其王拂呼縵爲都督.

297) 『唐會要』卷99,「康國」. 永徽中, 其國頻遣使告爲大食所攻, 兼徵賦稅.

298) 과의도위(果毅都尉)로 당나라 때 군사 직관 명칭.

299) 『唐會要』卷99,「康國」. 顯慶三年 高宗遣果毅董寄生 列其所居城爲康居都督部 仍以其王拂呼縵 爲都督.

고, 결국은 명확한 연도를 지정한 『당회요』의 ③번 기록을 선택하였다. 지배선은 이런 연도를 확정하기 위해 강국과 당의 교섭사를 자세하게 관찰한다.[300]

지배선이 보았듯이 강국은 627년 처음 당과 교류를 시작한 뒤 631년 강국이 당나라에 들어와 보호를 받으려(內附) 했다는 것을 알 수 있다. 649년, 당 태종이 죽고 아홉째 아들 고종이 들어선다. 그리고 고종은 650년부터 영휘(永徽, 650~655)라는 연호를 쓴다. 바로 이 영휘 연간에 ①『신당서』에서는 바르후만을 강거도독으로 삼았다고 기록되었고, ②『당회요』에서는 아랍의 침입에 대한 사실만 알려왔다고 되어 있어 차이가 나는데, ③『당회요』에서 현경(顯慶) 3년(658)에 강거도독을 임명했다는 구체적인 연도와 파견한 관료의 이름까지 제시하여 신빙성이 있다. 『신당서』의 기록보다 적어도 3년 이상 차이가 난다.

2) 이재성의 '658년 강거도독 임명설' 확정

지배선은 ③『당회요』에서 현경(顯慶) 3년(658)을 선택했지만 그에 대한 철저한 검증이 뒤따르지 못했다. 그 뒤 이 부분을 철저하게 밝힌 학자가 이재성이다. 이재성은 치밀하게 여러 자료를 써서 『신당서』의 고종 영휘 연간(650~655) 설이 틀렸다는 것을 증명하였다.

그런데 [5][301]와 [6][302]에서는 [4][303]와 다르게 당이 사마르칸드에 강거도독부를 설치하고 그 왕인 바르후만을 도독에 임명한 시기가 [4]의 고종 영휘 연간인 650~655년이 아니라, 현경 3년(658)으로 기재되어 있어서 혼동을 주고 있다.

그러나 『신당서』「서역전」의 미국(米國), 석국(石國), 영원국(寧遠國), 『구당서』「서역전」의 계빈국, 『당회요』의 사국(史國)이 모두 고종 현경 3년에 당의 기미부주로 편입되었다고 기재하고 있다. 다시 말해서 현경 3년에 당이 지금의 우즈베키스탄의 사마르칸트

---

300) 지배선, 「사마르칸트(康國)와 고구려 관계에 대하여 -고구려 사신의 康國 방문 이유-」, 『백산학보』 (89), 2011, 114~115쪽.
301) 글쓴이의 정리번호 ②
302) 글쓴이의 정리번호 ③
303) 글쓴이의 정리번호 ①

남방에 있던 미국(Maymurg)과 사국(Kesh, Kash, Kish), 동부 타시켄트(Tashkent)에 있던 석국(Shash, Chach), 타시켄트 동부의 페르가나(Fergana) 계곡에 있던 영원국 그리고 지금의 우즈베키스탄의 남방, 즉 지금의 아프가니스탄 동북부, 힌두쿠시 산맥과 아무-다리야 사이의 지역에 있던 계빈국(Kapica)에 기미부주를 설치하여 당의 기미지배체제에 편입한 사실을 설명하는 것이다. 따라서 사마르칸트 역시 소그디아나의 다른 성방들과 함께 현경 3년(658)에 당의 기미지배체제에 편입되었다고 보는 것이 타당할 것이다.[304]

이재성은 먼저 현경(顯慶) 3년(658) 설이 『책부원귀(冊府元龜)』에도 나온다며 다른 자료를 제시한다.[305] 이어서 위에서 인용한 주장처럼 여러 사료들을 인용하여 658년설을 뒷받침하였다. 그는 "'永徽年間'은 '顯慶年間'을 잘못 기록한 것이라고 보고 있다. 『신당서』와 『구당서』에는 사건의 발생 연대를 잘못 기재된 기사가 일일이 열거할 수 없을 정도로 대단히 많다."고 했다.[306] 그 밖에 『구당서』나 『당회요』에 나오는 자료들을 발굴하여 주변의 나라들도 같은 해에 강국(康國)과 함께 당의 지배에 들어간 사실을 밝힘으로써 바르후만이 당의 책봉을 받은 해가 658년이라는 것을 분명히 하였다.

이와 같은 이재성의 연대 확정은 아프라시압 벽화 연구에서 가장 기초적이고 중요한 연구 주제에 대해 일정한 성과를 냈다고 볼 수 있다. 그리고 이와 같은 당의 세력 확장이 서돌궐의 멸망과 연관이 있다는 것도 분명히 하였다.[307]

---

304) 이재성, 「아프라시압 궁전지 벽화의 '조우관 사절'이 사마르칸트(康國)로 간 원인·과정 및 시기에 대한 고찰」, 『동북아역사논총』(52), 2016, 140쪽.
305) 『冊府元龜』 권966, 「外臣部-繼襲門1」. "康國本康居之苗裔. …… 顯慶三年, 其王曰拂呼縵. 是年, 高宗列其地爲康居府, 以拂呼縵爲都督".
306) 이재성, 「아프라시압 궁전지 벽화의 '조우관 사절'이 사마르칸트(康國)로 간 원인·과정 및 시기에 대한 고찰」, 『동북아역사논총』(52), 2016, 141쪽, 주 50).
307) 이재성, 「아프라시압 궁전지 벽화의 '조우관 사절'이 사마르칸트(康國)로 간 원인·과정 및 시기에 대한 고찰」, 『동북아역사논총』(52), 2016, 141~142쪽.

2. 동양사학자들의 고리(高麗) 사행(使行) 연도 비정 – 652년설과 662년설

앞에서 두 동양사학자들이 당나라가 바르후만을 도독으로 임명한 때가 658년 이라는 설을 확정지은 것을 보았다. 그들은 이처럼 당나라가 바르후만을 도독으로 임명한 시점은 658년이라고 확정짓고, 한 걸음 더 나아가 고구리(高句麗) 사신이 사마르칸드를 간 연도를 정확히 추출하기 위한 시도를 한다.

두 연구자는 바르후만이 당 도독의 임명 연도인 658년을 기점으로 하여 하나는 이전, 하나는 이후로 뚜렷이 갈린다. 지배선은 658년 이후에는 당의 지배 아래 있었기 때문에 갈 수 없다고 보고 그 이전인 652년을 주장했고, 이재성은 658년 이후로 보았다.

지금부터 보려는 지배선은 650년대 초에 급변하는 정세를 면밀하게 추적하여 652년 사신을 보냈다고 주장하고 있다.

1) 지배선의 652년 고구리(高句麗) 사신 파견설

지배선은 고구리(高句麗) 사신이 간 시점은 당나라가 658년 도독을 임명하기 전인 650~658년 사이에서 찾아야 한다는 전제 아래 논리를 전개하였다.

> 여기서 중요하게 짚고 넘어갈 사건은 아프라시압 궁전벽화에 그려진 조우관을 쓴 두 명의 고구려 사신이 강국을 방문했을 때가 언제인가 하는 문제다. 그런데 아프라시압 궁전벽화에 정좌한 인물이 拂呼縵(Varkhuman, 650~670)이라는 사실에서 그 해답을 찾을 수 있다. 또 아프라시압 궁전 벽화는 사마르칸트의 바르후만 왕 재위 시에 제작된 것이라고 밝혀졌다. 그렇다면 당이 康居도독부를 설치하기 이전에 고구려 사신을 강국 방문 시기가 좁혀진다. 바꾸어 말해서 顯慶 3년(658)에 당이 강거도독부를 설치했기 때문에 고구려 사신이 강국을 방문한 시기는 650년에서 658년 사이라는 이야기다.[308]

그러니까 658년 당이 강국을 강거도독부로 삼은 이후는 당의 세력 아래 놓이

---

308) 지배선, 「사마르칸트(康國)와 고구려 관계에 대하여-고구려 사신의 康國 방문 이유-」, 『백산학보』 (89), 2011, 122쪽.

기 때문에 당과 적국인 고리(高麗)가 사신을 보낼 수 없었고, 그 이전인 650~658
년 사이 언젠가 갔다고 상정한 뒤 다시 가능한 해를 찾아 좁혀간다.

> 당의 永徽 원년(650)에서 顯慶 3년(658)과 동시기는 고구려에서 보장왕 9년에서 17년
> 사이다. 이 시기를 주목하는 까닭은 康國王 拂呼(縵)왕 재위 시작부터 당에 의한 康居
> 도독부 설치 시기(顯慶 3년)라 주목했다. 그런데 고구려는 652년에 당에 사신을 보내 조
> 공하였으며, 654년 10월 고구려가 신성에서 松漠都督 李窟哥에 의해 크게 패퇴되었으
> 며, 655년 고구려가 신라의 북쪽 33성을 빼앗자 김춘추가 당으로 사신을 보내는 그런
> 상황이었다. 654년부터 고구려는 북쪽 松漠都督 李窟哥에 의해 패퇴하는 상황이라 이
> 를 반전시키기 위해서인지 고구려는 신라를 공격하는 그런 상황이었다. 이는 고구려
> 주변 정세가 긴박하게 돌아갔던 시기의 조짐이 652년부터 감지되었기 때문에 고구려
> 는 성격이 다른 사신들을 당과 강국에 각각 보냈던 것 같다. ……
>
> 　필자가 주목하고 싶은 시기는 고구려가 당에 사신을 보냈던 652년 정월에 강국으로
> 사신을 보냈다고 본다. 이때 고구려가 당에 사신을 보낸 이유가 당을 염탐할 의도로 사
> 신을 보냈지만, 당에 대하여 비우호적인 康國에 고구려가 사신을 보낸 것은 당을 협공
> 하기 위해 연합전선 형성 목적이었다고도 볼 수 있다.[309]

지배선은 당시 동북아 정세가 요동치고 있었기 때문에 652년 당나라의 정세
를 파악하기 위해 사신을 보낼 때 강국에도 사신을 보내 연합전선 가능성을 타진
했다고 보았다.

앞 장에서 정호섭과 이성제는 당나라가 막북(漠北) 초원을 지배하고 있었기 때
문에 사마르칸드로 사절을 보낼 수 없다는 주장에 대해 당나라가 막북 초원을 지
배하기 전에 이미 사행(使行)이 이루어졌다고 보는 것이다. 당이 서돌궐을 격파
한 시점은 657년이기 때문이다.

645년 당 태종이 고리(高麗)를 대거 침공하였으나 실패한 뒤, 당은 작전을 바
꾸어 국지전을 통해 고리(高麗)를 약화시켜 마지막에 크게 치려 했다. 647년 석

---

309)　지배선, 「사마르칸트(康國)와 고구려 관계에 대하여-고구려 사신의 康國 방문 이유-」, 『백산학보』
　　　(89), 2011, 122~124쪽.

성과 적리성으로 쳐들어왔고, 648년 역산(易山)전투에 이어 설만철(薛萬徹)이 박작성으로 쳐들어왔으나 649년 성공하지 못하고 당 태종이 죽으며 일단락되었다.

글쓴이도 아주 타당성이 있다고 본다. 651년 7월 서돌궐 이시바라 카간(沙鉢羅可汗, Ashina Helu, 651~658)이 당나라 정주(庭州)를 쳐서 금령성(金岭城)과 포류현(蒲類縣)을 함락시키고 수천 명을 죽이는 사건이 일어난다.[310]

그러므로 연개소문으로서는 당시 당나라 정세를 정탐할 필요가 있어서 652년 당에 사신을 보냈을 것이고, 이즈음 서돌궐과의 연합을 시도했을 것으로 볼 수 있으며, 적어도 서돌궐이 정세를 파악할 필요가 있었을 것이다. 뒤에서 보겠지만 645년 당 태종이 쳐들어왔을 때 설연타와의 연합을 통해 당 태종이 철군하게 된 전례가 있기 때문이다. 이 문제는 이 글의 핵심이므로 다음에 다시 찬찬히 보려고 한다.

2) 이재성의 662년 고구리(高句麗) 사절 파견설

(1) 철륵의 당나라에 대한 반란

앞에서 말했듯이 지배선이 658년 당이 강거도독을 임명하며 세력을 뻗치기 이전의 시기에서 고구리(高句麗) 사신 파견 가능성을 검토한 것에 비해, 이재성은 658년 이후의 기미정책 때문에 고구리(高句麗)가 사절을 보낼 수 없을 만큼 강력하게 지배하지 않았다고 보았다.

> 그런데 비록 소그디아나, 페르가나, 토하라 지역이 658년부터 당의 기미지배체제 하에 들어갔다고는 하지만 이는 어디까지나 형식적인 것이었다. 곧 당은 이 지역의 각 성방에 자치를 인정하고 내정에는 간섭하지 않았으므로 당이 이 지역의 성방들을 실질적으로 지배한 것은 아니었다. 그것은 이들 성방의 왕을 비롯한 수장들에게 당의 지방관 관직 명칭만 수여하고 성방의 사절로서 대상(隊商)을 당으로 보내는 특권을 인정하는 정

---

310) 『資治通鑑』卷199,「唐紀15-龍朔 元年」(永徽二年) 秋, 七月, 西突厥沙鉢羅可汗寇庭州, 攻陷金嶺城及蒲類縣, 殺略數千人. 詔左武候大將軍梁建方·右驍衛大將軍契苾何力爲弓月道行軍總管, 右驍衛將軍高德逸·右武候將軍薛孤吳仁爲副, 發秦·成·岐·雍府兵三萬人及回紇五萬騎以討之.

도였다. 다시 말해 당은 이들 지역 정치와 경제를 분리하는 조공무역을 미끼로 한 기미
정책(羈縻政策)을 취했을 뿐이었다.

따라서 당은 고구려 '조우관 사절'이 사마르칸트에 들어가 정치적 활동을 비롯한 어
떤 활동을 하더라도 사마르칸트의 왕에게 압력을 넣어 정치적 활동을 금지하거나 간섭
할 수 없었다고 해도 좋을 것이다.[311]

이재성은 이어서 660년 백제가 멸망하고 다음 해인 661년 당이 고리(高麗)를
쳐들어오는 과정과 전쟁의 진행 상황을 면밀하게 관찰한다. 그리고 육로군의 구
성에서 "거필하력(契苾何力)[312]이 요동도행군총관(遼東道行軍總管)이 되어 여러 번
국(蕃國)의 35만 병력을 거느렸다.[313]"는 기록을 통해 당이 대외정벌에서 이민족을
대거 동원한 사실을 확인하였다.[314]

이 부분은 앞서 정호섭과 이성제가 동돌궐 지역이나 막북 초원 지역이 당의
수중에 있었다고 주장하는 증거다. 더구나 당시 막북(漠北) 지역을 지배하고 있
던 철륵부나 회흘부 군사들이 당의 육로군 주력부대로 쳐들어와 적군으로 싸우
는 상황에서 어떻게 그런 지역을 고리(高麗) 사신이 지나갈 수 있겠느냐는 논리
다. 그런데 이재성은 육로군의 전투과정에서 아주 특이한 점을 하나 발견한다.

보장왕 20년(661) 가을 8월, 소정방이 패강(浿江)에서 우리의 군사를 물리쳐서 마읍산
(馬邑山)을 빼앗고 마침내 평양성을 포위하였다. 9월, (연)개소문이 그의 아들 남생에게
수만 명의 정병을 주어 압록강을 지키게 하니, 당나라의 모든 부대가 건너오지 못하였

---

311) 이재성, 「아프라시압 궁전지 벽화의 '조우관 사절'이 사마르칸트(康國)로 간 원인·과정 및 시기에
　　　대한 고찰」, 『동북아역사논총』(52), 2016, 142~143쪽.

312) 거필하력(契苾何力)의 '契'자는 『자치통감』에 欺+訖의 반절로 읽으라는 주석이 3번 나온다. 欺의
　　　첫소리(初聲)는 [k]가 확실하고, 訖의 고대음은 [kiət]으로 끝소리(終聲)의 으뜸소리가 [ə]이기 때문
　　　에 [k+ə]는 [거]가 되는 것이다. 거란(契丹)도 해방 뒤 『廣韻』에 실린 居+乙의 반절에 따라 걸안이나
　　　글안으로 읽다가 언제부턴가 정확한 소릿값에 따라 거란으로 읽고 있듯이 '契=거'인 것이다. 周
　　　法高, 『漢字古今音彙』(홍콩, 中文大學, 1979) 157쪽의 No. 4271 [欺]자와 319쪽의 No. 8579 [訖]자
　　　의 소릿값(音價) 참조.

313) 『新唐書』 卷110, 「契苾何力」. 龍朔初, 復拜遼東道行軍大總管, 率諸蕃三十五萬軍.

314) 이재성, 「아프라시압 궁전지 벽화의 '조우관 사절'이 사마르칸트(康國)로 간 원인·과정 및 시기에
　　　대한 고찰」, 『동북아역사논총』(52), 2016, 149~150쪽.

다. 설필하력(契苾何力)이 압록강에 도착하였을 때는 강에 얼음이 얼었다. 그는 무리를 이끌고 얼음 위로 강을 건너 북을 두드리고 함성을 지르며 공격해 왔다. 우리 군대가 싸움에 져서 달아났다. 설필하력이 수십 리를 추격하며 3만 명을 죽였다. 남은 무리는 모두 항복하였고, 남생은 간신히 자신의 몸만 피하여 달아났다. <u>때마침 (당나라에서) 군대를 철수하라는 조서가 있었으므로 곧 돌아갔다.</u>[315]

평양성은 포위되었고, 압록강 전선도 뚫렸기 때문에 거필하력의 군대가 평양으로 진격하면 고리(高麗)로서는 방어하기 어려운 상황인데, 갑자기 거필하력의 군대가 돌아간 것이다. 이재성은 이해할 수 없는 이 상황을 이렇게 해석했다.

설필하력이 지휘하는 당의 육로군이 남생이 거느리는 고구려 정예 부대와의 전투에서 대첩을 거두었음에도 불구하고 곧바로 고구려 전선에서 철군하게 된다. 그것은 660년 8월부터 개시된 철륵제부의 반란이 이 무렵 그 수부인 회흘까지 확대되고, 그것이 고구려 원정에 참전하고 있는 회흘부 부족장인 파윤 휘하의 회흘군을 비롯한 철륵 제부의 군대에까지 전해짐으로써 설필하력의 육로군 내부에서 동요가 일어나 육로군이 계속 전쟁을 수행하기가 어려워졌기 때문일 것이다.[316]

이재성은 660년 8월부터 철륵 여러 부에서 당나라에 대한 반란이 일어나 반란이 진압되는 663년 정월까지 2년 5개월 동안의 정황을 아주 자세하게 파헤쳤다. 바로 이 기간 언젠가 고리(高麗) 사신이 파견된 것으로 보았기 때문이다.

660년(현경 5년) 8월 철륵의 여러 부에서 반란이 일어났다. 사결(思結)•발야고(拔也固)•복골(僕骨)•동라(同羅) 같은 4부가 당의 영주(靈州)를 침범하였고, 그 도[317]

---

315) 『三國史記』卷22,「高句麗本紀」10, 寶藏王 20년. 秋八月 蘇定方破我軍於浿江 奪馬邑山 遂圍平壤城. 九月 蓋蘇文遣其子男生 以精兵數萬 守鴨綠 諸軍不得渡. 契苾何力至 值氷大合 何力引衆乘氷渡水 鼓噪而進. 我軍潰奔 何力追數十里 殺三萬人 餘衆悉降 男生僅以身免. 會 有詔班師 乃還.

316) 이재성,「아프라시압 궁전지 벽화의 '조우관 사절'이 사마르칸트(康國)로 간 원인•과정 및 시기에 대한 고찰」,『동북아역사논총』(52), 2016, 155쪽.

317) 이재성,「아프라시압 궁전지 벽화의 '조우관 사절'이 사마르칸트(康國)로 간 원인•과정 및 시기에 대한 고찰」,『동북아역사논총』(52), 2016, 155쪽.

독인 좌무위대장군 정인태(鄭仁泰)가 격퇴하였다. 661년(용삭 원년) 10월부터 '반
당'의 반란이 철륵 제부 전체에 걸쳐서 대대적으로 일어났다. 661년 9월에 고리
(高麗) 정벌에 참전한 회흘부 부족장 파윤(婆閏)은 전선을 떠나 막북으로 귀환하[318]
고, 그로부터 한 달 뒤인 10월에 파윤(婆閏)이 사망하자, 그를 계승한 회흘부(回紇
部) 부족장 비속독(比粟毒, 661~680)이 동라부와 복골부와 더불어 당의 칙사를 죽
이고 변경을 습격하여 반란을 일으켰다. 당(唐)•고리(高麗) 전쟁에 참여했던 파윤[319]
의 군대도 그가 죽자 반당세력으로 바뀐 것이다.

662년 3월 정인태와 설인귀가 이끄는 당의 침략군이 톈산(天山, 현재의 항가이
산맥)까지 쳐들어가 사결(思結)•다람갈(多覽葛)부 같은 부족들이 항복했으나 정인
태가 받아들이지 않고 그들을 포로로 잡아 병사들에게 상으로 주었다. 그러자 부
족들이 북쪽으로 달아났고, 침략군이 선악하(仙萼河, 현재의 셀렝가강)까지 쫓아갔
으나 군량이 떨어져 병사들이 서로 잡아먹는 참상까지 벌어졌다. 결국 철륵의 여
러 부의 반란을 진압하려던 정인태와 설인귀의 토벌작전은 실패로 끝났다. 이런[320]
막북의 전쟁 상황은 고리(高麗)가 당의 침략에 대해 한숨을 돌릴 수 있는 중요한
정황이 되었다.

당은 할 수 없이 철륵 거필부(契苾部) 출신 거필하력(契苾何力)을 철륵도안무
대사(鐵勒道按撫大使)로 임명하여 철륵 구성(九姓)을 안무(按撫)하는 정책을 썼다.
그러나 철륵의 여러 부 반란을 완전히 진압한 시기는 다음 해(663) 정월이었다.[321]

---

318) 『資治通鑑』卷200,「唐紀16-龍朔 元年」. 十月, 回紇酋長婆閏卒, 姪比粟毒代領其衆, 與同羅•僕
固犯邊, 詔左武衛大將軍鄭仁泰爲鐵勒道行軍大總管, 燕然都護劉審禮•左武衛將軍薛仁貴爲副,
鴻臚卿蕭嗣業爲仙崿道行軍總管, 右屯衛將軍孫仁師爲副, 將兵討之.

319) 이재성,「아프라시압 궁전지 벽화의 '조우관 사절'이 사마르칸트(康國)로 간 원인•과정 및 시기에
대한 고찰」,『동북아역사논총』(52), 2016, 163~164쪽.

320) 『新唐書』卷111,「薛仁貴傳」. 鐵勒有思結•多覽葛等部, 先保天山, 及仁泰至, 懼而降, 仁泰不納,
虜其家以賞軍, 賊相率進去. 有候騎言: "虜輜重畜牧被野, 可往取." 仁泰選騎萬四千卷甲馳, 絕大
漠, 至仙萼河, 不見虜, 糧盡還. 人饑相食, 比入塞, 餘兵才二十之一. 仁貴亦取所部爲妾, 多納賕
遣, 爲有司劾奏, 以功垠原.

321) 『舊唐書』卷4,「本紀」4, 高宗(上). (龍朔)三年春正月, 左武衛大將軍鄭仁泰等帥師討鐵勒餘種, 盡平之.

(2) 연개소문이 철륵에 사신을 보낸 시기

그렇다면 당시 고구리(高句麗)의 실권을 쥔 연개소문은 언제, 왜 사마르칸드에 사신을 보냈을까? 이재성은 당이 대규모 병력으로 쳐들어와 평양성이 661년 7월 (또는 8월)부터 7~8개월이나 포위되고, 압록강이 뚫리는 위기를 맞았을 때 당과 적대 관계에 있는 세력을 찾았고, 그때 마침 막북(漠北)에서 철륵이 당에 반란을 일으키자 연대를 꾀한 것으로 보았다. 연개소문이 이런 연합전선을 구상한 사실을 뒷받침하는 기록으로 『일본서기』에 고리(高麗)가 일본에 구원을 요청했다는 사실을 든다.

> (원년 3월) 이달 당(唐) 사람과 신라 사람이 고리(高麗)를 치니 고리(高麗)가 나라를 구해 달라고 구원하였다. 그래서 장군을 보내 소류성(疏留城)을 지켰다. 이 때문에 당나라 사람이 그 남쪽을 빼앗을 수 없었고, 신라는 그 서쪽 보루를 빼앗아갈 수가 없었다.[322]

이재성은 이처럼 당시 연개소문으로서는 가능한 모든 방법을 다 동원하여 당의 침입을 막아내야 했기 때문에 자연히 앞에서 보았듯이 당나라에 반기를 든 막북 세력과의 연대를 생각한 것으로 보고, 바로 그 시기를 662년 2월 무렵으로 보았다.

> 연개소문이 왜(일본)에 이어 연합 대상으로 지목할 수 있는 세력은 몽골리아의 유목 세력인 철륵이었을 것이다. ……철륵에 사자를 파견하여 그들과의 연합을 성사시켜서 당을 배후에서 강력하게 공격한다면, 당의 수로군 사령관 소정방의 평양성 포위를 풀 수 있을 뿐만 아니라 나아가 당군을 고구려에서 철수시킬 수 있을 것이라는 희망을 가졌을 것이다. 연개소문은 당시 철륵 제부가 그들을 기미지배하고 있는 당에 대하여 반란을 일으킨 상태였기 때문에, 이전과 달리 말갈을 중매로 삼지 않고 고구려에서 직접 철륵에 사자를 파견한다면 고구려와 철륵의 연합이 성사될 가능성이 대단히 높다고 생각했을 것이다. 필자는 당시 파견된 사절이 바로 '조우관 사절'이라고 생각한다.

그러면 '조우관 사절'은 언제 고구려를 출발하여 몽골 철륵으로 갔을까? 연개소문이

---

322) 『日本書紀』 卷27 天智天皇紀. (元年 三月) 是月•唐人•新羅人伐高麗•高麗乞救國家•仍遣軍將據疏 留城. 由是•唐人不得略其南堺•新羅不獲輸其西壘。

가장 위기를 느꼈을 때라고 보는 게 자연스러울 것이다. 그 시기는 설필하력이 철수하여 고구려에서도 철륵 제부의 반란이 인지되는 661년 9월 이후로 생각된다. 특히 소정방의 수로군이 신라 김유신에게 군량을 전달받은 후 잠시 평양성의 포위를 푸는 662년 2월 무렵이 가장 유력할 것이다. 따라서 '조우관 사절'이 고구려를 출발하여 몽골의 철륵으로 간 시기는 662년(보장왕 21) 2월 무렵으로 비정할 수 있을 것이다.[323]

이재성은 이러한 연개소문의 전략은 645년 설연타와의 연합을 시도한 경험에서 비롯되었을 것이라고 보아, 앞 장에서 정호섭과 이성제가 설연타와의 연합은 이득이 없고 실패한 시도라고 부정적으로 평가한 것과 크게 차이가 난다. 설연타와의 연대에 대한 평가는 다음 장에서 자세히 보기로 한다.

그렇다면 '고구리(高句麗)와 철륵의 연합'을 목표로 662년 2월 무렵에 몽골의 철륵으로 간 '조우관 사절'은 언제 몽골을 떠나서 사마르칸드로 갔을까?

그 시기는 "몽골에 도착한 '조우관 사절'이 철륵 제부의 반란 경과를 관찰하면서 '고구리(高句麗)와 철륵의 연합'이 절망적이라고 판단했을 시기로 보는 게 타당할 것이다. '조우관 사절'이 몽골의 철륵을 떠난 시기는 당의 토벌군이 항가이산맥에 진입한 662년 3월이나 정인태 등에 의해 철륵의 반란이 완전히 진압되는 663년 정월로 비정할 수 있을 것이다. 그에 따라 '조우관 사절'이 철륵을 떠나서 사마르칸트로 들어간 시기는 철륵을 떠난 지 늦어도 3개월 정도 지난 662년 6월 혹은 663년 4월 무렵으로 비정할 수 있을 것이다."라는 이재성의 주장이다.[324] 곧 고리(高麗)는 수•당의 침략을 맞아 끊임없이 서북 세력과의 연합을 시도했고, 그 연장선상에서 철륵과 사마르칸드와의 연합을 시도했다는 것이다.

이상에서 두 동양사학자가 주장한 고구리(高句麗) 사신 파견 시기를 보았다. 지배선은 바르후만이 강거도독으로 임명된 658년 이전인 652년이라고 했고, 이

---

323) 이재성, 「아프라시압 궁전지 벽화의 '조우관 사절'이 사마르칸트(康國)로 간 원인•과정 및 시기에 대한 고찰」, 『동북아역사논총』(52), 2016, 158~159쪽.
324) 이재성, 「아프라시압 궁전지 벽화의 '조우관 사절'이 사마르칸트(康國)로 간 원인•과정 및 시기에 대한 고찰」, 『동북아역사논총』(52), 2016, 171~172쪽.

재성은 658년 이후 당이 고구리(高句麗)를 침략해 평양성을 포위한 때와 그 직후인 662년으로 보았다. 이 두 논문은 특히 한국사 연구자들이 소홀히 할 수 있고, 한계가 있는 중앙아시아나 막북의 역사를 치밀하게 연구하여 사건의 배경을 잘 볼 수 있는 자료를 제시하였다는 점에서 아프라시압 벽화 연구에 크게 기여했다고 할 수 있다. 다만 이런 연구성과가 사행(使行) 부정론을 주장한 2019년 두 사람의 발표에서 활용되지 못했다는 것을 확인할 수 있다.

Ⅳ. 유연(柔然)과의 교류를 통해 축적한 초원로 왕래 역량 확보

앞에서 소그드인들의 안내가 없으면 고리(高麗)가 초원길을 왕래할 수 없었기 때문에 고리(高麗) 사절은 사마르칸드에 갈 수 없다는 이성제의 주장에 대해서 살펴 보았다. 그러나 고리(高麗)는 소그드인들의 도움 없이도 스스로 초원길을 오간 역사가 있고, 또 650년 당시도 그런 인적 자원을 보유하고 있었다는 근거를 제시하려고 한다.

1. 유연과의 외교와 연합을 위한 교섭과 왕래

1) 주변국 사신 왕래 기록에 나타난 고리(高麗)와 유연의 교류

중원의 강대국에는 여러 나라 사신들이 모여 국제적인 교류를 나누는 기회가 많다. 각 나라 사신들은 같은 숙소에 머물면서 큰 행사에 참여함으로써 친분을 나누고 나라와 나라끼리 정보를 공유한다. 더구나 당시 사신들은 통역관을 대동하거나 당시 국제 공용어인 한문(漢文)을 사용하면서 누구나 필담을 나눌 수 있었으며, 문화적으로도 사신이 온 대부분의 나라는 불교가 널리 퍼져 있었기 때문에 공통적인 관심사도 비슷했을 것이다.[325]

---

325) 서길수, 『장수왕이 바꾼 나라이름 고리(高麗)』, 여유당, 2019, 182쪽.

아래 표에서 보듯이 이미 남북조시대부터인 5세기 때 고리(高麗)는 막북(漠北)[326] 의 강자인 유연(柔然)과 공식적인 접촉이 있었다. 여기서 특별히 유연에 대해 자세히 보기 위해 남북조시대 때 고리(高麗)와 유연이 함께 조공을 한 기록을 보면 다음 두 표와 같다.

〈표 3-1〉『송서(宋書)』「본기」에 기록된 고리(高麗)와 유연(蠕蠕)의 조공외교

	송 연대	고리(高麗) 연대(AD)	기사 내용
1	大明 7년	장수왕 51(463)	芮芮國.高麗國遣使獻方物
2	泰始 6년	장수왕 58(470)	芮芮國.高麗國遣使獻方物
3	後廢帝 泰豫원년	장수왕 58(470)	芮芮國.高麗國遣使獻方物
4	元徽 3년	장수왕 63(475)	芮芮國.高麗國遣使獻方物

〈표 3-2〉『송서(宋書)』「본기」에 기록된 고리(高麗)와 유연(蠕蠕)의 조공외교

	북위 연대	고리(高麗) 연대(AD)	기사 내용
1	皇興 3년 2월	장수왕 57(469)	蠕蠕・高麗・庫莫奚・契丹國各遣使朝獻
2	承明 원년 2월	장수왕 64(476)	蠕蠕・高麗・庫莫奚・波斯諸國並遣使朝貢
3	中興 2년 6월	안원왕 2(532)	蠕蠕・嚈噠・高麗・契丹・庫莫奚國並遣使朝貢

유연(柔然, Róurán)은 5~6세기 북위의 북쪽을 지배한 유목국가로『위서(魏書)』『북사』『남사』에서는 연연(蠕蠕)이라 했고,『송서(宋書)』『남제서(南齊書)』『양서(梁[327] 書)』에서는 예예(芮芮),『주서(周書)』『수서』에서는 여여(茹茹),『진서(晋書)』에서는 유연(柔然)・유연(蝚蠕)이라고 기록하였다. 결국 유연(柔然)・유연(蝚蠕)・예예(芮芮)・여여(如如)・연연(蠕蠕)은 모두 같은 나라의 이름임을 알 수 있다.

2) 사서의 기록에 나온 고리(高麗)와 유연의 교류와 연합

먼저『위서(魏書)』에 나온 유연의 영토를 보면, 유연과 고리(高麗)의 관계를 쉽게 알 수 있다.

---

326) 송나라 건국 이후 장수왕은 이미 나라 이름을 고리(高麗)로 바꾸었기 때문에『송서』본기에는 첫해에 관례적으로 장수왕을 책봉하면서 고구리(高句麗)라는 나라이름을 한 번 쓰고, 그 이후는 모두 고리(高麗)를 썼다.

327) 『魏書』卷103 列傳 第90, 蠕蠕. 나중에 세조(太武帝)는 그들이 무지하고 생김새가 벌레 같다고 해서 연연(蠕蠕)이라고 하였다(後世祖以其無知 狀類於蟲 故改其號為蠕蠕). 서로 적대관계에 있는 북위 황제가 벌레 충(虫) 변을 붙여 낮추어 부른 것이다.

그 (나라의) 서쪽은 언기(焉耆) 땅이고, 동쪽은 조선(朝鮮)의 땅이며, 북쪽은 사막을 넘어 [328]

한해(瀚海, 바이칼 호)에 이르고, 남쪽은 고비 사막(大磧)에 이른다. [329]

유연이 동쪽으로 접한 나라는 바로 조선 땅이라고 하였다. 당시는 조선이라는 나라가 없으니 당연히 고리(高麗)를 이야기하고 있는 것으로, 두 나라는 국경을 접하고 있었다는 것을 알 수 있다. 아울러 고리(高麗)와 유연(蠕蠕)이 얼마나 밀접한 관계를 가졌는지는 『위서(魏書)』 백제전에 나온 기사를 보면 알 수 있다.

또 고리(高麗)의 의리에 어긋나고 거슬려 속이는 것은 한둘이 아닙니다. 겉으로는 외효 [330]

(隗囂)처럼 번신(藩臣)이라고 낮추어서 말하지만, 안으로는 흉악하게 해치려고 저돌적인 행동을 하고 있습니다. 남쪽으로는 유(劉宋)씨와 통하고 북으로는 연연(蠕蠕)과 약속을 통해 서로 입술과 이의 사이가 되어 왕의 경략을 짓밟으려 하고 있습니다. [331]

고리(高麗)는 남조의 송과 북위에 모두 사신을 보내 등거리외교를 하면서 초원을 지배하고 있던 유연과도 교류한 사실을 알 수 있다. 특히 유연과는 입술과 이의 사이라고 강조하고 있는데, 실제 그런 관계를 보여주는 사료가 있다.

태화 3년(479) 고구리(高句麗)가 유유(蠕蠕＝柔然)와 함께 지두우(地頭于)를 취하여 몰래 나누어 가지려고 꾀하였다. [332]

---

328) 『위서(魏書)』에서 고리(高麗) 땅을 조선의 땅이라고 한 것은 고리가 조선의 땅을 이어받았다고 인식하고 있었다는 것을 말해 준다.

329) 『魏書』卷103 列傳 第90, 蠕蠕. 其西則焉耆之地, 東則朝鮮之地, 北則渡沙漠, 窮瀚海, 南則臨大磧.

330) 외효(隗囂, ?~33년)은 신(新)~후한(後漢) 초기의 군인이었다. 당시 광무제(光武帝)와 공손술(公孫述)이 세력을 다툴 때 두 세력 사이에 어부지리를 얻으려고 처음에는 광무제에 충성하다가 뒤로는 공손술에게 손을 내미는 행보를 하였으나 결국은 이루지 못하였다.

331) 『魏書』卷100 列傳 第88, 百濟. 且高麗不義, 逆詐非一. 外慕隗囂藩卑之辭, 內懷兇禍豕突之行. 或南通劉氏, 或北約蠕蠕, 共相脣齒, 謀陵王略.

332) 『魏書』卷100, 열전 88, 契丹. 太和三年(479), 高句麗竊與蠕蠕謀 欲取地頭于以分之. 契丹懼其侵軼 其莫弗賀勿于率其部落車三千乘 眾萬餘口 驅徙雜畜 求入內附 止於白狼水東.

위의 사료에서 유연과 고리(高麗)는 아주 가까운 관계를 유지하고 있으며, 당시 아시아 질서는 남쪽의 송과 북쪽의 북위, 그리고 북위의 북쪽인 막북(漠北)에 유연이 있고, 동쪽의 고리(高麗)와 함께 서로 오가면서도 견제하는 형세였다. 당시 고리(高麗) 장수왕은 송·북위·유연이라는 3대 세력 모두와 친선을 유지하며 화려한 등거리 외교를 하였다는 것을 알 수 있다.

이처럼 고리(高麗)와 유연이 서로 우호적인 관계를 유지하면서 지두우 경략까지 논의하였다는 것은 서로 긴밀한 교류가 있었다는 것을 뜻한다. 이는 고리사람(高麗人)이 유연에 가고, 유연 사람 역시 고리(高麗)에 왔다고 볼 수 있다.

2. 벽화와 직공도에 남은 고리(高麗)와 유연의 교류

1) 고구리·고리 벽화에 나타난 유연과의 교류

두 나라의 교류는 고구리(高句麗) 역사의 찬란한 유산으로 남아 있는 벽화를 통해서도 확인할 수 있다. 전호태는 이미 이 부분에 대해 이렇게 언급하였다.

> 5세기 중엽으로 편년되는 고구려 고분벽화에 서역 문화 제재가 빈번히 모습을 드러내는 것도 고구려와 북위, 고구려와 유연 사이의 교류를 통해 서역 문화의 수용이 이루어진 때문이라고 하겠다. 특히 집안지역의 삼실총이나 장천1호분 벽화에 보이는 전형적인 서역인 형상의 우주역사, 장천1호분 벽화의 여래와 보살, 비천, 회화기법으로서의 단축법과 명암법 등은 고구려와 유연 사이의 교통로를 거쳐 동방에 전해진 서역 문화 요소임이 거의 확실하다.[333]

고구리(高句麗) 벽화에 나타난 서녘 문화 요소는 일찍이 여러 연구자가 지적하였고, 전호태는 그런 요소들이 중원을 통하지 않고 유연을 통해서 직접 들어올 가능성이 있다고 보았다. 그런데 글쓴이는 한 걸음 더 나아가 고구리(高句麗) 벽

---

333)　전호태, 「고분벽화로 본 고구려와 중앙아시아의 교류」, 한국고대사학회 『한국고대사연구』(68), 2012, 168쪽.

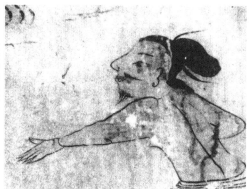

그림 128 씨름무덤의 서녁 사람(「通溝」)   그림 129 춤무덤의 서녁 사람(「通溝」)

화에 나타난 서역인들의 모델이 유연 사람일 가능성이 크다고 본다. 그리고 앞에서 본 바와 같이 고리(高麗)와 유연은 교류가 꽤 있었을 것이고, 이때 고리(高麗)에 온 유연 사람을 모델로 씨름이나 태껸하는 모습을 그렸을 가능성이 크다.

5세기 중엽 이후 불교문화가 들어오면서 여러 분야의 서역문화가 들어온 것은 사실이지만 씨름무덤(角觝塚)의 씨름 장면에 등장하는 코 큰 서녁 사람과 춤무덤(舞踊塚)의 태껸 대련에 등장하는 코 큰 서녁 사람은 주인공을 직접 보고 그렸을 가능성이 있다. 그 경우 모델은 당시 가장 외교 관계가 빈번했던 유연 사람일 가능성이 크다고 볼 수 있다.

두 그림을 자세히 보면 코가 크고, 이빨을 드러낸 것이 특징이라고 보인다. 이 부분은 앞으로 벽화를 전공하는 연구자들이 더 자세한 결과물을 보여주기를 기대한다.

2) 양(梁) 직공도에 기록된 고리(高麗)와 유연(柔然)

양 직공도는 541년에 그려졌지만, 원본은 아직 발견되지 못했다. 지금까지 남아 있는 직공도는 모두 소역의 직공도를 후대에 다시 베낀 모사도들이다.

7세기 40~50년대에 당나라 염립본(閻立本)이 본떠 그린 「왕회도(王會圖)」에는 나오는 25개 나라 가운데 가장 먼저 ① 노국(魯國)＝虜國이 나오고, 이어서 바로 유연을 일컫는 ② 예예국(芮芮國)이 나온다. 당시 양나라로서는 북방의 북위와 유연이 가장 강력한 세력이었다는 것을 알 수 있다. 고리국(高麗國)은 ⑮번에 나온다.

① 노(虜)? ② 예예국(芮芮國), ③ 파사국(波斯國), ④ 백제국(百濟國), ⑤ 호밀단국(胡密丹國), ⑥ 백제국(白題國), ⑦ 말국(靺國), ⑧ 중천축(中天竺), ⑨ 사자국(師子國), ⑩ 북천축(北天竺), ⑪ 갈반타국(渴盤陀國), ⑫ 무흥국(武興國), ⑬ 구자국(龜玆國), ⑭ 왜국(倭國), ⑮ 고리국(高驪國), ⑯ 우전(于闐), ⑰ 신라(新羅), ⑱ 탕창국(宕昌國), ⑲ 낭아수국(狼牙修國), ⑳ 등지국(鄧志國), ㉑ 주고가(周古柯), ㉒ 아발단국(阿跋檀國), ㉓ 건평만(建平蠻), ㉔ 여단국(女蜑國)[334]

10세기 남당(南唐) 고덕겸(顧德謙)이 본떠 그린 「양 원제의 번객입조도(梁 元帝 蕃客入朝圖)」에는 더 많은 31개국이 그려져 있는데, 마찬가지로 두 번째 유연(芮芮)이 나오고, 고리국(高麗國)은 ㉓에 나온다.

양나라 때 그린 직공도를 100년쯤 뒤인 7세기에 본떠서 그린 유연 사람 그림과 400년 뒤에 그린 10세기 그림은 너무 차이가 나서 비교할 수가 없을 정도다. 왕회도에서는 옷과 얼굴을 참고할 수 있으나 10세기 그림은 옷은 참고하기 어려울 정도이고, 다만 얼굴에서 코를 크게 돋보이게 한 것을 알 수 있다. 이에 비해 5세기에 유연 사람을 직접 보고 그린 것으로 볼 수 있는 고구리(高句麗) 벽화는 본디 모습에 훨씬 더 가깝다.

3. 고리(高麗)로 집단 이주한 유연(柔然) 사람들의 활약

지금까지 유연과의 교류 관계를 보았지만, 유연 사람들이 고리(高麗)에 집단으로 이주해 살았다는 기록이 있다. 로마 헤라클리우스 황제 때인

---

334) 深津行德, 「臺灣古宮博物院所藏 '梁職貢圖'模本について」, 學習院大學 東洋文化研究所 調査研究報告 No. 44, 『朝鮮半島に流入した諸文化要素の研究』, 1999, 56~57쪽.

그림 130 염립본 왕회도(王會圖)

그림 131 640~656년? 염립본(閻立本)왕회도(2020.02.01 서상욱)

그림 132 번객입조도(蕃客入朝圖)

그림 133 937~975년 양원제(梁元帝) 번객입조도(2020.02.01.서상욱)

613년(고리 영양왕 24년) 테오필락티 시모캍타(Theophylacti Simocattae)가 쓴 『역사(Historiarum)[335]』라는 책에 유연의 멸망과 고리(高麗)에 관해 다음과 같은 기록이 나온다.

아바르(Avars)가 패배했을 때 그들 가운데 일부는 타우가스트(Taugast)가 살고 있는 곳으로 달아났다. 타우가스트는 투르크(Turk)라 불리는 곳에서 1,500마일 떨어진 유명한 도시고, 인도와 국경을 맞대고 있다. 타우가스트 가까이 사는 그 야만인들은 매우 용감하고 많은 종족들이 있어 전 세계에서 같은 규모의 나라 가운데서는 맞설 나라가 없었다. 패배하여 비천한 운명으로 떨어진 다른 아바르들은 무크리(Mukri)라고 부르는 곳으로 갔다. 이 나라는 타우가스트 사람들과 가장 가까운 이웃이었는데, 날마다 반복적인 훈련을 실시하고, 위험 속에서 견뎌내는 인내심이 강하기 때문에 전투에서 엄청난 실력을 발휘한다.[336]

그리스어로 쓰인 원문은 1685년 처음으로 프랑스의 꾸쟁(L. Cousin)이 주석을 달지 않고 프랑스말로 옮겼고,[337] 1834년 임마누엘 베케루스

---

335) Theophylacti Simocattae, March 8, 2017, 『Historiarum』: Libri Octo (Classic Reprint, Latin Edition).

336) Michaeland Mary Whitby(An English Translation with Introduction and Notes), 1986, 『The History of Theophylact Simocatta』, Oxford University Press, Book seven, 7-10~12. (10) For it is by a misnomer that the barbarians on the Ister have assumed the appellation of Avars; the origin of their race will shortly be revealed. So, when the Avars had been defeated (for we are returning to the account), some of them made their escape to those who inhabit Taugast. (11) Taugast is a famous city, which is a total of one thousand five hundred miles distant from those who are called Turks, and which borders on the Indians. The barbarians whose abode is near Taugast are a very brave and numerous nation, and without rival in size among the nations of the world. (12) Others of the Avars, who declined to humbler fortune because of their defeat, came to those who are called Mucri; this nation is the closest neighbour to the men of Taugast; it has great might in battle both because of its daily practice of drill and because of endurance of spirit in danger.

337) Cœdès, George, 1910, 『BC 4세기부터 14세기까지 극동에 관해 쓴 그리스·라틴 저자들의 원문 (Textes d'auteurs grecs et latins relatifs à l'Extrême Orient depuis le IVe siècle av. J.-C. jusqu'au XIVe siècle)』, Topics Historical geography Publisher Paris.

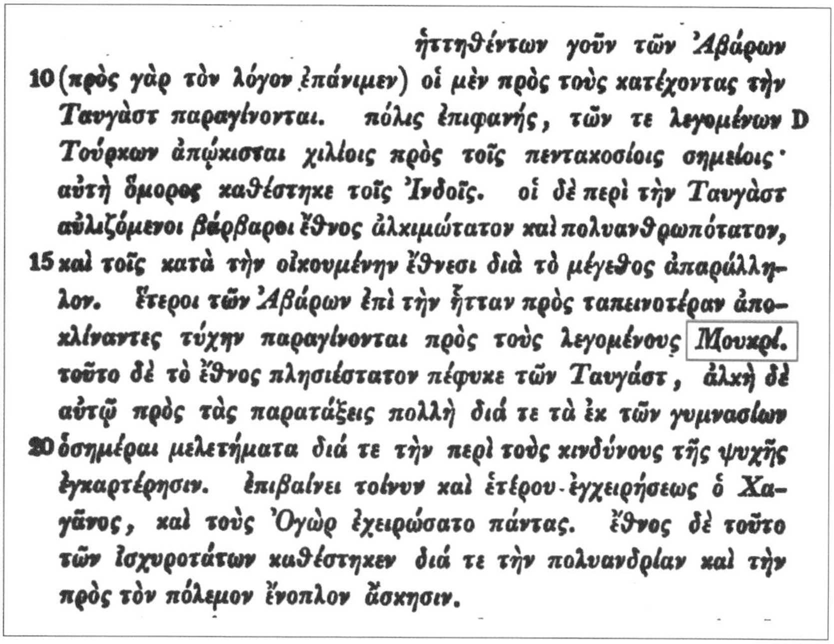

ἡττηθέντων γοῦν τῶν Ἀβάρων
10 (πρὸς γὰρ τὸν λόγον ἐπάνιμεν) οἱ μὲν πρὸς τοὺς κατέχοντας τὴν
Ταυγὰστ παραγίνονται. πόλις ἐπιφανής, τῶν τε λεγομένων D
Τούρκων ἀπῴκισται χιλίοις πρὸς τοῖς πεντακοσίοις σημείοις·
αὐτὴ ὅμορος καθέστηκε τοῖς Ἰνδοῖς. οἱ δὲ περὶ τὴν Ταυγὰστ
αὐλιζόμενοι βάρβαροι ἔθνος ἀλκιμώτατον καὶ πολυανθρωπότατον,
15 καὶ τοῖς κατὰ τὴν οἰκουμένην ἔθνεσι διὰ τὸ μέγεθος ἀπαράλλη-
λον. ἕτεροι τῶν Ἀβάρων ἐπὶ τὴν ἧτταν πρὸς ταπεινοτέραν ἀπο-
κλίναντες τύχην παραγίνονται πρὸς τοὺς λεγομένους Μουκρί.
τοῦτο δὲ τὸ ἔθνος πλησιέστατον πέφυκε τῶν Ταυγὰστ, ἀλκὴ δὲ
αὐτῷ πρὸς τὰς παρατάξεις πολλὴ διά τε τὰ ἐκ τῶν γυμνασίων
20 ὁσημέραι μελετήματα διά τε τὴν περὶ τοὺς κινδύνους τῆς ψυχῆς
ἐγκαρτέρησιν. ἐπιβαίνει τοίνυν καὶ ἑτέρου ἐγχειρήσεως ὁ Χα-
γᾶνος, καὶ τοὺς Ὀγὼρ ἐχειρώσατο πάντας. ἔθνος δὲ τοῦτο
τῶν ἰσχυροτάτων καθέστηκεν διά τε τὴν πολυανδρίαν καὶ τὴν
πρὸς τὸν πόλεμον ἔνοπλον ἄσκησιν.

그림 134 『Historiarum』의 그리스어 원문 (Immanuel Bekkerus, 1834)

(Immanuel Bekkerus)가 라틴어로 옮겼는데 여기 실린 그리스 원문을 그림으로[338]
올리고, 우리말은 1986년판 영문 번역본에서 중역한 것이다.

여기서 아바르(Avars)는 유연(柔然)이고 무크리(Mouxri)는 '맥(貊)+고리(高麗)'
라는 사실은 이미 많은 연구성과가 나와 일반화되었다[339]. 위 내용을 간추려 보
면 돌궐에 멸망한 아바르, 곧 유연(柔然, 蠕蠕) 가운데 한 무리는 '타우가스트
(Taugast)=북제(北齊, 550~577)'로 들어갔고, 일부 무리들은 '무크리(Mukri)=고리
(高麗)'로 들어갔다는 내용이다.

이 기록을 통해서 유연이 돌궐에 멸망할 때 유연의 일부가 고리(高麗)로 집단
이주했다는 사실을 알 수 있으므로 그 뒤 고리(高麗)에는 유연 사람들이 집단으
로 살았다고 볼 수 있다.

---

338) Immanuel Bekkerus, 『Theophylacti Scimocattae Historiarum』. Libri Octo. Bonnae.
Impensis ed. Weberi, VII-7, 1834, 283쪽.
339) 자세한 것은 서길수,『세계 속의 고리(高麗), 막북초원에서 로마까지』(맑은나라, 2020. 12) 참조.

이렇게 집단으로 이주한 유연인은 고리(高麗)에서 따로 주거지를 주고 관리했을 것으로 본다. 많은 유연 사람들이 고리(高麗)로 도망왔다는 것은 그 전에 이미 두 나라 교류가 많았고, 유연 사람들이 일부 고리(高麗)에 살고 있었다는 추측도 얼마든지 가능하다. 이처럼 유연 사람들의 교류가 많았고, 또 집단으로 이주한 기록을 보면, 당시 벽화를 그릴 때 유연 사람을 직접 보고 그린 게 합리적이라고 본다.

　한 가지 더 중요한 문제를 짚고 넘어가려고 한다. 위에서 본 바와 같이 ① 5~7세기 고리(高麗)에는 동쪽 고리(高麗)에서 서쪽 알타이를 넘어 준가리아 (Dzungaria, Zhungaria, 準噶爾)까지 자유롭게 넘나들던 유연 사람들과의 교류를 위해 유연에 갔던 고리(高麗) 사신을 위해 초원길에 익숙한 인력과 통역관이 이미 존재했고, ② 아울러 유연에도 고리(高麗)를 잘 알고 통역할 수 있는 인력이 존재했다고 본다. ③ 그리고 유연이 망했을 때 대규모 집단이 고리(高麗)로 망명와서 집단으로 거주하였기 때문에 초원길을 잘 아는 전문 인력을 넉넉히 보유하고 있었다고 볼 수 있다.

　지금까지 많은 연구자가 소그드인들의 안내로 갔을 것으로 보았다. 물론 그럴 가능성도 있다. 실제 천축으로 가는 승려들도 소그드인들의 도움을 많이 받았다. 그러나 국가적으로 외교체계를 갖춘 고리(高麗)는 소그드인들의 안내가 없어도 자력으로 초원길을 다닐 수 있는 역량을 충분히 확보하고 있었다. 그리고 이런 역사적 사실들은 고리(高麗) 사절이 스스로 초원길을 통해 사마르칸드까지 갈 수 있었다는 것을 뒷받침하는 중요한 증거라고 본다. 특히 고리(高麗)가 평시의 사신 형태가 아니고 밀사(密使)를 보낸다고 할 때는 국가의 운명이 걸린 일이기 때문에 당시 고리(高麗)가 오랫동안 축적한 인력을 최대한 활용했을 테고, 결코 어려운 일이 아니었을 것이다.

　유연과의 관계를 검토하면서 지금까지 우리는 중원의 기록에 의존하여 연구한 결과 고구리(高句麗)•고리(高麗)의 국제적 교류를 너무 과소평가하고 있었다는 생각이 든다.

V. 돌궐과 고리(高麗) 관계의 동태적 분석

유연은 485~486년 무렵들 그의 지배를 받던 튀르크계 유목민인 고차(高車, 鐵勒)가 반란을 일으켜 서쪽으로 이동해 독립하게 되면서 점차 쇠퇴하기 시작했고, 마침내 6세기 중반에 철륵(鐵勒)을 병합한 돌궐(突厥)의 공격을 받아 멸망했다. 유연을 멸망시켰던 돌궐 아사나(阿史那) 씨는 옛날 흉노의 북녘에 살던 부락이었다. 나중에 고창(高昌) 서북쪽에 있는 산에 살다가 저거씨(沮渠氏)의 북량(北涼)이 영화(永和) 7년 (439)에 멸망하자 아현설(阿賢設)이 5백 가를 이끌고 옮겨가 금산(金山: 알타이산맥)의 남녘에 살면서 대대로 연연(蠕蠕=柔然)을 섬겼는데, 종족의 후손이 많이 늘어났다.[340]" 그리고 끝내는 지배하고 있던 유연을 멸하고 중가리아와 막북의 초원을 지배하였다. 따라서 돌궐 사람들은 유연의 언어와 갖가지 습속을 면면이 이어갔다고 봐야 하며, 이 부분은 앞으로 고리(高麗)와 돌궐 관계를 이해하는 데도 중요하다.

고리(高麗)는 유연과 가까웠기 때문에 고리(高麗)와 돌궐의 관계는 서로 적대관계로 이해할 수 있는 사실이 많았다. 돌궐이 고리(高麗)를 침략하고 당이 고리(高麗)를 칠 때 선봉에 선 적도 많았기 때문이다. 그러나 돌궐과 고리(高麗) 관계를 동태적으로 분석해 보면 반드시 그렇지만은 않고 시대나 정황에 따라 늘 가변적이었다는 것을 알 수 있다. 이 점은 사마르칸드가 서돌궐의 지배 아래 있었다는 점에서 사마르칸드 벽화를 연구하는 데 중요한 관점이 될 것이다.

1. 고리(高麗)와 돌궐의 관계사 요약

돌궐·고리(高麗)·수당(隋唐)은 시대와 정황에 따라 수시로 적대적인 관계가 되었다가 우호적인 관계가 전개되었다.

---

340) 『新唐書』 列傳140(上) 突厥(上). 突厥阿史那氏. 蓋古匈奴北部也. 居金山之陽. 臣于蠕蠕. 種裔繁衍.

1) 돌궐 건국 초의 고리(高麗)와 돌궐

돌궐과 고리(高麗)의 교류사는 안원왕 7년(551년) 돌궐의 침입으로 시작된다.

> 7년(서기 551) 여름 5월, 북제(北齊)에 사신을 보내어 조공하였다. 가을 9월, 돌궐(突厥)이
> 신성을 포위하였으나 승리하지 못하자, 군대를 이동하여 백암성을 공격하였다. 임금이
> 장군 고흘(高紇)에게 병사 1만을 주어 그들을 물리치고, 1천 명 넘게 머리를 베었다.[341]

이때는 막북에서는 돌궐이 새로 일어나 아직 자리를 잡지 못한 때였다. 한문
사서인 『주서』 『수서』 『북서』의 돌궐전을 보면 돌궐의 건국과정이 자세히 나와
있다. 당시 남북국시대의 북녘 맹주였던 북위(北魏)가 534년 멸망하여 서위(西魏)
와 동위(東魏)로 나뉘었다가 550년에는 동위(東魏)가 멸망하고 북제(北齊)가 들어
섰으며, 557년에는 서위(西魏)가 멸망하여 북주(北周)가 들어서는 등 세력을 다시
편성되는 혼란의 시대가 이어지면서 돌궐이 성장할 기회가 되었다.

토무(吐務)가 죽은 뒤 토문(土門)이 후계자가 되어 돌궐부를 이끌었는데, 546
년 철륵이 유연을 공격하자 돌궐부를 이끌고 싸워 5만이 넘는 부락을 항복시키
면서 막강한 힘을 축적하였다. 토문은 이때를 이용하여 유연(柔然) 카간에게 구
혼을 했지만 거절되자, 유연을 떠나 543년에 세워진 서위(西魏)에 사신을 보내
구혼하여 551년 6월 서위의 장락공주(長樂公主)와 결혼하게 된다.[342] 돌궐이 고리
(高麗)를 친 것이 바로 이때다. 고리(高麗)는 550년 망한 동위(東魏)의 뒤를 이은
북제(北齊)와 가까웠기 때문에 서위(西魏)와 가까운 돌궐(突厥)과는 서로 대결 상
대였고, 오랫동안 교류하던 유연을 밀어내고 올라선 돌궐이기 때문에 서로 적일
수밖에 없었다는 것을 쉽게 알 수 있다.

이처럼 고리(高麗)와 돌궐의 관계는 유연(柔然)이 망해가는 과정에서 유연과

---

341) 『三國史記』卷19, 「고구려본기」 제7, 양원왕. 七年 夏五月 遣使入北齊朝貢. 秋九月 突厥來圍新
　　 城 不克 移攻白巖城. 王遣將軍高紇 領兵一萬 拒克之 殺獲一千餘級.

342) 『周書』卷50, 列傳 第42. 異域(下). 突厥. 十二年, 土門遂遣使獻方物. 時鐵勒將伐茹茹, 土門率所
　　 部邀擊, 破之, 盡降其衆五萬餘落. 恃其強盛, 乃求婚於茹茹. 茹茹主阿那瑰大怒, 使人罵辱之曰：
　　 「爾是我鍛奴, 何敢發是言也？」土門亦怒, 殺其使者. 遂與之絕, 而求婚於我. 太祖許之. 十七年六
　　 月. 以魏長樂公主妻之.

가까웠던 고리(高麗)는 돌궐과 적대관계에서 시작되었지만, 돌궐과 고리(高麗)의 적대관계는 그렇게 오래가지 않은 것으로 보인다. 돌궐비문에 나온 카간의 장례식에 고리(高麗)가 참석한 것을 보면 적어도 이때는 돌궐과 적대관계는 아니라는 것을 알 수 있기 때문이다.

■ 퀼 테긴과 빌개 카간 비문 bükli 관련 기록

[E 4] ……승하하였다고 한다. (그들의 장례식에) 문상객(으로서) 앞(동)쪽에서는 해 뜨는 곳으로부터 뷔클리(Bükli), 쵤 백성, 중국, 티베트, 아바르(Apar), 비잔틴, 크르그즈, 위치 쿠르간, 오투즈 타타르, 거란, 타타브, 이 만큼의 백성이 와서 울었다고 하며, 애도하였다고 한다. 그들은 그렇게 유명한 카간이었다고 한다.[343]

553년 돌궐을 세운 토문 가칸이 죽었을때 고리(高麗)가 그의 장례식에 참석한 것을 보면 돌궐이 북방의 세력을 잡은 뒤 고리(高麗)는 빠르게 돌궐과의 외교 관계를 정상화했다는 것을 알 수 있다.[344]

2) 수나라 건국 뒤 돌궐과 고리(高麗)의 관계

수나라에 들어와서 돌궐·수는 물론 고리(高麗)와의 관계도 수시로 변하고 때에 따라 원군 또는 적군이 되는 정세가 이어진다.

무칸 카간(木汗可汗, 553~572)이 재위 20년 만에 죽고 뒤를 이은 타스파르 카간(他鉢可汗, 572~581, 수서의 佗鉢可汗)도 10년 만에 죽자, 카간 자리를 놓고 극심한 혼란을 겪는다. 이처럼 돌궐 내부에서 카간 자리를 둘러싼 권력 투쟁이 본격화되는 581년, 북주(北周)의 관리였던 양견(楊堅)이 왕위를 빼앗아 수(隋)를 세우고 황제가 되니 수의 문제(文帝, 581~604)다. 이 과정에서 북제의 영주자사(营州刺史)였던 고보령(高宝寧)이 북방민족들과 결탁하여 반란을 일으키자, 돌궐의 이시바라 카간도 이에 합류하여 수나라를 치면서 새로 건국된 수나라에게 큰 위협이 된다.

---

343) 룬문자의 라틴문자화는 여러 학자가 했으나 여기서는 Talat Tekin 지음. 이용성 옮김 『돌궐비문 연구』. 90쪽(빌개 카간 비문은 136쪽)을 그대로 옮긴다.

344) 자세한 내용은 『세계 속의 고리(高麗). 막북초원에서 로마까지』(맑은나라. 2020. 12) 참조.

수 문제는 아직 남조의 진(陳)을 통일해야 하므로 서쪽의 토욕혼, 북쪽의 돌궐, 동쪽의 고리(高麗)를 안무할 필요가 있어서 584년 세 나라 사신을 위해 황제가 몸소 잔치를 베푼 기록이 있다.

> 돌궐•고리(高麗)•토욕혼 사자들에게 대흥전(大興殿)에서 잔치를 베풀었다.[345]

돌궐과 고리(高麗) 모두 격변하는 정세를 정탐하는 아주 좋은 기회였고, 이에 대한 상호 의견교류도 있었다고 볼 수 있다. 그리고 이때까지도 돌궐과의 사이는 나쁘지 않았다고 볼 수 있다.

이즈음 돌궐 서부지역은 건국 1세대인 이시태미 카간(Ishtämi Qaghan, 室点蜜可汗, 562~576)이 죽고 아들 타르두 카간(Tardu Qaghan, 達頭可汗, 576~603)이 재위에 오른다. 타르두 카간은 부왕과 달리 돌궐제국 전체를 대표하는 카간으로 표현하면서 동돌궐의 카간직을 인정하지 않았다(582). 이 틈을 노린 수 양견이 두 돌궐을 이간질하여 세력을 약화시키고 돌궐에 대규모 반격을 하자(582), 동돌궐의 이시바라(沙鉢略) 카간은 서쪽의 서돌궐, 남쪽의 수, 동쪽의 거란과 고리(高麗)와 대적해야 하는 위기에 처한다. 이때 고리(高麗)도 돌궐을 쳐서 깨뜨린 기록이 나온다.

> 사발략(沙鉢略, 이시바라) (카간이) 주반(周盤)에 이르렀을 때 그 부락에 살던 박고속흘라심(薄孤束紇羅尋)도 배반했다. 지난해 이계찰(利稽察)이 고리(高麗)•말갈에게 크게 깨지고 사비설(娑毗設)도 흘지 카간(紇支可汗)에게 죽는다.[346]

이때 고리(高麗)는 동돌궐과 싸우는 적국이 된 것이다. 그 뒤 수나라는 9년 동안의 전쟁을 통해 589년 한나라 멸망 이후 거의 300년 동안 분열되었던 대륙을 통일하였다. 남조 입장에서 보면, 북녘 오랑캐 세력이 중원을 통일한 것이다. 그러나 막북의 돌궐은 계속 위협이었다. 597년 이시바라 카간(沙鉢略可汗, 581~587)

---

345) 『隋書』卷1,「帝紀」第1, 高祖(上). 宴突厥•高麗•吐谷渾使者於大興殿
346) 『隋書』卷84, 列傳 第49. 突闕. 沙鉢略近趣周盤. 其部內薄孤束紇羅尋亦翻動. 往年利稽察大為高麗•靺鞨所破. 娑毗設又為紇支可汗所殺.

의 아들 염간(染干)이 돌리 카간(突利可汗)이라 일컫고 맘대로 수나라와 관계를 맺자, 대 카간인 도감 카간(都藍可汗, 587~599)은 크게 화를 내고 수나라와 국교를 단절하고 수시로 변경을 쳐들어왔다.

이처럼 수의 북녘이 불안해지자 다음 해인 598년 동녘의 고리(高麗)도 영양왕이 말갈의 무리 1만여 명을 거느리고 요서를 쳐들어간다. 이때는 돌궐과 이해가 맞아떨어진 시기라고 할 수 있다. 고리(高麗)는 막북의 돌궐과 수나라의 정세를 나름대로 파악한 것이었지만 결국 이런 수나라 침공은 1차 고•수전쟁의 원인이 된다. 수 문제는 그렇지 않아도 기회만 있으면 고리(高麗)를 치려고 생각했기 때문에 30만 대군으로 고리(高麗)을 침공하였다. 그러나 홍수와 풍랑을 만나 군사 10명 가운데 8~9명이 죽는 참담한 결과를 맛보았다.[347] 이 전쟁이 끝나자 고리(高麗)는 바로 사신을 보내 사죄하고 화친을 맺었다. 598년 고리(高麗) 원정에 패한 수 양견은 다시 고리(高麗)와 전쟁을 일으킬 수가 없었다. 돌궐 전선이 심각했기 때문이다. 돌궐은 고리(高麗)에게 힘을 축적할 기회를 주었다는 점에서 큰 원군이나 마찬가지였다. 이 시기는 고리(高麗)는 같은 입장에서 돌궐과 서로 교류가 있었다고 볼 수 있다.

599년에 수나라가 동돌궐의 도감 카간을 치자, 도감 카간은 서돌궐의 달두 카간과 손잡고 수나라에 빌붙은 돌리 카간을 공격하여 가족들을 죽였다. 동돌궐은 수나라와 연합했던 서돌궐과 다시 연합하여 수나라가 내세운 돌리 카간을 쳤고, 돌리 카간은 장손 성(晟)과 함께 수나라로 도망갔다. 수 문제는 돌리 카간을 계민 카간(啓民可汗, 587~609)으로 삼고 의성공주(義成公主)를 아내로 주었다. 수 문제가 동돌궐을 이간질하여 둘로 나눈 것이다(결과적으로 서돌궐과 함께 3개의 돌궐 나라가 존재한 것이다). 같은 해 12월 도감 카간이 부하에게 살해되자 달두 카간(達頭可汗)은 보가 카간(步迦可汗)이 되어 계민 카간과 대립했으나 수나라와 손잡은 계민 카간이 늘 우위에 있었다. 이처럼 돌궐•수는 물론 고리(高麗)와의 관계도 수시로 바뀌고 어떤 때는 원군 또는 적군이 되는 정세가 이어진다. 그러므로 어느 한 때의 정세만으로 고리(高麗)와 돌궐의 관계를 파악하지 말고 자세하게 검토해야

---

347) 『隋書』 卷2, 「帝紀」 第2, 高祖(下). (十八年 二月) 乙巳. 以漢王諒爲行軍元帥, 水陸三十萬伐高麗.

하는 당위성이 있다.

1차 고•수전쟁이 일어난 2년 뒤인 영양왕 11년(600), 고리(高麗) 사신이 수(隋)에 갔을 때 다시 돌궐 사신과 함께한 기록이 나온다.[348] 이때 고리(高麗)는 공식적으로 돌궐과 다시 외교를 다질 기회가 있었다. 이때만 해도 수나라의 적극적인 후원을 받았지만, 친수(親隋) 세력인 계민 카간이 완전히 돌궐을 지배하지 못하였다. 601년 계민 카간(啓民可汗)에게 속해 있던 곡설(斛薛) 같은 여러 부가 반란을 일으켜 문제가 양소(楊素)를 운주도행군원수(雲州道行軍元帥)로 임명하여 계민 카간과 함께 쳐들어갔다. 보섭 카간이 다시 계민 카간을 공격했으나 패배하여 토욕혼으로 달아났다.[349]

3) 수 양제 때 발각된 고리(高麗) 밀사(密使)에 대한 재평가

앞에서 본 바와 같이 계민이 카간 자리에 오르자, 이때쯤 고리(高麗)는 계민 카간과 교류하였다. 여기서 우리는 돌궐과 고리(高麗)의 관계를 몇 가지 기록을 가지고 피아를 결정할 게 아니라 국제정세의 변화에 따라 언제든지 적군이 되기도 하고 같은 편이 되었다는 사실을 놓쳐서는 안 된다.

604년 수 문제의 둘째 양광(楊廣)은 중병이 든 아버지를 살해하고 제위에 올랐다. 수 양제의 고리(高麗) 압박은 양제 즉위 3년째인 607년에 시작된다. 양제가 돌궐에 갔을 때 마침 고리(高麗) 사신이 와 있었다. 그때 배구(裴矩)가 황제에게 올린 말을 보면 당시 수나라, 돌궐, 고리(高麗) 세 나라의 관계를 알 수 있다.

> 황제를 모시고 새북(塞北)을 순행할 때 계민(카간)의 장막(帳幕)에 행차하였다. 이때 고리(高麗)가 사신을 보내 돌궐과 이미 통하고 있었는데(時高麗遣使先通於突厥) 계민이 감히 숨기지 못하고 인도하여 황제를 알현하였다. (배)구(裴矩)가 아뢰었다. "고리(高麗) 땅은 본디 고죽국(孤竹國)입니다. 주나라 때 기자로 봉했고, 한나라 때 3군을 나누었으며, 진씨(晉氏)도 요동을 통일했습니다. 지금은 신하 노릇을 하지 않고 따로 이역(異域)이 되

---

348) 『隋書』卷2,「帝紀」第2, 高祖(下). (二十年 春正月 辛酉朔) 突厥•高麗•契丹並遣使貢方物.

349) 『隋書』卷84「列傳」第49, 北狄, 突厥. 仁壽元年, 代州總管韓洪爲虜所敗於恆安, 廢爲庶人. 詔楊素爲雲州道行軍元帥, 率啓民北征. 斛薛等諸姓初附於啓民, 至是而叛.

었으므로, 이전 황제께서는 괴로워하며 오랫동안 그들을 치려고 하였습니다. 다만 양량(楊諒)이 못나고 어리석어 군대가 출동하였으나 이루지 못했습니다. 폐하의 시대를 맞이하여 어찌 (고리를) 취하지 않아 예의 바른 땅이 오랑캐의 마을이 되도록 놔두겠습니까? 지금 그 (고리) 사신이 돌궐에 와서 계민이 나라를 합하여 교화에 따르는 것을 직접 보았습니다. 황제의 원대하고 활달함을 두려워 항복하기 전에 미리 도망갈 수 있습니다. 위협하여 그들이 황제를 뵈러 오도록 하는 것이 좋겠습니다.[350]

계민 카간(啓民可汗) 때인 607년에 고리(高麗)가 수나라 몰래 돌궐에 사신을 보냈다가 마침 그곳을 방문한 양제에게 들켜 문제가 되는 장면이다. 여기서 중요한 것은 동돌궐이나 서돌궐이 아니라 앞에서 본 제3의 돌궐이라는 것이다. 「배구전」에는 "이때 고리(高麗)가 사신을 보내 돌궐과 이미 통하고 있었다(時高麗遣使先通於突厥)."고 했는데 「돌궐열전」에서는 "이전에 고리(高麗)가 계민이 있는 곳에 사신을 보내 몰래 통하고 있었다(先是, 高麗私通使啓民所)."[351]라고 해서 '몰래 통했다(私通)'는 점을 강조하였다.

앞 내용은 북방사에서 고리(高麗)와 서녘의 여러 나라 사이의 관계를 이해하는데 아주 중요한 단서를 제공한다. 계민 카간은 앞에서 본 바와 같이 돌궐을 이간질하기 위해 수나라가 동돌궐과 서돌궐의 공격을 받으면서 키운 위성국(衛星國)이며, 공주까지 시집보낸 사위의 나라다. 그리고 황제가 직접 찾아갈 정도로 가까운 정권으로 사실상 수나라의 속국이나 마찬가지였다. 그러므로 수나라와 큰 전쟁을 일으킨 고리(高麗)는 이런 돌궐과 교류를 할 수 없다고 생각할 수 있다. 그러나 이런 돌궐도 고리(高麗)와 몰래 사신을 주고받으며 통하고 있었다(私通)는 사실은 고리(高麗)의 사신이 수·당의 위성국이나 기미국가라 할지라도 수·당 몰래 얼마든지 교류할 수 있다는 것을 보여주는 아주 좋은 보기라고 할 수 있다.

---

350) 『隋書』 卷67, 「列傳」 第32, 裴矩. 從帝巡於塞北. 幸啓民帳. 時高麗遣使先通於突厥, 啓民不敢隱, 引之見帝. 矩因奏狀曰: "高麗之地, 本孤竹國也. 周代以之封於箕子, 漢世分為三郡, 晉氏亦統遼東. 今乃不臣, 別為外域, 故先帝疾焉, 欲征之久矣. 但以楊諒不肖, 師出無功. 當陛下之時, 安得不事, 使此冠帶之境, 仍為蠻貊之鄉乎? 今其使者朝於突厥, 親見啓民, 合國從化, 必懼皇靈之遠暢, 慮後伏之先亡. 脅令入朝, 當可致也."

351) 『隋書』 卷84, 列傳 第49, 突闕. 先是, 高麗私通使啓民所, 啓民推誠奉國, 不敢隱境外之交.

Ⅵ. 고리(高麗)와 설연타(薛延陀)의 연합 시도에 대한 재평가

1. 막북 초원의 새로운 강자 설연타와 고리(高麗)의 연합

1) 동돌궐의 멸망과 설연타

630년 동돌궐의 힐리 카간(頡利可汗)이 당나라에 잡혀 멸망하자, 서돌궐에 속해 있던 설연타(薛延陀)부의 이남(夷男, Inäl)이 7만 가(家)를 이끌고 동쪽 고국으로 돌아와 수도(牙帳)를 도위건산(都尉犍山=尉都犍山·烏德鍵山, 鬱督軍山, Ütükän yïš)북쪽의 독라하(獨邏河·獨洛水, Toyla, Tola, Tula) 남쪽에 세웠다. 그 영역은 동쪽은 실위(室韋), 서쪽은 알타이 산맥(金山), 남은 돌궐, 북은 바이칼 호수에 이르렀다. 20만 병력을 갖추고 남북 2부로 나누어 두 아들인 대도설(大度設, Tarduš Šad)과 돌리실(突利失, Tölis)에게 맡겼다. 이로써 막북 초원은 동돌궐 대신 서돌궐에서 옮겨온 철륵의 설연타가 차지하게 되었다.[352]

630년 설연타의 이남(夷男)은 당나라에 사신을 보내 진주비가 카간(眞珠毗伽可汗)으로 책봉을 받는다. 사서에는 이름인 이남(夷男)과 진주(眞珠)·비가 카간(毗伽可汗) 따위로 나오는데 모두 같은 사람이다. 639년 당에 망했던 동돌궐의 아사나 사마(阿史那思摩)[353]가 고비 남부 초원으로 돌아오자 서로 대결하게 된다. 한편 당나라는 아사나 사마를 카간으로 삼아 고비사막 남쪽에 머무르게 해서 설연타를 견제하게 한다.[354] 이를 싫어한 진주·비가 카간 이남(夷男)이 641년 태종이 낙양을

---

352) 『新唐書』 권217(下), 列傳 第142(하), 回鶻(下), 薛延陀. 頡利可汗之滅, 塞隆空荒, 夷男率其部稍東, 保都尉犍山獨邏水之陰, 遠京師才三千裏而贏, 東室韋, 西金山, 南突厥, 北瀚海, 蓋古匈奴地也. 勝兵二十萬, 以二子大度設, 突利失分將之, 號南, 北部.

353) 아사나사마(阿史那思摩) : 망한 동돌궐의 종실 출신으로 630년 돌궐이 망할 때 당나라에 잡혀 충성하게 된다. 당의 충성을 인정받아 돌궐부락을 다스리게 된다. 당에서 이씨 성을 받아 이사마(李思摩)라고 기록된 곳도 있다. 당의 고리(高麗) 침략전쟁에 참여하여 요동에서 활에 맞아 경사(京師)로 옮겨졌으나 얼마가지 않아 죽는다.

354) 정호섭이 동돌궐 지역을 통과해야 사마르칸드로 갈 수 있다고 했는데 당의 지배 아래 있는 동돌궐 후예들은 막남(漠南)에 있었고, 현재의 몽골초원인 막북(漠北)은 설연타와 철륵으로 이어지기 때문에 초원로는 동돌궐 지역을 통과하지 않는다. 정호섭에 대한 반론은 특별히 다루지 않았다.

거쳐 태산에서 봉선(封禪)하는 틈을 노려 아사나사마를 공격했지만, 당나라가 개입하여 크게 패했다.[355] 그 뒤 화친하고 당나라에 청혼하여 신흥공주와 혼인하도록 태종의 허락까지 받았으나 일이 순조롭게 진행되지 않아 이남(夷男)은 크게 피해를 보았고, 당나라에 좋지 않은 감정이 있었다.

2) 연개소문의 설연타 연합 시도에 대한 부정적 시각

고리(高麗) 사신이 사마르칸드에 갈 수 있었는지를 논할 때 고리(高麗)가 설연타와 연합을 시도한 사실도 많이 논의되었다. 앞에서 보았듯이 정호섭과 이성제는 실제 성사되지도 않고 이득도 없었기 때문에 후대에 다시 연합을 시도하지 않았다는 자료로 썼고, 이재성은 연개소문이 바로 설연타와의 연합에서 힌트를 얻어 사마르칸드와의 연합을 기획했으리라고 보는 서로 반대되는 견해를 보였다. 여기서 이 문제를 다시 찬찬히 검토해보려고 한다. 먼저 『구당서』철륵전에 나오는 기록을 보자.

> (정관) 19년(645)[356] (황제가 薛延陀의) 사자에게 말했다. "너의 가한(可汗)에게 우리 부자가 고리(高麗)를 정벌하려고 하는데 너희가 능히 변경을 침범하려면 그때 와야 한다." 이남(夷男)이 사신을 보내 감사를 표하고 아울러 군사를 내어 돕겠다고 청하니 태종이 도탑게 조서를 보내고 그의 파병을 중지하였다. 그해 겨울 태종이 요동의 여러 성을 쳐서 빼앗고 주필(駐蹕) 진을 깨트리니 고리(高麗)의 막리지가 몰래 말갈에게 명하여 많은 이득을 제시하여 이남(夷男)을 호리려고 했으나 이남이 두려워 감히 움직이지 못했다.[357]

당 태종이 고리(高麗)를 칠 때 뒤에서 설연타가 침범하지 못하도록 단속하고,

---

355) 『新唐書』권217(下), 列傳 第142(하), 回鶻(下), 薛延陀. 十五年, 帝以李思摩爲可汗, 始度河, 牙於漠南. 夷男惡之, 未發. 方帝幸洛陽, 將遂封泰山.

356) 원본에는 17년으로 되어있지만 『舊唐書』卷3, 「太宗紀」 및 권199 「고리전(高麗傳)」에 모두 19년으로 되어 있다.

357) 『舊唐書』卷199(下), 「列傳」 第149, 北狄, 鐵勒.. 十九年, 謂其使人曰 : 語爾可汗, 我父子并東征高麗, 汝若能寇邊者, 但當來也. 夷男遣使致謝, 復請發兵助軍, 太宗答以優詔而止. 其冬, 太宗拔遼東諸城, 破駐蹕陣, 而高麗莫離支潛令靺鞨誑惑夷男, 啗以厚利, 夷男氣懾不敢動.

그 때문에 고리(高麗)의 막리지 연개소문이 설연타와 연합하려는 작전이 실패했다는 내용이다. 사서에서도 이 세기의 대전을 당 태종 대 막리지 연개소문의 전략 싸움으로 보고, 결국은 당 태종의 전략이 더 주효했다는 것을 부각시키는 내용이다. 결과적으로 이런 당나라 사가들의 기록을 그대로 인용하여 평가한 것이 이성제의 주장이었다.

연개소문과 설연타와의 연합을 부정적으로 본 이성제의 주장은 앞에서 간단히 보았지만, 그 자체가 문제 제기이기 때문에 다시 간추려 보면 다음과 같다.

① 연개소문이 후리를 내세워 설연타를 움직이려 했지만, 설연타의 진주가한은 호응하지 않았다. 많은 이익을 제공하겠다는 고구려의 제안에도 불구하고 진주가한은 당에 적대하려 하지 않았다.

② 고구려의 외교가 북방 초원지대까지 전개되었다는 사실을 강조한 나머지 그 연계의 실효성이라는 측면이 간과되어 온 것은 아닐까 하는 의문이 든다.

③ 고구려가 설연타를 움직이려 했던 것은 성사의 가능성을 보고 시도된 전략이라기보다는 위급 상황을 모면하려는 응급조치에 가까운 것으로 보인다.

2. 연개소문의 설연타 연합 시도 실현

1) 당 태종 갑자기 철군한 까닭

이성제의 문제 제기는 설연타가 겁이 나서 서부변경을 침입할 수 없는 정황을 연개소문이 읽어내지 못했다는 부정적인 평가다. 그렇다면 설연타의 진주 카간 이남(夷男)은 정말 당나라가 두려워 연개소문의 제안을 무시하였을까?

먼저 앞에서 본 『구당서』의 내용을 『신당서』의 내용만 비교해 보아도 연합이 불발된 이유에서 차이가 난다.

① [구당서] 그해 겨울 태종이 요동의 여러 성을 쳐서 빼앗고 주필(駐蹕) 진을 깨트리니 고리(高麗)의 막리지가 몰래 말갈에게 명하여 많은 이득을 제시해 이남(夷男)을 호리

려고 했으나 이남이 두려워 감히 군사를 동원하지 못하고 갑자기 죽자 태종이 발상(發喪)을 했다.[358]

② [신당서] 고리(高麗) 막리지가 말갈을 시켜 많은 이득을 제시해 이남(夷男)을 호려 함께 연대하여 뭉치려 했으나 이남(夷男)이 기운이 쇠약해져 (군사를) 내지 못하였고,[359] 또한 병이 나서 죽었다. 황제가 행재소(行在所)에서 제사를 지내주었다.[360]

두 당서에서 가장 큰 차이는 『구당서』에서는 "이남(夷男)이 두려워서 감히 군사를 동원하지 못했다."는 것이고, 『신당서』에서는 "기운이 쇠약해져 군사를 내지 못했다."고 해서 꽤 다른 이유를 대고 있다. 그리고 이 두 사료에서 눈여겨보아야 할 것이 "이남(夷男)이 죽었다."는 기록이다. 그런 데다 한두 달의 차이는 나지만 설연타가 당나라를 쳐들어갔다는 기록이 나온다. 설연타가 당을 쳤다는 사실은 이성제도 이효재(李孝宰)의 논문을 인용하여 인정하고 있다.[361] 그렇다면 연개소문이 설연타와 연합하려는 전략은 실패했다고 보는 관점에 문제가 있다는 의문이 자연스럽게 떠오른다.

이 부분에 대한 기초자료를 연구하며 검색해 보니 아주 치밀하게 연구한 성과가 이미 존재하였다. 서영교는 「연개소문의 對설연타 공작과 당태종의 안시성 撤軍-『資治通鑑』 권198, 貞觀 19년 8·12월조 『考異』의 「實錄」 자료와 관련하여-」라는 논문에서 당 태종이 고리(高麗)를 친 정관 19년(645) 8월부터 12월까지의 짧은 기간을 아주 철저하게 검증하여 당 태종이 안시성 전투에서 갑자기 철수한 데에는 바로 설연타의 침공과 관계가 있다는 점을 밝혔다.[362] 그러므로 글쓴이

---

358) 『舊唐書』 卷199(상) 列傳第149(上). 其冬, 太宗拔遼東諸城, 破駐蹕陣, 而高麗莫離支潛令靺鞨証惑夷男, 啗以厚利, 夷男氣懾不敢動, 俄而夷男卒, 太宗爲之擧哀.

359) 원문에 소색(素索)이라고 하였는데, 소(素)는 저미(低微)라는 뜻이 있고, 소(素)는 색(索)과 통하기 때문에 쇄약으로 옮겼다(『漢語大詞典』).

360) 『新唐書』 卷217(下), 列傳 第142(하). 回鶻(下). 薛延陀. 俄遣使請率師助伐高麗, 以刺帝意, 帝引使者謂曰："歸語爾可汗, 我父子東征, 能寇邊者可即來." 夷男沮縮, 不敢謀, 以使謝, 固請助軍. 帝嘉答. 高麗莫離支令靺鞨以厚利啗夷男, 欲與連和, 夷男氣素索, 不發. 亦會病死, 帝爲祭於行.

361) 李孝宰, 「7세기 東突厥系 蕃將과 蕃兵의 활동-麗戰爭 시기 활동을 중심으로」, 『東洋史學研究』(125), 2013.

362) 서영교, 「연개소문의 對설연타 공작과 당태종의 안시성 撤軍-『資治通鑑』 卷198, 貞觀 19년 8·12월조 『考異』의 「實錄」 자료와 관련하여-」, 동북아역사재단 『동북아역사논총』(44). 2014-06.

는 서영교 논문의 타당성을 검토하면서 필요한 논리를 추가하는 방식으로 연구를 진행하여 두 나라의 연합이 성공했다는 것을 증명하려고 한다.

서영교는 다음과 같은『자치통감』기사부터 시작한다.

12月, 7일(辛酉), 상(上)이 종기(癰)가 나서 사람이 운반하는 어보련(禦步輦)을 타고 갔다.

① 14일(戊申), 병주(并州)에 도착하니, 태자(太子)가 상(上)을 위해 종기를 빨았고, 연(輦)을 부축하여 걸어서 며칠을 갔다.

② 신해(辛亥, 25일), 상(上)이 병이 나아 백관이 경하했다.

상(上)이 고리(高麗)를 정벌하러 갔다. 우령군대장군(右領軍大將軍) 집실사력(執失思力)을 시켜 돌궐(突厥)을 하주지북(夏州之北)에 주둔하게 하고, 설연타(薛延陀)의 침공에 대비하게 했다.

③ 설연타(薛延陀) 다미가한(多彌可汗)이 이미 즉위했고, 상(上)이 요동 출정(出征)에서 미환(未還)했는데, 설연타가 군대를 이끌고 하남(河南)을 약탈했다. 상(上)이 좌무후중랑장(左武候中郎將) 장안(長安)의 전인회(田仁會)와 사력(思力)의 병력을 합쳐 이를 공격하게 했다. 사력(思力)이 약하게 보여 거짓으로 후퇴를 하여 유인하니 설연타가 깊이 들어왔다. 하주지경(夏州之境)에 이르러 정진(整陳)하여서 이를 기다렸다. 설연타(薛延陀)가 대패(大敗)하여 달아나니, 600리를 추격하였다가 적북(磧北)에 요위(耀威)하고 돌아왔다.

④ 다미가한(多彌可汗)이 다시 군대를 일으켜 하주(夏州)를 노략질했다. 기미(己未, 645. 12.25)에 예부상서(禮部尙書) 강하왕(江夏王) 도종(道宗)에게 명을 내려 삭(朔)·병(並)·분(汾)·기(箕)·람(嵐)·대(代)·흔(忻)·울(蔚)·운(雲) 구주병(九州兵)을 발하여 삭주(朔州)를 지키게 하고, 우위대장군대주도록(右衛大將軍代州都督) 설만철(薛萬徹)과 좌효대장군(左驍衛大將軍) 아사나 사미(阿史那社爾)는 승(勝)·하(夏)·은(銀)·수(綏)·단(丹)·연(延)·부(鄜)·방(坊)·석(石)·습(隰) 십주병(十州兵)을 발하여 승주(勝州)을 지키게 하고, 승주도독(勝州都督) 송군명(宋君明)과 좌무후장군(左武候將軍) 설고오(薛孤吳)는 영(靈)·원(原)·영(寧)·염(鹽)·경(慶) 오주병(五州兵)을 발하여 영주(靈州)을 지키게 하고, 또 집실사력(執失思力)에게 명하여 영(靈)·승(勝) 이주(二州) 돌궐병(突厥兵)을 발하게 하여 도종(道宗) 등(等)과 상응(相應)하게 하니, 설연타(薛延陀)가 색하(塞下)에 이르러 비(備)

하고 있음을 알고 감히 진격하지 못했다.³⁶³⁾

이 인용문에서 ① ②는 당 태종이 645년 12월 7일, 고리(高麗) 원정에서 이기지 못하고 철수하여 돌아가는 장면이다. 12월 14일 병주(幷州)에 다다른 장면과 12월 25일 태종의 병이 나은 상태를 기록한 것이다. 그런데 황제가 1년 가까이 고리(高麗) 전장에서 분투하다가 전쟁이 끝났는데도 수도인 장안으로 돌아가지 않고 병주(幷州)로 갔다고 한 것은 아무래도 이상한 부분이다. 병주는 현재 산시성(陝西省) 타이웬(太原)으로 당시 서북변경의 요충지였다. 그렇다면 태종은 아픈 몸으로, 궁전이 있는 장안으로 돌아가지 않고 왜 서북변경의 전장으로 갔을까?

그 대답이 ③ ④다. 이야기는 당 태종이 고리(高麗)를 침략하러 가는 초기부터 시작되는데, 고리(高麗)를 쳐들어가기 전에 서북쪽의 설연타 침공에 대비하여 집실사력(執失思力)에게 돌궐군을 거느리고 하주(夏州) 경계에서 대비하도록 하였다는 기사다. 하주는 태종이 도착한 병주, 곧 지금의 타이웬(太原)에서 서쪽으로 400~500km 떨어진 징비엔 현성(靖边县城)을 말한다. 당 태종이 이 전장에 도착한 것이 12월 25일이고, 그때가 바로 ④에 기록된 설연타의 다미 카간(多彌可汗)이 2차로 쳐들어온 때이다. 여기서 우리는 아주 쉽게 당 태종의 철군이 서쪽의 설연타의 침공에 대비하기 위해서라는 사실을 확인할 수 있다.

여기서 밝히려는 것은 당 태종이 안시성에서 갑자기 철군한 이유를 연개소문과 연합한 설연타의 서북 국경 침략에서 찾는다. 앞에서 보았듯이 궁으로 돌아가지 않고 전장으로 갔고, 도착한 뒤 설연타의 2차 침입이 있었던 것만 보아도 설연타의 침입이 당 태종에게 급한 불이었음을 알 수 있다.

---

363) 『資治通鑑』卷198, 貞觀 19年. 十二月, 辛酉, 上病癰, 禦步輦而行. 戊申, 至幷州, 太子爲上吮癰, 扶輦步從者數日. 辛亥, 上疾瘳, 百官皆賀. 上之征高麗也, 使右領軍大將軍執失思力將突厥屯夏州之北, 以備薛延陀. 薛延陀多彌可汗旣立, 以上出征未還, 引兵寇河南, 上遣左武候中郎將長安田仁會與思力合兵擊之. 思力羸形僞退, 誘之深入, 及夏州之境, 整陳以待之. 薛延陀大敗, 追奔六百餘里, 耀威磧北而還. 多彌複發兵寇夏州, 己未, 敕禮部尙書江夏王道宗, 發朔·垃·汾·箕·嵐·代·忻·蔚·雲九州兵鎭朔州, 右衛大將軍代州都督薛萬徹, 左驍衛大將軍阿史那社爾, 發勝·夏·銀·綏·丹·延·鄜·坊·石·隰十州兵鎭勝州, 勝州都督宋君明, 左武候將軍薛孤吳, 發靈·原·寧·鹽·慶五州兵鎭靈州, 又令執失思力發靈·勝二州突厥兵, 與道宗等相應. 薛延陀至塞下, 知有備, 不敢進.”
* 서영교의 번역문에는 한문이 너무 많아 한문을 괄호 안에 넣고 우리 소리를 달았다.

연개소문과 관계되는 문제를 풀기 위해서는 1차 침입 시기가 중요하다.

2) 설연타의 1차 침입과 설연타 왕 이남(夷男, 眞珠·毗伽可汗)의 죽음

서영교가 처음 제시한 사료 ③에서 설연타(薛延陀)의 1차 침입은 이남(夷男)의 아들 "다미 카간(多彌可汗)이 이미 즉위했고 황제가 요동 출정에서 아직 돌아오지 않았는데(未還), 설연타가 군대를 이끌고 하남(河南)을 약탈했다."고 했다. 앞에서 본 『구당서』와 『신당서』에서는 1차 침입에 관한 내용이 전혀 나오지 않았다. 그렇다면 1차 침입은 다미 카간의 즉위와 당 태종이 귀환한 시기 사이에 일어났다는 것을 알 수 있다. 다시 말해 고리(高麗)와 전쟁이 한창일 때 이미 서북 전선에서 설연타가 1차 침입을 한 것이다. 서영교가 『자치통감』의 기록을 바탕으로 철수하는 과정을 정리한 것을 간추려 보면 좀 더 정확하게 이해할 수 있다.

09월 18일 : 철수 결정
09월 20일 : 요동성 도착
09월 21일 : 요수 건너기 시작
10월 01일 : 요택 행군 기록
10월 11일 : 영주(營州) 도착[364]

그리고 영주 도착이 요동 출정에서 벗어난 시점으로 보았다. 그러니까 설연타는 이미 10월 11일 이전에 1차 침공을 한 것이다. 645년에 당 태종이 고리(高麗)를 침략하면서 가장 걸리는 부분이 바로 서북 전선인 설연타였다. 그래서 돌궐 출신 장군 질실사력(執失思力)을 시켜 하주(夏州) 북쪽에 주둔하면서 설연타의 침공에 대비하게 했다. 당 태종이 동부전선에서 고리(高麗)와 싸우면서도 얼마나 서북부 전선에 신경을 썼는지 알 수 있다. 그리고 예상한 대로 태종이 고리(高麗)에서 싸우고 있을 때 설연타가 당을 친다. 이 점은 『신당서』의 기록에 "무서워서 감히 군사를 일으키지 못했다."는 내용과 완전히 상반되는 것이다.

---

364)　서영교, 「연개소문의 對설연타 공작과 당 태종의 안시성 撤軍-『資治通鑑』卷198, 貞觀 19년 8·12월조 『考異』의 「實錄」자료와 관련하여-」, 동북아역사재단 『동북아역사논총』(44), 257쪽 이하. 2014-06.

이제 다시 본론으로 돌아와 다미 카간이 언제 자리에 올랐고, 언제 1차 침입이 있었는지 보기로 한다. 침입한 정확한 시점을 확인하기 위한 작업이다.

① (645년) 9월 7일(壬申) 진주(眞珠, 夷男)가 죽었다. 황제가 그를 위해 발상(發喪)을 했다. 처음 진주가 첩의 큰아들(庶長子) 예망(曳莽)을 돌리실 카간(突利失可汗)으로 임명해 동녘에 살게 하여 여러 다른 종족을 다스리게 하고, 정실의 아들(嫡子) 발작(拔灼)을 엽호 카간(葉護可汗)으로 삼아 서녘에 살며 설연타를 다스리게 해달라고 청하였다. (황제가) 허락하여 모두 예에 따라 책봉하였다. 예망(曳莽)은 성질이 급하고 산만해 가벼이 군사를 움직였기 때문에 발작(拔灼)과 맞지 않았다.

② 진주(眞珠, 夷男)가 죽자 (두 사람이) 장례식에 와서 만났다. 장례가 끝나자 예망은 발작이 일을 도모할까 봐 두려워 먼저 자기 부로 돌아왔는데, 발작이 쫓아가 죽이고 스스로 힐리구리설사다미 카간(頡利俱利薛沙多彌可汗)이 되었다.[365]

①은 설연타 진주 카간의 아들들을 이해하기 위한 사료이고, 이를 바탕으로 ②를 보면 발작(拔灼)이 예망(曳莽)을 죽이고 힐리구리설사-다미 카간(頡利俱利薛沙-多彌可汗)이 되었다는 것을 알 수 있다. 그리고 새로 카간이 된 이남(眞珠可汗)의 아들이 1차 침입을 감행한 다미 카간(頡利俱利薛沙+多彌可汗)이고, 다미 카간이 된 시점이 아버지 진주(眞珠, 夷男)가 죽은 날이라는 것을 알 수 있다.

이 사료에서 이남(夷男, 眞珠·毗伽可汗)이 죽은 날, 곧 다미 카간이 카간으로 즉위한 날은 정확히 언제일까? 이 시기를 알 수 있는 하나밖에 없는 기준은 바로 "645년 9월 7일(壬申) 진주(眞珠, 夷男)가 죽었다. 황제가 그를 위해 발상(發喪)을 했다."는 기록이다. 그런데 9월 7일은 이남이 죽었다는 소식을 듣고 황제가 발상을 한 날이기 때문에 실제 이남(夷男, 眞珠·毗伽可汗)이 죽은 날은 그보다 훨씬 이전이어야 한다. 그 날짜를 정확하게 밝힐 수는 없지만 하주(夏州)에서 설연타와

---

365) 『資治通鑑』卷198 貞觀 19年 九月. 九月. 壬申, 真珠卒. 上爲之發哀. 初, 真珠請以其庶長子曳莽 爲突利失可汗. 居東方, 統雜種；嫡子拔灼爲肆葉護可汗. 居西方, 統薛延陀；詔許之, 皆以禮冊 命. 曳莽性躁擾, 輕用兵, 與拔灼不協. 真珠卒, 來會喪. 既葬, 曳莽恐拔灼圖己, 先還所部, 拔灼追 襲殺之. 自立爲頡利俱利薛沙多彌可汗.

대치하고 있던 집실사력(執失思力)이 그 사실을 염탐하여 태종에게 알리는 시간을 빼야 한다. 그렇다면 어림잡아 8월 중순쯤에 죽었다고 할 수 있다. 정리하면 이렇다.

① 645년 8월 중순쯤 : 이남(夷男, 眞珠·毗伽可汗)이 죽고, 그날 다미 카간(多彌可汗)이 즉위하였다.
② 645년 9월 7일(壬申), 진주(眞珠, 夷男)가 죽었다는 소식을 듣고 황제가 그를 위해 발상(發喪)하였다.

이남이 죽고, 서북부 전선의 질실사력이 그 사실을 알고 요동까지 달려가 태종에게까지 알리는 시간을 22일로 계산한 것이다. 그런데 1차 침공은 8월 중순쯤 이남이 죽기 전에 일어났다는 기록이 있다. 이 사정은 당시 설연타의 침입을 막기 위해 배치된 돌궐군의 장수 질실사력(執失思力) 전에 자세하게 나온다.

질실사력(執失思力)은 돌궐 추장이다. ……③ (당 태종이) 요동을 토벌할 때 (질실)사력에게 금산도(金山道)에 머물며 설연타를 막도록 지시하였다. (설)연타 군사 10만이 하남을 쳐들어오자 (질실)사력이 약한 척하니, (사력의 군대가) 강해 보이지 않자 적은 하주(夏州) 깊이까지 이르렀다. 이에 진을 추슬러 치니 (적이) 패하여 (달아나므로) 600리를 따라 쫓아갔다. 비가 카간(毗伽可汗)의 죽음을 맞아 막북(漠北=磧北)에서 군사의 위용을 보여주고 돌아왔다.[366]

여기서 비가 카간(毗伽可汗)은 이남(夷男, 眞珠·毗伽可汗)을 말한다. 이 기록에서 이남이 죽기 전에 이미 1차 공격이 있었고, 1차 공격은 이남이 죽을 때 끝났음을 알 수 있다. 다시 말해 이남이 죽고 다미 카간이 즉위하기 이전에 이미 1차 공격이 있었다는 것이다. 그리고 질실사력(執失思力)은 이때 이남이 죽었다는 사실

---

366) 『新唐書』 卷123, 列傳第三十五, 諸夷蕃將. 執失思力, 突厥酋長也. …… 及討遼東, 詔思力屯金山道. 領突厥扞薛延陀. 延陀兵十萬寇河南, 思力示羸, 不與確, 賊深入至夏州, 乃整陣擊敗之, 追躡六百里. 會毘伽可汗死, 耀兵磧北而歸.

을 알고 바로 태종에게 알렸을 것이다. 지금의 산시성 하주(夏州)에서 요동의 안시성까지 거리는 그 당시 엄청나게 멀기 때문에 20일 이상 걸렸을 것이고 앞에서 보았듯이 8월 중순쯤으로 보았다. 서영교는 설연타 군이 쳐들어가서 싸우고 600리를 후퇴하는 전투는 적어도 1달은 걸렸을 것으로 추정하였다.[368]

그러므로 설연타가 당나라 서북 변경을 쳐들어간 것은 7월 중순쯤으로 상정할 수 있다. 또 연개소문이 보낸 돌궐의 밀사는 언제 떠나 설연타에 도착했을까?

3) 연개소문의 연합 제의와 설연타의 당나라 서북 변경 침공

앞에서 "태종이 요동의 여러 성을 쳐서 빼앗고 주필(駐蹕) 진을 깨트리니 고리(高麗)의 막리지가 몰래 말갈에게 명하여 많은 이득을 제시하여 이남(夷男)을 호리려고 했다(太宗拔遼東諸城, 破駐蹕陣, 而高麗莫離支潛令靺鞨誑惑夷男, 啗以厚利)."는 것을 보았다.[369] 여기서 연개소문이 설연타에게 말갈을 통해 밀사를 보낸 것은 주필진(駐蹕陣)이 함락되었을 때라는 것을 알 수 있다. 각종 사서와 서영교가 정리한 날짜들을 모아서 당시 상황을 정리해 보면 다음과 같다.

---

367) 구글로 재보니 고속도로로 달려도 1,550km 거리다. 쉬지 않고 시속 100km로 달려도 16시간이 걸린다. 잘 다니는 말로 하루 70km씩 달린다면 22일쯤 걸린다. 물론 당시 길은 더 나빴을 것이고, 말은 하루에 더 많이 달릴 수도 있었을 것이기 때문에 이해하기 좋게 어림잡은 것이다.

368) 서영교, 「연개소문의 對설연타 공작과 당태종의 안시성 撤軍-『資治通鑑』卷198, 貞觀 19년 8·12월조 『考異』의 「實錄」 자료와 관련하여-」, 동북아역사재단 『동북아역사논총』(44), 2014-06, 272~273쪽. 왕복한 1,200리이고, 약 500km 이상의 이동 거리를 상정할 수 있다. 설연타군이 남하한 夏州는 지금의 내몽골과 섬서의 경계 지역인 平夏, 陝西省 靖邊縣 북쪽 白城子로 榆林과 延安 사이에 위치한다. 여기서 설연타의 중심지 몽골리아에서 河南까지 행군 거리는 제외한 것이다. 기동성이 있다지만 기병은 만사가 능통한 것은 아니다. 제2차 세계대전 당시 러시아 기병의 하루 정상 이동 거리는 26km였다고 한다. 쉬지 않고 꾸준히 행군할 수 있는 거리다. 그 이상 이동하면 다음 날 행군에 지장을 초래한다. 개인당 말을 3마리 정도 가지고 다닐 수도 있지만 그만큼 먹여야 하는 입이 늘어나 시간이 소요되고, 기동성 향상에 상대적인 도움은 될지라도 절대적인 도움이 되지 않는다. 다만 베이스 캠프를 설치하고 건강한 말을 골라 별동대를 편성하면 기동력은 빨라진다. 하지만 그것도 장기적인 작전은 쉽지 않다. 하루에 60km를 갈 수도 있지만 그렇게 강행군을 하면 말은 3일 정도를 휴식해야 한다. 무엇보다 말의 야간 행군은 쉽지 않다. 설연타가 본거지에서 河南을 침공하는 과정과 그곳에서 夏州까지의 진격, 그리고 집실사력의 반격을 받아 다시 하주에서 철수하여 하남을 거쳐 북상하는 전 과정은 30일 이상 소요되는 작전이었다고 생각된다. 500km 정도의 진퇴와 그 과정에서 발생한 전투시간을 계산하면 그러하다. 10만 군대가 한꺼번에 움직이려면 그 시간 또한 넉넉하지 않다.

369) 『舊唐書』卷199(上) 列傳第149(上).

① 04월 25일 : 태종이 이적(李勣)을 시켜 개모성 함락.

② 05월 17일 : 요동성 함락.

③ 06월 01일 : 백암성 함락.

④ 06월 23일 : 안시성 밖 당의 주필진(駐蹕陣)에서 고연수 등 고구리군 15만 대파. 이때 연개소문이 설연타에게 밀사 보냄.

⑤ 07월 초순쯤 : 연개소문 밀사 설연타 도착(서영교도 7월 초로 보았다).

⑥ 07월 중순쯤 : 설연타의 1차 당의 서북 변경 침공. 하주(夏州)까지 진격.

⑦ 08월 중순쯤 : 침공 실패하고 후퇴하는 도중 이남(夷男, 眞珠) 카간 죽음, 다미 카간(多彌可汗) 즉위.[370]

⑧ 09월 07일 : 당 태종이 이남(夷男, 眞珠) 카간 죽음을 알고 발상(發喪).

⑨ 09월 18일 : 철수 결정.

　연개소문의 밀사가 7월 초순쯤 설연타에 도착하고, 7월 중순쯤 1차 공격이 시작되었다는 것은 연개소문이 밀사를 통해 보낸 제안은 설연타가 당의 서북 변경 침공의 결정적인 계기가 되었다고 볼 수 있다. 이미 모든 준비를 마치고 침공 시기만 저울질하던 설연타에게는 반대편 고리(高麗) 전선에서 당나라 군대가 아직 1차 방어선도 뚫지 못하고 있다는 정보는 결정적인 첩보였다고 볼 수 있다. 『신·구당서』에 "고리(高麗)의 막리지가 몰래 말갈에게 명하여 많은 이득을 제시해 이남(夷男)을 호리려고 했다."고 했는데, 어찌 며칠 만에 10만 대군을 동원할 수 있겠는가? 이는 두 나라 사이에 목적과 시기가 맞아떨어졌고, 그 이전에도 서로 정보 교환이 있었으며, 결정적인 순간에 연대가 이루어졌다고 보아야 할 것이다.

　그렇다면 설연타의 침공이 고리(高麗) 침략을 중단하고 철군하는 원인이 되었을까? 서영교는 반드시 그렇다고 확정하지는 않았지만, 글쓴이는 그렇다고 본다. 왜냐 하면 고리(高麗)에서 당나라 수도인 장안까지는 수천 리지만 설연타가

---

370) 『신당서』에서 이남이 허약해서 침공하지 못했다는 말은 맞다. 다만 그의 아들이 10만 대군을 이끌고 침공하였으나 아버지가 죽은 소식을 듣고 철군하였을 수도 있다. 또는 철군한 뒤 죽었을 수도 있다.

쳐들어온 하주(陝西省 靖边县 红墩界镇 白城子村)까지는 불과 500km도 안 되기 때문이다. 옛날 북위를 비롯하여 북방민족들이 장안을 차지하여 중원을 통치했던 사실을 잘 아는 당 태종으로서는 위험한 서북 변경을 그대로 두고 고리(高麗)에 매달릴 수 없었을 것이다. 이는 당 태종이 장안으로 돌아가지 않고 상처에서 고름이 나오지만, 수레에 실려 3개월이라는 시간을 들여 서북 전장으로 간 것을 보면 알 수 있다.

① 10월 11일 : 영주(營州) 도착. 당나라 땅으로 들어섰다.

② 12월 07일(辛酉) : 황제가 종기가 나서 사람이 운반하는 수레(禦步輦)를 타고 갔다.

③ 12월 14일(戊申) : 병주(幷州)에 도착하니 태자가 황제의 종기를 빨았고, 수레를 부축하여 걸어서 며칠을 갔다.

④ 12월 25일(辛亥) : 황제가 병이 나아 백관이 경하했고, 당군이 반격 준비를 하였다.

⑤ 12월 25일(辛亥) : 설연타가 2차 침공하여 다음 해 2월 2일까지 전투를 독려한다.

이처럼 설연타의 침공은 당군이 고리(高麗)에서 철수하게 했을 뿐 아니라, 그 뒤로도 설연타의 2차 침공으로 당이 총력을 다해 서북 전선에 전력을 쏟아부었기 때문에 고리(高麗)는 태종이 살아 있는 동안 안정을 누릴 수 있었다.[371]

이 같은 전체적인 사실을 두고 볼 때, 연개소문의 전략은 국제적인 정황에 대해 아주 정확한 정보를 취합하고 있었다는 것을 알 수 있다. 또한 대군의 침략을 맞

---

371) 『삼국사기』「고구리 본기」에 신성(新城), 건안(建安), 주필(駐蹕)에서의 세 차례 큰 싸움에서 우리의 군대와 당나라의 병사 중에 사망자가 많았으며, 말도 많이 죽었다. 황제가 성공하지 못한 것을 깊이 후회하고 탄식하면서 "만일 위징(魏徵. 당나라 공신)이 있었다면 나에게 이번 원정을 못 하게 하였으리라."고 했으며, "8년(서기 649) 여름 4월. 당나라 태종이 죽었다. 태종의 유언으로 요동 정벌이 중지되었다."고 하였다. 당시의 국제전쟁에서 태종의 전략적 실패를 자인한 것이다.

아 아시아 대륙 전체의 세력 균형을 이용한 큰 전략을 세웠고, 치열한 첩보전은[372] 아주 유효했으며, 실제로 당이 철수하게 한 치밀한 전략이었다고 평가할 수 있다.

이러한 고리(高麗)·설연타의 연합작전이 성공한 사실은 그 뒤 당 고종이 다시 고리(高麗)를 쳐들어왔을 때 연개소문이 자연스럽게 당의 서쪽에 있는 세력과 연합을 시도하였다고 볼 수 있는 중요한 선례가 된다.

3. 설연타의 멸망과 막북의 상황

1) 설연타의 멸망과 막북 초원의 재편성

646년 초, 태종은 직접 지휘하여 설연타에 대한 대대적인 반격을 가해서 타격을 주고 태종이 3월이 되어서야 궁전으로 돌아온다. 그리고 8월 다시 태종은 도종(道宗)·아사나 사이(阿史那社爾) 등을 보내 설연타를 쳤다.[373]

> (타격을 받은) 설연타는 나머지 9만 명을 데리고 서쪽으로 도망가 진주 카간(珍珠可汗) 형의 아들인 돌마지(咄摩支)를 이특물실 카간(伊特勿失可汗)으로 삼고 옛땅으로 돌아갔다. 갑자기 카간 칭호를 버리고 사신을 보내 울독군산(鬱督軍山) 북쪽에 살게 해 달라고 청했다. 병부상서 최돈례(崔敦禮)를 시켜 정착시켰다. 칙륵(敕勒, 鐵勒) 9성(九姓)의 추장들은 부락이 본디 설연타 종족에 속해 복속되어 있었는데, 돌마지가 온다는 소식을 듣고 모두 두려워했다. (당의) 조정에서는 막북의 근심거리가 될 것을 걱정해 이세적과 9성 철륵과 함께 침략을 도모했다. ……이세적이 울독군산에 이르자 그곳 추장 제진달관(梯真達官) 무리를 이끌고 항복해 왔다. 설연타 돌마지가 남쪽 변방 골짜기로 달아났다.

---

372) 치열한 첩보전은 안시성 싸움에서 연개소문의 첩자가 당군에 잡힌 사실을 보아도 알 수 있다. 『資治通鑑』 卷198. 「唐紀」14-太宗. 貞觀 19年. 八月, 甲辰, 候騎獲莫離支諜者高竹離, 反接詣軍門. 上召見. 解縛問曰: "何瘦之甚?" 對曰: "竊道間行, 不食數日矣." 命賜之食, 謂曰: "爾為諜, 宜速反命. 為我寄語莫離支: 欲知軍中消息, 可遣人徑詣吾所, 何必間行辛苦也!" 竹離徒跣, 上賜屨而遣之.

373) 『資治通鑑』 卷198 貞觀 20年 詔以江夏王道宗·左衛大將軍阿史那社爾爲瀚海安撫大使; 又遣右領衛大將軍執失思力將突厥兵, 右驍衛大將軍契苾何力將涼州及胡兵, 代州都督薛萬徹·營州都督張儉各將所部兵, 分道並進, 以擊薛延陀.

(이)세적이 통사사인(通事舍人) 소사업(蕭嗣業)을 보내 가서 위무하도록 하자 돌마지가 소사업에게 항복하였다. 그 부락은 여전히 양쪽 끝이 남아 있어 (이)세적이 병사를 이끌고 쫓아가 앞뒤로 5,000명 남짓 목을 베고, 남녀 3만 명을 포로로 잡았다.[374]

설연타가 망하자 황제는 거필(契苾) 등을 항복시키기 위해 다시 도종을 시켜 아사나 사이 등을 부로 나누어 토벌하도록 하고, 영주(靈州)까지 직접 가서 여러 장수를 지휘하였다. 이에 철륵 11부가 모두 천자에게 귀명(歸命)하여 (당에) 속하게 해 달라고 청하였다. (이)도종이 고비사막을 넘어 (설)연타의 나머지 무리인 아파달간(阿波達干)을 쳐서 1,000명이 넘게 죽이고 200리를 쫓아갔다. (설)만철이 북쪽 길을 막고 회홀의 여러 추장에게 항복을 권하였다. 황제가 그 땅을 나누어 주현(州縣)으로 삼자 북쪽 사막이 마침내 평정되었다.[375]

여기서 설만철이 특별히 회홀의 여러 추장에게 항복을 권한 것은 당시 막북 초원의 여러 부에서 가장 세력이 컸던 부족이 설연타와 회홀이었고, 설연타가 망하고 난 뒤 회홀이 가장 강했기 때문이다. 『신당서』에서는 "회홀은 그 선조가 흉노다. 풍속에 바퀴가 높은 수레(高輪車)를 타기 때문에 북위 때는 고거부(高車部)라고 하였다. 또는 칙륵(勅勒)이라고도 하는데, 철륵(鐵勒)이라고 그릇되게 부르는 것이다. 원흘(袁紇)·설연타(薛延陀)·거필우(契苾羽)·도파(都播)·골리간(骨利幹)·다람갈(多覽葛)·복골(仆骨)·발야고(拔野古)·동라(同羅)·혼(渾)·사결(思結)·곡설(斛薛)·해결(奚結)·아질(阿跌)·백습(白霫) 같은 15 종족이 모두 막북(漠北=磧北)에 흘

374) 『資治通鑑』卷198 貞觀 20年 薛延陀餘衆西走, 猶七萬餘口, 共立真珠可汗兄子咄摩支爲伊特勿失可汗, 歸其故地. 尋去可汗之號, 遣使奉表, 請居鬱督軍山之北; 使兵部尚書崔敦禮就安集之. 敕勒九姓酋長, 以其部落素服薛延陀種, 聞咄摩支來, 皆恐懼, 朝議恐其爲磧北之患, 乃更遣李世勣與九姓敕勒共圖之. …… 李世勣至鬱督軍山, 其酋長梯真達官帥衆來降. 薛延陀咄摩支南奔荒谷, 世勣遣通事舍人蕭嗣業往招慰, 咄摩支詣嗣業降. 其部落猶持兩端, 世勣縱兵追擊, 前後斬五千餘級, 虜男女三萬餘人.

375) 『新唐書』列傳 第142(下) 回鶻(下). 帝以延陀滅, 欲並契苾等降之, 複遣道宗率阿史那社爾等分部窮討, 帝幸靈州, 節度諸將. 於是鐵勒十一部皆歸命天子, 請吏內屬. 道宗等徑磧擊延陀餘衆阿波達干, 斬首千餘級, 逐北二百裏. 萬徹抵北道, 諭降回紇諸酋. …… 帝剖其地爲州縣, 北荒遂平.

어져 산다.[376]"고 하였다. 이렇게 보면 설연타나 회흘이나 모두 옛 흉노의 후예들이고 이른바 철륵의 부족들임을 알 수 있다.

646년 설연타가 멸망한 뒤 항복한 11부를 다음 해인 647년 기미지배 체제로 바꾼다.

① 회흘부(回紇部) → 한해도독부(瀚海都督府)
② 다람갈부(多覽葛部) → 연연도독부(燕然都督府)
③ 복골부(仆骨部) → 금미도독부(金微都督府),
④ 발야고부(拔野古部) → 유능도독부(幽陵都督府)
⑤ 동라부(同羅部) → 구림도독부(龜林都督府)
⑥ 사결부(思結部) → 노산도독부(盧山都督府)

⑦ 혼(渾) → 고란주(皋蘭州), ⑧ 곡설(斛薛) →고궐주(高闕州), ⑨ 아질(阿跌) → 계전주(雞田州), ⑩ 거필우(契苾羽) → 유계주(榆溪州), ⑪ 해결(奚結) → 계록주(雞鹿州), ⑫ 사결별부(思結別部) → 제림주(蹏林州), ⑬ 백습(白霫) → 전안주(寘顏州).

⑭ 서북결골부(西北結骨部) → 견곤부(堅昆府), ⑮ 북골리간(北骨利幹) → 현궐주(玄闕州), ⑯ 동북구라발(東北俱羅勃) → 촉룡주(燭龍州).

막북의 초원지대가 유연 → 돌궐 → 설연타로 세력이 변하여 647년에 이르러 6도독 7주로 나누어 당이 기미지배를 시작한 것이다.

(각 부) 우두머리(酋領)를 도독(都督)·자사(刺史)·장사(長史)·사마(司馬)로 삼고, 바

---

376) 『新唐書』 列傳 第142(下) 回鶻(下). 回紇, 其先匈奴也, 俗多乘高輪車. 元魏時亦號高車部, 或曰敕勒, 訛爲鐵勒. 其部落曰袁紇·薛延陀·契苾羽·都播·骨利幹·多覽葛·仆骨·拔野古·同羅·渾·思結·斛薛·奚結·阿跌·白霫, 凡十有五種, 皆散處磧北.

로 옛날 선우대(單于臺)에 연연도호부(燕然都護府)를 두어 통제하자 6도독과 7주가 모두 그에 딸리게 되었으며, 이소립(李素立)을 연호 도호로 삼았다.[377]

2) 당의 기미지배와 막북 초원길

일반인은 물론 역사를 연구하는 학자들도 설연타가 멸망하고 당이 기미도독부를 설치한 막북 초원길은 당과 싸우고 있는 고리(高麗)의 사절이 통과할 수 없다고 단언하였다. 그러나 당의 기미지배가 어떻게 실시되었는가를 좀 더 깊이 들여다보면 반드시 그렇지만은 않다는 것을 알 수 있다.

막북 초원의 6도독과 7주를 다스리는 연연도호부(燕然都護府)는 선우대(單于臺)에 있다고 하였다. 선우대는 지금의 내몽골 빠오두(包頭) 꾸양현(固陽縣)에 있는 음산(陰山)의 옛날 흉노의 왕인 선우(單于)가 있던 곳이다. 고비사막을 가운데 두고 남쪽을 막남(漠南), 사막 북쪽 초원지대를 막북(漠北)이라고 한다. 막북의 6도독 7주를 다스리는 연연도호부를 막남에 설치함으로써 도호부의 안전을 도모했지만 막북에 대한 실질적 지배는 한계가 있었다. 그렇다면 당과 막북의 철륵 6도독 7주와는 어느 정도 관계였을까? 6도독과 7주를 발표하고 이런 조서를 내린다.

> 이에 (황제가) 조서를 내려 고비(사막) 남쪽 벽제천(鸞鵜泉)의 남쪽 68곳에 우정(郵亭＝역참)을 두고 말과 젖, 그리고 고기 같은 것을 갖춰 사신을 접대하고 (회흘에게) 해마다 담비가죽(貂皮)을 부(賦)로 내게 하였다.[378]

일정한 역참을 중심으로 당은 사신을 대접하고, 철륵에서는 해마다 담비가죽(貂皮)을 부세로 내는 정도의 관계였다. 당이 가장 신경 쓰는 것은 세력이 커진

---

377) 『新唐書』 列傳 第142(下) 回鶻(下). 明年複入朝, 乃以回紇部爲瀚海, 多覽葛部爲燕然, 仆骨部爲金微, 拔野古部爲幽陵, 同羅部爲龜林, 思結部爲盧山, 皆號都督府；以渾爲臯蘭州, 斛薛爲高闕州, 阿跌爲雞田州, 契苾羽爲楡溪州, 奚結爲雞鹿州, 思結別部爲嘶林州, 白霫爲賓顏州；其西北結骨部爲堅昆府, 北骨利幹爲玄闕州, 東北俱羅勃爲燭龍州；皆以酋領爲都督•刺史•長史•司馬, 即故單於台置燕然都護府統之, 六都督•七州皆隷屬, 以李素立爲燕然都護.

378) 『新唐書』 列傳 第142(下) 回鶻(下). 乃詔磧南鸞鵜泉之陽置過郵六十八所, 具群馬•渾•肉待使客, 歲內貂皮爲賦.

한 부족이 다른 부족들을 합쳐 돌궐이나 설연타처럼 큰 나라를 세우는 것이다. 646년 당이 설연타를 칠 때, 그 기회를 이용하여 회흘의 우두머리 토미도(吐迷度)가 설연타의 다미 카간을 치고 설연타의 영토를 차지하자 막북에 도독부를 세울 때 토미도(吐迷度)의 세력을 줄여 버린 조치를 보면 알 수 있다. 토미도는 회화대장군 한해도독으로 삼았다. 그러나 (토미도가) 마음대로 카간(可汗)[379]이라 칭하고 돌궐과 같은 관제를 설치하자 황제가 다시 조칙을 내려 일부 부락을 다른 도독으로 옮기는 조칙을 내렸다.[380]

또한 648년 토미도의 조카가 토미도를 죽였을 때도 연연도호부에서 반란을 꾀한 오흘(烏訖)을 속여 벤 뒤 바로 토미도 아들들이 우두머리 자리를 이어받게 한다. 당이 이렇게 조치한 사실을 『신당서』에서는 "황제가 (이 사건 때문에) 여러 부족이 반란을 일으킬까 걱정해서(帝恐諸部攜解)"라고 하였다. 그러므로 때로는 우두머리의 아들을 인질로 잡아놓기도 한다.

이처럼 모든 기미도독부와 기미주들은 스스로의 방식대로 살아가도록 자치를 허용하고, 당으로서는 그들이 연합하여 당을 쳐들어오지 않게 조정하는 정도의 지배를 할 수 있었다. 특히 초원의 생활양식이 한 곳에 정주하지 않기 때문에 당이 자신의 힘으로는 통치가 불가능하므로 각 부의 우두머리에게 이익을 주어 움직이게 하였으며, 필요에 따라서는 여러 방법으로 부족들 사이를 이간질하여 막강한 세력으로 크지 못하게 하는 것이 주요 정책이었다. 군사력이 약한 각 부족 세력들은 당이 대군을 일으켜 칠 때는 모두 예속을 원하지만 얼마 지나지 않아 다시 힘을 기르면 당의 변경을 약탈하기 때문이다.

실제로 막북의 각 세력은 틈만 나면 반란을 일으키고, 도망갔다가 다시 돌아와 황제에게 귀부하면 또 일정한 지역에 살게 하는 소극적인 지배를 할 수밖에 없었다. 도독을 설치한 다음 해인 648년에 아직도 남은 설연타를 추격해야 했고(遣左領軍大將軍執失思力 出金山道 擊薛延陀餘寇), 3년 뒤에는 남은 부족들이 반란을 일

---

379) 카간(可汗) : 고대 돌궐어의 '카간(qaghan)'을 한자로 옮긴 것이 가한(可汗)이다. 흉노가 왕을 선우(單于)라고 했는데, 선우의 권위가 약화되자 유연과 돌궐이 카간이라는 칭호를 쓴 것이다.

380) 『新唐書』 列傳 第142(下) 回鶻(下). 乃拜吐迷度爲懷化大將軍·瀚海都督; 然私自號可汗. 署官吏, 壹似突厥. 有外宰相六·內宰相三, 又有都督·將軍·司馬之號. 帝更詔時健俟斤它部爲祁連州, 隸靈州都督. 白霅它部爲居延州.

으키는(後三年, 餘部叛, 以右領軍大將軍執失思力討平之) 등 당이 막북을 완전히 장악했다고 할 수 없으며, 막북의 모든 부족들이 다 당에 우호적이라고 할 수 없다.

이런 상황에서 고리(高麗)의 사절이 막북의 초원길을 가는 것은 그렇게 어려운 일이 아니라고 본다. 앞에서 보았듯이 고리(高麗)는 초원길에 익숙한 관리를 비롯하여 초원에서 살던 유연의 집단 거주지가 있었기 때문에 자체적으로 충분한 인력을 보유하고 있었다는 점에서 그 가능성은 더욱 커진다. 그런 데다가 이 지역에 이전에 연합을 맺어 당을 쳤던 설연타가 다시 돌아와 살게 되면서 초원길에는 가까운 부족이 더 늘어나게 되었다.

① 영휘 연간(651~655)에 설연부에서 망해 흩어졌던 사람들이 모두 돌아오자 고종이 계탄주(嵠彌州)를 설치해 편안히 살게 했다.[381]
② 고종 영휘 3년(652) 6월, 설연타의 남은 무리를 보내 기련주(祁連州)를 설치해 살게 했다.[382]

이런 상황에서 앞에서 본 바와 같이 이미 고리(高麗) 스스로 초원길을 오갈 수 있는 충분한 인력이 있어서 막북을 통과하는 데는 문제가 없었다고 보아야 한다. 더구나 당 태종이 죽고 고종이 들어선 영휘 연간에는 태종 때 연합해 당을 쳤던 설연타가 다시 돌아와 자리 잡고 있었기 때문에 도움이 되었을 것이다. 더구나 당나라 몰래 밀사를 파견한다고 했을 때는 훨씬 더 치밀하게 준비하여 초원길을 갔을 것이고, 그만큼 성공 확률도 훨씬 높았을 것이다.

끝으로 앞에서 이재성의 논문을 검토한 바와 같이 660년 막북에서 대대적인 반란이 일어난 뒤, 이를 평정한 663년 치소를 막북의 회흘부로 옮겨 한해도호부(瀚海都護府)라고 한 것을 보아도 647년 세운 도호부가 660년까지 13년 동안 완전히 장악하지 못했다는 것을 보여준다.

---

381) Markus Mode, 『Court art of Sogdian Samarqand in the 7th century AD - Some remarks to an old problem -』, a web publication, 2002.
      http://www.orientarch.uni-halle.de/ca/afras/index.htm
382) 『資治通鑑』卷199, 永徽 3年. 六月 , 發薛延陀餘衆渡河 , 置祁連州以處之.

Ⅶ. 고리(高麗)와 서돌궐(西突厥)의 연합 시도 가능성 검토

　이상에서 본 바와 같이 고리(高麗)는 필요에 따라 당의 서쪽 전선인 강국•서돌궐과 얼마든지 접촉할 수 있다는 것을 알 수 있고, 당시 당과 대립 관계에 있던 고리(高麗)로서는 막북의 여러 세력의 현황과 서돌궐의 형세를 파악해야 하는 절실한 필요성 때문에 밀사를 파견했다고 본다. 먼저 아프라시압 벽화에 나타난 서돌궐의 성격을 보고, 이어서 당시 국제적인 상황에서 고리(高麗)가 서돌궐에 밀사를 보냈을 가능성에 대해서 보기로 한다.

1. 아프라시압 벽화에 대한 새로운 해석

　마르쿠스 모데는 『7세기 소그드 사마르칸드의 궁정 예술-몇 가지 오래된 문제점에 대한 소견』[383]에서 아프라시압 벽화는 사마르칸드 왕 바르후만과 함께 서돌궐의 카간도 함께 그려졌으나 윗부분이 부서져 없어졌다고 주장한다. 이 부분은 처음 『아프라시압 벽화』를 발표한 알바움이나 그 뒤 많은 연구에 비해 아주 독특한 연구성과인데, 글쓴이가 끌어낸 결론을 잘 뒷받침해 주는 논문이기 때문에 자세히 보기로 한다. 마르쿠스 모데가 벽화의 주인공에 서돌궐 카간이 있다는 주장의 근거는 다음 두 가지다.

1) 서돌궐 카간의 의장(儀仗) 깃발과 벽화의 연대

　모데는 서벽 벽화 가운데 가장 오른쪽에 있는 인물 ㉔ ㉕(고리인 高麗人)의 뒤에 있는 설치물에서 서돌궐이라는 첫째 증거를 찾는다.

　하나의 중심 장대가 있고, 왼쪽과 오른쪽에 장대 세트가 각각 5개 있다. 모든 장대를 가로로 댄 하나의 장대로 묶여 있고, 가운데 있는 긴 장대에는 깃발이 2개 매

---

383) Markus Mode, 『Court art of Sogdian Samarqand in the 7th century AD -Some remarks to an old problem-』, a web publication, 2002.
　　 http://www.orientarch.uni-halle.de/ca/afras/index.htm

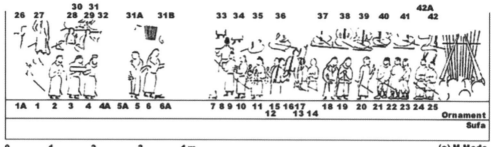

그림 135 아프라시압 서벽 벽화(Markus Mode, 2002)

달려 있으며, 북과 북채가 막대기 아래쪽에 고정되어 있다. 이 시스템은 전체적으로 대초원 사람에게 군사 및 국가 리더십의 상징인 '깃발과 북'이라고 알려져 있다. 모데는 이 깃발과 북이 서돌궐의 카간을 상징하는 의장(儀仗) 깃발이라고 주장하였다.

그림 136 돌궐의 의장(儀仗) 깃발

5+1+5의 깃발이란 표현이 서돌궐 최고의 국가적 상징, 더 엄밀하게 말하면 그들 지도자의 상징임은 의심할 나위도 없다. 5개 종족씩으로 구성된 두 그룹은 On Oq 연맹을 이루었다. 서돌궐인으로 알려진 10개 종족은 5개 둘루(Dulu)족과 5개 누시비(Nushibi)족이다. 그들은 모두 얍구 카간(Yabghu-Qaghan)의 통치권 아래 뭉쳤는데, 그의 상징은 깃발들 가운데 나머지 하나인 11번째 장대인 것이다.³⁸⁴⁾

---

384) Markus Mode, 『Court art of Sogdian Samarqand in the 7th century AD-Some remarks to an old problem-』, a web publication, 2002.

11개의 장대를 서돌궐 카간의 '1깃발+10부족의 깃발(10개의 장대)'로 해석한 것은 아주 흥미로운 관점이다.

모데는 이런 주장을 『구당서』의 기록에서 찾았다. 서양학자들은 주로 샤반이 프랑스로 번역한 『구당서』을 인용하는데, 좀 더 정확한 내용을 파악하기 위해 한문 원문을 옮겨 보면 다음과 같다.

사발라질리실 카간(沙鉢羅咥利失可汗, Ishbara ilterish qaghan, 634~639)이 정관 9년 (635)에 표를 올려 혼인을 청하며 말 500필을 바쳤다. 조정은 두텁게 (하사품을) 더해주고 어루만져주었으나 들어주지 않았다. 이어 그 나라를 10개 부락으로 나누어 부락마다 한 사람이 거느리도록 하고, 10설(十設, On shad)이라 불렀다. 설(設, shad)마다 화살을 하나씩 내려주었기 때문에 10전(十箭, On Oq)이라고 했다. 또 10전을 좌상(左廂)과 우상(右廂)으로 나누고, 하나의 상(廂)에 각각 5전(五箭)을 두었다. 그 좌상을 오돌육부락 (五咄陸部落)이라 부르고, 5명의 대철(大啜)을 두었으며, 1명의 철(啜, chor)이 하나의 전 (箭, Oq)을 관리했다. 그 우상을 오노실필(五弩失畢)이라 부르고, 5명의 대사근(大俟斤) 을 두었으며, 1명의 사근(俟斤, irkin)이 하나의 전(箭, Oq)을 관리하니 모두 합쳐 10전 (箭, Oq)이라고 불렀다. 그 뒤 하나의 전(箭)을 하나의 부락(部落)이라 불렀으며, 대전(大 箭)의 우두머리를 대수령(大首領)이라 불렀다. 오돌육 부락은 쇄엽(碎葉) 동쪽에 살았고, 오노실필 부락은 쇄엽 서쪽에 살았다. 이때부터 모두를 10성부락(十姓部落)이라 했다. 전체 내용을 보면 쇄엽(碎葉, 현재 키르기스스탄 Tokmak)을 중심으로 서쪽에 5전(箭, Oq) 동쪽에 5전(箭, Oq)으로 나뉘는데, 전체를 10성 부락(十姓部落)이라고 했다.[385]

모데는 얍구 카간(Yabghu-Qaghan)이라고 했는데, 『구당서』나 『신당서』 모두 사발라질리실 카간(沙鉢羅咥利失可汗, Ishbara ilterish qaghan, 634~639)이라고 나온다. Yabghu는 고대 돌궐의 벼슬 이름으로 한자로는 엽호(葉護)라고 옮긴다.

---

385) 『舊唐書』 卷194(下), 列傳 第144(下), 突厥(下). 沙鉢羅咥利失可汗以貞觀九年上表請婚, 獻馬五百匹. 朝廷唯厚加撫慰, 未許其婚. 俄而其國分為十部, 每部令一人統之, 號為十設. 每設賜以一箭, 故稱十箭焉. 又分十箭為左右廂, 一廂各置五箭. 其左廂號五咄陸部落, 置五大啜, 一啜管一箭 ; 其右廂號五弩失畢, 置五大俟斤, 一俟斤管一箭, 都號為十箭. 其後或稱一箭為一部落. 大箭頭 為大首領. 五咄陸部落居於碎葉已東, 五弩失畢部落居於碎葉已西. 自是都號為十姓部落.

카간의 이름 가운데 엽호(葉護)가 들어가는 것은 엽호 카간(葉護可汗, ?~587), 통엽호 카간(統葉護可汗, 619~628), 사엽호 카간(肆葉護可汗, 628~632) 같은 세 카간이 있는데 당서의 기록과는 차이가 난다. 어쨌든 두 당서에서 '십전(十箭)'을 검색해 보면 사발라질리실 카간(沙鉢羅咥利失可汗, 634~639) 때의 기록이다.

이 의장 깃발 장대는 10성부락(十姓部落)과 정확한 배열을 상징한 것이기 때문에 단순한 장식이 아니라 반드시 서돌궐 카간의 통치를 상징하는 의장(儀仗) 깃발이라는 주장이다. 그리고 이 의장 깃발은 서돌궐 카간을 상징하기 때문에 이 벽화의 연대 하한은 657년이라고 주장한다. 657년 서돌궐은 멸망하고, 마지막 카간 Helu(阿史那 賀魯, 沙鉢羅 可汗, 651~657)는 우스트루사나(Ustrûšana)에서 당과 위구르 군에게 잡혀 당(唐)으로 이송되었기 때문이다.[386]

2) 아프라시압 벽화에 등장하는 돌궐 사람들

위의 서벽 벽화에 나타나는 궁정 접대관리들이 모두 돌궐 사람이라고 주장한다. <그림 135> 위층에 나오는 인물 ㉘~㉜, ㉟~㊷의 길게 땋은 머리와 옷이 돌궐 사람의 특징이라고 하면서, 초원에 많이 남아 있는 돌사람에게서 그 답을 찾았다.

<그림 137>에 나오는 인물은 서벽의 맨 왼쪽 인물 ②~④를 확대한 것이다. 모데는 뒤돌아 앉은 인물의 땋은 머리와 아래 왼쪽에 있는 긴 일직선의 칼에 주목하였다. 웃슬-퀼(Issyk-Köl, 뜨거운-호수) 호수 북쪽 기슭 코룸두(Korumdu)에서 발견된 고대 돌궐의 돌조각상이 아프라시압 벽화에 나온 인물과 같은 종족의 모습이라고 증명하였다.[387]

---

386) Mode, M. Sogdien und die Herrscher der Welt. Türken, Sasaniden und Chinesen in Historiengemälden des 7. Jahrhunderts n. Chr. aus Alt-Samarqand [= Europäische Hochschulschriften. Reihe XXVII. Kunstgeschichte, Bd. 162] - Frankfurt a.M. (u.a.), 1993, p. 32, translated.

387) Left: Ancient Turk sculpture, from Korumdy, Northeastern shore of Issyk-Köl [after Ja. A. Šer, Kamennye izvajanija Semireç'ja, Moskva, Leningrad 1966, tabl. VIII]. This is the same ethnic type as on the Afrasiab paintings.

그림 137 서벽의 맨 왼쪽 인물 ②~④

그림 138 서벽의 맨 왼쪽 인물 ②~④의 베낀 그림

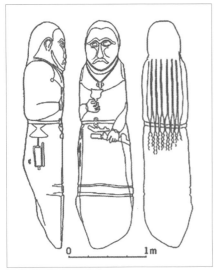

그림 139 고대 돌궐의 조각상

　　벽화에 나온 돌궐 사람들은 3명이 한 조를 이루어 사절들을 맞이하고 있는데, 각 조는 한 사람은 붉은 카프탄, 다음 한 사람은 흰 카프탄, 마지막 사람은 노란 카프탄을 입고 있다. 서벽 벽화에 대한 모데의 해석을 그대로 옮겨본다.

　서벽의 사절단은 두 방향으로 이동한다. 아래 그림에서 파란색과 빨간색 화살표로 움직임을 표시했다.

　　행렬마다(A 및 B) 2개 이상의 사절단으로 구성되며, 각 사절단(A1, A2, B1, B2)은 입은 옷으로 구별할 수 있다. 이런 식으로 화가는 사절단의 국가를 뚜렷하게 나타냈다. 그룹 B1의 상황은 아주 뚜렷한 것으로, 이들은 China 제국의 사절들이다. 그룹 B2의 마지막 두 사람은 분명히 Koguryo(Korea)에서 온 것이다.

　　전체 구성이 2개의 주요 지리적 구역으로 나뉘어 있다고 결론을 내고자 한다. 그림에서 보듯이 B1과 B2의 대표단은 (사마르칸드를 중심으로) 동녘에서 왔기 때문에 A그룹은 서녘에서 왔다고 할 수 있다.

　　각 사절단(A1, A2, B1, B2)은 사절단과 맞이하는 3명의 인물로 구성되어 있다. 리더 또는 '조장'은 다음처럼 사절단과 다르다. ① (그 리더의) 몸짓은 자기 그룹을 향하고 있다. ②

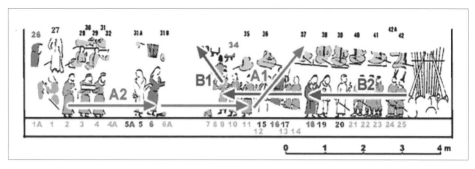

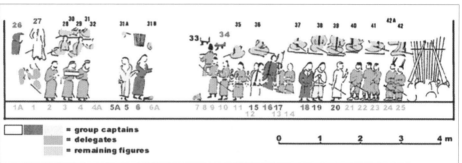

그림 140 사절단 전체 스케치

그들은 한 사람(옮긴이 : 통역관) 빼고는 모두 돌궐 사람이다. ③ 그들은 모두 특정한 빛깔의 카프탄을 입고 있는데, 그룹마다 빨간색, 노란색, 흰색의 카프탄을 입고 있다(그림 176 참조).

여기서 모데는 사절단을 맞이하는 관리들이 돌궐 사람들이기 때문에 사절단들은 서돌궐의 얍구 카간(Yabghu-Qaghan, 葉護可汗)을 찾아온 것이고, 없어진 벽화 상단 어딘가에 카간의 초상이 있었을 것이라고 보았다. 그리고 앞에서 본 의장(儀仗) 깃발 11개는 바로 서돌궐의 카간 것이라는 결론을 내렸다.

3) 벽화에 서돌궐 카간의 초상도 있었다.

모데는 서벽 벽화에 서돌궐 카간의 상징이었던 의장(儀仗) 깃발 말고 다른 두 번째 의장 깃발이 있다는 점도 언급하였다. 같은 서벽의 남쪽 가운데서 약간 더 높은 곳에 있는데, 첫 번째 것보다 작은 9개의 장대로 구성되어 있다. 그리고 장

그림 141 ⑤ ⑥ 위의 의장

그림 142 바르후만의 의장(儀仗) 깃발 장대

대(깃발) 9개는 소그드의 소부구성(昭武九姓)을 나타내고, 사마르칸드의 통치자 바르후만(Varkhuman)의 의장 깃발이라고 하였다.

모데는 『신당서』에 나온 기록을 증명자료로 제시한다.

강(康)은 다른 이름으로 살말건(薩末鞬)이라고 하며, 또는 삽말건(颯秣建)이라고도 부르는데, 북위(元魏)에서 이른바 실만근(悉萬斤)이라 부르던 이름이다. 그곳에서 남쪽으로 사(史)는 150리 떨어져 있고, 서북으로 서조(西曹)와는 100리 남짓 떨어졌으며, 동남으로 100리 가면 미(米)와 이웃하고, 북으로 중조(中曹)와는 50리 떨어져 있다. 나밀수(那密水, Zarafshan)의 남쪽에 있으며, 큰 성(大城)이 30개, 작은 보루(小堡)가 300개 있다. 군주의 성은 온(溫)인데 본디 월지 사람이다. 처음 기련(祁連) 북쪽의 소무성(昭武城)에 거주하였는데, 돌궐에 깨져 조금씩 남쪽으로 내려와 총령에 의지하다가 그 지방을 차지하게 되었다. 지파에 속한 사람을 왕으로 나누어 보내니 안(安), 조(曹), 석(石), 미(米), 하(何), 화심(火尋), 무지(戊地), 사(史)라고 불렀다. 세상 사람들이 말하는 이른바 '아홉 성(九姓)'이 그것인데, 모두 소무(昭武)라는 씨(氏)를 쓴다.[388]

388) The Tang shu reports on Sogd: "Les principautés s'en sont détachées des rameaux s'appelent Ngan (Boukhârâ), Ts'ao (Kaboûdhan), Che (Taschkend), Mi (Maimurgh), Ho (Kouschânidja), Ho-siun (Khâarizm), Meou-ti, Che (Kesch). On les nomme communément les

<그림 141>에는 서벽 인물 ⑤ ⑥ 바로 머리 위에 장대 9개가 명확히 보인다. 앞에서 본 11개짜리와 비슷하다. <그림 142>에서 의장 깃발을 확대해 보면 8성(姓)에 장대가 8개 있고, 가운데 있는 9번째는 사마르칸드왕 바르후만의 깃발이라고 본다(8+1=9). 따라서 바르후만 왕 초상이 멀지 않는 곳에 있을 것이라고 본다.

위와 같은 해석에 따라, 모데는 <그림 143>를 복원하였다. 공식 국가 상징이 있는 곳은 반드시 그 주인공이 몸소 참석해야 하므로 서벽 그림은 서돌궐 통치자와 사마르칸드 통치자인 중요한 인물을 2명 그렸는데, 벽화 윗부분은 파괴되면서 두 통치자의 초상이 없어졌다고 본 것이다.

모데는 "벽화 전면의 구성이 바르후만의 궁정이 아니라 서돌궐 궁전이라고 가정할 수 있다고 본다. 다시 말해 사절단들은 돌궐의 손님인 것이다."라고 하였다.

바르후만의 초상을 왼쪽에, 서돌궐의 카간을 오른쪽에 배치한 이유를 이렇게 설명한다.

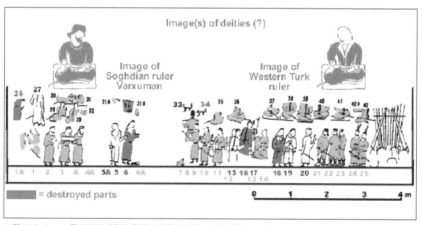

그림 143 소그드 통치자와 서돌궐 통치자가 함께 있는 벽화 재현(Mode)

neuf familles." [Transl. Chavannes]. <옮긴이 주> 『新唐書』 列傳 第146(下) 西域(下) 康國. 康者, 一曰薩末鞬, 亦曰颯秣建, 元魏所謂悉斤者. 其南距史百五十裏, 西北距西曹百餘裏, 東南屬米百裏, 北中曹五十裏. 在那密水南, 大城三十, 小堡三百. 君姓溫, 本月氏人. 始居祁連北昭武城, 爲突厥所破, 稍南依蔥嶺, 即有其地. 枝庶分王, 曰安, 曰曹, 曰石, 曰米, 曰何, 曰火尋, 曰戊地, 曰史, 世謂"九姓", 皆氏昭武.

바르후만 초상의 위치에 대해 한 가지 더 보탤 것이 있다. 인물 ㉗ (위의 초상 왼쪽 위 그림)에는 바르후만이 특정 대사와 만나는 것을 언급하는 중요한 글월(銘文)이 있다. 우리는 이 글월의 배치가 바르후만 초상의 위치와 직접 관련이 있다고 본다. ㉗번 인물의 배치와 움직임은 중요한 글월에 나타난 상황이 서벽 왼쪽 절반에 관한 것으로 한정되어야 한다는 당위성을 보여준다. 오른쪽 어딘가에 돌궐 통치자를 언급하는 두 번째 글월(銘文)이 있다고 가정하는 것은 불가능하지 않은 것 같다. 그리고 방의 다른 벽에도 마찬가지다.

㉗번 인물의 하얀 카프탄 자락에 쓰여진 소그드 글 16줄을 이야기하고 있다.

① 이 벽화의 주인공은 우나시(Unash, 족)인 사마르칸드 왕 바르후만(Varkhuman)이다. 그리고 그는 우나시(Unash, 족)다.

② 이 벽화의 내용은 다른 나라에서 온 사신들을 접견하는 모습이 주제다.

③ 왕이 첫 대화를 나눈 나라는 차가니안 군주 투란타시(Turantash)가 보낸 푸카르-자테(Pukar-zate)다.

그림 144 글월이 쓰인 ㉗번 인물(알바움 그림 10)

그림 145 ㉗에 쓰인 글월(銘文)(2019.10.08.)

④ 두 번째 나라는 차치(Chach)다.[389]

따라서 바르후만은 바로 이 글월의 위쪽에 자리 잡게 되며, 서벽 오른쪽 서돌궐 카간의 초상이 있는 곳에는 이와 같은 글월이 반드시 있어야 한다는 것이 모데의 주장이다. 이런 모데의 상상은 충분히 가능성이 있다고 본다.

알바움 보고서를 보면 ㉗번에 나오는 글월 말고도 벽화에 나오는 여러 인물에 소그드 문자로 설명이 덧붙여 있다. 글월이 있는 인물을 정리하면 다음과 같다.

① 서벽 인물 ③의 얼굴에 소그드 글이 쓰여 있는데 해독을 하지 못하고 있다.[390]
② 서벽 인물 ④의 목에 소그드어로 Varkhuman이라고 기록되어 있다.
③ 서벽 인물 ⑤의 손에 소그드 문자 자국이 있다.
④ 서벽 인물 ⑥의 얼굴에는 소그드 문자 자국이 남아 있다.[391]
⑤ 서벽 인물 ⑧의 등 허리 언저리에 소그드어 글자 자국이 있다.
⑥ 서벽 인물 ⑨의 낯에 소그드어 글자 자국이 있다.

그림 146 서벽 인물 ③의 글월(알바움 도판 14)

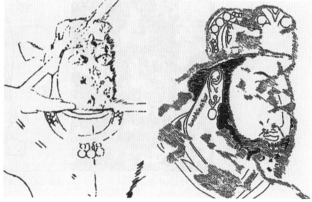

그림 147 인물 ④의 목에 그려진 글월(Mode)

---

389) L. I. 알바움(Al'baum), 아프라시압 벽화(Живопись Афрасиаба), Tashkent FAN, 1975, 55~56쪽. 加藤九祚 譯, 『古代サマルカンドの壁畵』, 文化出版局, 1980, 96쪽.
390) L. I. 알바움(Al'baum), 아프라시압 벽화(Живопись Афрасиаба), Tashkent FAN, 1975, 39쪽. 加藤九祚 譯, 『古代サマルカンドの壁畵』, 文化出版局, 1980, 84쪽.
391) L. I. 알바움(Al'baum), 아프라시압 벽화(Живопись Афрасиаба), Tashkent FAN, 1975, 21~22쪽. 加藤九祚 譯, 『古代サマルカンドの壁畵』, 文化出版局, 1980, 68~69쪽.

⑦ 서벽 인물 ㉑에도 소그드 문자 자국이 남아 있다.

그밖에 남벽과 동벽에도 글월 자국이 남아 있다.

⑧ 남벽 벽화의 일부인 깃이 하나인 새에 소그드 문자가 쓰여 있다.
⑨ 남벽 벽화의 일부인 깃이 하나인 새에 소그드 문자가 쓰여 있다. 그 글에
  따라 벽화의 장면은 수르한다리아(Surkhandarya) 주[392] 유역의 차가니안
  (Chaganian)에서 소그드 왕 바르후만의 궁정으로 가는 사절이라는 것을 알
  수 있다.[393]
⑩ 동벽 남쪽 인물 가운데 여성이 안은 아이 몸에 소그드어로 된 글월이 남아
  있다.[394]

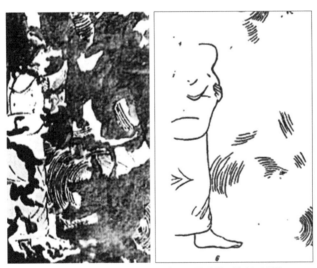

그림 148 동벽 ❷ 도판 14   그림 149 동벽 ❷ 그림 26, 117쪽

---

392) 우즈베키스탄에서 가장 남쪽에 자리하고 있으며, 카슈카다리아 주, 투르크메니스탄, 타지키스탄,
   아프가니스탄과 이웃하고 있다. 수르한다리아 주는 14개 구로 구성되어 있으며, 주도는 테르메스
   (인구 95,000명)다.
393) L. 1. 알바움(Al'baum), 아프라시압 벽화(Живопись Афрасиаба), Tashkent FAN, 1975. 19쪽. 加藤
   九祚 譯, 『古代サマルカンドの壁畫』, 文化出版局, 1980, 66쪽.
394) L. 1. 알바움(Al'baum), 아프라시압 벽화(Живопись Афрасиаба), Tashkent FAN, 1975. 81쪽. 加藤
   九祚 譯, 『古代サマルカンドの壁畫』, 文化出版局, 1980, 117쪽.

이처럼 그림 곳곳에 설명문을 넣은 것은 화가가 상상력을 발휘해서 픽션을 그려낸 게 아니고 역사적 사실들을 표현하면서 주인공들에 대한 설명을 소그드말로 써넣었다는 것을 알 수 있다.

4) 벽화 주제의 연대는 640년대 후반 ~ 651년

마르쿠스 모데는 이어서 서돌궐 카간이 누구인지에 대해 언급한다. 이것은 바로 이 벽화 내용의 연대를 연역해 낼 수 있기 때문이다.

> 657년 서돌궐제국이 마지막으로 무너지기 전 이 동맹의 주요 지도자 2명이 같은 무대에 있었다. 641년쯤 친당이고 당이 내세운 을비사궤 카간(乙毘射匱可汗, Irbis Shegui Qaghan, 641~651)[395]이 다스렸다. 651년 이시바라 카간(沙鉢羅可汗, 651년~657)이 그를 죽이고 카간이 되어 당나라의 맹렬한 적이 되었고, 마침내 당나라에게 권력과 카간 정통을 빼앗겨 버렸다.
>
> 아프라시압 벽화의 서벽에는 당나라의 대규모 조공 사신 행렬이 통치자를 향해서 걸어가고 있다. 그들은 서돌궐과 '천자(天子)'와의 기존 관계를 나타내는 것으로 보인다. 7세기 중반의 역사적 상황과 관련하여 친당(親唐)인 을비사궤 카간(Irbis Shegui Qaghan, 乙毘射櫃可汗, 642~ 651)만 사마르칸드 바르후만과 나란히 앉을 수 있다. 이것을 인정한다면 아프라시압 벽화는 640년대 후반에서 (을비사궤 카간이 죽은) 651년 사이의 언젠가 만들어졌다.

모데는 을비사궤 카간(乙毘射匱可汗, Irbis Shegui Qaghan, 641~651)과 이시바라 카간(沙鉢羅可汗, 651년~657) 가운데 을비사궤 카간(乙毘射匱可汗, Irbis Shegui Qaghan, 641~651) 때의 일로 보았다. 그것은 벽화에 당나라 인물이 나타나고, 을비사궤 카간은 친당(親唐)인 반면 이시바라 카간은 당을 배반해 전쟁을 일으켰기

---

395) 모데는 Yabghu Shekui 카간이라고 썼다. Yabghu Shekui를 한자로 옮기면 葉護射匱이고, 『신당서』・『구당서』에서 651년에 죽은 서돌궐의 11대 카간은 을비사궤 카간(乙毗射匱可汗)이다. 서양학자들은 Irbis Shegui Qaghan이라고 쓴다. 따라서 여기서는 을비사궤 카간(乙毗射匱可汗)이라고 옮겼다.

때문이다. 이 문제는 고리(高麗) 사신이 언제 서돌궐에 갔는지를 밝히는 중요한 열쇠가 되므로 다음 장에서 자세히 보기로 한다.

2. 641~651년 사이 고리(高麗)의 서돌궐에 대한 사절 파견 가능성 검토

1) 641~651년 사이 고리·당·서돌궐의 역학관계

앞에서 보았듯이 모데는 아프라시압 벽화와 관련된 서돌궐의 카간으로 다음 두 카간을 들고 있다.

❶ 11대 카간 : 을비사궤 카간(乙毗射匱可汗, Irbis Shekui Qaghan, 641~651)
❷ 마지막 12대 카간 : 이시바라 카간(沙鉢羅可汗, Ishbara Qaghan, 651~657, 阿
史那賀魯·Ashina Helu)[396]

그리고 결론에, 벽화에 나타난 당나라 인물을 기준으로 ❶ 640년대 후반부터 을

─────────────────

396) 돌궐사를 이해하는 데 역대 카간을 정리할 필요가 있어 신구당서와 유럽학자들의 읽는 법을 참조하여 정리해 보았다. 1. 동서 분열 이전의 서부 카간(可汗). (1) 이시태미 카간(室点蜜可汗, Ishtämi Qaghan, 562~576年) (2) 타르두 카간(達頭可汗, Tartu Qaghan, 576~603年) : 이시태미 카간의 아들, 610년쯤 죽음. 2. 서돌궐(西突厥) 카간. (1) 아파 카간(阿波可汗, Apa Qaghan, 581~587, 이름 大邏便) : 무칸 카간(木汗可汗)의 아들. (2) 니리 카간(泥利可汗, Niri Qaghan, 587, 達漫) : 무칸 카간(木汗可汗)의 손자. (3) 니궐처라 카간(泥撅處羅可汗, Heshana Qaghan, 587~611) : 니리 카간(泥利可汗)의 아들 (4) 사궤 카간(射匱可汗, Sheguy 또는 Shikui Kaghan, 611~619) : 타르두 카간(達頭可汗)의 손자, 처라 카간(処羅可汗)의 작은아버지. (5) 통엽호 카간(統葉護可汗, Tong Yabghu Qaghan, 619~628) : 사궤 카간(射匱可汗)의 동생. ❶ 막하돌후굴리사비 카간(莫賀咄侯屈利俟毗可汗, Külüg Sibir 또는 Baghatur Qaghan, 628~630) : 통엽호 카간(統葉護可汗)의 큰아버지. (6) 을비사발라사엽호 카간(乙毗沙鉢羅肆葉護可汗, Irbis Bolun Si Yabghu Qaghan, 628~632, 咥力特勤) : 통엽호 카간(統葉護可汗)의 아들. (7) 돌육 카간(咄陸可汗, Duolu Qaghan, 632~634, 泥孰) : 막하설(莫賀設)의 아들. (8) 사발라질리실 카간(沙鉢羅咥利失可汗, Ishbara Tolis, 634~639, 同娥設) : 니숙(泥孰)의 동생. ❶ 을비돌육 카간(乙毗咄陸可汗, Irbis Dulu Qaghan, 638~642, 欲谷設, Yukuk Shad). (9) 을굴실리을비 카간(乙屈利失乙毗可汗, El Kulug Shad Kaghan, 639~640, 莫賀咄乙毗可汗) : 사발라질리실 카간(沙鉢羅咥利失可汗)의 아들. (10) 을비사발라엽호 카간(乙毗沙鉢羅葉護可汗, Irbis Ishbara Yabgu Qaghan, 640~641, 薄布特勤·畢賀咄葉護) : 사발라질리실 카간(沙鉢羅咥利失可汗) 동생(伽那)의 아들. (11) 을비사궤 카간(乙毗射匱可汗, Irbis Shekui Qaghan, 641~651) : 을굴실리을비 카간(乙屈利失乙毗可汗)의 아들. (12) 이시바라 카간(沙鉢羅可汗, Ishbara Qaghan, 651~657, 阿史那賀魯·Ashina Helu) : 예보리설사궤특근(曳步利設射匱特勤)의 아들.

비사궤 카간(乙毘射匱可汗, Irbis Shekui Qaghan, 641~651)이 죽은 651년이라고 했다.

그렇다면 고리(高麗)의 사절은 두 카간 가운데 어느 카간 때 서돌궐·사마르칸드를 방문하였는가? 글쓴이는 ❷ 12대 이시바라 카간(沙鉢羅可汗, Ishbara Qaghan, 651~657) 때라고 보고 고리(高麗)·당·서돌궐의 역사를 비교 분석하여 합리적인 결론을 이끌어보려 한다. 이 문제는 고리(高麗) 사신이 서돌궐에 간 시기를 밝힘과 동시에 아프라시압 벽화 주제의 시대를 확정하는 데 결정적인 도움을 주기 때문에 연도별로 자세히 보려고 한다.

모데가 아프라시압 벽화의 배경이 640년대 후반~651년으로 보았기 때문에 651년을 기준으로 그 이전과 이후로 나누어 3나라 정국을 비교 검토함으로써 과연 을비사궤 카간(乙毘射匱可汗, Irbis Shekui Qaghan, 641~651) 때 고리(高麗) 사절이 돌궐에 갈 수 있는지를 보기로 한다.

2) 을비사궤 카간(乙毘射匱可汗, Yabghu Shekui, 641~651)의 친당 정책

앞에서 모데가 의장기(儀仗旗)를 설명할 때 서돌궐의 행정구조인 10전(十箭)을 조직한 카간이 8대 카간인 사발라질리실 카간(沙鉢羅咥利失可汗, Ishbara Tolis, 634~639)이다. 638년 서쪽 부족(西部)인 욕곡설(欲谷設)이 스스로 을비돌육 카간(乙毗咄陸可汗, Irbis Dulu Qaghan, 638~642, 欲谷設, Yukuk Shad)이라 칭하고 내전이 일어나 이열하(伊列河, Ili river)를 중심으로 서쪽은 을비돌육 카간(乙毗咄陸可汗) 동쪽은 사발라질리실 카간(沙鉢羅咥利失可汗)이 차지하여 서돌궐은 다시 두 나라로 나뉘게 되었다.[397]

639년 사발라질리실 카간이 패하여 죽자 아들 9대 을굴리실을비 카간(乙屈利失乙毗可汗, El Külüg Shad Kaghan, 639~640)이 즉위하였으나 얼마 가지 못해 그도 죽자 사발라질리실 카간(沙鉢羅咥利失可汗) 조카(동생의 아들)인 을비사발라엽호 카간(乙毗沙鉢羅葉護可汗, Irbis Ishbara Yabgu Qaghan, 640~641)이 카간에 오

---

397) 『新唐書』 列傳 第140(下) 突厥(下). 咄陸可汗建廷鏃曷山西, 謂之「北庭」, 駁馬.結骨諸國悉附臣之. 陰與咥利失部吐屯俟列發以兵攻咥利失. 咥利失援窮, 奔拔汗那而死. 國人立其子. 是爲乙屈利失乙毗可汗. 踰年死. 弩失畢大酋迎伽那設之子畢賀咄葉護立之. 是爲乙毗沙鉢羅葉護可汗. 太宗詔左領軍將軍張大師持節冊命, 賜鼓纛, 建庭雖合水北, 謂之「南庭」, 東薄伊列河, 龜茲·鄯善·且末.吐火羅·焉耆·石·史·何·穆·康等國皆隷屬.

르니 서돌궐의 10대 카간이다. 이때 동쪽으로 이열하(伊列河), 구자(龜玆), 선선(鄯善), 차말(且末), 토화라(吐火羅), 언기(焉耆), 석국(石國), 사국(史國), 하국(何國), 목국(穆國), 강국(康國) 들이 모두 서돌궐에 예속하였다(『新唐書』: 東薄伊列河, 龜玆·鄯善·且末·吐火羅·焉耆·石·史·何·穆·康等國皆隸屬). 사마르칸드(康國)도 이때 서돌궐에 속한 것이 뚜렷하다.

한편 서쪽의 을비돌육 카간(乙毗咄陸可汗)이 세력을 키워 당 태종의 말도 듣지 않고 동쪽의 을비사발라엽호 카간(乙毗沙鉢羅葉護可汗)을 죽이고 서돌궐을 다시 통일한다. 을비돌육 카간(乙毗咄陸可汗)은 여세를 몰아 토화라를 빼앗고 이주(伊州)를 공격하자 당나라 안서도호와 전쟁이 일어난다. 돌육 카간은 당나라에서 보낸 사신 원효우(元孝友)를 잡아두고 돌려보내지 않았으며, 이때 사마르칸드(康國)를 점령해 차지한다. 사마르칸드가 다시 을비돌육 카간(乙毗咄陸可汗)의 지배아래 들어가게 된 것이다. 그러나 전리품 분배에 불만은 품은 장수 이숙철과 호록거(胡祿居, Qulugu)가 반란을 일으켜, 전투에서 패한 돌육 카간은 백수호성(白水胡城, 지금의 카자흐스탄 Shymkent 동남)에 머물렀다.

노실필(弩失畢, Nushibi)족도 을비돌육 카간(乙毗咄陸可汗)을 반대해서 정관 15년(641)에 당 태종에게 새로운 카간을 세워달라고 청원한다. 이때 당 태종이 온무은(溫無隱)을 시켜 죽인 을비사발라엽호 카간(乙毗沙鉢羅葉護可汗, Irbis Ishbara Yabgu Qaghan, 640~641)의 아들 을비사궤 카간(乙毗射匱可汗, Irbis Shekui Qaghan, 641~651)을 새 카간으로 임명한다.[398] 이렇게 해서 서돌궐의 11번째 카간이고 당나라가 도와서 세운 친당 정권이 등장한다.

마르쿠스 모데는 바로 이 시기에 당나라 사절이 사마르칸드에 있던 을비사궤 카간(乙毗射匱可汗, Irbis Shekui Qaghan, 641~651)을 찾아간 그림이 아프라시압 벽화의 내용이라고 주장한다. 모데가 이렇게 주장하는 논리는 벽화에 당나라 사절이 나오는데, 친당 정권일 때만 가능하다고 보았기 때문이다. 반면 필자는 바로 이 시기가 친당 정권이기 때문에 고리(高麗) 사절은 그 그림에 나타날 수 없다고 보고, 다음 이시바라 카간(沙鉢羅可汗, Ishbara Qaghan, 651~657, 阿史

---

398) 『新唐書』 列傳 第140(下) 突厥(下). 弩失畢不欲咄陸爲可汗, 遣使者至闕下, 請所立. 帝遣通事舍人溫無隱持璽詔與國大臣擇突厥可汗子孫賢者授之, 乃立乙屈利失乙毗可汗之子, 是爲乙毗射匱可汗.

那賀魯·Ashina Helu) 때를 자세히 검토한다.

3) 645~651년 사이 고리(高麗)의 서돌궐에 대한 사행 가능성 검토

앞에서 645년에 당 태종이 고리(高麗)를 침략하고 안시성 싸움에 불리해진 연개소문이 설연타와 연합에 성공함으로써 태종이 고리(高麗) 전선을 철수하여 연말에 서북전선의 설연타를 치러 갔다는 사실을 살펴보았다. 그러므로 이때까지 고리(高麗)가 서돌궐에 사신을 보내지 않았다는 것이 증명되었다. 이하 당 태종이 죽은 649년까지의 정세를 찬찬히 검토해 보기로 한다. 태종이 죽은 뒤 서돌궐은 친당 세력에서 반당 세력으로 바뀌기 때문이다.

(1) 보장왕 5년(646) : 1차 고・당전쟁 다음 해의 국제정세

646년『자치통감』에는 다음과 같은 3가지 기사가 이어서 나온다.

① 5월 갑인날, 고리(高麗) 왕 장(藏)과 막리지 개금(蓋金)이 사신을 보내 용서를 빌고 아울러 미녀 2명을 바쳤으나 황상은 돌려보냈다. (개)금(金)은 바로 (연개)소문이다.

② 6월 정묘날, 서돌궐 일비사궤 카간(乙毗射匱可汗)이 사신과 공물을 보내고 청혼하였다. 황상은 허락하고 구자(龜茲)・우전(于闐)・소륵(疏勒)・주구파(硃俱波)・총령(蔥嶺) 같은 나라를 떼어 결혼 예물로 하라고 하였다.

③ (6월 을해) 이세적이 울독군산에 이르자, 그곳 추장 제진달관(梯真達官) 무리를 이끌고 항복해 왔다. 설연타 돌마지가 남쪽 변방 골짜기로 달아났다. (이)세적이 통사사인(通事舍人) 소사업(蕭嗣業)을 보내 가서 위무하도록 하자, 돌마지가 소사업에게 항복하였다. 그 부락은 여전히 양쪽 끝이 남아 있어 (이)세적이 병사를 이끌고 쫓아가 앞뒤로 5,000명 남짓 목을 베고, 남녀 3만 명을 포로로 잡았다.[399]

---

399) 『資治通鑑』卷198 貞觀 20年. ① 五月, 甲寅, 高麗王藏及莫離支蓋金遣使謝罪, 並獻二美女, 上還之. 金, 即蘇文也. ② 六月, 丁卯, 西突闕乙毗射匱可汗遣使入貢, 且請婚;上許之, 且使割龜茲・于闐・疏勒・硃俱波・蔥嶺五國以爲聘禮. ③ (六月, 乙亥) 李世勣至鬱督軍山, 其酋長梯真達官帥衆來降. 薛延陀咄摩支南奔荒谷, 世勣遣通事舍人蕭嗣業往招慰, 咄摩支詣嗣業降. 其部落猶持兩端, 世勣縱兵追擊, 前後斬五千餘級, 虜男女三萬餘人.

①은 고리(高麗)의 연개소문이 대대적인 당군의 침략 예봉을 꺾기 위해 사신외교를 하는 장면이고, ②는 태종이 도와 친당(親唐) 정권으로 세운 서돌궐의 을비사궤 카간(乙毗射匱可汗)이 당에 청혼을 한 기사이며, ③은 고리(高麗)와 연합하여 당의 서북 전선을 쳤던 설연타가 멸망하는 내용이다.

이러한 국제적인 상황에서 고리(高麗)가 서돌궐에 사절을 보낼 가능성은 거의 없다.

대대적인 고리(高麗) 침략전투에서 이기지 못한 당 태종은 656년 고리(高麗)에서 보낸 사절과 공물을 거절하고 647년 다시 고리(高麗)를 치기 위해 조정의 논의를 거쳐 새로운 전략을 세운다.

> (647년), 황상이 다시 다시 고리(高麗)를 치려고 조정에서 논의하니 (결과는) 이렇다.
> "고리(高麗)는 산에 기대 성을 쌓기 때문에 쳐들어가도 빨리 빼앗을 수 없습니다. 이전에 황제가 직접 원정을 나갔을 때, 그 백성들은 농사를 짓지 못했으며, 우리가 정복한 성에서는 곡물들을 수확하였으나, 가뭄이 계속되어 대부분 백성은 식량이 부족하게 되었습니다. 만약 적은 수의 군대를 자주 보내어 그 영역을 번갈아 침략하여 그들이 방어하는 데 지치게 하고, 쟁기를 놓고 싸움터로 나가게 한다면, 수년 내에 천 리 들판은 고요하고 쓸쓸해질 것이며, 민심은 저절로 멀어질 것입니다. 그렇게 되면 압록강 북녘은 싸우지 않고도 빼앗을 수 있을 것입니다."[400]

현지에서 군량을 조달하기 어려우니 대규모 병력을 한꺼번에 투입하지 말고 작은 군대로 자주 쳐서 지치게 만들자는 것이다. 그 뒤 태종은 실제로 그 작전에

---

400) 『資治通鑑』 卷198, 唐紀, 貞觀 21年. 上將復伐高麗, 朝議以爲 : "高麗依山爲城, 攻之不可猝拔. 前大駕親征, 國人不得耕種, 所克之城, 悉收其穀, 繼以旱災, 民太半乏食. 今若數遣偏師, 更迭擾其疆場, 使彼疲於奔命, 釋耒入堡, 數年之間, 千里蕭條, 則人心自離, 鴨綠之北, 可不戰而取矣." 『삼국사기』 卷22, 「高句麗本紀」11, 寶藏王 6年에 같은 기사가 나오는데, "六年, 太宗將復行師朝議以爲. 高句麗依山爲城 不可猝拔. ……."라고 해서 앞부분만 약간 바꾸고 그다음은 모두 똑같다. 여기서 눈여겨보아야 할 것은 『자치통감』에 고리(高麗)라고 한 것을 김부식이 고구리(高句麗)로 바꾸었다는 것이다. 고구리(高句麗)는 413년 장수왕이 즉위하면서 나라이름을 고리(高麗)로 바꾸었기 때문에 『자치통감』에서 '고리(高麗)'라고 쓴 것은 당연하다. 따라서 여기서는 『자치통감』의 원문을 인용한다.

따라 치고 빠지는 전략을 이어간다. 이하 『자치통감』과 『삼국사기』를 바탕으로 간단히 간추려 본다.

(2) 보장왕 6년(647) : 2차 고·당전쟁

① 여름 5월 : 이세적(李世勣)·손이랑(孫貳朗)이 영주도독부(營州都督府)의 병사와 함께 신성에서 진격하게 하였다. 이세적의 군대가 남소성(南蘇城) 같은 몇 개의 성을 지나갔는데, 그 성이 모두 성곽을 등지고 싸웠다. 이세적이 공격하여 물리치고 외곽 성들을 불사르고 돌아갔다.

② 7월 : 우진달(牛進達)·이해안(李海岸)이 1만여 병사를 이끌고 누선(樓舡)을 타고 내주(萊州)에서 해로로 진격하여 석성(石城)과 적리성(積利城)을 쳐들어왔다.

③ 12월 : 태자이며 막리지인 임무(任武)가 당에 가서 사죄하니 태종이 받아들였다.

(3) 보장왕 7년(648년) : 3차 고·당전쟁과 서돌궐의 정황

① 봄 정월 : 당나라에 조공하였다. 그러나 태종은 설만철(薛萬徹)에게 3만 병사를 이끌고 바다를 건너와 공격하게 하였다.

② 4월 : 고신감(古神感)이 바다를 건너 쳐들어와 역산(易山, 『신당서』葛山)에서 싸웠다.

③ 6월 : 다음 해에 30만 대군으로 고리(高麗)를 치기 위해 1년 군량을 싣고갈 배를 만들게 하였다. 그러자 병석에 있던 충신 방현령(房玄齡)이 명분도 실리도 없는 전쟁을 하지 말라고 간하였다.

방현령이 여러 아들들에게 말했다. "내가 주상의 도타운 은혜를 받는데, 지금 천하가 무사하나 오직 동녘 정벌(東征)만은 끝내지 못했다. 군신들이 감히 간하지 않고 나도 알고도 말하지 않으니 죽어도 죄책(罪責)이 남는다. 이어서 간하는 표를 이렇게 올렸다. "노자께서 '만족을 알면 욕(辱)을 당하지 않고, 멈출 줄 알면 위태롭지 않다(知足不辱, 知止不殆)"고 했습니다. 폐하의 위대한 명성과 공덕은 이미 넉넉하고, 나라 땅을 넓히는 일도 멈출 만한 합니다. 폐하께서는 한 명의 중죄인을 처리할 때도 반드시 세 번 심사하고 다섯 번 변명할 기회를 주었으며, 검소한 식사를 올리게 하고 음악을 그만두었으니, 이는 사람의 생명을 소중히 여기는 것입니다.

그런데 이제 죄 없는 군사를 몰아 날카로운 칼날 밑에 맡겨 간과 뇌를 땅에 쏟아지게 하시면서 어찌 가엽게 여기지 않습니까? 지난날 고리(高麗)가 신하로서 절차를 어겼다면 벌주는 것이 옳고, (우리) 백성들을 쳐서 소요를 일으켰다면 없애 버리는 것이 옳으며, 뒷날에 중국의 걱정거리가 된다면 제거하는 것이 옳을 것입니다.

그러나 지금은 이와 같은 세 가지 조건이 하나도 갖추지 않았는데 공연히 중국 자신을 괴롭히면서, 안으로는 선대의 치욕을 씻고, 밖으로는 신라의 원수를 갚는다고 하는데, 어찌 남은 것은 작고 잃는 것은 큰 것이 아니겠습니까! 바라오니 고리(高麗)가 스스로 새로 태어나도록 허락하시어, 파도를 헤쳐갈 선박을 불태우고, 징발해 온 군사들을 돌려보내십시오. (그렇게 되면) 자연히 중화와 오랑캐가 (서로) 경하하고 신뢰하며, 멀고 가까운 나라들이 평안해질 것입니다."라고 하였다.[401]

③ 9월 : 방현령의 간언 태종이 몸소 찾아가 손을 잡고 비통해했으나 정복야욕은 그만두지 못했다. 설만철(薛萬徹)이 압록강을 통해 쳐들어와 박작성(泊灼城)을 공격하여 성주 소부손(所夫孫)이 성을 지키고, 고문(高文)이 오골성(烏骨城)·안지성(安地城) 군사들 등 여러 성의 군사 3만으로 구원했으나 패하였다. 이어서 황제는 이도유(李道裕)에게 오호도(烏胡島) 군량과 무기를 쌓도록 하여 큰 전쟁을 준비하였다.

위에서 647~648년 당이 고리(高麗) 침략한 내용을 보면, 연개소문이 당의 군사력을 분산시키기 위해 서돌궐과 연합을 생각할 수 있다. 그러나 이때 서돌궐은

---

401) 『資治通鑑』卷198, 唐紀, 貞觀 21年. 玄齡謂諸子曰:"吾受主上厚恩, 今天下無事, 唯東征未已, 群臣莫敢諫, 吾知而不言, 死有餘責." 乃上表諫, 以爲:"《老子》曰: '知足不辱, 知止不殆.'陛下功名威德亦可足矣, 拓地開疆亦可止矣. 且陛下每決一重囚, 必令三覆五奏, 進素膳, 止音樂者, 重人命也. 今驅無罪之士卒, 委之鋒刃之下, 使肝腦塗地, 獨不足湣乎! 向使高麗違失臣節, 誅之可也;侵擾百姓, 滅之可也; 他日能爲中國患, 除之可也. 今無此三條而坐煩中國, 內爲前代雪恥, 外爲新羅報仇, 豈非所存者小, 所損者太乎! 願陛下許高麗自新, 焚陵波之船, 罷應募之衆, 自然華·夷慶賴, 遠肅邇安. 臣且夕入地, 儻蒙錄此哀鳴, 死且不朽!

당이 임명한 카간이 통치하고 있어 사실상 연합은 어렵다는 것을 볼 수 있다.

이 해에 서돌궐에 관해 한 가지 눈여겨볼 만한 기록이 있다.

> 이전에 서돌궐의 을비돌육 카간(乙毗咄陸可汗, Irbis Dulu Qaghan, 638~642)이 아사나 하로(阿史那賀魯)를 엽호(葉護)[402]로 삼아 다라사수(多邏斯水)에 살면서 서주(西州) 북녘 1,500리에 있는 처월(處月)·처밀(處密)·시소(始蘇)·가라녹(歌邏祿)·실필(失畢) 같은 5성(五姓)의 무리를 다스리도록 하였다. 을비돌육(乙毗咄陸)이 토화라로 도망가고, 을비사궤 카간이 군대를 보내 뒤쫓아와 부락이 망해 흩어지자, 을해(乙亥)에 하로(賀魯)가 나머지 무리 수천 장(帳)을 이끌고 (당나라에) 내속(內屬)하였다. 조서를 내려 정주(庭州) 막하성(莫賀城)에 살게 하고 좌효위장군 벼슬을 내렸다. (아사나)하로는 당나라 군사가 구자(龜玆)를 토벌한다는 것을 듣고 향도가 될 것을 청하며 수십 기를 이끌고 입조하였다. 황상은 비구도행군총관(昆丘道行軍總管)으로 삼고 도탑게 잔치를 베풀고 선물을 주어 파견하였다.[403]

서돌궐의 서녘을 맡았던 을비돌육 카간(乙毗咄陸可汗)의 엽호인 아사나 하로(阿史那賀魯)가 당나라에 항복하여 들어오면서 당은 동부의 을비사궤 카간(乙毗射匱可汗, Irbis Shekui Qaghan, 641~651)을 견제할 수 있는 세력을 확보한다. 당은 늘 이렇게 같은 나라 안에 다른 세력을 다투게 만드는 정책을 썼다.[404] 따라서 648년까지 고리(高麗)는 당의 침략 때문에 당 건너편 세력과 연합해야 할 필요는 컸지만 서돌궐과의 연합이나 교류는 불가능했다는 것을 알 수 있다. 당나라 조공사를 기준으로 한 모데의 주장과 고리(高麗) 사절을 위주로 보는 글쓴이와 크게

---

402) 엽호(葉護) : 고대 돌궐과 회흘의 벼슬 이름이다. 카간(可汗) 다음 가는 세력으로 카간의 자제나 종족 가운데 세력 있는 사람이 맡으며 세습한다.

403) 『資治通鑑』卷199, 唐紀, 貞觀 22年. 初, 西突厥乙毗咄陸可汗以阿史那賀魯爲葉護, 居多邏斯水, 在西州北千五百里, 統處月·處密·始蘇·歌邏祿·失畢五姓之衆. 乙毗咄陸奔吐火羅, 乙毗射匱可汗 遣兵迫逐之, 部落亡散. 乙亥, 賀魯帥其餘衆數千帳內屬, 詔處之於庭州莫賀城, 拜左驍衛將軍. 賀魯聞唐兵討龜玆, 請爲鄕導, 仍從數十騎入朝. 上以爲昆丘道行軍總管, 厚宴賜而遣之.

404) 여기서 을비사궤 카간(乙毗射匱可汗, Irbis Shekui Qaghan, 641~651)이 서돌궐의 서부를 완전히 차지하지 못한 것을 볼 수 있으며, 사마르칸드는 이때까지도 을비돌육 카간(乙毗咄陸可汗, Irbis Dulu Qaghan, 638~642)의 세력 아래 놓여 있을 가능성이 크다.

충돌되는 부분이다.

3. 651~654년 사이 고리(高麗)의 서돌궐 사행(使行) 가능성 검토

1) 보장왕 8년(649년) 당 태종의 죽음과 서돌궐의 변화

649년 5월 당 태종이 죽기 전, 비로소 고리(高麗) 침공을 그만두라고 유언하였다.

> 5월 기사(己巳)일, 황상이 붕어하였다(上崩)…… 임신(壬申). 태극전에서 발상하고 황제
> 의 유언(遺詔)을 선포하며 태자가 즉위하였다. "군사와 나라에 대한 중대한 일은 멈추
> 거나 빠트려서는 안 된다. 보통 때 자질구레한 일은 담당관에게 맡겨라. 여러 왕들이 도
> 독·자사가 되어 모두 분상(奔喪)을 들어주고, 복왕태(濮王泰)는 오는 기한이 없다. (高麗
> 와의) 요동 전쟁과 모든 토목공사를 그만두어라(罷遼東之役及諸土木之功).[405]"

　　당 태종의 죽음과 유언은 고리(高麗)에게 몇 년 동안 전열을 다듬을 수 있는 시
간을 주었다. 반면에 서쪽 전선에는 큰 변화가 일어나고 있었다.
　　고종이 즉위한 650년 6월 아사나 사미(阿史那社爾)가 구자(龜玆)를 치고, 이어
서 650년에 돌궐을 친다.

> 6월, 고간(高侃)이 돌궐을 쳐서 아식산(阿息山)에 이르렀다. 차비 카간(車鼻可汗)이 여러
> 부의 군사를 불렀으나 모이지 않아 수백 기병과 함께 달아났다. 고간이 정에 기병을 이
> 끌고 금산(알타이)까지 쫓아가 사로잡아 돌아오니 무리가 모두 항복하였다. ……9월 경
> 자일 고간(高侃)이 차비 카간을 잡아 경사(京師)로 와서 놔주고 좌무위장(左武衛長)으로
> 임명하고, 그 나머지 무리는 울독군산(鬱督軍山)에 살게 하고, 낭산도독부(狼山都督府)를
> 두어 다스리게 하였다. 고간을 위장군(衛將軍)으로 삼았다. 이리하여 돌궐이 모두 봉내
> (封內)의 신하가 되고, 단어(單於)·한해(瀚海)라는 두 도호부를 나누어 설치하였다. 단어

---

405) 『資治通鑑』卷199, 唐紀. 貞觀 23年. 壬申, 發喪太極殿, 宣遺詔, 太子卽位. 軍國大事, 不可停闕 ;
　　平常細務, 委之有司. 諸王爲都督·刺史者, 並聽奔喪, 濮王泰不在來限. 罷遼東之役及諸土木之功.

(도호부)는 낭산(狼山)•운중(雲中)•상간(桑幹) 같은 3도독과 소농(蘇農) 같은 14주를 거느리고, 한해(도호부)는 瀚海•金徽•新黎 같은 7도독과 선악(仙蕚) 같은 8주를 거느리게 하고, 그 우두머리들을 도독•자사로 삼았다.[406]

630년 동돌궐이 멸망했을 때 아직 남아 있던 북녘의 여러 부가 아사나곡발(阿史那斛勃)을 대 카간으로 추대하려 했으나 당 태종이 철륵의 설연타부 이남(夷男, Inäl)을 진주비가 카간(眞珠毗伽可汗)으로 임명하자, 설연타에게 귀순하였다. 그러나 설연타가 돌궐 세력의 우두머리인 아사나곡발을 죽이려 하자 옛날 자신들이 살던 알타이(金山) 북쪽으로 도망가 3만 정병을 바탕으로 스스로 을주차비카간(乙注車鼻可汗)이 되었다.

647년 설연타가 망하자, 사신을 보내고 카간이 직접 입조하고 싶다고 해서 태종이 장군을 보내 영접하였으나 오지 않아 태종이 크게 화를 냈다. 결국 649년 태종이 고간(高侃)을 보내 침략했지만 마치지 못하고 죽자 고종이 첫 원정의 대상으로 삼았고, 650년 마침내 당의 기미지배 아래 들어가게 되었다. 막북 세력의 안정화를 꾀한 것이다. 그 뒤 30년 남짓 힘을 기른 뒤 682년 독립하여 당나라를 크게 위협하게 된다.

649년 태종이 죽으면서 중•동아시아에 큰 변화가 온다. 그때까지 당나라는 서쪽은 친당 정권을 세운 뒤, 안심하고 북녘의 설연타와 동녘의 고리(高麗)에 대한 침략에 집중하였다. 그리고 드디어 북녘의 설연타를 굴복시키고 기미지배에 들어가게 되었다. 그러나 태종이 죽으면서 서녘의 서돌궐이 떨어져 나가 세력을 키우면서 이제는 서녘의 서돌궐과 동녘의 고리(高麗)라는 동서 세력과 맞닥뜨리는 형세가 이루어진다.

앞에서 본 648년 당나라에 망명 와서 벼슬하고 있던 서돌궐의 아사나하로(阿史那賀魯)가 고종 영휘(永徽) 2년(651年) 옛날 서돌궐로 도망가 카간이 되어 당나

---

406) 『資治通鑑』卷199, 唐紀, 貞觀 23年. 六月, 高侃擊突厥, 至阿息山. 車鼻可汗召諸部兵皆不赴, 與數百騎遁去. 侃帥精騎追至金山, 擒之以歸, 其衆皆降. …… 九月, 庚子, 高侃執車鼻可汗至京師, 釋之, 拜左武衛將軍, 處其餘衆於鬱督軍山, 置狼山都督府以統之. 以高侃爲衛將軍. 於是突厥盡爲封內之臣. 分置單於•瀚海二都護府. 單於領狼山•雲中•桑幹三都督, 蘇農等一十四州;瀚海領瀚海•金徽•新黎等七都督, 仙蕚等八州;各以其酋長爲都督•刺史.

라와 적국이 된 것이다.

(651년 1월) 좌요위장군(左驍衛將軍)·요지도독(瑤池都督) 아사나하로(阿史那賀魯)가 흩어진 무리를 모아 군사력이 점차 커졌는데, 태종이 죽었다는 소리를 듣고 서주(西州)와 정주(庭州)를 쳐서 얻으려고 꾀하였다. 정주자사 락홍의(駱弘義)가 그 음모를 알고 표를 올리자, 고종이 통사사인(通事舍人) 교보명(橋寶明)을 급히 보내 위무하였다. (교)보명이 (아사나)하로에게 맏아들 (아사나)질운(咥運)이 궁정에 들어와 숙위(宿衛)하도록 하고, 우요위중랑장 벼슬을 주어 돌려보냈다.

(장안에서 돌아온 아사나)질운은 자기 아버지를 설득하여 무리를 이끌고 서녘으로 달아나 (당나라가 세운) 을비사궤 카간(乙毗射匱可汗, Irbis Shekui Qaghan, 641~651)을 쳐부수고 그 무리와 함께 쌍아(雙河)와 천천(千泉)[407]에 아장(牙帳)을 세우고, 스스로 이시바라 카간(沙鉢羅可汗, Ishbara Qaghan, 651~657)[408]이라고 부르니, 돌육(咄陸) 부의 5철(啜)과 노실필(弩실필) 5후근(俟斤)이 모두 귀순하여 뛰어난 군사가 수 십만이 되었다. 을비돌육 카간(乙毘咄陸可汗)과 더불어 군사연합을 하니 처월(處月)족·처밀(處密)족 같은 서녘 여러 나라가 많이 와서 붙었다. (아사나)질운(咥運)이 막하돌엽호(莫賀咄葉護)가 되었다.[409]

이와 같은 서돌궐의 변화는 마르쿠스 모데가 이야기하는 친당(親唐) 서돌궐이 끝나고 반당(反唐) 서돌궐이 들어선 것을 뜻한다. 모데는 서벽 벽화에 나오는 당

---

407) 보로탈라(Boro-Tala) 서부 중가리아(Dzhungaria)에 있는 강. It is 250km long and flows between the Dzhungaria Alatau Range on the north and the Borokhoro Range and its spurs on the south. The river flows into Lake Ebi-Nur. The lower reaches of the river sometimes dry up. The river channel is extremely winding, and its width at the lower course is 100~150m. There are extended spring high waters and summer rain floods. The lower part of the river is used for irrigation and water supply. (The Free Dictionary).

408) 천천(千泉) : 현재 키르기스스탄 Tokmok의 소엽성(素葉城) 서쪽 400리쯤 있는 설산 북쪽에 있다. 돌궐의 카간이 피서하는 곳이다(『대당서역기』). 현재 비슈케크 언저리 휴양지인 알라아르차 국립공원(Ala Archa National Park)으로 본다.

409) 『資治通鑑』 卷199, 唐紀, 永徽元年. 左驍衛將軍·瑤池都督阿史那賀魯招集離散, 廬帳漸盛, 聞太宗崩, 謀襲取西·庭二州. 庭州刺史駱弘義知其謀, 表言之, 上遣通事舍人橋寶明馳往慰撫. 寶明說賀魯, 令長子咥運入宿衛, 授右驍衛中郞將, 尋複遣歸. 咥運乃說其父擁衆西走, 擊破乙毘射匱可汗, 並其衆, 建牙於雙河及千泉, 自號沙鉢羅可汗, 咄陸五啜·努失畢五俟斤皆歸之, 勝兵數十萬, 與乙毘咄陸可汗連兵, 處月·處密及西域諸國多附之. 以咥運爲莫賀咄葉護.

나라 사신 그림이 있다는 점을 착안하여 서돌궐이 친당일 때만 가능한 사건이고, 그러므로 651년을 하한선으로 보고 상한선은 640년대 말이라고 했는데, 여러 사서를 검토해 보았지만 기록상 640년대 말에서 651년 사이에 특별히 당나라가 사신을 보낼 만한 사건이 없었다. 그러므로 여기서 "과연 서벽에 그려진 사신과 북벽에 배를 탄 여인의 그림이 당나라 사신인가?" 하는 문제를 제기할 수 있다. 한편 서벽 벽화에 고리(高麗) 사절이 있다는 사실을 바탕으로 해석한다면 651년까지 이어진 친당 서돌궐 때에는 사절을 보낼 수 없는 반면, 651년 반당 정권이 들어선 뒤부터는 오히려 적국인 당의 서쪽 전선에 있는 서돌궐과의 연합 가능성이 훨씬 높아진다. 다음 절부터는 그 부분을 찬찬히 검토해 보기로 한다.

2) 651년 서돌궐의 1차 침입과 당의 반격

고종 2년(651) 서돌궐 아사나하로(阿史那賀魯), 곧 이시바라 카간(Ishbara Qaghan, 沙鉢羅可汗, 651~657)이 정주(庭州)를 쳐들어가고, 당나라가 이에 반격을 가한다.

> 7월 서돌궐 이시바라 카간이 정주(庭州)를을 쳐들어와 금령성과 포류현을 쳐서 떨어뜨리고 수천 명을 죽였다. 조서를 내려 좌무후대장군 양건방(梁建方)•우효위대장군 거필하력(契苾何力)을 궁월도행군총관, 우효위장군 고덕일(高德逸)•우무후장군 설고오오인(薛孤吳仁)을 부(총관)로 삼아 진부(秦府)•성부(成府)•기부(岐府)•옹부(雍府) 병력 3만 명과 회흘 5만 기병을 내서 토벌하였다.[410]

당이 이처럼 대대적으로 반격하였으나 완전히 물리치지 못하고 652년 초에 첫 싸움은 일단락된다. 오히려 12월 처월(處月)[411]의 우두머리 주야고주(硃邪孤注)

---

410) 『資治通鑑』卷199, 唐紀, 永徽二年. 秋, 七月, 西突厥沙鉢羅可汗寇庭州, 攻陷金嶺城及蒲類縣, 殺略數千人. 詔左武候大將軍梁建方•右驍衛大將軍契苾何力爲弓月道行軍總管, 右驍衛將軍高德逸•右武候將軍薛孤吳仁爲副. 發秦•成•岐•雍府兵三萬人及回紇五萬騎以討之 …… 十二月, 壬子, 處月硃邪孤注殺招慰使單道惠, 與突厥賀魯相結.『新唐書』列傳第140(下) 突厥(下).

411) 서돌궐의 별부(別部)인 처월은 금파산(金娑山) 남녘에 살았다. 금파산은 천산 동쪽 끝인 현재의 보그다(Bogda, 博格多山, 5,445m)를 말하는 것으로 준가리아 분지와 투루판 분지의 경계에 있다. 좀 더 자세히 보면 포류해(蒲類海, 현재의 巴里坤湖) 동쪽에 있는 '사타(沙陀)'라는 언저리이다. 그래서 사타돌궐이라고도 부른다.

가 초위사(招慰使) 단도혜(單道惠)를 죽이고 서돌궐의 (아사나)하로 편으로 넘어가서 당은 처월도 공격하였으나 당의 계책대로 되지 않았다.

그리고 서돌궐과 당의 전쟁은 그 뒤 657년까지 계속된다. 이시바라 카간(沙鉢羅可汗, Ishbara Qaghan, 651~657)이 즉위한 뒤 657년 서돌궐이 멸망할 때까지 사마르칸드를 지배하던 서돌궐은 당과의 피나는 전쟁중이었음을 알 수 있다.

당이 이처럼 서쪽의 서돌궐을 치는 데 총력을 기울였기 때문에 동쪽의 고리(高麗)는 상대적으로 힘을 저축할 수 있었고, 서돌궐과의 연합을 통해 당의 침략을 막아보려는 전략을 가지는 것은 자연스러운 일이다.

이 해 백제가 사신을 보내 공물을 바치자, 고종이 "신라·고리(高麗)와 서로 공격하지 말라, 그렇지 않으면 내가 군사를 내서 너를 토벌하겠다."는[412] 기록이 있다. 당분간 동쪽이 조용하기를 바랐으나 언젠가 핑계가 있으면 동쪽도 토벌하겠다는 의지를 암암리에 나타냈다고 볼 수 있다.

3) 고종 영휘 3년(652년), 당에 간 고리(高麗) 사신의 정세 파악

이해 봄 정월 초하루, 토욕혼·신라·고리(高麗)·백제가 함께 사신을 보내 (당나라에) 공물을 보냈다는[413] 기록이 있다. 앞에서 보았듯이 651년 12월에 백제는 이미 사신을 보냈지만 토욕혼을 비롯해서 해동 3국이 모두 새해 첫날 공물을 올린 것이다. 고리(高麗)로서는 고종이 즉위한 뒤 처음 보내는 공물이다.

지배선은 바로 이때 사신을 당에 보내면서 사마르칸드에도 동시에 사신을 보냈다고 했다.

필자가 주목하고 싶은 시기는 고구려가 당에 사신을 보냈던 652년 정월에 강국으로 사신을 보냈다고 본다. 이때 고구려가 당에 사신을 보낸 이유가 당을 염탐할 의도로 사신을 보냈지만, 당에 대하여 비우호적인 康國에 고구려가 사신을 보낸 것은 당을 협공하

---

412) 『資治通鑑』卷199, 唐紀, 永徽 二年. 是歲, 百濟遣使入貢, 上戒之, 使"勿與新羅·高麗相攻. 不, 吾將發兵討汝矣."
413) 『資治通鑑』卷199, 唐紀, 永徽 三年. 春, 正月, 己未朔, 吐谷渾·新羅·高麗·百濟並遣使入貢.

330 사마르칸드에 핀 고리(高句麗)의 상징 닭깃털관(鷄羽冠)

기 위해 연합 전선 형성 목적이었다고도 볼 수 있다.[414)

서돌궐이 이미 651년 당을 치고 당이 이에 대응하여 군사를 보내 전쟁이 일어났기 때문에 정초에 사마르칸드(글쓴이 입장에서는 서돌궐)에 서쪽 전선의 상황을 파악하기 위해서 사절을 보냈을 수도 있다. 그러나 글쓴이는 사신이 정월에 당에 갔다가 돌아온 뒤 서쪽 전선의 전황을 파악하고 나서 보냈을 것으로 본다. 사신이 떠날 때만 해도 당의 서부전선에 대한 완벽한 정보가 부족했을 것이고, 당에 사신을 보낸 이유도 이런 정세를 염탐하는 것이 가장 큰 목적이었기 때문이다.

실제 사신들이 머물 때 아주 정확한 정세를 파악할 수 있는 일이 조정에서 일어났다. 앞에서 서돌궐을 토벌하는 군사를 내보냈는데, 1월 1일 조공을 바치고 난 5일 뒤인 1월 5일에 돌아온 군사들에 대한 논공행상이 있었기 때문이다.

> (1월 5일)[415) 양건방(梁建方)•거필하력(契苾何力)이 처월(處月) 부족의 주야고주(硃邪孤注)를 뇌산(牢山)에서 크게 깨트리자 (주야)고주가 밤에 달아났으므로 (양)건방이 부총관 고덕일을 시켜 기병 몇 명을 데리고 500리 넘게 쫓아가서 (주야)고주를 사로잡고 9,000명은 목을 베었다. 군대가 돌아왔을 때 어사가 "양건방이 충분한 병력을 가지고 쫓아가 토벌하러 갔지만 머무르고 나아가지 않았고, 고덕일(高德逸)은 말을 거래하도록 했는데 좋은 말을 스스로 취했다."고 죄상을 아뢰었다. 황제가 (양)건방은 공이 있으나 (죄를) 묻지 않고 석방했다.[416)

위에서 든 전공들을 보면, 서돌궐과의 전쟁 성과보다는 서돌궐에 귀순한 처월족에 대한 토벌에 그치고 있는 것을 알 수 있다. 어쨌든 고리(高麗) 사신은 이때

---

414) 지배선, 「사마르칸트(康國)와 고구려 관계에 대하여-고구려 사신의 康國 방문 이유-」, 『백산학보』 (89), 2011, 122~124쪽.

415) 정월 초하루 간지가 기미(己未)일이고, 이어서 계해(癸亥)일이기 때문에 5일이 된다.

416) 『資治通鑑』卷199, 唐紀, 永徽 三年. (正月) 癸亥, 梁建方•契苾何力等大破處月硃邪孤注於牢山. 孤注夜遁, 建方使副總管高德逸輕騎追之, 行五百餘裏, 生擒孤注, 斬首九千級. 軍還, 禦史劾奏梁建方兵力足以追討, 而逗留不進 ; 高德逸敕令市馬, 自取駿者. 上以建方等有功, 釋不問.

서돌궐과 당의 전쟁에 대한 충분한 정보를 얻어 돌아가 연개소문에게 자세히 보고했을 것이고, 연개소문은 이때부터 서돌궐과의 연대를 위해 준비했다고 본다. 따라서 고리(高麗)와 서돌궐의 연합 시도는 651년 초 이후부터 시작되었다는 가설을 세울 수 있다.

그 밖에 이 해에는 서북방의 사건 기록에 "6월, 무신일, 병부상서 최돈례(崔敦禮) 등이 병주(並)·분주(汾)의 보병과 기병 1만을 거느리고 무주(茂州)로 갔다. 설연타의 남은 무리를 내서 강을 건너 기련주(祁連州)를 설치하여 살게 했다."[417]는 기록이 있다. 흩어진 설연타가 다시 당의 세력권 안에 들어온 것을 이야기한다.

4) 고종 영휘 4~5년(653~654)

653년에는 당이 서쪽 서돌궐과 동쪽 고리(高麗)와의 관계를 기록한 것이 없다. 다만 서돌궐 안에서 일어난 사건이 하나 기록되어 있다.

> 이해에 서돌궐 을비돌육 카간(乙毗咄陸可汗, Irbis Dulu Qaghan, 638~653)이 죽자, 그의 아들 힐필달도(頡苾達度) 設號 진주엽호(真珠葉護)는 처음으로 이시바라 카간(沙鉢羅可汗, Ishbara Qaghan, 651~657)과 틈이 생겨 다섯 노실필(弩失畢)과 더불어 이시바라(카간)를 쳐서 깨트리고 1,000명 남짓한 머리를 베었다.[418]

고리(高麗)에서는 태종이 유언으로 고리(高麗) 침공을 중단하라고 했지만, 고종이 어느 정도 나라를 추스르면 반드시 다시 쳐들어올 것으로 보고 준비를 하였다. 그 가운데 한 단계가 거란을 치는 것이다. 당나라가 고리(高麗)를 칠 때 자주 거란을 동원했기 때문에 미리 후환을 없애려는 의도가 있었을 것이다.

654년 고리(高麗)는 장수 안고(安固)를 보내 고리(高麗)·말갈 군사를 거느리고 거란을 치

---

417) 『資治通鑑』 卷199. 唐紀, 永徽 三年 六月, 戊申, 遣兵部尙書崔敦禮等將並·汾步騎萬人往茂州. 發薛延陀餘衆渡河, 置祁連州以處之.

418) 『資治通鑑』 卷199. 唐紀, 永徽 四年. 十二月, 是歲, 西突厥乙毗咄陸可汗卒, 其子頡苾達度設號真珠葉護. 始與沙鉢羅可汗有隙, 與五弩失畢共擊沙鉢羅, 破之, 斬首千餘級.

게 하였다. (그러나 거란의) 송막도독(松漠都督) 이굴가(李窟哥)가 막아내고 신성에서 고리(高麗)를 크게 물리쳤다.[419)]

654년이 해에 신라에서 진덕여왕이 죽고 김춘추가 왕이 되면서 고리(高麗)와 신라의 충돌이 격화된다.

5) 마르쿠스 모데의 페르시아 사절단설 검토

『자치통감』654년 조에는 아프라시압 벽화와 관계 있는 재미있는 기록이 하나 있다.

> (654년) 여름 4월 아라비아(大食)가 군사를 내서 페르시아(波斯)를 치고 페르시아와 왕 이사후(伊嗣侯)를 죽였다. 이사후의 아들 비로사(卑路斯)가 토화라(吐火羅)로[420)] 달아났다. 아라비아 군대가 돌아가자 토화라는 군사를 내어 비로사(卑路斯)를 왕으로 삼고 돌아갔다.[421)]

여기서 이사후(伊嗣侯)는 페르시아 사산왕조의 마지막 왕 야즈드가르드 3세(Yazdgard III, 633?~651)를 말한다. 야즈드가르드 3세의 아들 비로사(卑路斯)는 페르시아어의 페로즈(Feroze, Feroz, Peroz, Firuz, Pirooz)를 한자 소리로 옮긴 것이다.

서양사에서는 사산왕조의 마지막 왕이 아랍의 침공을 받아 651년 현재의 투르크메니스탄 메르브(Merv) 언저리에서 암살되었고,[422)] 이것으로 사산왕조는 망했으며 아랍의 지배 아래 들어갔다는 것이 일반론이다. 그런데『자치통감』에서는

---

419) 『資治通鑑』卷199, 唐紀, 永徽 四年. 高麗遣其將安固將高麗·靺鞨兵擊契丹；松漠都督李窟哥禦之. 大敗高麗於新城.

420) 현재 아프가니스탄 북부 Balkh.

421) 『資治通鑑』卷199, 唐紀, 永徽 四年. 夏, 四月, 大食發兵擊波斯, 殺波斯王伊嗣侯, 伊嗣侯之子卑路斯奔吐火羅. 大食兵去, 吐火羅發兵立卑路斯爲波斯王而還.

422) 『신당서』에서는 야즈데게르드 3세(伊嗣侯)가 군주의 도리를 지키지 못해 토화라로 도망치다가 도중에 아랍의 공격으로 죽었는데, 이때 당 고종에게 구원병을 요청했으나 당이 거절하였다고 했다.

비로사가 왕이 되어 돌아갔다고 했고, 그 뒤로도 비로사의 이야기는 더 나온다.
662년(고종 龍朔 2년) 1월 신해일, 파사도독(波斯都督)을 세워 비로사를 파사 왕으로 삼았고[423], 673년(고종 鹹亨 4년), 12월 신묘일 파사 왕 비로사가 뵈러 왔다(波斯王卑路斯來朝)[424]는 기록이 있다[425][426].

글쓴이가 이 문제를 다루는 것은 마르쿠스 모데가 서벽 벽화 ②③④의 인물이 페르시아 사산왕조의 사절로 인물 ④의 앞에 야즈드가르드 3세(Yazdgard III, ④A)가 직접 와서 서돌궐의 카간에게 조공을 바치고 있다고 주장하기 때문이다. 실제 페르시아 사산왕조는 동로마 제국과의 오랜 전쟁 때문에 쇠퇴했고, 641년 이슬람화된 신흥 아랍의 침입을 받은 유프라테스 강에서 있었던 641년 네하벤드 전투에서 크게 패하였고, 야즈드가르드 3세도 651년에 메르브 근처에서 암살되었다. 때문에 모데는 페르시아가 641년에서 651년 사이 친중정권이었던 서돌궐에 조공을 바치는 장면이라는 가설을 내세운 것이다.

모데는 아프라시압 벽화의 인물 ④와 타케 부스탄(Taq-e Bustan) 바위 조각에 나오는 페르시아 왕 옷에 나온 무늬를 비교하여 사산왕조 사절설을 제기하였다.

> 사절단 그룹 A2는 '(사마르칸드) 서부' 국가에서 왔다. 인물 ④를 포함해 이 그룹에서 적어도 한 사람은 사산왕조의 왕을 나타내야 한다. 그리고 Afrasiab 벽화의 시대에 관한 우리의 설명이 정확하다면 그 왕의 이름은 (사산왕조)의 마지막 왕인 아즈가드 3세(Yazdgard III)다. 사절단 그룹 A2의 일원인 사산왕조의 왕은 서돌궐 통치자(로 추정되는) 초상화를 향해 움직인다.

---

423) 『신당서』에서는 비로사가 토화라로 들어가 목숨을 건지고, 그 뒤 661년 아랍이 쳐들어오자 당에 도움을 요청했고, 당 고종은 질릉성(疾陵城, 이란 동남부의 Zereng으로 지금의 Sistan)을 파사도독부로 삼고 비로사를 도독으로 임명했다고 했다.

424) 『資治通鑑』 卷199, 唐紀, 永徽 四年. 高宗天皇大聖大弘孝皇帝上之下龍朔二年(壬戌, 紀元六六二年)春, 正月, 辛亥, 立波斯都督卑路斯爲波斯王.

425) 『신당서』에서는 도독부가 아랍에 멸망하자, 함형 연간(670~673)에 장안으로 와서 우무위장군 벼슬을 받고 지내다가 장안에서 죽었다고 기록하였다.

426) 『資治通鑑』 卷199, 唐紀, 永徽 四年. 高宗天皇大聖大弘孝皇帝中之下鹹亨四年(癸酉, 紀元六七三年)十二月 戊子, 于闐王伏闍雄來朝. 辛卯, 波斯王卑路斯來朝.

아프라시압 벽화 사산제국의 쇠퇴에 대한 관심을 불러일으킨다. 전체적인 상황은 640년대나 650년대에만 일어날 수 있다. 무슬림군대와의 전쟁에서 패배하는 일련의 과정에서 페르시아 왕은 동부지방으로 후퇴하고 당나라 황제와 접촉했다(대단한 환상). Tabari[427]가 쓴 역사의 어떤 기사는 왕이 심지어 소그드 왕과 서돌궐 카간(통치자)을 만나기 위해 아무 강(Amudarya)을 건넜다는 것을 시사하고 있다. 그것은 AD 651~652(= 히라 31) Marv[428]에서 끝났다.

그러나 모데 스스로 "이 모든 사건에 관한 출처는 설명하기 어렵다. 메르브(Merv)에서 야즈드가드가 사망한 사실조차 확실하지 않다. 우리는 사산 왕이 (마지막 날짜에 대한 일반적인 견해인) 서기 650~651년 이전에 동부에 왔었다고 본다."고 주를 달아, 사료 제시에 한계성이 있다는 점을 시인하였다. 야즈데게르드 3세(Yazdegerd III)의 죽은 해에 관한 기록만 해도 모데는 650~651년이라고 보았지만 652년 설도 있고, 앞에서 본 바와 같이『자치통감』에서는 '654년 여름 4월'이라고 명확하게 기록하고 있다. 만일『자치통감』의 기록이 맞다면 이미 당나라와 서돌궐은 전쟁중이었기 때문에 모데의 가설의 한계성을 더 크게 한다.

만일 모데의 이런 설을 받아들인다면 고리(高麗) 사절도 641~651년 사이에 서돌궐에 갔다고 보아야 한다. 그러나 앞에서 보았듯이 당과 전쟁을 벌이고 있었던 고리(高麗)로서는 친당정권이었던 을비사궤 카간(乙毗射匱可汗, Irbis Shekui Qaghan, 641~651) 때에는 고리(高麗) 사절단이 그곳에 가기 어렵다는 것을 보고 이시바라 카간(沙鉢羅可汗, Ishbara Qaghan, 651~657) 시대를 검토하고 있는 중이다.

---

427) 알-타바리(Al-Tabari, 838-923) : 이란의 역사학자이자 꾸란 해설가이다. History of the Prophets and Kings이 유명하다.

428) Markus Mode,『Court art of Sogdian Samarqand in the 7th century AD-Some remarks to an old problem-』, a web publication, 2002.
http://www.orientarch.uni-halle.de/ca/afras/index.htm

4. 655~657년의 고리(高麗)•당•서돌궐의 정황 검토

1) 655년, 당(唐)의 고리(高麗)•서돌궐 동시 침입과 두 나라의 연합

이 해가 시작되면서 중•동아시아 전체가 큰 전쟁의 소용돌이로 빠져들어 간다.

> 봄 정월, 고리(高麗)와 백제•말갈 연합군이 신라 북쪽 국경을 쳐서 33성을 빼앗았다. 신
> 라왕 (김)춘추가 (당에) 사신을 보내 도움을 청했다. 2월 을유일, 영주도독 정명진(程名
> 振)•좌위중랑장 소정방을 보내 군사를 내어 고리(高麗)를 쳤다. 여름 5월, 임오일, (정)명
> 진 등이 요수를 넘자, 고리(高麗)가 병력이 적은 것을 보고 문을 열고 귀단수(貴端水)를[429)]
> 건너 맞서 싸웠다. (정)명진 등이 떨쳐 일어나 냅다 치니 크게 깨졌다. 수천 명을 죽이거
> 나 포로로 잡고, 바깥 성벽과 마을을 불 지르고 돌아왔다.[430)]

고종은 즉위한 뒤 서북쪽에 신경을 쓰면서 고리(高麗)를 칠 기회를 엿보다가
신라의 요청이 있자 곧바로 군사를 보내 요하를 건너 1차 방어선을 친 뒤 바로
물러났다. 이는 고리(高麗)의 후방이며 앞으로 연합할 신라를 구하기 위한 단발
작전이라고 볼 수 있다. 여기서 우리는 당시 동아시아가 고리(高麗)•백제•말갈의
연합과 당(唐)•신라의 연합을 통해서 각기 자국에 유리한 정세를 만들어가고 있
었다고 볼 수 있다. 이때 연개소문은 태종이 쳐들어왔을 때 설연타와의 연대를
통해 당군이 스스로 물러나게 했던 작전을 다시 쓰려고 했을 것이다. 그리고 연
개소문은 당나라의 서쪽 전선인 서돌궐을 자연스럽게 떠올렸을 것이며, 이미 수
년 동안 정세를 파악하고 준비해 온 서돌궐과의 연합을 실천에 옮겼을 가능성이
크다.

『자치통감』의 기록을 보면, 당이 고리(高麗)에 군대를 파견한 5월 임오(壬午)일
다음날인 계미(癸未)일에 서돌궐에도 군사를 보낸다.

---

429) 현재 심양을 가로 질러 요하로 들어가는 혼하(渾河)로 보고 있다.

430) 『資治通鑑』卷199, 唐紀, 永徽 六年. 春, 正月, 高麗與百濟•靺鞨連兵, 侵新羅北境, 取三十三城 ;
　　新羅王春秋遣使求援. 二月, 乙酉, 遣營州都督程名振•左衛中郎將蘇定方發兵擊高麗. 夏, 五月,
　　壬午, 名振等渡遼水, 高麗見其兵少, 開門渡貴端水逆戰. 名振等奮擊, 大破之, 殺獲千餘人, 焚其
　　外郭及村落而還.

(655년 5월) 계미일, 우둔위대장군(右屯衛大將軍) 정지절(程知節)을 총산도행군대총관(蔥山道行軍大總管)으로 삼아 서돌궐 이시바라 카간(沙鉢羅可汗)을 쳤다.[431]

　이 해에는 당이 서돌궐과 고리(高麗) 양쪽을 치기 때문에 군사력이 분산되어 오히려 양쪽 모두 크게 피해를 입지 않았다. 바로 이런 3국의 정세가 고리(高麗)에서 서돌궐에 사절단을 보낼 수 있는 필요충분조건을 갖추었다고 본다. 당을 가운데 두고 양쪽에서 고리(高麗)와 서돌궐이 연합함으로써 당의 군사력을 분산시켜 유리한 정황을 만들어낼 수 있기 때문이다. 이런 정황을 바탕으로 글쓴이는 바로 655년이 고리(高麗)의 연개소문이 사절단을 파견할 가능성이 가장 큰 해라고 본다.

2) 656~657년 당의 집중적인 서돌궐 침략과 서돌궐의 멸망

　655년 당의 고리(高麗) 침공은 신라의 원군 요청을 받아들임과 동시에 고리(高麗)에 위협을 주어 서쪽을 도모할 때 동부전선을 안정시키기 위해서였다. 그러나 당나라도 동서 양쪽에 군사력을 분산하는 방법은 승기를 잡을 수 없다는 사실을 알았기 때문에 656년에는 서쪽의 서돌궐을 치는 데 온 힘을 모은다.

　8월, 신유일, 총산도행군대총관(蔥山道行軍大總管) 정지절(程知節)이 서돌궐과 부딪쳐 가라(歌邏)부•처월(處月)과 함께 유모곡(榆慕谷)에서 싸워 크게 깨트리고 1,000명 남짓 목을 베었다. 부총관 주지도(周智度)가 인성(咽城)에서 튀르기시(突騎施)•처목곤(處木昆) 같은 부(部)를 공격하여 (성을) 빼앗고 3만 명의 목을 베었다. ……

　12월, 정지절이 군대를 이끌고 응파천(鷹娑川)에 이르러서 서돌궐 2만 기병과 맞닥뜨렸는데 별부(別部)•서니시(鼠尼施)부 같은 2만 남짓한 기병이 잇달아 도착하였다. 전군총관(前軍總管) 소정방(蘇定方)이 500기병을 이끌고 달려가자 서돌궐은 크게 패하였다. 20리를 쫓아가 1,500명 남짓을 죽이거나 잡고, 말과 기계를 얻었으니 산야에 이어지는 것이 헤아릴 수 없었다.[432]

---

431) 『資治通鑑』卷199, 唐紀, 永徽 六年. (五月) 癸未, 以右屯衛大將軍程知節爲蔥山道行軍大總管, 以討西突厥沙鉢羅可汗.

432) 『資治通鑑』卷200, 唐紀, 顯慶 一年. 八月, 辛酉, 蔥山道行軍總管程知節擊西突厥, 與歌邏•處月

일단 시간을 번 고리(高麗)는 12월에 황태자의 책봉을 축하한다는 명목으로 사신을 보내(遺使入唐 賀冊皇太子) 정세를 파악하면서 당의 침입에 대비하였다.

3) 보장왕 16년·고종 현경 2년(657)

657년이 되면 당은 연초부터 본격적으로 서돌궐 침략에 나선다.

> ① 우둔위장군 소정방을 이려도행군대총관(伊麗道行軍大總管)으로 삼고 연연도호(燕然都護) 임아상(任雅相)·부도호 숙사업(肅嗣業)을 거느리고, 회흘(回紇)을 비롯한 군사를 내어 북쪽길에서부터 서돌궐 이시바라 카간을 쳤다. (숙)사업은 거(鉅)의 아들이다.
>
> ② 이전에 우위대장군(右衛大將軍) 아사나 미사(阿史那彌射)와 족형인 좌둔위대장군(左屯衛大將軍) (아사나) 보진(步真)은 모두 서돌궐의 우두머리(酋長)들인데, 태종 때 무리를 이끌고 항복해왔다. 지금에 이르러 소를 내려 (아사나) 미사(彌射)·보진(步真)을 유사안무대사(流沙安撫大使)로 삼아 남쪽길에서 옛 무리들을 불러모으도록 하였다.[433]

북쪽길로 쳐들어가는 ①은 당나라 군사와 파윤(婆閏)이 이끄는 회흘의 군대이고, 남쪽길은 모두 서돌궐 사람들이다. 당나라는 전쟁할 때 늘 이렇게 주변 나라의 군사들을 동원하여 적국을 정복한다. 특히 적국의 우두머리인 아사나 미사나와 아사나 보진이 한쪽을 담당하기 때문에 이 전쟁은 이길 수 있는 것이다. 고리(高麗) 때 남생이 당군의 앞잡이가 되었을 때 조정이 무너진 것과 마찬가지다.

이시바라 카간(沙鉢羅可汗, Ishbara Qaghan, 651~657)이 십성(十姓)의 병사 10만 기병을 동원하여 맞섰으나 소정방에 쇄엽수(碎葉水, 현재 키르기스스탄의 Tokmak)를 빼앗기고 패하였다. 아들 아사나 질운과 함께 서누설(鼠耨設)에게 도

二部戰於榆慕谷, 大破之, 斬首千餘級. 副總管周智度攻突騎施·處木昆等部於咽城, 拔之, 斬首三萬級. …… 十二月, 程知節引軍至鷹娑川, 遇西突厥二萬騎, 別部鼠尼施等二萬餘騎繼至, 前軍總管蘇定方帥五百騎馳往擊之, 西突厥大敗, 追奔二十里, 殺獲千五百餘人, 獲馬及器械, 綿亙山野, 不可勝計.

433) 『資治通鑑』卷200. 唐紀. 顯慶 一年. 春, 閏月 庚戌, 以右屯衛將軍蘇定方爲伊麗道行軍總管, 帥燕然都護渭南任雅相·副都護蕭嗣業發回紇等兵, 自北道討西突厥沙鉢羅可汗. 嗣業, 鉅之子也. 初, 右衛大將軍阿史那彌射及族兄左屯衛大將軍步真. 皆西突厥酋長, 太宗之世, 帥衆來降; 至是, 詔以彌射·步真爲流沙安撫大使, 自南道招集舊衆.

망가다가 석국(石國, 현재 타시켄트) 소돌성(蘇咄城)에 도착했는데, 성주 이녈달간(伊涅達干)[434]에게 잡혀 장안으로 이송된 뒤 장안에서 죽었다. 이로써 서돌궐은 망하고 당의 기미지배 아래 들어가게 된다.

위에서 연도별로 고리(高麗)•당•서돌궐의 관계와 정황을 찬찬히 살펴보았다. 그 결과 고리(高麗)가 서돌궐과 연합할 수 있는 가장 정합한 해는 당이 동서 두 나라를 함께 친 655년이라고 본다. 물론 사절이 간 목적이 반드시 연합만이 아닌 정황을 파악하기 위해 갔을 수도 있기 때문에 651년부터 654년까지, 그리고 656년에도 가능하지만 657년은 연초부터 치열하게 전쟁중었기 때문에 제외한다.

결론적으로 고리(高麗)가 서돌궐의 지배 아래 있던 사마르칸드에 사절을 보낸 시기는 651~656년 사이인데, 특히 655년이 가장 가능성이 높다고 본다.

5. 이재성의 662~663년설 검토

서돌궐을 멸한 당 고종은 동쪽으로 고리(高麗)에 군사력을 집중하여 매년 공격을 이어간다.

① 658년 : 고종의 2차 고리(高麗) 침략
② 659년 : 고종의 3차 고리(高麗) 침략
③ 660년 : 고종의 4차 고리(高麗) 침략
④ 661년 : 고종의 5차 고리(高麗) 침략
⑤ 662년 : 고종의 6차 고리(高麗) 침략

『신당서』를 보면, 서돌궐을 멸한 이후 병사들을 해산시키고 아사나 하로가 빼앗은 모든 것을 백성들에게 돌려주어 서역이 평정되었다고 하며, 이어서 그 지역

---

434) 『新唐書』「列傳」第140(下) 突厥(下). 賀魯•咥運將奔鼠耦設, 至石國蘇咄城, 馬不進, 衆饑, 齎寶入城, 且市馬, 城主伊涅達幹迎之, 既入, 拘送石國.

에 도독을 두고 당 위주의 통치체계를 확립하는데, 바로 658년 바르후만을 강거도독으로 임명한 것도 이때다.

이처럼 서돌궐이 당의 세력권에 들어왔지만, 당의 국내처럼 당이 완전히 장악한 것은 아니다. 바르후만이 강거도독을 임명한 다음 해인 659년 서돌궐을 다시친 기록이 나온다. 서돌궐을 멸할 때 동돌궐 출신 아사나 미사(阿史那彌射)가 공을 세웠기 때문에 아사나 보진(阿史那步眞)과 함께 카간으로 임명되어 서돌궐 지역을 다스렸다. 그런데 659년에 아사나 미사가 진주엽호(眞珠葉護)를 쳐서 물리친 기록이 나온다.[435]

현경 4년(659) 3월 곤릉도호(昆陵都護) 아사나미사(阿史那彌射)가 서돌궐 진주엽호(眞珠葉護)와 쌍하(雙河)에서 싸워 물리쳤다.[436]

진주엽호는 서돌궐 을비돌육 카간(乙毗咄陸可汗)의 아들이다. 서돌궐을 완전히 장악하지 못했다는 증거다. 그 뒤로도 677년 서돌궐과 토번(土蕃)이 안서(安西)도호부를 쳐들어가고,[437] 679년 배행검(裴行儉)이 서돌궐을 쳐들어가는 기록들이 이어진다.[438] 그리고 682년 후돌궐(後突厥)이 일어나 당나라를 크게 위협한다. 이처럼 서돌궐이 평정되었다고 했지만, 당이 실질적으로 지배한 게 아니라 끊임없이 국경을 침범했다는 것이 『新唐書』「본기」기록에서 확인된다.

이재성이 662년 사신 파견을 주장하면서 "비록 소그디아나, 페르가나, 토하라지역이 658년부터 당의 기미지배 체제하에 들어갔다고는 하지만 이는 어디까지나 형식적인 것이었다."고 한 것은 이처럼 당의 기미지배는 현지 왕(可汗)들에게관직 이름만 주고 조공을 바치는 정도의 정치적 행위였기 때문이다. 바로 이 점이 바르후만이 강거도독이 된 뒤에도 고리(高麗)에 밀사를 보낼 수 있게 한 역사

---

435) 고리 원정에서 공을 세워 평양현백(平壤縣伯)으로 봉해지기도 하였다.
436) 『新唐書』卷3,「本紀」第3, 高宗. (顯慶) 四年(659)三月壬午, 昆陵都護阿史那彌射及西突厥真珠葉護戰於雙河, 敗之.『新唐書』「列傳」第140(下) 突厥(下).
437) 『新唐書』卷3,「本紀」第3, 高宗. (儀鳳二年) 是歲, 西突厥及吐蕃寇安西.
438) 『新唐書』卷3,「本紀」第3, 高宗. (調露元年) 六月辛亥, 吏部侍郎裴行儉伐西突厥. 九月壬午, 行儉敗西突厥, 執其可汗都支. 十月, 突厥溫傅、奉職二部寇邊, 單於大都護府長史蕭嗣業伐之.

적 배경이 된다.

그러나 서돌궐이 아니고 서돌궐 아래 있다가 당의 기미지배를 받고 있는 사마르칸드의 군사력이나 당과의 관계를 종합적으로 볼 때 662~663년 설은 655년 전후에 비해 그 가능성은 낮다고 할 수 있다.

Ⅷ. 맺음말

고리(高麗)의 사마르칸드 사행(使行) 부정론을 검토한 결과 다음과 같은 결론을 얻었다.

1. 고리(高麗)의 사마르칸드(康國) 사절파견에 대한 부정론의 논거

고리(高麗)가 사마르칸드에 사절을 파견할 수 없다는 주장은 크게 다음과 같은 3가지로 간추릴 수 있다.

① 중앙아시아와 막북 초원이 당의 지배 아래 있어 사행(使行)이 불가능했다.
② 고리(高麗)에서 사절을 파견하지 않았다. -설연타와의 연합에 대한 비판
③ 소그드인의 도움을 받을 수 없어 갈 수 없었다.

2. 구체적인 고리(高麗) 사행(使行) 연도를 제시한 연구성과

위에서 본 두 연구자의 주장에 대한 반론은 이미 선행 연구에서 찾아볼 수 있었다.
① 두 연구자는 바르후만이 강거도독으로 임명된 해를 650~655년으로 보고 논리를 전개했지만, 선행 연구자들은 658년으로 확정했다.

② 지배선은 바르후만이 강거도독으로 임명되기 이전, 그러니까 당의 영향력이 사마르칸드에 미치지 못했던 652년에 고리(高麗)가 당시 정세를 파악하기 위해 당나라에 사절을 파견했는데, 바로 그해 정월에 사마르칸드에도 사신을 보냈다고 보았다.

③ 이재성은 660년 8월부터 철륵(鐵勒) 여러 부에서 당나라에 대한 반란이 일어났고, 반란은 663년 정월까지 계속되어 2년 5개월 동안 당의 세력권을 벗어난 사실에 초점을 맞추어, 이 기간에 연개소문이 철륵과 연대를 꾀하였을 것이라고 보았다. 이재성은 구체적으로 662년(보장왕 21) 2월 무렵 고리(高麗) 사절이 철륵으로 갔다고 비정하고, 사마르칸드로 간 시기가 662년 6월이나 반란이 완전히 진압된 뒤인 663년 4월 무렵으로 보았다.

3. 고리(高麗)와 유연(柔然)과의 교류를 통한 초원로 왕래 역량 확보

소그드인의 안내가 없으면 고리(高麗) 사절이 초원길을 왕래할 수 없다는 주장에 대한 반론이다.

사료 검토를 통해 고리(高麗)와 유연(柔然, Avar)은 서로 이와 잇몸처럼 가까이 왕래했고, 함께 연합하여 지두우를 경략하려 했다는 사실을 알 수 있었다. 그리고 돌궐에게 망한 유연의 일부가 집단으로 고리(高麗)로 이주했다는 기록을 통해, 고리(高麗)에 유연의 집단거주지가 있었다는 것도 밝혔다.

유연은 5~7세기 동쪽 고리(高麗)에서 서쪽 알타이를 넘어 준가리아(準噶爾, Dzungaria , Zhungaria)까지 자유롭게 넘나들었기 때문에 초원길을 훤히 알고 있었을 것이고, 따라서 고리(高麗)는 자체의 힘으로 초원길을 다닐 수 있는 인력을 확보하고 있었다. 이런 역사적 사실들은 고리(高麗) 사신이 스스로 사마르칸드까지 갈 수 있었다는 것을 뒷받침하는 중요한 증거라고 본다. 특히 고리(高麗)가 평시의 사신 형태가 아니고 밀사(密使)를 보낸다고 할 때는 국가의 운명이 걸린 일이기 때문에 당시 고리(高麗)가 오랫동안 축적한 경험과 인력을 최대한 동원했을 것이므로 어려운 일이 아니었을 것이다.

4. 고리(高麗)와 돌궐의 관계에 대한 동태적 분석

고리(高麗)가 서돌궐과의 연합을 시도하였다는 주장에 대한 보강 논리다. 일반적으로 고리(高麗)와 돌궐의 관계는 서로 적대관계로 이해할 수 있는 자료가 많았다. 그러나 돌궐과 고리(高麗) 관계를 동태적으로 분석해 보면 시대나 정황에 따라 늘 가변적이고, 필요에 따라 서로 연합을 시도하였다는 것을 알 수 있다.

그 대표적인 보기가 계민 카간(啓民可汗, Yami Qaghan, ?~609) 때인 607년에 고리(高麗)가 수나라 몰래 돌궐에 사신을 보냈다가 마침 그곳을 방문한 양제에게 들켜 문제가 되었던 사건이다. 이 사건은 수·당의 위성국이나 기미국가라 할지라도 수·당 몰래 얼마든지 찾아가 교류할 수 있다는 것을 보여주는 아주 좋은 보기이다.

이런 관점에서 고리(高麗)는 필요에 따라 당의 서쪽 전선인 서돌궐과 얼마든지 접촉할 수 있다는 가능성을 볼 수 있다.

5. 고리(高麗)와 설연타(薛延陀)의 연합에 대한 재평가

고리(高麗)와 설연타와 연합이 실패했다는 주장에 대한 반론이다.

돌궐을 멸하고 설연타와 연합을 통해 645년 당 태종이 쳐들어왔을 때 고리(高麗)가 설연타에 사절을 보내 연합을 제의하여 크게 성공하였다는 것을 밝혔다. 따라서 연개소문의 전략은 국제적인 정황을 정확히 파악하여 치밀한 연합전략으로 당의 침략을 물리쳤다고 평가할 수 있다. 그리고 이러한 연합작전의 성공은 그 뒤 당 고종이 쳐들어왔을 때 연개소문이 서북 전선에서 싸우고 있는 서돌궐과 연합을 시도하게 하였다고 보는 것은 당연한 귀결이라고 할 수 있다.

6. 고리(高麗)와 서돌궐(西突厥)의 연합 시도 가능성 검토

① 마르쿠스 모데는 서벽 벽화에 나온 의전깃발이 돌궐 카간의 것이고, 의전

을 안내하는 관리들이 모두 돌궐인이라는 점을 밝혀 "벽화 전면의 구성이 바르후만의 궁정이 아니라 서돌궐의 궁정이라고 가정할 수 있다고 본다. 다시 말해 사절단들은 돌궐의 손님이라고 주장하였다. 그리고 그림의 배경은 을비사궤 카간(乙毘射匱可汗, Irbis Shegui Qaghan, 641~651) 때의 일로 보았다. 을비사궤 카간은 친당 정권인 반면, 651년 당나라에 반란을 일켜 서돌궐을 통일한 이시바라 카간(沙鉢羅可汗, Ishbara Qaghan, 651~657)은 당나라와 계속 전쟁을 벌인 반당 정권이기 때문이다.

② 글쓴이는 화면 구성에 서돌궐 카간이 들어가 있다는 점을 인정하였으나, 마르쿠스 모데와는 달리 이시바라 카간(沙鉢羅可汗, Ishbara Qaghan, 651~657) 때라고 보았다. 당시 고리(高麗)는 당과 오랫동안 전쟁중이었기 때문에 친당(親唐) 정권인 을비사궤 카간(乙毘射匱可汗, Irbis Shegui Qaghan, 641~651) 때는 사절을 보낼 수 없는 반면, 당과 전쟁 중이던 이시바라 카간(沙鉢羅可汗, 651년~657)과의 연합을 모색해야 했기 때문이다.

결론적으로 고리(高麗)가 서돌궐의 지배 아래 있던 사마르칸드에 사절을 보낸 시기는 651~656년 사이인데, 특히 655년이 가장 가능성이 높다고 보았다.

일곱째 마당

역사유적을 통해서 본
고리(高麗) 사절의 사마르칸드 가는 루트

I. 머리말

앞에서 고리(高麗) 사절이 서돌궐과의 연합을 위해 사마르칸드까지 갔다는 내용을 보았다. 그렇다면 당시 고리(高麗) 사절은 어떤 루트를 통해 사마르칸드에 갔을까?

이 문제는 고리(高麗) 사절을 연구하는 연구자들도 대부분 관심을 갖는 부분이어서 나름대로 루트를 제시하였다. 앞에서 연구사를 검토하면서 비교적 자세히 보았기 때문에 간단히 간추려 보고, 이어서 글쓴이의 관점을 제시하려고 한다.

1. 사행 루트에 대한 연구사 간추림

(1) 1975년 알바움 : 평양 ⇢ 몽골 카라코룸(Kharakhorum) ⇢ 사마르칸드

당시 돌궐과 교류가 많았던 고구리(高句麗)가 돌궐의 본거지였던 막북(漠北)의 카라무렌(黑水)을 통과하는 동서 루트를 이용하여 사마르칸드까지 갔다고 나름대로 루트를 밝힌 것은 초기 연구로서는 괄목할 만한 성과였다.

(2) 1976년 아나자와(穴澤)의 스텝 루트(steppe route)

아나자와(穴澤)가 사신이 간 루트를 스텝 루트(steppe route)라고 주장하였는데, 이는 알바움이 카라코룸을 통해서 갔다는 설보다 한 걸음 더 나아간 것이다.

(3) 박진욱과 노태돈 초원길

박진욱은 아나자와의 스텝 루트를 지지하였지만 정확한 지명을 밝히지 않고 약간 추상적으로 표현하여 대초원과 알타이 산맥을 넘어갔다고 하였다. 노태돈도 아나자와의 초원길을 언급하였다. "그들이 이곳으로 간 루트는 唐을 통해서가 아니라 북아시아의 이른바 초원의 길이었을 것이다. 유연(柔然)・돌궐(突厥)・설연타(薛延陀) 등과 오랜 교섭의 경험이 그것을 가능하게 하였던 것으로 여겨진다."고 했다.

(4) 정수일의 남북 2도와 초원로

정수일은 먼저 영주(營州)까지 가는 2개의 길을 세운다. 이 길은 당시 고구리(高句麗)의 수도 평양에서 서쪽 기점인 영주까지의 길을 말한다. 이어서 영주에서 이어지는 초원길(草原路)을 현재 몽골의 오르콘까지 설정하였다. 정수일의 초원로의 핵심 지역이 오르콘이라는 점은 아나자와의 스텝-루트와 같지만, 평양에서 오르콘까지의 루트는 아주 자세하게 제시했다. 아나자와가 제시했던 루트와 거의 같지만 오르콘에서 카자흐스탄 사이 알타이 산맥 이남의 준가리아 분지가 더 들어가 있다. 카자흐스탄에서 남쪽으로 사마르칸드까지 가는 루트는 밝히지 않았다. 그러나 이러한 시도는 고리(高麗) 사신들이 실제 사마르칸드로 갔던 길을 복원해서 밝히려 했다는 점에서 성과라고 할 수 있다.

(5) 권영필의 영주(營州)-사마르칸드 루트

영주(營州) 언저리에서 소그드인의 유물이 나왔기 때문에 이미 여러 논문에서 그를 바탕으로 소그드에서 영주에 이르는 루트를 연구하였다. 그러므로 권영필은 먼저 전통적인 타클라마칸 남북로가 아닌 톈산북로 길을 검토한다. 그러나 이런 정통적인 루트는 당나라와의 관계상 통과가 불가능하므로 북중국 루트를 검토한다. 이 루트는 아나자와의 루트와 비슷하다. 그러나 "이 루트는 640년쯤 당의 판도에 비추어 검토하면 현재의 츠펑(赤峯)을 제외한 지역, 곧 동쪽의 차오양(朝陽)과 황허(黃河)의 허타오(河套)지역은 모두 당의 영역이었다. 따라서 고구리(高句麗)가 당과 적대관계인 상황에서는 돌궐의 서역 루트를 이용하였을 것이라는 점을 고려할 수 있다."고 해서 돌궐 루트를 제시한다. 정수일의 영주-실위로(營州-室韋路)와 비슷한데, 준가르 분지를 지나서 사마르칸드에 이르는 루트가 자세한 것이 특징이다. 이 루트는 모리 마사오(護雅夫)의 연구 성과를 준용한 것이다. 다만 모두 영주를 통해야 하는 점은 앞에서 본 다른 연구자들과 같은 문제점을 가진다.

(6) 이재성의 세 가지 노선

이재성은 고구리(高句麗) 사신들이 갔을 루트를 밝히는 「아프라시압 宮殿址 壁畫의 '鳥羽冠使節'에 관한 고찰-高句麗에서 사마르칸드(康國)까지의 路線에 대하여-」라는 논문을 통해 꽤 자세한 루트를 밝혔다.

(가) 평양-오르콘 노선
　① 고구려(高句麗)⇨실위(室韋) 노선
　② 고구려(高句麗)⇨말갈 노선
　③ 고구려(高句麗)⇨거란(契丹) 노선

(나) 오르콘-사마르칸드 노선
　오르콘 강 상류 초원지대⇨셀렝가 강 상류의 초원지대⇨항가이 산맥 북부⇨알타이 산맥⇨준가리아⇨위구르주의 짐사(Dzimsa, 吉穆薩爾縣)⇨일리 강계곡⇨Balkhash 호수 계곡 남쪽의 제티수 지역⇨이시쿨로 흘러들어가는 추 강(Chu, 楚河＝碎葉水 하류 건너⇨탈라스 강 유역⇨타시켄트(石國, Chach)⇨시르 강(Syr Darya)⇨Sogdiana의 사마르칸드

2. 연구 방법

고리(高麗)에서 사마르칸드까지 가는 길은 너무 멀고 넓어서 어떤 지점을 거쳐서 갔는지를 연구하는 것은 쉽지 않다. 더구나 지나는 지역이 대부분 초원지대이고, 초원지대를 지배하던 카간들조차 궁전을 짓지 않고 그들 풍습대로 현재의 텐트 같은 아장(牙帳)을 세웠기 때문에 유적들이 거의 남아 있지 않다. 그러므로 현재 초원에 남아 있는 여러 유적들을 가능한 한 찾아내서 당시의 루트를 추정할 수밖에 없다. 다행히 당시 돌궐인들의 돌사람과 발발(무덤 앞에 세운 돌들)이 많이 남아 있어 이런 돌사람들을 기준으로 삼았다.

앞에서 본 선행 연구자들의 사마르칸드 사행(使行) 루트와 그간 글쓴이가 답사한 기록을 바탕으로 좀 더 자세한 루트를 제시해 보려 한다.

그림 150 평양에서 막북(漠北) 항가이산맥까지의 고리(高麗) 사절 사행(使行) 루트 추정

II. 평양에서 대흥안령까지

1. 고리(高麗) 국내 루트 : 국내성인가? 오골성인가?

1) 평양에서 압록강 루트

평양을 떠난 사신은 위급 상황에서 중요한 임무가 있었기 때문에 가장 빠른 지름길이면서 가장 안전한 길을 찾아서 가야 했을 것이다. 대부분의 연구는 옛 수도인 국내성을 지나서 가는 것으로 상정하였다. 그러나 국내성으로 가는 길은 평양에서 국내성까지 가는 길도 산길이지만 그곳에서 요동으로 나가는 길도 역사상 유명한 험로다. 그러므로 글쓴이는 오골성을 통해서 갔다고 본다. 오골성은 압록강 이북에서 가장 큰 성으로 수·당과 싸울 때 전략상 요충지였고 평양성에

서 요동성까지 가는 가장 짧은 지름길이기도 하기 때문이다.

압록강까지 가장 안전하고 빠른 길은 군사들이 잘 지키고 있고, 그 군사들이 이동하는 길이 있다. 바로 수도 평양을 지키는 방어선이다. 평양에서 안주읍에 있는 안주성(安州城)까지 가서는 해안과 내륙 두 갈래로 갈라져 백마산성(白馬山城)까지 이어진다.[439] 안주성에서 백마산성까지는 ① 곽산군 능한산성(凌寒山城)➡동림군 동림성(東林城)➡염주군 용골산성(龍骨山

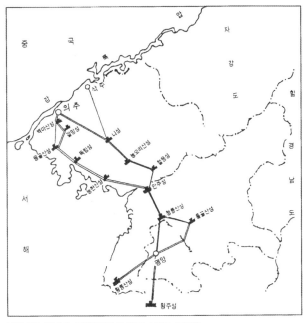

그림 151 압록강–평양 방어선(서일범, 1999, 187쪽)

---

439) 徐日範,「北韓地域 高句麗山城 研究」, 檀國大學校 대학원 사학과 박사학위 논문, 1999, 17-19쪽.

城)⇨피현군 걸망설(契亡城)⇨피현군 백마산성으로 이어지는 해안노선과 ② 철옹성(鐵瓮城)⇨농오리산성(籠吾里山城)⇨니성(泥城)을 거쳐 가는 내륙 노선이 있는데 해안노선을 썼을 가능성이 더 크다고 본다. 현재의 안주⇨선천⇨동림⇨용천⇨의주를 통하는 길이다.

백마산성은 평안북도 피현군 백마리 백마산에 있는 성으로 현재 의주 남쪽에 있다. 백마산성에서 북쪽으로 가면 압록강에 닿고(현재의 의주), 이곳을 건너면 박작성(泊灼城)이다.[440]

645년(보장왕 4) 당 태종의 대규모 침략이 실패한 지 3년 후인 648년 태종은 설만철(薛萬徹)로 하여금 3만 남짓한 군사를 이끌고 박작성을 공격하게 하였다. 당시 박작성 성주 소부손(所夫孫)이 1만여 명의 군대로 대항하여 성을 지켰으며, 고문(高文)이 오골성(烏骨城)과 안시성(安市城)의 군대 3만여 기를 거느리고 구원하였다는 기사가 있다. 박작성⇨오골성⇨안시성의 루트를 생각해 볼 수 있는 자료다.[441]

2) 압록강에서 요동성까지

박작성과 의주는 압록강을 두고 서로 바라보는 곳이고 그 사이에 어적도(於赤島) 같은 큰 섬들이 있어 건너기 쉽다. 박작성에 다다르면 바로 내륙에서 흘러내리는 애하(靉河)을 따라 올라가면 오골성(烏骨城)에 이른다.[442] 이 오골성은 당나라와 싸울 때 고리(高麗) 군의 최대 본진이 있었던 곳이다. 높은 산으로 둘러싸인 천혜의 요새다.

오골성에서 요동성으로 나가는 길은 전략적 필요에 따라 안시성이나 건안성

---

440) 박작성에서 발굴된 우물은 중화인민공화국에서 발견된 우물 가운데 가장 큰 규모로 알려졌다(정원철,『고구려산성연구』, 동북아역사재단, 2017, 354쪽).

441) 『삼국사기』권22,「고구려본기」제10, 보장왕(하). (七年) 帝詔右武衛大將軍薛萬徹 爲靑丘道行軍大摠管 右衛將軍裴行方副之 將兵三萬餘人 及樓舡戰艦 自萊州 泛海來擊. …… 太宗遣將軍薛萬徹等來伐 渡海入鴨淥 至泊灼城南四十里 止營. 泊灼城主所夫孫 帥步騎萬餘 拒之. 萬徹遣右衛將軍裴行方 領步卒及諸軍乘之. 我兵潰 行方等進兵圍之 泊灼城因山設險 阻鴨淥水以爲固 攻之不拔. 我將高文 率烏骨安地諸城兵三萬餘人 來援 分置兩陣 萬徹分軍以當之. 我軍敗潰 帝又詔萊州刺史李道裕 轉糧及器械 貯於烏胡島 將欲大擧.

442) 서길수,『高句麗城』, KBS주최「고구려특별대전」도록, 1994.

그림 152 오골성 동벽과 동문(『高句麗城』, 104쪽, 1993)

그림 153 백암성 내성과 태자하(『高句麗城』, 150쪽, 1993)

으로 나가 요동성으로 올라가는 길도 있으나 사신은 백암성을 통해 바로 요동성
으로 갔다고 본다. 가장 빠른 길이기 때문이다.

　오골성에서 애하(靉河)의 지류인 초하(草河)를 따라 올라가며 강가에 있는 산

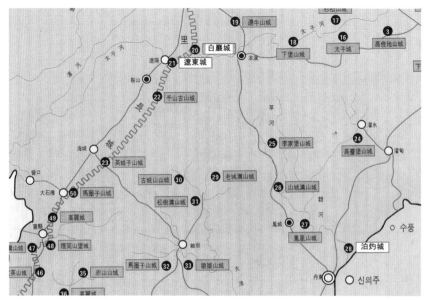

그림 154 압록강–요동성 지름길(지도 『高句麗城』, 1994)

성구산성(山城溝山城)과 이가보산성(李家堡山城)을 지나면 태자하(太子河)와 만난다. 태자하를 따라 내려가면 백암성(白巖城)에 닿고, 바로 서쪽에 요동성(遼東城)이 있다. 요동성은 요서를 넘어 서녘으로 가는 전진기지다.

2. 요동성(遼東城)에서 대흥안령을 넘는 루트

1) 요동성(遼東城)에서 울란하오터(烏蘭浩特)까지

요동성을 떠난 고리(高麗) 사절은 요하를 건너 서쪽으로 가지 않았을 것으로 본다. 서쪽을 가면 반드시 영주(營州)를 거쳐야 하는데, 영주는 당나라가 고리(高麗)를 칠 때 최전선 역할을 했기 때문이다. 그러므로 당시 고리(高麗) 사절은 영주를 거쳐 가는 서쪽 루트는 처음부터 헤아려 보지 않았다고 보아야 한다.

644년, 당 태종이 고리(高麗)를 칠 때 먼저 영주도독 장검(張儉) 등을 시켜서 요동을 쳤다.[443] 655년에도 영주도독 정명진(程名振)이 소정방과 함께 고리(高麗)를

---

443) 『新唐書』『本紀』第2 太宗 十七年. 七月甲午, 營州都督張儉率幽·營兵及契丹·奚以伐高麗. 『삼국사기』 권 21에서는 같은 기사에서 거란·해·말갈을 거느리고 요동을 쳤다고 해서 말갈이 들어갔는데 잘못되었다. 말갈은 당시 고리(高麗) 군에 속해 있었다.

쳐들어왔으며, 『삼국사기』에는 658년 다시 정
명진(程名振)과 소정방이 쳐들어와 실패한 기록
이 있다.[445] 영주도독의 활약은 666년 기사에도[446]
뚜렷이 나타나기 때문에 고리(高麗) 사절이 영주
를 거쳐 갔을 가능성은 거의 없다.

정수일의 루트는 모두 영주, 곧 지금의 차오
양(朝陽)를 기점으로 하였기 때문에 일단 검토하
지 않는다. 권영필은 차오양이 당나라의 영역이
라는 점을 고려하여 대신 치펑(赤峯)을 통한 루
트를 제시했지만, 치펑은 차오양을 거쳐 가야 하
고, 차오양에서 서북쪽으로 불과 160km밖에 떨
어지지 않은 곳이기 때문에 당의 관할을 벗어나
안전하게 갈 수 있는 곳이 아니다.

이재성은 차오양을 피한 ① 실위 노선 ② 말갈
노선 ③ 거란 노선을 제시했는데, 모두 현재 집
안인 국내성을 거쳐 내몽골 우주무친기(烏珠穆沁
旗)에서 만난다. 그러나 ①은 송화강을 따라 길

그림 155 요동성(遼東城)에서 후룬호까지

림(吉林)으로 올라가 쑹웬(松原) 위에서 니엔 강(嫩江)을 만나 치치하루(齊齊哈爾)
로 올라가는 노선이기 때문에 우주무친기(烏珠穆沁旗)로 갈 수 없는 루트다. 서쪽
으로 울란하오터(烏蘭浩特)에서 대흥안령을 넘어 서남쪽으로 내려가야 우주무친
기가 있는데, 니엔 강은 대흥안령 동북쪽으로 올라가 버리기 때문이다. ②의 말
갈 노선은 집안에서 이통하(伊通河)를 따라 현재의 장춘(長春)과 농안(農安)을 거

---

444) 『新唐書』『本紀』第3 高宗 永徽 六年(655) (二月) 乙酉, 營州都督程名振·左衛中郎將蘇定方伐高麗.

445) 『삼국사기』 권 21, 「고구려본기」 제10, 보장왕 17년(서기 658) 여름 6월. 당나라의 영주도독겸동이
도호(營州都督兼東夷都護) 정명진과 우령군중랑장(右領軍中郎將) 설인귀(薛仁貴)가 병사를 거느리고
와서 우리를 공격하였으나 이기지 못하였다. 十七年 夏六月 唐營州都督兼東夷都護程名振右領軍
中郎將薛仁貴 將兵來攻 不能克.

446) 『新唐書』『本紀』第3, 高宗 乾封元年(666) 六月壬寅, 高麗泉男生請內附, 右驍衛大將軍契苾何力
爲遼東安撫大使, 率兵援之. 左金吾衛將軍龐同善·營州都督高侃爲遼東道行軍總管, 左武衛將軍
薛仁貴·左監門衛將軍李謹行爲後援.

그림 156 광개토태왕 서북 정복로 대탐방(KBS·주간조선·고구리연구회, 1999.06.22.~07.16.)

치는 노선인데, 이 노선도 대흥안령을 넘어야 우주무친기(烏珠穆泌旗)와 만날 수 있다. ③의 거란 노선은 동요하–시라무렌 강을 통해서 가는 것이 다르다. 이 노선은 영주와 가깝고, 거란은 당과 고리(高麗)를 유불리에 따라 왔다갔다 했기 때문에 믿고 이 노선을 선택할 수 없었으리라고 본다.

　글쓴이가 압록강 중류에 있는 국내선을 통하지 않고 하류의 박작성 –오골성 노선을 고른 것은 평양에서 국내성까지는 물론 국내성에서 서북쪽으로 나아가는 데도 산간지역이라 방어에는 좋은 지역이지만 빨리 서녘을 가야 할 밀사에게는 알맞은 루트가 아니라는 점은 이미 지적했다. 이는 글쓴이가 16년 동안 고구리(高句麗) 산성을 답사하면서 경험한 것을 바탕으로 상정한 것이다.[447]

　이제 요동성에서 대흥안령을 넘어가는 루트를 보기로 한다. 옛날의 길들을 보면 대부분 큰 강을 따라 이동하였다. 먼저 길이 강을 따라가기 때문에 길을 잃지 않고 갈 수 있고, 강가에는 사람들이 살고 있어서 양식과 물을 구할 수 있기 때문이다. 따라서 요동성에서는 요하를 따라 올라가면 쉽게 쌍료(雙遼)에 다다를 수 있다. 쌍료는 동요하와 서요하가 합쳐지는 곳을 말하는데, 실제 두 강이 합쳐지는 곳보다 훨씬 북쪽에 현재의 쌍료라는 도시가 있다. 이곳은 바로 서요하를 따

---

447)　서길수, 『고구려 축성법 연구』, 학연문화사, 2009.

그림 157 동•서 요하(遼河) 갈림길　　　**그림 158** 동요하와 서요하가 합쳐지는 곳(1999.06.24.)

라가다 완전히 서쪽으로 꺾어지는 곳이다. 서요하를 좀 더 따라 올라가면 시라무렌 강과 합쳐지는 데 바로 거란지역이다. 그러므로 고리(高麗) 사신은 여기서 서쪽으로 서요하를 따라가지 않고 북쪽으로 계속 올라가 쑹웬(松原)이나 바이청(白城)을 거쳐 울란호터(烏蘭浩特)로 갔다고 본다.

송원 북쪽에 니엔 강(嫩江)과 송화강이 합쳐져 북송화강이 되는 지점이 있다. 여기서 이재성의 ① ②번 노선이 만나는 곳이고, 여기서 ①번 루트는 니엔 강(嫩江)을 따라 북쪽 치치하루 쪽으로 올라가고, ②번 루트는 백성을 거쳐 울란하오터(烏蘭浩特)로 들어간다.[448]

2) 대흥안령의 고리성(高麗城)

대흥안령 산맥은 흑룡강 남쪽 가에서 남남서를 달려, 몽골 고원과 만주 대평원의 경계를 이루는 산맥이다. 전반적으로 산맥 높이가 800～1200m 안팎이고, 1200～1700m 높이의 잔구(殘丘, 준평원 위에 홀로 남아 있는 언덕을 일컫는 지리학 용어. 주위의 땅이 낮아짐으로 인해 생긴다)형 봉우리가 많다. 서남으로 이어지는 길이는 약 1,000km(1,500km라는 자료도 있다)이고 남북의 너비는 약 300km나 된다. 산맥 동남쪽은 비교적 험준한 곳이 있는 반면에 서북쪽은 평탄한 편이다. 역

---

448) 이 지역은 고구리연구회와 KBS•조선일보가 공동으로 답사 촬영하였다. 최유식, 「광개토태왕 서북 정복로 대탐방 일정보고–1999년 6월 22일~7월 16일」, 고구려연구회『高句麗研究』(7), 1999, 419~457쪽.

사적으로 볼 때 이 대흥안령 신맥은 동이(東夷)와 북적(北狄)을 나누는 큰 맥이 되었기 때문에 중요한 의미가 있다.

울란하오터(烏蘭浩特)는 대흥안령을 넘어가는 동쪽 전진기지다. 그런데 이 지역에 고리(高麗) 성이 있다는 기록들이 있어 1997년 답사 때 확인한 적이 있다.[449] 1933년 러시아의 고고학자 K. A. 렐리제프(熱列玆雅科夫)가 이 지방을 조사하고 고리성(高麗城)이 있다고 했고 현지 자료에도 나온다.[450]

고성촌은 타오얼 강 동쪽 가에 있는데 우란호터 시 북쪽 약 10km 지점에 있고 흥안맹(興安盟) 울란하오터 시(烏蘭浩特市) 울란하타 향(烏蘭哈達鄉)에 속한다. 이 마을은 뒤편에 옛 성터가 있기 때문에 고성촌이란 이름을 갖게 되었다. 현지 몽골족 노인들은 이 고성을 고리성(高麗城)이라고 부른다. 몽고족 노인들의 하는 얘기를 들어보면 아주 먼 옛날 이 성은 조선인이 살던 성이라고 한다.[451]

……고리집터(高麗房身)라는 이름의 유래에 대해서는 현지의 견해들이 다른데 모두 선조들의 견해를 이어받은 것들이다. 요나라가 발해를 물리친 뒤 말갈인과 고구려 사람들을 대거 서쪽으로 옮겼는데 그 뒤 현지인들이 동쪽에서 이주해 온 사람들을 일컬어 고리(高麗)라고 했다. 이 이름은 이러한 역사적 사실과 관계가 있을 수 있다.[452]

멀리 빠라커타이쥐즈(巴拉克台局子)의 북쪽 8Km 지점의 꿰이아이리에얼 허(歸埃列爾河) 오른쪽 기슭(右岸)에도 규모가 상당히 큰 옛 성터 같은 것이 있다. 그러나 정확한 성의 이름은 알 수 없다. 기록에 근거하여 판단하여 볼 때, 그 것들은 '고리성(高麗城)' 류의 옛 성터일 것이다. 통상적으로는 '소성자(小城子)'라고 부른다. ……

옛 성터 부근에 거주하고 있는 주민들은 이곳을 일컬어 허리에하다(赫列哈達)라고 한다. 400~500년 전 명나라 때 이곳에 살았던 사람들은 고리(高麗) 사람이다. 본인이 수

449) 서길수, 「내몽골 大興安嶺 주변 歷史遺蹟 踏査記」, 고구려연구회 『高句麗研究』(7), 1999, 347~418쪽.
450) K. A. 熱列玆雅科夫 저, 王德厚 옮김, 「興安省의 考古學資料」, 『黑龍江考古民族資料譯文集』(1), 1991, 83쪽.
451) 내몽고조선족연구회편, 『내몽고조선족』, 내몽고대학출판사, 1995, 124쪽.
452) 『백성문물지』17~18쪽. 吉林省 白城市 平安鎮鄉 平安村 南 15km 高麗房身遺址

그림 159 고리성(高麗城)(1997.08.17.)   그림 160 고리 집터(高麗房身)(1997.08.18.)

집하였던 도기는 아마 그들이 남긴 기물일 것이다.[453]

이밖에도 몇 곳이 더 있어 1997년 현장에 가서 현지 주민들에게 고리(高麗) 성
이라는 사실을 모두 확인하였다. 앞으로 이 부분은 더 깊은 연구가 이어져야 하
지만 이곳에 고리 사람(高麗人)들의 흔적이 있었던 것은 확실하다.

3) 울란하오터(烏蘭浩特)―대흥안령―후룬 호(呼倫湖, Hulun nor, 俱輪泊)

울란하오터에는 북쪽의 대흥안령에서 흘러내리는 타오얼 강(洮儿河)이 시내
를 통과하여 바이청(白城)을 지나 니엔 강(嫩江)으로 들어간다. 그런데 대흥안령
서쪽 기슭의 빠오커타 산(寶格達山)에서 발원한 귀류하(Guiliu, 歸流河)가 동쪽으
로 흘러오다 울란하오터에서 타오얼 하와 합쳐진다. 대흥안령 서쪽에서 발원한
강이 동쪽으로 흘러 내려오는 것은 이 지역에서 북대흥안령과 남대흥안령 사이
에 높은 산이 없고 고원을 이루고 있기 때문이다. 그러므로 귀류 강을 따라 현재
S203번 도로가 나 있다. S203번 도로는 알리더얼 수무(Alide'er Sumu, 阿力得尔苏
木)에서 S101번 도로와 갈라져 서남쪽으로 503km를 달리면, 우주무친기(烏珠穆
沁旗)의 주도 오리아사태진(烏里雅斯太鎭)이 나온다. 이것도 동우주무친기(東烏珠
穆沁旗)이고 서우주무친기는 그보다 훨씬 더 내려간다. 그러므로 호룬뻬이로 가

---

453) K. A. 熱列玆雅科夫 씀, 왕덕후 옮김 「興安省的考古學資料」, 『黑龍江考古民族資料譯文集』 제1집,
     1991. 83쪽.

는 사절이 서꾸로 우주무진기(烏珠穆沁旗)로 내려갈 필요는 없었을 것이다.[454]

울란하오터(烏蘭浩特)에서 귀류하(歸流河), 곧 S203번 도로(省道)를 따라 서쪽으로 213km를 가면 몽골에서 가장 동쪽 끝인 눔룩(Numrug)이 나온다. 비록 대흥안령을 넘어가지만 마치 평야를 달리는 것처럼 평탄하다. 글쓴이는 1997년과 1999년 2번에 걸쳐 대흥안령을 넘으며 '엄청나게 높은 산맥에 막힌 험난한 곳일 것'이라는 선입견을 완전히 떨쳐냈다. 고리(高麗) 사절이 이 길을 통해서 대흥안령을 넘었을 것이라고 본 것도 그때의 경험을 바탕으로 한 판단이다.

여기서부터는 할흐(Khalkh, 230km) 강을 따라 계속 올라가면, 몽골과 중화인민공화국의 국경을 만드는 강이 나오는데 대흥안령에서 흘러내리는 할라하(Halaha, 哈拉哈河) 강이다. 할흐 강은 이 강과 합류하여 할라하 강이 된다. 그리고 국경을 이루는 할라하를 399km 달리면 부이르 호(Lake Buir, 貝爾湖)가 나온다. 부이르(Buir) 호수에서 후룬 호(呼倫湖)로 이어지는 강이 우얼순(烏爾遜) 강으로 223km쯤 된다.

후룬 호 서남쪽에는 실위(室韋) 오소고부락(烏素固部落)이 있었다.[455] 현재의 신바얼후 우기(新巴尔虎右旗) 알라탄에몰레(Alatan'emole, 阿拉坦额莫勒镇) 진으로 보인다. 이곳은 케를렌(Kherlen, 克魯倫, 1,264km) 강이 후룬 호로 흘러 들어가는 입구에 있다.

현재 이 지역은 후룬베이얼(呼倫貝爾) 자치주에 속하는데, 이곳을 가려면 에벤키족 자치기(鄂溫克族自治旗) 후룬베이 시를 통해서 가야 한다. 2003년 호룬 호를 방문했을 때 후룬베이 시에 있는 작은 어벤키기 박물관(鄂溫克旗博物館)에서

---

454) 1997년 글쓴이가 단국대 서영수 교수와 함께 이 루트를 답사하였다. 울란호터를 떠나 동오주목필기(東烏珠穆沁旗)의 인민정부가 있는 오리아사태진(烏里雅斯太鎭)까지 이틀 동안 616km를 달려서 다다를 수 있었다. 원래 이정표로 하면 496km인데 120km를 더 돌거나 헤맨 것이다. 이때는 도로가 없어 초원길을 달리느라 여러 번 길을 잃었다(서길수. 「내몽골 대흥안령 주변 역사유적 답사기」, 『고구려연구』(7), 고구려연구회, 1999.).

455) 『舊唐書』卷199(上), 「列傳」第149(上). 今室韋最西與 紇接界者, 烏素固部落, 當俱輪泊之西南.

그림 161 후룬베이에서 가까운 러시아 국경(2003.09.23.)

그림 162 어벤키기 박물관(2003.09.23)

그림 163 후룬 호(呼倫湖, 2003.09.23)

돌궐 돌사람(石人像)을 보고 놀랐다. 돌궐의 영향력이 여기까지 미친 것이다. 설명서에 보면 후룬베이시 남쪽 44km 지점에 있는 멍건출루 스무(孟根楚魯-蘇木)에서 발견된 것이라고 한다. 이곳은 대흥안령에서 흘러내리는 이민 하(伊敏河)에 형성된 마을로, 이민하는 후룬베이 북쪽에서 하일라르 하(海拉爾河)로 흘러들어 간다.

여기서 발견한 돌궐의 돌사람은 앞으로 고리(高麗) 사절이 사마르칸드까지 가는 도중에 중요한 길잡이가 된다.

Ⅲ. 막북(漠北) 초원 가로지르기

이 케를렌 강을 따라 처이발상(몽골어: Чойбалсан), 은드르항(Өндөрхаан) 같은 지역을 지나 서쪽으로 이동하면 현재 몽골의 수도 울란바타르에 이른다. 울란바타르 동남쪽에 고리(高麗)와 같은 시대 돌궐의 유명한 재상인 톤유쿡(Tonyukuk, 阿史德 暾欲穀, 646~?)⁴⁵⁶⁾ 비석이 남아 있기 때문에 당시 이 지역이 중요한 곳이라는 것을 알 수 있다. 그래서 이 지점을 고리(高麗) 사신이 지나간 길로 잡았다.

그림 164 초원에서 돌궐 유적 찾기(2006.06.29.)

그림 165 서진수·안내인·서길수·엔케(통역)

---

456) 톤유쿡(Tonyukuk, 阿史德 暾欲穀, 646~?) : 후돌궐의 명재상으로 묵철 시기부터 4명의 카간을 보좌했다. 『구당서』(권 194上, 열전 144上)에 나오는 "暾欲穀曰 若築城而居, 改變舊俗, 一朝失利, 必將 爲唐所並(성을 쌓고 사는 것은 옛 풍속을 바꾸는 것이라 하루아침에 이로운 것을 잃으니 앞으로 반드시 당나라에 합병되고 말 것이다)."는 말이 유명하다. 한문 사서에 나오는 아사덕 원진(阿史德元珍 ?~691)과 같은 사람이라는 설이 있지만 반대하는 학자도 많다. 몽골 수도 울란바타르 동남쪽에 있는데, 구글에서 Bain Tsokto inscriptions을 치면 쉽게 찾을 수 있다.

그림 166 톤유쿡 비석(2006.06.29)

그림 167 울란바타르 국립박물관(2006.07.19.)

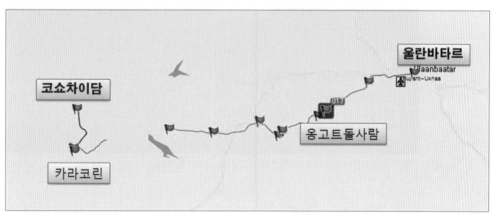

그림 168 울란바타르에서 카라코룸 가는 길

울란바타르에서 카라코룸까지는 초원지대여서 답사에 큰 어려움이 없다. 2007년에 이 구간을 두 차례 답사했는데, 서쪽으로 가면서 발해·요나라 때의 친 똘고이 성터(Chin Tolgoyn balgas)와 위구르 때의 하르 부힌 성터(Har Bukhyn balgas)를 거쳐 우기 호수(Ugii nuur)에 이른다. 돌아올 때는 길이 아닌 초원지대

그림 169 The Ongot Monument Ensemble(2007.9.28.)

그림 170 돌궐 사람(2007.9.28.)

그림 171 퀼 테긴 비 동면(돌궐어)(2007.07.08.)

그림 172 퀼 테긴 비 서면(한문)(2007.07.08.)

에서 돌궐 유적이 있는 곳을 지나오면서 GPS로 측정해 보았는데 옹고트 유적
(The Ongot Monument Ensemble)을 비롯하여 많은 께렉수르들을 만날 수 있었
다. 울란바타르에서 돌궐비가 있는 코쇼 차이담까지는 이런 길을 갔을 것이다.

제2돌궐을 세운 빌개 카간과 퀼 테긴의 비석이 발견된 코쇼 차이담 돌궐 박물
관(Gokhturk Museum at Khoshoo Tsaidam)은 막북에서 제2돌궐이 세력을 떨친
중심지라고 할 수 있다. 이 두 비석은 막북의 역사를 이야기해 주는 많지 않은 기

록이다. 고리(高麗) 사신은 이 지역을 통과했으리라고 본다.

울란바타르에서 서쪽으로 400km쯤 떨어진 이곳은 몽골 중부의 최대 산맥인 항가이(Khangai, 杭愛山)산맥 북쪽 기슭에 자리 잡고 있다. 항가이 산의 가장 높은 옷곤텡겔(Otgontengel, 4,031m)이다. 항가이 산은 『한서』에 연연산(燕然山)이라고 나오고, 학자들은 이곳이 유연(柔然, 330-555)의 수도였고, 돌궐의 외튀캔(Ötükän, 於都斤)[457] 산으로 보고 있다. 동돌궐이 멸망한 뒤 철륵의 설연타 이남(夷男)이 진주비가 카간(眞珠毘伽可汗)이 되어 아장(牙帳)을 세운 곳도 바로 이 울독군산(鬱督軍山) 아래였다.

코쇼 차이담에서 서쪽으로 120km쯤 가면 체체를렉(Tsetserleg)이라는 도시가 나오는데, 아르항가이 아이막(Arkhangai Aimag)의 수도로 아이막(縣)의 박물관(Arkhangai Aimag Museum)이 있다. 여기는 제1돌궐 4대 타스파르 카간(他鉢可汗, 572~581)을 위해 지었다고 보이는 부구트(Bugut) 유적이 있는데, 돌비석, 기와

그림 173 몽골 중부 답사단(2007.09.26.)

---

457) 於都斤山(周書), 烏德鞬山(신당서), 都尉揵山(구당서), 都斤山(수서. 신당서), 大斤山(수서), 鬱督軍山(구·신당서), 郁督軍山(신당서).

그림 174 부구트 비석과 비석 전면에 새겨진 소그드 문자(2007.09.26.)

이은 건물, 발발이 확인되었다.

돌비석 정면과 두 측면에는 소그드문이 새겨져 있어 러시아 연구자들이 해독하여 발표하였고, 일본에서도 새로운 해독을 발표하였는데, 그 내용은 모두 불교적 색채가 강하다. 뒷면에는 산스크리트가 브라흐미(Brahmi) 문자로 새겨져 있는데 닳아 없어져 전혀 읽을 수가 없다(몽일조사보고서). 돌궐이 사마르칸드와 같은 소그드 문자를 썼다는 것을 알 수 있다. 주변에는 많은 청동기시대 사슴돌과 돌궐 돌사람이 발견되었다.

앞에서 보았듯이 고리(高麗)에는 이미 유연(柔然)이 망했을 때 많은 전사와 병사들이 이곳으로 도망와서 살았고 설연타와 연결했던 돌궐인들도 많았을 것이다. 그러므로 이곳까지 왕래하는 전문가들이 많았을 것이고, 사절들이 여기까지 오는 것은 문제가 없었을 것이다. 특히 유연 사람들은 알타이 서부까지 지배하고 있었기 때문에 이곳에서 국제어로 쓰이던 소그드어를 잘하는 사람도 많아서 알타이를 넘는 일 정도는 어려움이 없었을 것이라고 본다.

글쓴이가 답사한 곳은 여기까지고 다시 시작하는 울란곰까지는 가 보지 못했지만, 역사적으로 여러 민족이 알타이를 넘어 이곳에 정착한 기록이 많으므로 사절들이 계속 여행하는 길은 가능했을 것이다.

IV. 알타이 산맥을 넘는 루트

1. 몽골 알타이

역사적으로 알타이 동쪽에서 서쪽으로 넘은 사례는 ① BC 1세기 중반, 서흉노가 알타이를 넘어 탈라스 지역에 정착했고, ② 1세기 후반 북흉노 일부가 알타이 넘어 일리 강(Illi, 伊犁河)으로 이동하여 정착했으며, ③ 고차정령(高車丁零)이 485~486년 톈산 산맥 북방과 알타이를 넘어갔다.

거꾸로 서에서 동으로 알타이 산맥을 넘은 사례도 많다. ① 돌궐 아사나(阿史那)족은 유연에 종속되어 알타이 서남쪽에서 시우쇠(鍛鐵)를 만들었다. 546년부터 세력을 키워 알타이를 넘어 앞에서 본 항가이 산록에서 552년에 돌궐을 세웠다. ② 연개소문과 연대를 했던 설연타도 있다. 막북 지역에 있던 설연타는 서돌궐이 강성해지자 알타이를 넘어 중가리아에 자리를 잡았고, 그 뒤 630년 동돌궐이 멸망하자 다시 알타이를 넘어 항가이 지역에서 세력을 떨쳤다. 651년 서돌궐이 반란을 일으키자 당이 회흘부(回紇部) 4만을 이끌고 평정하는데, 이때 셀렝가 강 언저리에 살던 회흘부 군대는 알타이를 넘어서 서돌궐을 쳤다. 역사적으로 많은 민족들이 알타이 산맥을 넘나들었다.

그러므로 항가이 산맥에서 알타이로 이어지는 노선을 당시 잘 알려져 있었을 것이다. 항가이 산맥에서 알타이산맥으로 이어지는 현재 몽골의 노선은 북쪽과 남쪽 두 길이 있다. 남쪽은 고비 사막과 고비 알타이를 넘어야 하므로 지금도 몽골에서 중국 쪽으로 넘어가는 길은 작은 길 하나밖에 없다. 그러므로 앞에서 본 대군들도 대부분 북로를 지났을 것으로 본다. 특히 회흘부가 살던 셀렝가 강은 현재 몽골 북쪽에서 바이칼 호로 흘러가는 강이다. 여기서 남으로 고비 사막을 넘을 리가 없다.

알타이 산맥을 넘는 루트는 몽골 서쪽 끝에 있는 울랑곰(Ulangom)부터 보려 한다. 몽골 알타이는 2006년과 2007년 집중적으로 탐사하면서 2차 때 울랑곰부

그림 175 알타이 횡단 루트 ①~⑭(2020년 2월 작성)

터 시작했기 때문이다.[458]

　몽골 알타이는 청동기 문화부터 돌궐까지 많은 문화유적이 남아있지만, 고리(高麗) 사절은 몽골 알타이 쪽으로 깊숙이 들어가지 않았다고 본다. 울란곰에서 차간누르까지 가면 왼쪽으로 몽골 알타이로 가는 길과 오른쪽 러시아 국경이 나오는데, 고리(高麗) 사절은 러시아 쪽으로 들어가 추야 강을 따라 알타이 북쪽 기슭을 따라 돌아갔다고 본다. 앞으로 ①~⑭까지의 루트를 주로 돌궐시대의 유적을 통해 추적해 보려고 한다.

1) ① 몽골 울란곰(Ulaangom)[459]

　붉은(Ulaan) 계곡(gom)이란 뜻을 가진 이 도시는 웁스 도(Uvs Province)의 수도이며, 바닷물보다 6배나 짠 웁스(Uvs) 호수 서남쪽 26km 지점에 있다. 이곳 박

---

458)　몽골 1차 탐사(2006. 6.26 ~ 7.21. 25박 26일) : 러시아과학아카데미 시베리아지부와 공동 탐사 : 몽골 2차 돌궐무덤 발굴과 주변 탐사(2007.06.08.~07.25. 47박 48일) : 고구리연구회•러시아과학아카데미 시베리아지부•몽골 고고연구소 합동.

459)　①~⑭의 숫자는 지도에 표시된 지점을 표시하는 번호.

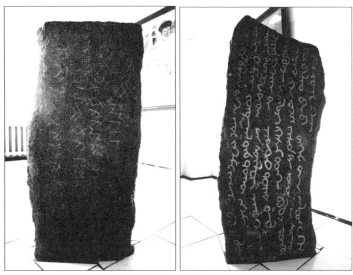

그림 176 돌궐문자 비문과 **그림**(2007.06.10.)   177 Dooodoi 비문(울란곰 박물관, 2007.06.10.)

그림 178 돌궐 돌사람(엄노고비, 2007.06.10.)

그림 179 돌궐 돌사람(웁스 호수, 2007.06.11.)

물관에는 룬 문자와 위구르어로 된 비석을 볼 수 있고, 웁스(Uvs) 호수 주변과 남쪽
엄노고비(Omnogobi soum)에 돌궐 돌사람과 꾸르간, 청동기 께렉수르 등이 많아 여
기가 청동기부터 돌궐시대까지 많은 인간집단이 살던 곳이라는 것을 알 수 있다.

2) ② 몽골 차간 누르(Tsagaan nuur)

차간 누르는 홉스골 아이막(Khövsgöl aimag)에 속하는 몽골의 마지막 마을이다. 하얀 호수란 뜻을 가진 차간 누르에서 국경을 건너 55km만 가면 러시아 쪽 첫 마을인 따샨따(Tashanta)에 이른다.

울란곰을 지나 알타이로 가는 데는 울란 다바(Ulan Davaa)와 울란 조힌 허털(Ulan Zuuhyn hotol) 고개를 넘으면 우래그 호수(Uureg nuur)가 나온다. 호수 주변에도 많은 돌궐 돌사람과 돌무지무덤들이 아직도 널려 있다. 이어서 2,961m의 바이람 산(Bayram uul)을 넘는 바이람 고개(Bayram davaa)를 넘으며 아칫(Achit) 호수가 나오고 바로 차간 누르(Tsagan nuur)에 이른다. 바이람 고개를 비롯하여 도중에도 유적들이 꽤 있어 이 길이 옛날 주요 루트였음을 알 수 있다.

그림 180 돌궐 유적 답사(정원철, 2007.06.12)

그림 181 돌궐 유적 영상 기록(우래그 호수, 2007.06.12)

그림 182 우래그 호수의 돌궐 돌사람(2007.06.12)

그림 183 우래그 호수의 돌궐 무덤(2007.06.12)

2. 러시아 따샨따(Tashanta) → 꾸라이(Kuray)

1) ③ 러시아 따샨따(Tashanta) → 코시-아가치(Kosh-Agach)

두 구간은 110km쯤 되는 넓은 평원이 펼쳐지는데 유스띠트 강과 바르브르가 즈이 강이 만드는 평원이다. 이 평원에는 대형 께렉수르를 비롯하여 꾸르간(무덤)[460]들이 가득한 문화의 보고다. 청동기 께렉수르와 바위그림, 초기 철기시대 빠지릭 무덤,[461] 고리(高麗)와 같은 시대인 돌궐의 돌사람(石人像)과 무덤들이[462] 상상 밖으로 많다. 그리고 얼음공주가 발굴되어 세계문화유산으로 등록된 유명한 우[463]

그림 184 차간브르가즈이 돌궐 돌사람(2005.07.12.)   **그림 185** 우코크고원 얼음공주 무덤(2005.07.12.)

---

460) 돌로 만든 대형 청동기 유적으로 운전대처럼 둥글다. 무덤이 아니라고 하며, 아직 그 정체가 정확히 밝혀지지 않았다.
461) 스키타이 유적을 여기서는 빠지릭이라고 한다.
462) 서길수, 『아시아의 진주 알타이』, 학연문화사, 2009, 152~266. 돌궐의 제사터와 돌사람에 대한 자세한 설명이 있다.
463) 서길수, 『아시아의 진주 알타이』, 학연문화사, 2009, 290~341쪽.

코크 고원도 여기서 남쪽으로 올라간다. 우코크 고원은 4개국 국경 한가운데 우뚝 선 타반복드 산(4,374m) 바로 북쪽에 있다.[464]

2) ④ 코시-아가치(Kosh-Agach) → 이냐(Inya)

여기서부터 추야(Chuya) 강을 따라서 내려가게 되기 때문에 몽골 국경에서 노보시비르스크까지 576km를 추야도로(Chuiskiy Trokt, P-256)라고 부른다. 코시아가치에서 추야도로를 따라 이냐까지 가는 90km 구간에 문화유적이 여러 군데 있다. 코시아가치에서 15km 가면 오르톨릭(Ortolyk)이라는 작은 마을이 나오고, 여기서 알타이 산맥에서 북쪽으로 흐르는 엘란가쉬(Elangash) 강을 따라 올라가면 2,400m 지점에 찬란한 엘란가쉬 문화유적이 나온다. 수많은 바위그림 가운데는 돌궐시대의 그림들이 많아 고리(高麗)시대 돌궐 사람들이 이곳에 살았다는 것을 알 수 있다.[465]

그림 186 돌궐 무사(알타이, 엘란가쉬, 2004.07.19)

---

464) 서길수, 『아시아의 진주 알타이』, 학연문화사, 2009, 192~235쪽.
465) 서길수, 『알타이의 자연과 문화』, 고래실, 2009, 214~257쪽.

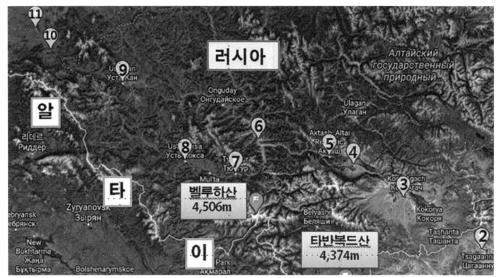

그림 187 알타이 산맥을 넘는 루트 ②~⑪

그림 188 꾸라이 초원의 돌궐 무덤떼(2004.07.20.)

그림 189 꾸라이 초원의 돌궐무덤떼(2004.07.20.)

3) ⑤ 꾸라이(Kuray)

돌궐시대 유적 유적을 대표하는 꾸라이 문화. 1935~1937년 발굴할 때 나무널에서 돌궐 유물이 많이 나와 꾸라이 문화라고 이름을 붙였다. 지금도 30기쯤 발굴하지 않은 무덤들이 있다.[466]

---

466) 서길수, 『아시아의 진주 알타이』, 학연문화사, 2009, 142~162쪽.

4) ⑥ 이냐(Inya)

이냐를 거의 다 가서 유명한 바위그림의 보고 칼박 타시(Kalbak Tash)가 나온다. 청동기부터 돌궐시대까지 다양한 바위그림들이 새겨져 있다.[467]

이냐는 제법 넓은 초원이 있고 이 초원에는 멋진 돌사람이 서 있다. 본디 청동기 때의 유물인데 돌궐 사람들이 무덤돌로 다시 썼다고 한다. 이냐가 중요한 것은 칼박 타시와 이냐 사이에서 추야 강이 카툰 강과 합쳐지는 곳이기 때문이다. 여기서 합쳐진 카툰 강을 계속 따라가면 고르노알타이스크를 지나 바루나울을

그림 190 돌궐문자(칼박 타시, 2003.07.4.)

그림 191 돌궐 바위그림(칼박 타시, 2003.07.4.)

그림 192 이냐 초원의 돌사람(2003.7.4)

그림 193 카툰강과 추야강이 만나는 곳(2003.7.4)

---

467) 서길수, 『아시아의 진주 알타이』, 학연문화사, 2009, 142~162쪽.

거쳐 노보시비르스크까지 간다. 그러나 고리(高麗) 사신은 더 지름길인 카툰 강
상류로 거슬러 올라갔다고 보아야 한다.[468]

3. 추야 강을 거슬러 올라가는 루트

1) ⑦ 튕구르(Tyungur)

추야강이 카툰 강과 만나는 곳에서 카툰 강 상류로 60km쯤 거슬러 올라가면
(P-373 도로) 튕구르가 나온다. 튕구르에도 돌궐 무덤과 돌사람이 꽤 많이 있으나
사람 얼굴이 조각된 것은 하나밖에 없었다. 이곳은 알타이에서 가장 높은 벨루하
산(Belukha, 4,506m)과 벨루하 산에서 흘러내린 물이 만든 쿠체를라(Kucherla)
호수로 올라가는 베이스캠프가 된다.[469]

그림 194 튕구르의 돌궐 돌사람(2004.07.14)

그림 195 쿠체를라 호수에서 서진수, 정원철, 서상흘, 마랏(알타이), 서길수(2004.07.12)

---

468) 서길수, 『아시아의 진주 알타이』, 학연문화사, 2009, 127~139쪽.
469) 서길수, 『알타이의 자연과 문화』, 고래실, 2009, 102~161쪽.

그림 196 까딴다 박물관(2004.07.09.)   그림 197 우스트 콕사 헬리콥터 조감(2005.07.11.)

2) ⑧ 우스트 콕사(Ust-Koksa)

팅구르에서 카툰강을 거슬러 60km를 가면 우스트 콕사에 다다른다. 알타이에서 두 번째로 큰 도시로 넓은 들판에 카자흐스탄과 국경을 이루는 리스트뱌가(Listvyaga) 산맥과 카툰 산맥에서 흐르는 카툰 강과 동쪽에서 흘러내리는 콕사강이 만나는 모습이 보인다. 여기서부터는 콕사 강 거슬러 동쪽으로 가야 한다. 이곳에 오는 도중에도 까딴다 박물관에서 돌궐의 돌사람이 있어 돌궐 사람들이 넘나들던 길이라는 것을 확인할 수 있다.

우스트 콕사에서 우스트 칸 가는 길은 콕사 강을 거슬러 올라가면 A-9 도로를 통해 카자흐스탄으로 넘어가는 길이 있는데, 7세기에 이 길이 쓰였는지 확인하기 어렵다. 이 A-9 도로가 분수령이 되어 여기서 서쪽으로 흐르는 강은 차르시(Charysh) 강과 크를륵(Kyrlyk) 강이 되어 전혀 반대 방향으로 흐르게 된다. 그리고 두 강이 합쳐 만들어진 차르시(Charysh) 강을 따라 내려가면 우스트 칸(Ust-Kan)에 다다른다.[470]

---

470) 서길수, 『알타이의 자연과 문화』, 고래실, 2009, 90~102쪽.

그림 198 우스트 칸 구석기시대 동굴에서 보는 평원(2005.07.11)

3) ⑨ 우스트 칸(Ust-Kan)

54m 높이의 산 중턱에 있는 동굴에서 20만 년 전부터 인류가 살았던 사실을 증명하는 구석기 유물이 나왔다. 1954년 처음 발굴되었을 때 북아시아에서 가장 오래된 불탄 흔적이 발견되어 세계적인 뉴스가 되었던 곳이다.[471]

차르시(Charysh) 강은 우스트 칸에서 야바간(Yabagan) 강을 만나 물을 불린 다음 코르곤(Korgon) 강을 받아 점점 강폭이 넓어지면서 센텔렉(Sentelek)강과 만나는 지점에 이른다.

4. 센텔렉(Sentelek) 강 → 알레이(Aley) 강 루트

1) ⑩ 센텔렉(Sentelek) 강 루트

마을에서 센텔렉 강을 거슬러 남쪽으로 조금 가면 황제릉(짜르 꾸르간)이 있다.

---

471) 서길수, 『아시아의 진주 알타이』, 학연문화사, 2009, 448~453쪽.

그림 199 센텔렉 강 황제릉(2005.07.11)

그림 200 고르노 알타이 박물관(2003.07.02.)

그림 201 바르나울 박물관(2005.07.16)

BC 5세기쯤 만든 빠지릭 꾸르간이다. 꾸르간 앞에 동서로 19개 있던 선돌이 3개[472] 가 없어졌다. 높이가 5~5.5m로 알타이에서도 가장 높은 기념비로 유명하다.[473]

2) 알레이(Aley) 강 루트

여기서부터는 알타이 산맥 서북쪽으로 산지를 벗어나기 시작하여 ⑪ 챠리스코예(Charyshskoye)를 지나면 평원이 시작된다. ⑫ 깔미츠키예(Kalmytskiye Mysy) 쯤 가면 알타이 산맥을 완전히 벗어나고, 여기서 강을 떠나 40km쯤 서쪽으로 가면 남북으로 이어지는 알레이(Aley) 강을 만난다.

이 강을 따라 남쪽으로 내려면 ⑬ 룹촙스크(Rubtsovsk)를 지나 국경을 넘어 카자흐스탄 ⑭ 세메이(Semei)에 이르면 알타이 산맥을 완전히 넘은 것이다. 이 노선에는 현재 러시아 바르나울에서 카자흐스탄 알마티까지 기차가 다니고 있다.

V. 알타이 산맥에서 사마르칸드까지의 루트

1. 알타이에서 소엽수성(素葉水城)

알타이 서쪽 끝을 돌아 서남쪽으로 나선 사절단은 발하슈(Balkhash) 호수가 이정표가 될 것이다. 그리고 동 톈산 산맥에서 발하슈로 들어가는 일리(Ili) 강을 거슬러 올라가면 현재의 알마티에 이른다. 천산 북쪽 기슭에서도 여러 유적들이 발견되었는데, 그 가운데 세계적으로 알려진 것이 이식 꾸르간(무덤) 발굴이다. 스키타이(빠지릭) 문화의 유적인데 이 박물관에도 돌궐 돌사람들이 야외에 전시

---

472) 알타이 지역에 분포된 스키타이의 초기 철기시대 문화. 스키타이와 시베리아의 초기 문화로 본다. 여기에서 발견되는 대형 무덤을 꾸르간이라고 하는데, 알타이 지역이 영구 동토층에 있어서 무덤 자체가 얼고 그 밑의 시체가 미라화되어 있어 중요한 발견이 많이 이루어졌다. 기원전 5~3세기 문화다.
473) 서길수, 『알타이의 자연과 문화』, 고래실, 2009, 310쪽.

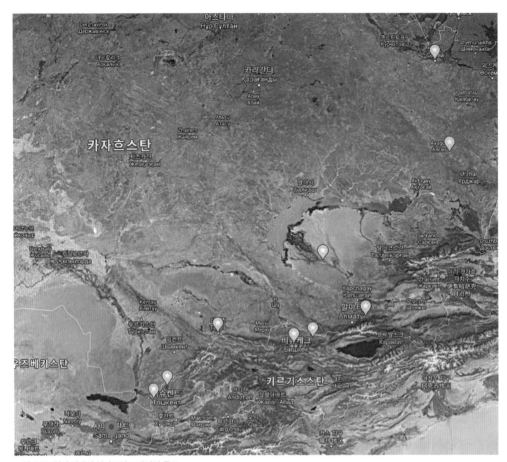

그림 202 알타이에서 사마르칸드까지의 루트

되어 있다. 초원에 있던 돌궐 무덤에서 가져온 것이다.

텐산 산맥 북쪽 기슭을 따라 서쪽으로 가면 텐산 산맥이 끝나면서 키르기스스
탄 수도인 비슈케크에 이른다. 비슈케크에서 동쪽으로 80km쯤 되는 텐산 남쪽
기슭에(현재의 Tokmok) 고리(高麗)와 같은 시대의 쇄엽성(碎葉城=素葉水城)이 있
다. 고리(高麗) 사신이 사마르칸드로 떠나기 20~30년 전(629년에 장안을 떠났다)
이곳을 지나던 현장은 이렇게 기록하였다.

그림 203 돌궐 돌사람(Esik Kurgan 박물관)(2019.10.01.)

■ 소엽수성(素葉水城)

푸른못(淸池, 현재의 이시쿨)에서 서북쪽을 500리쯤 가면 소엽수성(素葉水城/Tokmark)에
이른다. 성은 둘레가 6~7리인데 여러 나라 오랑캐 장사꾼들이 섞여서 살고 있다. 땅은
기장, 보리, 포도 경작에 알맞고 수풀과 나무는 별로 없다. 기후가 바람이 차서 사람들
은 털옷을 입는다. 소엽성 서쪽에 외딴 성들이 수십 개 있는데, 각각 우두머리를 세우고
서로 명령을 주거나 받지 않지만 모두가 돌궐에 속해 있다.[474]

이때 이 지역은 모두 돌궐의 세력권이었다는 것을 알 수 있다. 당나라에서 쇄
엽성(碎葉城)이나 소엽수성(素葉水城)이라고 기록하고 있지만, 사실은 작은 나라
들이었다. 그러므로 645년 당 태종이 고리(高麗)를 치고, 657년 서돌궐을 멸할 때
까지 당의 동서에서 당의 침략에 직면하고 있었던 서돌궐과 고리(高麗)는 서로가

---

474) 玄奘『大唐西域記』(校點本), CBETA 電子佛典, 大藏經補編第 13 冊 No. 0080. 淸池西北行五百餘
里, 至素葉水城. 城周六七里, 諸國商胡雜居也. 土宜[麻+黍]•麥•蒲萄, 林樹稀疏. 氣序風寒, 人衣氈
褐. 素葉已西數十孤城, 城皆立長, 雖不相稟命, 然皆役屬突厥.

그림 204 소엽수성(素葉水城)과 톈산산맥(2019.10.18.)

그림 205 소엽수성(素葉水城) 주변의 돌궐 돌사람(부라나탑 야외 박물관, 2019.10.18.)

같은 처지였고, 서돌궐로서는 고리(高麗)의 사신이 도착한 것은 당의 동부전선에 대한 정보를 정확하게 알 수 있는 절호의 기회였을 것이다. 그런 측면에서 고리(高麗) 사신은 서돌궐의 전폭적인 도움을 받았을 것이라고 본다.

2. 소그드 지구 : 소수엽성에서 사마르칸드

1) 소그드(Sogd, 窣利) 지구

현장은 이 쇄엽성에서 갈상나국(羯霜那國) 사이의 땅을 '소그드(Sogd, 窣利) 지구'라고 해서 전체적인 설명(總述)을 하고 지나간다. 사서에 나오는 속특(粟特)을 말한다.

> 소엽수성에서 갈상나국까지의 땅을 소그드(窣利)라고 하는데 사람들도 그렇게 (소그드 사람이라) 부른다. 글과 말도 그에 따라 (소그드)라고 부른다. 글자의 근원은 간략하여 본디 20마디 남짓이었으나 차츰 더불어 생겨나서 그 흐름이 넓어졌다. 거칠지만 쓴 기록이 있는데, 그 글월은 세로로 읽는다. 번갈아 전해 주는데 스승과 제자의 관계는 바뀌지 않는다. 옷은 털옷이나 베옷을 입고 가죽 모포를 걸치는데 치마는 품이 아주 좁다. 머리를 가지런히 하고 정수리를 드러내거나 모두 깎고 비단을 이마에 두른다. 모습은 잘 생기고 크지만 마음은 겁이 많다. 풍속은 가볍고 거짓말을 해서 남을 속이는 일이 많다. 대체로 탐내어 구하는 것이 많아 아버지 아들 사이에도 잇속을 헤아리고 재산이 많은 것을 귀하게 여기지만 신분의 높고 낮음은 가리지 않는다. 엄청난 부자라도 입는 것은 초라하고 먹는 것은 거칠다. 농사짓는 사람과 장사하는 사람이 반반 섞여 있다.[475]

소그드어는 돌궐비석에 3면을 새겼다는 사실에서 본 바와 같이 돌궐에서도 국제어처럼 쓰여다.

(1) 비슈케크 남쪽의 천천(千泉)

소엽수성을 떠나 400리 가면 천천(千泉)에 이르는데, 현장은 1,000개의 샘이

---

475) 玄奘『大唐西域記』(校點本), CBETA 電子佛典, 大藏經補編第 13 冊 No. 0080. 自素葉水城, 至羯霜那國. 地名窣利, 人亦謂焉. 文字語言, 即隨稱矣. 字源簡略, 本二十餘言, 轉而相生, 其流浸廣, 粗有書記. 豎讀其文, 遞相傳授, 師資無替. 服氈褐衣皮氎, 裳服褊急. 齊髮露頂, 或總剪剃, 繪綵絡額. 形容偉大, 志性恇怯, 風俗澆訛, 多行詭詐, 大抵貪求, 父子計利, 財多為貴, 良賤無差。雖富巨萬, 服食鹿弊. 力田逐利者雜半矣.

그림 206 비슈케크 국립박물관 노천전시장의 돌궐 돌사람(2019.10.17.)

있어 붙은 이름이고, 돌궐의 카간이 더울 때 와서 피서하는 곳이라고 했다. 현재[476)] 비슈케크 남쪽 알라 아르차 국립공원(Ala Archa National Park)을 비정하고 있다. 『자은전(慈恩傳)』에서는 병률(屛律)이라고 했다.

　(2) 천천에서 140~150리 가면 탈라스(Talas, 呾邏私城)성이 나오는데 여러 나라 장사치들이 섞여 산다고 한 것을 보면 국제적인 상업도시임을 알 수 있다. 현재[477)] 카자흐스탄의 탈라스 강가에 자리 잡은 탈라스(Talas)로 비정된다.[478)]

　소고성(小孤城)-200리⇨백수성(白水城)⇨공어성(恭御城)⇨노건적국(笯赤建國)

---

476)　玄奘『大唐西域記』(校點本), CBETA 電子佛典, 大藏經補編第 13 冊 No. 0080.千泉. 素葉城西行 四百餘里, 至千泉. 千泉者, 地方二百餘里, 南面雪山, 三陲平陸. 水土沃潤, 林樹扶疏, 暮春之月, 雜花若綺, 泉池千所, 故以名焉. 突厥可汗每來避暑. 中有羣鹿, 多飾鈴鐶, 馴狎於人, 不甚驚走. 可 汗愛賞, 下命羣屬, 敢加殺害, 有誅無赦. 故此羣鹿, 得終其壽.

477)　玄奘『大唐西域記』(校點本), CBETA 電子佛典, 大藏經補編第 13 冊 No. 0080.千泉西行百四五十 里, 至呾邏私城. 城周八九里, 諸國商胡雜居也. 土宜氣序, 大同素葉.

478)　玄奘『大唐西域記』(校點本), CBETA 電子佛典, 大藏經補編第 13 冊 No. 0080.남쪽 10리쯤 되는 곳에 300호쯤 사는 작은 외딴 성(小孤城)이 있는데 돌궐군에 침탈 당한 중국인들이 살고 있다고 했 다. 小孤城. 南行十餘里, 有小孤城, 三百餘戶, 本中國人也, 昔為突厥所掠, 後遂鳩集同國, 共保此 城, 於中宅居. 衣裳去就, 遂同突厥, 言辭儀範, 猶存本國.

그림 207 타시켄트 우즈베크 국립역사박물관(2019.10.06.)

(3) 타시켄트(Tashkent, 赭時國)

자시국(赭時國)은 현재 우즈베키스탄의 수도인 타시켄트로 비정되는데 여기도 돌궐에 속한다고 했다.[479]

(4) 솔도리슬나국(窣堵利瑟那國)

현장은 여기서 동남쪽으로 1,000리 떨어진 발한국(Ferghana, 怖捍國)을 언급하고, 다시 서쪽으로 1,000리를 와서 솔도리슬나국(窣堵利瑟那國)을 언급한다. 발한국은 솔도리슬나국은 엽하(葉河) 가에 있다고 했다. 엽하는 시르 강(Syr-Darya)으로 비정하기 때문에 현재의 얀기-초노즈(Yangi-Chonoz)로 보인다. 솔도리슬나국(窣堵利瑟那國)도 땅과 풍속은 타시켄트와 비슷하고 왕은 있지만 돌궐에 복속되어 있다고 했다.[480]

---

479) 玄奘 『大唐西域記』(校點本), CBETA 電子佛典, 大藏經補編第 13 冊 No. 0080. 赭時國. 周千餘里. 西臨葉河. 東西狹, 南北長. 土宜氣序. 同笯赤建國. 城邑數十, 各別君長, 既無總主, 役屬突厥.
480) 玄奘 『大唐西域記』(校點本) CBETA 電子佛典, 大藏經補編第 13 冊 No. 0080. 窣堵利瑟那國, 周千四五百里. 東臨葉河. 葉河出葱嶺北原, 西北而流, 浩汗渾濁, 汩淴漂急. 土宜風俗, 同赭時國。自有王, 附突厥.

그림 208 아프라시압 도착(2019.10.08.)과 우즈베크 문화예술사 박물관(2019.10.10.)　　**그림 209** 문화예술사 박물관

2) 사마르칸드(Samarkand, 颯秣建國) 도착

현장은 여기서 서북쪽으로 들어가면 큰 사막(大沙磧)으로 들어간다고 했는데, 그곳으로 간 게 아니고 상황을 이야기한 것으로 보인다. 그러니까 서북으로 가지 않고 서남쪽으로 500리를 가면 사마르칸드에 다다른다.

현장이 도착했을 당시 사마르칸드(康國)는 전성기를 맞고 있었다는 것을 알고 있다. 그리고 벽화에서도 많은 돌궐 사람들이 나타나는 것도 당시 시대상을 반영한 것이라고 볼 수 있다. 여기에 고리(高麗) 사신이 수만 리 길을 달려 온 것은 분명 역사적 사실이라고 할 수 있다. 그렇다면 과연 공물을 올리고 있는 인물들이 당나라 사신인지도 생각해 봐야 할 것이다. 더구나 세 번째 인물은 과일을 들고 있는데, 당나라에서 가져간 예물일 수 없고, 그렇다고 현지 특산물을 사서 올린다는 것도 앞뒤가 맞지 않는다.

마르쿠스 모데의 아프라시압 벽화 해석

마르쿠스 모데의 『7세기 소그드 사마르칸드의 궁정 예술 -몇 가지 오래된 문제점에 대한 소견』[481]은 글쓴이가 끌어낸 결론을 잘 뒷받침해 주는 특별한 논문이라서 여기서 번역하여 자료로 싣는다. 알바움 이후 유럽학자들의 연구성과를 이해하는 데 큰 도움이 되리라고 본다. 이 논문은 특이하게 온라인 발표(a web publication)를 통해 100% 공개하고 있어서 누구나 쉽게 접근할 수 있고, 다양한 그림을 이용해 쉽게 설명해 놓아서 특별히 쉽게 옮길 수 있었다. 여기서는 꼭 필요한 서벽에 관한 내용만 옮겼는데, 직역을 위주로 하고, 가끔 한문 사서에서 인용 내용이 나오면 그 원문을 찾아 덧붙였다. 본문에서 이미 상당부분 인용하였지만, 원문을 주로 달아 앞으로 연구자들이 쉽게 인용할 수 있게 하였다.

마르쿠스 모데는 할레대학 (Halle University)에서 「나일 계곡(Nale Valley)의 선사 문화 도자기에 관한 연구」로 학위를 받고, 1983년부터 할레대학 동양 고고학연구소에 재직하고 있다. 그의 연구 주제에는 이슬람 이전의 중앙아시아의 고고학과 예술, 소피아의 예술사, 초기 유라시아 유목민에 대한 고고학이다.

---

481) Markus Mode, 『Court art of Sogdian Samarqand in the 7th century AD - Some remarks to an old problem -』, a web publication, 2002.
http://www.orientarch.uni-halle.de/ca/afras/index.htm

■ 마르쿠스 모데, 서벽 벽화 해석

(The western wall paintings: elements of interpretation), 2006.

서벽은 입구 바로 맞은편에 있어 23번 발굴지 1호 방에서 가장 중요하다. 소그드 건축 설계에서 이런 특징은 개인의 큰방이나 궁정 왕의 방이나 공통으로 보인다.[482]

서벽 벽화의 많은 부분이 심각하게 손상되었지만 적어도 49명의 인물상이 남아 있다. 소파 바로 위에 장식용 표시가 죽 이어져 있고, 그 위에 그린 장면 묘사는 몇 개의 레벨에 알기 쉽게 배열되어 있다. 이러한 레벨은 경계선이나 장식용 무늬로 표시하지 않고 사람과 액세서리를 배열하여 표시했다. 체계적인 구성에 대한 추가 표시는 그림의 모듈화된 기획에서 볼 수 있다.[483]

지금부터 벽화의 내용과 연대에 관한 몇 가지 주요한 문제를 설명한다. 벽의 몇몇 부분은 더 자세한 연구가 필요하다. 이들은 별도의 페이지에 제공된다.[484]

1. 서돌궐 카간의 의장(儀仗) 깃발과 벽화 연대[485]

서벽 벽화에 남은 중요한 글월(銘文)에는 사마르칸드 통치자 바르후만

---

482) The western wall paintings: elements of interpretation. The western wall is the most important one in room 23/1 due to its position opposite the entrance. This feature seems to be common in Sogdian architectural layouts both of private main halls and palace throne rooms.

483) Many parts of the western wall paintings are seriously damaged. Nevertheless there remained images of at least 49 persons. Immediately above the sofa runs a continuous ornamental register. Above this the scenic depictions are obviously arranged in several levels. These levels are not indicated by border-lines or ornamental strips but only by the arrangement of persons and accessories. Further indications of an organized composition may be seen in a modularized scheme of the paintings.

484) Below we will discuss some main questions concerning contents and date of the paintings. Selected sections of the wall deserve more detailed studies. These are given on separate pages.

485) 원문에는 전체 내용을 3단으로 나누어 ⅠⅡⅢ이란 숫자만 붙였는데, 읽는 데 도움이 되도록 제목은 옮긴이가 붙였다.

(Varkhuman)이 나온다. 그에 대한 것은 China의 역사서에서 알 수 있다.[486][487]

　『신당서』: 고종 영휘(永徽) 연간(650~655)에 그 땅을 강거도독부(康居都督部)로 하고, 바로 왕 바르후만(Varkhuman, 拂呼縵)을 도독으로 삼았다.[488]

　『신당서』에는 바르후만(Varkhuman, 拂呼縵)이 AD 650~655의 인물이라는 기록이 나오지만 언제 취임해서 얼마 동안 재위했는지 기록이 없다. 바르후만은 대체로 640년대 후반부터 670년대까지 왕좌에 있었을 것이다. 전문가 대부분은 이에 따라 바르후만 궁전에 그려진 벽화 연대를 7세기 후반으로 보고 있다. 저자 생각으로는 벽화 자체가 훨씬 정밀한 연대 추측에 힌트를 줄 것이라고 본다.[489]

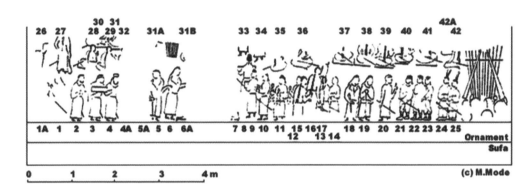

---

486) 당시는 중국(中國)이라는 나라가 없고 당(唐)나라이기 때문에 원문이나 중요한 부분은 당(唐)으로 바꾸어 부르고, 시대와 관계없이 원저자가 무심히 통칭으로 쓰는 경우는 China를 그대로 썼다.

487) The main inscription on the paintings of the western wall mentions a Samarqand ruler Varxuman who is also known from Chinese imperial histories:

488) "A l'époque yong-hoei (650-655), Kao-ti (=l'empereur Kao-tsong) fit de ce territoire le Gouvernement de K'ang-kiu et donna le titre de gouverneur au roi de ce pays, Fou-hou-man." [Tang shu, transl. Chavannes]; <옮긴이 주>『新唐書』. 列傳 第146(下) 西域(下). 高宗永徽時, 以其地爲康居都督府, 即授其王拂呼縵爲都督.

489) The Chinese source proves Varxuman for the years 650-655 AD but without an indication how long his reign was and without an actual date of his accession to the throne. Varxuman may have been king from the late forties to the seventies of the 7th century AD. Most experts agree in this and consequently the paintings in Varxuman's palace are dated to the second half of the 7th century. In my opinion the paintings themselves give some hints on a much more precise dating.

그림 210 돌궐의 의장 깃발

서벽에서는 국가 상징이 있다는 것이 가장 중요하다. 이 벽의 가장 오른쪽 끝에는 좀 복잡한 장대 시스템을 볼 수 있다. 하나의 중심 장대가 있고, 왼쪽과 오른쪽에 각각 장대 세트가 5개 있다. 모든 장대를 가로로 댄 하나의 장대로 묶어져 있고, 가운데 있는 긴 장대에는 깃발이 2개 매달려 있으며, 북과 북채가 막대기 아래쪽에 고정되어 있다. 이 시스템은 전체적으로 대초원 사람에게 군사 및 국가 리더십의 상징으로 잘 알려진 '깃발과 북'이라고 잘 알려져 있다.[490]

<그림 210 설명> 잘 규정된 의장(儀仗)에 대해 B. I. Maršak (1994)은 다음과 같이 쓰고 있다. "이 장면은 창과 다른 군사 장비로 무장한 경비원으로 완성된다(La scène est complétée par des gardes armés de lances et d'autres pièces d'équipement militaire...).[491]"

마르샥의 개념에 따르면, 물론 그런 증거가 빈약한 주장은 그럴듯하다. 그렇지만 여기서 좀 더 깊이 있게 검토해 보아야 한다. 5+1+5의 깃발이란 표현이 서돌궐 최고의 국가적 상징, 더 엄밀하게 말하면 그들 지도자의 상징이라는 것은 의심할 나위도 없다. 다섯 종족씩으로 구성된 두 그룹은 On Oq 연맹을 이루었

---

490) Most important is the presence of state symbols on the western wall. On the very right end of this wall we recognize a rather complicated system of poles: one central pole, and to the left and to the right of this a set of each five poles. The entire lattice is connected by one horizontal pole. From the central and longer pole two banners hang down. Drums and drum sticks are fastened to the bottom of the staffs. The system as a whole can easily be recognized as a set of "banners and drums", well known as symbols of military and state leadership among the peoples of the steppes. [Read and see more about this...]

491) Maršak, B. Le programme iconographique des peintures de la "Salle des ambassadeurs" à Afrasiab (Samarkand) - In: Arts Asiatiques (Paris), t. XLIX, 1994, p. 8.

다. 서돌궐인으로 알려진 10개의 종족은 다섯 개의 둘루(Dulu)족과 5개의 누시비(Nushibi)족이다.[492] 그들은 모두 얍구 카간(Yabghu-Qaghan)의 통치권 아래 뭉쳤는데,[493] 그의 상징은 깃발들 가운데 나머지 하나인 11번째 장대인 것이다.[494]

서벽에 그려진 장대는 그 10성부락(十姓部落)과 그 정확한 배열(형태)을 상징할 뿐이다. 그러므로 그 의장(儀仗)은 몇몇 부족의 깃발이나 단순한 장식적인 요소가 아니라 엽호 카간(Yabghu-Qaghan) 자신의 통치를 상징하는 것이어야 한다. 이 문제는 더 깊은 고찰이 있어야 한다. 아무도 그처럼 높은 지위와 고도의 상징을 빼앗을 수 없었으며, 결국 (적어도 소그드 쪽에서는) 그것을 찬탈할 이유가

---

492) <옮긴이 주>『舊唐書』卷194(下), 列傳 第144(下), 突厥(下). 沙鉢羅咥利失可汗以貞觀九年上表請婚, 獻馬五百疋. 朝廷唯厚加撫慰, 未許其婚. 俄而其國分爲十部, 每部令一人統之, 號爲十設. 每設賜以一箭, 故稱十箭焉. 又分十箭爲左右廂, 一廂各置五箭. 其左廂號五咄陸部落, 置五大啜, 一啜管一箭；其右廂號爲五弩失畢, 置五大俟斤, 一俟斤管一箭, 都號爲十箭. 其後或稱一箭爲一部落. 大箭頭爲大首領. 五咄陸部落居於碎葉已東, 五弩失畢部落居於碎葉已西, 自是都號爲十姓部落. (사발라질리실 카간(沙鉢羅咥利失可汗, Ishbara ilterish qaghan, 634~639)이 정관 9년(635)에 표를 올려 혼인을 청하며 말 500필을 바쳤다. 조정은 두텁게 (하사품을) 더해주고 어루만져 주었으나 들어주지 않았다. 이어 그 나라를 10개 부락으로 나누어 부락마다 한 사람이 거느리게 하고, 10설(十設, On shad)이라 불렀다. 설(設, shad)마다 화살을 하나씩 내려주었기 때문에 10전(十箭, On Oq)이라고 했다. 또 10전을 좌상(左廂)과 우상(右廂)으로 나누고, 하나의 상(廂)에 각각 5전(五箭)을 두었다. 그 좌상을 오돌육부락(五咄陸部落)이라 부르고, 5명의 대철(大啜)을 두었으며, 1명의 철(啜, chor)이 하나의 전(箭, Oq)을 관리했다. 그 우상을 오노실필(五弩失畢)이라 부르고, 대사근(大俟斤) 5명을 두었으며, 사근(俟斤, irkin) 1명이 하나의 전(箭, Oq)을 관리하니 다해서 10전(箭, Oq)이라 불렀다. 그 뒤 하나의 전(箭)을 하나의 부락(部落)이라 불렀으며, 대전(大箭)의 우두머리를 대수령(大首領)이라 불렀다. 오돌육 부락은 쇄엽(碎葉) 동쪽에 살았고, 오노실필 부락은 쇄엽 서쪽에 살았다. 이때부터 모두를 10성부락(十姓部落)이라 했다. 전체 내용을 보면, 쇄엽(碎葉, 현재 키르기스스탄 Tokmak)을 중심으로 서쪽에 5전(箭, Oq) 동쪽에 5전(箭, Oq)으로 나뉘는데 전체를 10성부락(十姓部落)이라 했다.

493) <옮긴이 주> 11개의 장대를 서돌궐의 카간의 '1깃발＋10부족의 깃발(10개의 장대)'로 해석한 것은 아주 흥미로운 관점이다. 여기서 얍구 카간(Yabghu-Qaghan)이란 당나라 사서에 나온 통엽호 카간(統葉護可汗, 619~628년)을 말하는 것으로 보인다. 그런데 모데가 이야기하는 튀르크어에서 On Oq는 '열 개의 화살(十箭)'이라는 뜻인데,『구당서』에서 '십전(十箭)'을 검색해 보면 통엽호 카간(統葉護可汗, 619~628년)에 나오지 않고 사발라질리실 카간(沙鉢羅咥利失可汗, 634~639) 때의 기록이다.

494) According to Maršak's intentions, such a weak statement is of course plausible. Nevertheless, we have to interpret here in more detail: There can be no doubt that the representation of 5+1+5 banners must be the supreme state symbol of the Western Turks, more precisely, that of their leader. Two groups of each five tribes formed the confederation of the On Oq, those ten tribes we know to have been the Western Turks: the five Dulu tribes and the five Nushibi tribes. They all were united under the rulership of a Yabghu-Qaghan who must have had his symbol with the remaining eleventh pole of our device.

없었다.[495]

위의 주장을 통해 여기서 다시 몇 가지 결론을 되풀이하면서 1993년의 성과도 주장하는 바이다. 벽화에서 서돌궐 동맹의 의장(儀仗)과 그 (동맹을) 통치하는 엽호 카간에 대한 묘사는 657년 이전의 기간임을 분명히 할 수 있다. 657년 서돌궐은 멸망하고, 마지막 카간 Helu(阿史那 賀魯, 沙鉢羅 可汗, 651~657)는 당과 위구르 군에게 우스트루사나(Ustrûšana)에서 잡혀 당(唐)으로 이송되었다. (Mode 1993, p. 32, translated).[496]

이것이 결정적인 포인트다. 벽화의 연대 가운데 660년대(또는 그 이후의 연대)는 모두 제외해야 한다. S. Yacenko가 최근 AD 661년이란 연도를 제안한 것도 마찬가지다.[497]

2. 그림에 등장하는 인물은 대부분 서돌궐 사람이다.

서쪽 벽에 그려진 사람 가운데 많은 사람이 소그드인이 아니다. 동아시아의 여러 유형 말고도 많은 사람이 돌궐을 대표한다. 우리가 이른바 발발(돌사람)이라

---

495) The poles on the western wall symbolize this and only this constellation in a precise manner. Therefore, the device must be the Yabghu-Qaghan's own symbol of rulership, not merely a banner of some tribe or even a simple decorative element. A further note should be taken into consideration: No one would have been allowed to usurp such a high ranking and magic emblem, and finally there is no reason for such an usurpation (at least from the Sogdian side!).

496) The arguments I repeated here have some consequences, and I insist on my 1993 results: "The depiction of the device of the Western Turk confederation and its ruling Yabghu-Qaghan on the paintings can be explained only for a period before 657 AD. In this year the empire of the Western Turks collapsed; a Chinese-Uighur army captured the last Qaghan Helu in Ustrûšana and brought him to China.

497) Yacenko, S. O toçnoy date i obstoyatel'stvakh pribytiya posol'stv, izobrazhennykh na rospisyakh Afrasiaba-In : Tezisy III-Mezhdunarodnogo simpoziuma 'Uzbekistan vklad v civilizaciyu. Bukhara i mirovaya kul'tura', 1995, pp.13-17. This is the decisive point. Every attempt to date the paintings into the sixties of the 7th century-or even later-must be rejected. This is also true for a recent suggestion by S. Yacenko with a date at about AD 661 [Yacenko 1995].

불리는 고대 돌궐 돌조각에 훌륭한 비교 자료를 가지고 있으므로 그들의 튀르크
적 속성【보충 설명】은 의심할 나위가 없다. 이제 같은 벽에 있는 서돌궐의 국가
상징을 통해서(위 참조) 돌궐 사람들은 서돌궐 사람과 같은 연맹에 속해 있다는
결론이 나온다.[498]

【보충 설명】 튀르크 궁정 안내자들(Turkish court attendants)

(밑층의 장식무늬에서 인물상에서는 2층) 3층에는 앉아서 이야기하는 많은 사람이 그려져
있다(그림 28~32, 35~42). 길게 땋은 머리와 옷들이 돌궐 사람의 특징이다.

(1) <왼쪽> 서벽의 맨 왼쪽 인물 ②~④를 확대한 것이다. 가운데 다른 돌궐 사람에게 둘
러싸인 인물 번호 ㉘이다. 그는 뒤돌아 앉아 있다. 땋은 머리와 아래 왼쪽에 있는 긴
일직선의 칼을 눈여겨볼 것.[499]

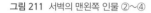

| 그림 211 서벽의 맨왼쪽 인물 ②~④ | 그림 212 서벽의 맨왼쪽 인물 ②~④의 베낀 그림 |

498) Among the persons depicted on the western wall many are definitely non-Sogdians.
   Besides types of East Asian provenience a great number of others mark Turks. Their
   Turkish attribution is beyond doubt as we have good comparative materials among the
   great mass of ancient Turkish stone sculptures, the so called balbals. Now, from the
   Western Turk state symbol (cp. above) on the same wall consequently follows that the
   Turkish people belong to the very same confederation, i.e they are Western Turks.

499) there are depicted many squatting and talking people (e.g., figures 28-32, 35-42). Their long
   plaits of hair and their outfit characterize them as Turks. Above: Close-up of a painted
   section above figures 2-4 of the western wall (left end). In the centre is figure no. 28,
   surrounded by further Turks. He sits with his back to the beholder. Note the plaits and
   the long straight sword in the lower left.

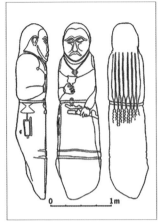

그림 213 고대 돌궐의 조각상

(2) <오른쪽> 같은 지점의 베낀 그림(Right: Copy of the same section).

(3) 고대 돌궐의 조각상. 읏슥-쾰(Issyk-Köl) 호수 북쪽 기슭 코룸두(Korumdu). 이 돌조 각상은 아프라시압 벽화에 나온 인물과 같은 종족 모습이다.[500]

　이 파노라마 화면에서 3명의 돌궐 사람으로 짜인 여러 그룹이 있다는 것을 알 수 있다. 각 그룹은 한 사람은 붉은 카프탄, 다음 한 사람은 흰 카프탄, 마지막 사람은 노란 카프탄을 입고 있다.

　빛깔이 다른 것은 분명히 특별한 역할이나 계급을 나타내는 것이지만 자세하게 설명할 수는 없다. 정확히 규정된 서돌궐 관리들은 여러 나라에서 온 사절단들을 맞이하여 안내하는 역할을 하고 있다. [의전관이나 그룹 대장에 대한 【추가정보】는 이곳을 누르세요][501]

---

500) Left: Ancient Turk sculpture, from Korumdy, Northeastern shore of Issyk-Köl [after Ja. A. Šer, Kamennye izvajanija Semireç'ja, Moskva, Leningrad 1966, tabl. VIII]. This is the same ethnic type as on the Afrasiab paintings.

501) In the scenic panorama one can recognize several groups each consisting of three Turks. In each group one person wears a red coloured caftan, the next is white and the last is yellow. Certainly, the different colours mark special functions or ranks but we cannot explain them in detail. These exactly defined groups of Western Turk officials act as guides leading rows of representatives from different countries. [More on the guides or group captains...]

【추가정보】사절단과 그룹 리더들

서벽의 사절단 두 방향으로 이동한다. 아래 그림에서 파란색과 빨간색 화살표로 움직임을 표시했다.[502]

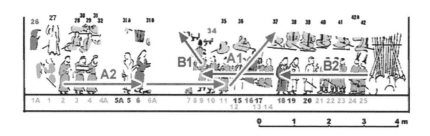

행렬마다(A 및 B) 2개 이상의 사절단으로 구성되며, 각 사절단(A1, A2, B1, B2)은 입은 옷으로 구별할 수 있다. 이런 식으로 화가는 사절단의 국가를 뚜렷하게 나타냈다. 그룹 B1의 상황은 아주 뚜렷한 것으로, 이들은 China 제국의 사절들이다. 그룹 B2의 마지막 두 사람은 분명히 Koguryo(Korea)에서 온 것이다.

전체 구성이 2개의 주요 지리적 구역으로 나뉘어 있다고 결론을 내고자 한다. 그림에서처럼 B1과 B2 대표단은 (사마르칸드를 중심으로) 동녘에서 왔기 때문에 A그룹은 서녘에서 왔다고 할 수 있다. 각 사절단(A1, A2, B1, B2)은 사절단과 맞이하는 3명의 인물로 구성되어 있다. 리더 또는 '그룹의 장'은 다음처럼 사절단과 다르다. 1. (그 리더의) 몸짓은 자기 그룹을 향하고 있다. 2. 그들은 한 사람(옮긴이 : 통역관) 빼고 모두 돌궐 사람이다. 3. 그들은 모두 특정 빛깔의 카프탄을 입고 있는데 그룹마다 빨간색, 노란색 및 흰색 카프탄을 입고 있다(아래 그림 참조).[503]

---

502) Delegations and captains. The delegations on the western wall move into two main directions. We have indicated the movements by blue and red arrows in the sketch below:

503) Each row (A and B) consists of at least two delegations and each delegation (A1, A2, B1, B2) is characterized by indiviually dressed people. This way the artist(s) certainly marked different states the delegations came from. Quite clear is the situation with group B1: These are delegates from the Chinese empire. The last two persons in group B2 obviously are from Koguryo (Korea). It is tempting to conclude that the entire composition was divided into two main geographical sections. As we have seen, the delegations in B1 and B2 come from the eastern sphere. Therefore we may say that the A-groups belong

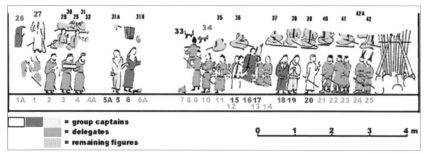

사절단 전체 스케치(Above: Overall sketch of the delegations)

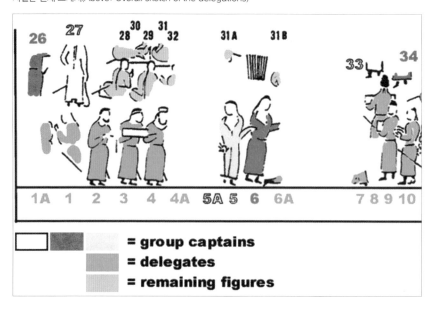

서벽 왼쪽 그룹 리더들. ⑤⑥은 따로 설명. ㉖㉗은 서벽 왼쪽 끝의 리더일 것임.

(Group captains on the left half of the western wall: Read more on the captains 5A, 5 and 6. - Figure 33 is the white-dressed single remaining captain of the Chinese. - Figures 26 and 27 may be captains at the left end of the western wall.)

to the West. Each delegation (A1, A2, B1, B2) consists of the delegates themselves and a leading group of three persons. The leaders or "group captains" differ from the delegates according to the following: 1. Their gestures towards the remaining delegates in their group. 2. They are all but one Turkish people. 3. They all wear specifically coloured caftans, in each group a red, a yellow and a white one (cp. the following sketches:)

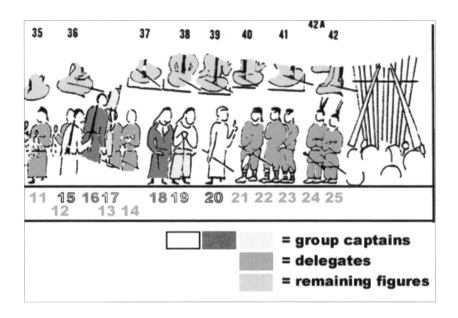

= group captains
= delegates
= remaining figures

그림 서벽 오른쪽 그룹 리더들. ⑮~⑰ 따로 설명, ⑱~⑳ 따로 설명 (Group captains on the right half of the western wall: Read more on the captains 15-17 or on the captains 18-20.)

위의 사실을 마음에 새기며, 우리는 이제 B. I. Maršak(1994)의 주요 주장 가운데 하나와 만나게 된다. 그는 서벽에 있는 모든 대표단이 그림의 윗부분 한가운데 있는 (지금은 없어진) 신의 성상(聖像)을 만나 경의를 표하기 위해 (윗쪽으로) 움직인다고 보았다. 이 주장에서 가장 큰 의문은 왜 서돌궐이 그렇게 중요한 소그드국의 의식에서 예식을 관리하는 역할을 해야 하는가이다. 이 질문에 대한 답은 한 가지뿐이다. 물론 소그드의 의전 관리자들이 진행을 맡아야 한다. 그런데 소그드인들은 빠져 있다. 따라서 장면의 의미도 달라져야 한다. 서돌궐 관리들이 (외국에서 온) 사절단들을 서돌궐 통치자에게 경의를 표하도록 안내하는 것이다. 얍구 카간(Yabghu-Qaghan, 葉護可汗) 자신이 벽 상단 어딘가에 그려져 있어야 하는데, 그 초상이 없어진 것이다.[504]

504) Keeping this in mind we are now faced with one of the key arguments of B. I. Maršak [1994]. In his opinion, all delegations on the western wall move (upwards) to meet and honour a central divine image (now lost) in the upper part of the paintings. The great question with

이와 관련하여 가게야마 에쯔꼬(影山悅子)의 "아프라시압 벽화에 나타난 중국 회화의 요소에 대하여(1998)"라는 특이한 연구를 언급해야 하겠다. 저자는 서벽의 바르후만 왕 개인의 호위집단 차카르(chakar)를 그린 것이라고 해석할 수 있다고 결론을 맺고 있다.[505] 가게야마의 제안은 매우 흥미롭지만 우리의 답은 당연히 마르샤의 답과 같아야 한다. 돌궐인들이 왜 소그드의 (중심영역!) 의식에서 사사로운 종교(!) 관리 역할을 해야 하는가? 그리고 벽화의 2층에 그려진 많은 돌궐 사람들은 어떻게 해석해야 할까? 그들이 소그드 성상(聖像) 앞에서 쪼그리고 앉아 있는 돌궐인 호위병들일까? 이 같은 맥락에서 본다면 서돌궐의 국가 상징은 무엇을 뜻하는 것일까?[506]

3. 벽화 주제의 연대는 640년대 후반~651년

앞에서 돌궐 통치자의 상징으로 보았던 장대 세트는 이 벽화에 하나만 있는 것이 아니다. 같은 서벽의 남쪽 가운데서 약간 더 높은 곳에 두 번째 상징적 의장(儀仗)이 보인다. 첫 번째 것보다 작은 9개의 장대로 구성되어 있다. 우리에게 확

---

this is: Why should Western Turks act as ceremonial managers of such an important Sogdian state ritual? We have only one answer to this question: Of course Sogdian ritual officials should have lead this procession! But they are absent. Therefore the sense of the scene must be a different one: Western Turk officials lead delegations to honour the Western Turk ruler. The Yabghu-Qaghan himself must have been depicted somewhere in the upper part of the wall, but his image is lost.

505) <옮긴이 주> 影山悅子, 「サマルカンド壁画に見られる中国絵画の要素について : 朝鮮人使節はワルフマーン王のもとを訪れたか」, 『西南アジア研究』(49), 1998, 28쪽 참고함.

506) In this connection we have to mention a special study by Etsuko Kageyama on "Chinese way of depicting foreign delegates in the paintings of Afrasiab" [1998]. The author comes to the conclusion that the Turks from the western wall may be seen as chakars, serving as bodyguards for the Sogdian kings. The proposal of Kageyama is very interesting but of course our reply must remain simply the same as to that of Maršak. Why Turks should act as intimate religious (!) officials in a Sogdian (capital-bound!) ritual? And what about the many remaining Turks from the second register of the paintings? Are they crowds of Turkish bodyguards squatting and drinking in front of a Sogdian divine image? And what does the Western Turk state-symbol should mean in a context like this?

실한 근거가 없지만, 이 두 번째 통치자의 상징 세트를 보는 것은 아주 마음이 끌리는 일이다. 9개의 장대(깃발)의 수는 Sogd의 역사적 상황을 바로 떠오르게 한다. China의 기록에 이 땅을 도시국가 (8개 주, 9번째는 사마르 칸드)의 연합이라고 되어있다. 8+1=9를 만들고, 따라서 두 번째 기구는 Sogd의 통치권을 상징해야 하는 것으로, 곧 사마르칸드의 통치자 바르후만(Varkhuman) 자신이어야 한다. [이 깃발 세트에 대한 【추가정보】][507]

【추가정보】 소그드의 9개 깃발

<그림 1> (서벽) ⑤ ⑥ 인물상 바로 머리 위에 9개의 장대가 뚜렷하게 보인다. 서벽의 다른 쪽에서 비슷한 것이 있다(앞에서 본 11개짜리를 말함).[508]
<그림 2> 8성(姓)에 8개의 장대가 있고, 가운데 있는 9번째는 사마르칸드 자신의 깃발이라고 본다. 보기엔 이것은 그 나라에서 가장 높은 사람의 의장(儀仗)이고, 따라서 관련 통치자(곧 바르후만 왕)의 초상이 멀지 않은 곳에 있을 것이라고 본다.[509]

『당서(唐書)』에서는 소그드에 대해 이렇게 보고했다.

---

507) The set of poles we have mentioned as a symbol of Turkish rulership is not the only one of its kind in our paintings. In the southern half of the same western wall, at some higher level, there appears a second symbolic device. It is smaller than the first one and consists of nine poles. Although we have no secure ground it seems very tempting to see in this second set a symbol of rulership, too. The number of nine poles (i.e., standards or banners) immediately recalls the historical situation of Sogd: Chinese sources prove this land as a confederation of city-states - eight states and a ninth as supreme one: Samarqand. Eight plus one makes nine and therefore the second gear must symbolize the rulership of Sogd, i. e. the ruler Varxuman of Samarqand himself. [More on this set of banners...]

508) The nine banners of Sogd. Right above the heads of figures 5 and 6 (western wall) there are clearly visible nine poles. They are comparable to similar objects on another part of the same wall.

509) Above: In our opinion these are eight poles for eight "families", and the ninth, most probably the central one, should be the remaining banner of Samarqand proper. Seemingly this is a first rank state device, and therefore we expect the image of the corresponding ruler (i.e., king Varxuman) to have been not far from here.

그림 214 ⑤ ⑥ 위의 의장   **그림 215** 바르후만의 의장(儀仗) 깃발 장대

지파에 속한 사람을 왕으로 나누어 보내니 안(安, Boukhârâ), 조(曹, Kaboûdhan), 석(石, Taschkend), 미(米, Maimurgh), 하(何, Kouschânidja), 화심(火尋, Khâarizm), 무지(戊地), 사(史, Kesc)라고 불렀다. 세상 사람들이 말하는 이른바 '아홉 성(九姓)'이 그것인데, 모두 소무(昭武)라는 씨(氏)를 쓴다(프랑스어 번역. 샤반 역).[510]

이러한 해석에 따라 몇 가지 결론을 맺을 수 있다. 서벽 그림은 서돌궐 통치자

---

510) The Tang shu reports on Sogd: "Les principautés s'en sont détachées des rameaux s'appelent Ngan (Boukhârâ), Ts'ao (Kaboûdhan), Che (Taschkend), Mi (Maimurgh), Ho (Kouschânidja), Ho-siun (Khâarizm), Meou-ti, Che (Kesch). On les nomme communément les neuf familles." [Transl. Chavannes]. <옮긴이 주>『新唐書』列傳 第146(下) 西域(下) 康國.

강(康)은 다른 이름으로 살말건(薩末鞬)이라고 하며, 또는 삽말건(颯秣建)이라고도 부르는데, 북위(元魏)에서 이른바 실만근(悉萬斤)이라 부르던 것이다. 그곳에서 남쪽으로 사(史)는 150리 떨어져 있고, 서북으로 서조(西曹)와는 100리 남짓 떨어졌으며, 동남으로 100리 가면 미(米)와 이웃하고, 북으로 중조(中曹)와는 50리 떨어져 있다. 나밀수(那密水, Zarafshan)의 남쪽에 있으며, 큰 성(大城)이 30개, 작은 보루(小堡)가 300개 있다. 군주의 성은 온(溫)인데 본디 월지사람이다. 처음 기련(祁連) 북쪽의 소무성(昭武城)에 거주하였는데, 돌궐에 깨져 조금씩 남쪽으로 내려와 총령에 의지하다가 그 지방을 차지하게 되었다. 지파에 속한 사람을 왕으로 나누어 보내니 안(安), 조(曹), 석(石), 미(米), 하(何), 화심(火尋), 무지(戊地), 사(史)라고 불렀다. 세상 사람들이 말하는 이른바 '아홉 성(九姓)'이 그것인데, 모두 소무(昭武)라는 씨(氏)를 쓴다(康者, 一曰薩末鞬, 亦曰颯秣建, 元魏所謂悉斤者. 其南距史百五十里, 西北距西曹百餘里, 東南屬米百里, 北中曹五十里. 在那密水南, 大城三十, 小堡三百. 君姓溫, 本月氏人. 始居祁連北昭武城, 爲突厥所破, 稍南依蔥嶺, 即有其地. 枝庶分王, 曰安, 曰曹, 曰石, 曰米, 曰何, 曰火尋, 曰戊地, 曰史, 世謂"九姓", 皆氏昭武).

와 사마르칸드 통치자라는 중요한 인물 2명을 그려야 한다. 공식 국가 상징이 있는 곳은 반드시 그 주인공이 참석해야 하므로, 우리는 그 두 사람의 초상이 반드시 거기에 있어야 한다고 볼 수 있다. 아쉽게도 벽화 윗부분이 파괴되어 두 통치자의 초상이 파괴되어 버렸다. [이러한 추정 초상화에 대해 자세히 보기 ...][511]

【추가정보】 서벽 윗부분의 통치자 복원(The upper part of the western wall)

이 스케치 그림은 주요 주인공, 곧 서돌궐의 통치자와 사마르칸드의 통치자의 원래 자리배치에 대한 우리의 의견이다. 그들 초상의 크기는 북벽과 남벽에 그려진 주요 인물의 초상만큼 인상적이어야 한다.[512]

두 통치자의 배치에 대한 우리의 주요 주장은 그들의 고유한 깃발의 성격을 통해서 밝힌 것이다. 바르후만 초상의 위치에 대해 한 가지 더 보탤 것이 있다. 인물 ㉗(위의 초상

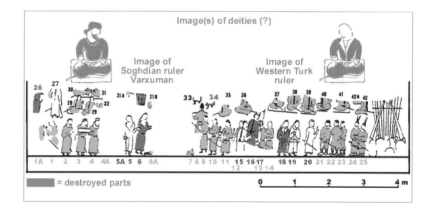

---

511) Following these interpretations we can draw some conclusions. The paintings on the western wall must have depicted two important persons, a Western Turk ruler and the ruler of Samarqand. We can obviously await their images to have been there, because the highly official state symbols require a physical presence of their owners. Unfortunately the upper parts of the murals are destroyed - and with them the images of the two rulers. [Read more on these supposed images...]

512) This sketch illustrates our opinion concerning the original placement of the main actors, i. e. the ruler of the Western Turks and the ruler of Samarqand. The size of their images must have been as impressive as those of the main persons depicted on the northern wall and on the southern wall.

왼쪽 위 그림)에는 바르후만이 특정 대사와 만나는 것을 언급하는 중요한 글월(銘文)이 있다. 우리는 이 글월의 배치가 바르후만 초상의 위치와 직접 관련이 있다고 본다. ㉗번 인물의 배치와 움직임은 중요한 글월에 나타난 상황이 서벽의 왼쪽 절반에 관한 것으로 한정되어야 한다는 점을 보여준다. 오른쪽 어딘가에 돌궐 통치자를 언급하는 두 번째 글월(銘文)이 있다고 가정하는 것은 불가능하지 않다.[513] 그리고 방의 다른 벽에도 마찬가지다.[514] 이미 보았듯이 중요한 글월(銘文)은 (전체) 벽화에서 매우 제한된 영역을 설명하는 것이다. 이것은 벽화를 해석하려는 우리의 시도와 다른 학자들과 크게 다른 점 가운데 하나다. 보기를 들어 L. Al'baum은 (서벽의) 남쪽 벽화와 바로 연결하여 차가니안 사절을 그린 것이라고 보았다.

위의 스케치에서 서벽 가장 윗부분에 (B. Maršak이 생각했던) 신상(神像)이 있을 수 있다는 주장을 부정하지 않는다. 또는 통치자와 신을 같은 수준으로 배치할 수 있다. 위의 스케치는 일반적인 상황을 설명하기 위함이다. 다른 페이지에서 (잃어버린) 주요 인물의 배열이 좀 다른 서벽의 전체 재구성을 제시하겠다.[515]

돌궐 그룹의 리더가 모든 대표단을 이끌고 있다는 점에서 그들은 돌궐과 소그

---

513) <옮긴이 주> : 알바움의 보고서를 보면, 많은 인물에 소그드 문자로 설명이 덧붙여져 있는 것을 알 수 있다. 아프라시압 벽화에는 ㉗번에 나오는 글월 말고도 그림을 간단히 설명하는 글월이 많이 있다는 것은 화가가 그림을 그리고 주인공들에 대한 설명을 소그드어로 써 넣었다는 것을 알 수 있다.

514) Our principal argument for the placement of the two rulers was the identification of their personal banners. Concerning the position of Varxuman's image we have to add one further point: Figure no. 27 (image above, in the upper left) bears the great inscription which mentions Varxuman's encounter with certain ambassadors. In our opinion the placement of this inscription was directly connected with the position of Varxuman's image. Placement and movement of figure 27 indicate, that the context of the great inscription must have been restricted to the painted contents of the western wall's left half. It seems not impossible to suppose a once existing second inscription somewhere on the right half, refering to the Turkish ruler. And certainly the same is true for the other walls in the room.

515) The above sketch makes clear that we do not deny a once existing image of gods in the western wall's uppermost parts (as it was supposed by B. Maršak). Alternatively a placement of the rulers and the god(s) all together at the same level might be possible, too. The above sketch is intended only to illustrate the general situation. On another page we present an overall reconstruction of the western wall with slightly differing arrangement of the (lost) main figures

드의 통치자 모두에게 봉사하는 것으로 보인다. 반면에 그들이 같은 빛깔의 카프탄을 입은 점에서 보듯이 그들은 (단순한 경비원이 아니고) 모두 하나의 궁정 관리(官吏) 체계에 속해 있다. 우리는 움직이는 장면들이 바르후만의 궁정이 아니라 돌궐의 궁전이라고 가정할 수 있다고 본다. 다시 말해 사절단들은 돌궐의 손님인 것이다. 돌궐의 궁정도 일시적으로 사마르칸드에 머물렀을 수 있다.

이는 돌궐 통치자의 (상징적인) 우위를 가리키는 게 아닐까? 물론 몇 가지 다른 가능성이 있다. 소그드인들은 소그드의 눈높이에 맞춰 벽화를 조성했을 것이므로 돌궐 관계자와 밀접한 관계와 친밀한 우정을 단순하게 상징화했을 수 있다.[516)]

하나의 그림에, 같은 그림 장면에서 돌궐 카간과 사마르칸드 통치자가 함께 그려진 것에 대한 설명이 필요하다. 이 돌궐의 군주는 누구인가? 그렇게 공존이 가능하게 하는 최소한 역사적 배경은 무엇인가?[517)]

마지막 답변을 찾기가 어렵다. 그러나 다음 주장은 우리의 해석에 아주 잘 들어맞는다. 657년 서돌궐제국이 마지막으로 무너지기 전 이 동맹의 주요 지도자 두 명이 같은 무대에 있었다. 641년쯤, 친당이고 당이 내세운 을비사궤 카간(乙毘射匱可汗, Yabghu Shekui, 641~651)이[518)] 다스렸다. 651년 이시바라 카간(沙鉢羅

---

516) Considering the Turkish group captains leading all delegations, they seem to have served both the Turk and the Sogdian ruler. On the other hand they certainly belonged to a single system of court officials (not merely bodyguards), as is indicated by their uniform coloured caftans. We are inclined to assume that the scene of action is the Turkish court rather than that of Varxuman, i.e., the latter is the guest of the Turk. But the Turkish court may have stayed temporarily at Samarqand, too. Does this point to a (symbolic) supremacy of the Turkish ruler? Of course, there are several other possibilities. Sogdians have created the paintings for Sogdian eyes, and so they may simply symbolize (the desire for) close relations and intimate friendship to a Turkish ruler.

517) The coexistence of a Turkish Qaghan and the ruler of Samarqand in one and the same pictorial scene calls for explanation: Who was this Turkish sovereign? What about the historical context that makes such a coexistence at least possible?

518) <옮긴이 주> 을비사궤 카간(乙毘射匱可汗)은 막하돌을비 카간(莫賀咄乙毘可汗)의 아들이다. 당 태종 정관 15년(641) 을비돌육 카간(乙毘咄陸可汗) 지배 아래 있던 옥리철(屋利啜)들이 모의하여 을비돌육 카간을 폐위하려고 생각해 당에 사신을 보내 새로운 카간을 세워달라고 청원하였다. 태종은 사

可汗, 651년~657)이 그를 죽이고 카간이 되어 당나라의 맹렬한 적이 되었고, 마침[519]
내 당나라에게 권력과 카간 정통을 빼앗겨 버렸다.[520]

아프라시압 벽화의 서벽에는 당나라의 대규모 조공 사신 행렬이 통치자를 향
해서 걸어가고 있다. 그들은 서돌궐과 '천자'와의 기존 관계를 나타내는 것으로
보인다. 7세기 중반의 역사적 상황과 관련하여 우리는 친당(親唐)인 을비사궤 카
간(Yabghu Shekui, 乙毘射櫃可汗, 642~ 651)만[521] 사마르칸드 바르후만과 나란히 앉
을 수 있다. 이것을 인정한다면 아프라시압 벽화는 640년대 후반에서 (을비사궤
카간이 죽은) 651년 사이의 언젠가 만들어졌다.[522][523]

신을 보내 재새서(斎璽書)로 막하돌을비 카간(莫賀咄乙毘可汗)의 아들을 세워 을비사궤 카간(乙毘射匱
可汗)으로 세웠다. 을비사궤 카간(乙毘射匱可汗)이 즉위하자 노실필(弩失畢)은 군사를 내어 백수호성
(白水胡城)에서 을비돌육 카간(乙毘咄陸可汗)을 쳤다. 노실필 군대에게 패한 을비돌육 카간은 백성들
의 마음이 돌아섰다는 것을 알고 서쪽의 토카라로 망명한다. 649년 당나라의 사신이 이전부터 을비
돌육 카간에게 잡혀있었으므로 을비사궤 카간이 예의를 갖추어 장안으로 돌려 보내고, 다시 사신을
보내 방물을 바치고 청혼하였다. 태종은 허락하고 조서를 내려 구자(亀茲), 우전(于闐), 소륵(疏勒), 주
구파(朱俱波), 총령(葱嶺) 같은 5개 나라를 나누어 빙례(聘禮)로 하여 이루지 못했다. 5월 태종이 죽자,
아사나하로(阿史那賀魯)가 반란을 일으켜 을비사궤 카간의 부락은 거기에 병합되었다(『신당서』 요약).

519) <옮긴이 주> 아사나하로(阿史那賀魯)는 고종 영휘(永徽) 2년(651년) 아사나하로의 아들인 아사나질
운(阿史那咥運)과 함께 대중을 이끌고 서쪽으로 도망가 을비돌육 카간(乙毘咄陸可汗) 땅에 자리 잡고
서녘의 여러 군을 합치고 아장(牙帳)을 쌓아(雙河, 볼로 강)과 천천(千泉)에 세우고, 스스로 사발라 카
간(沙鉢羅可汗)이라 부르고 돌육(咄陸)•노실필(弩失畢) 같은 10성(十姓)을 다스렸다. 병력 10만을 소유
하고 서역 여러 나라의 대부분이 예속되었다. 아사나 하로(阿史那賀魯)는 아사나 질운(阿史那咥運)을
세워 막하돌엽호(莫賀咄葉護. 官名)으로 임명하여 자주 서번(西蕃) 여러나라를 침탈하고 정주(庭州)
를 쳐들어갔다(『신당서』 요약).

520) Final answers are difficult to find. But the following proposal could meet our interpretations
very well: Before the final collapse of the Western Turk empire in 657 there were two major
leaders of this confederation on stage. From around 641 the Yabghu Shekui, a China-
friendly and China-made person, ruled from around 641 AD. He was killed in 651 by
Shaboluo Qaghan who succeeded on the throne, acted as a fierce enemy of China and
finally lost his power and the whole Qaghanate to the Chinese.

521) <옮긴이 주> 651년에 죽은 서돌궐의 9대 카간은 을비사궤 카간(乙毗射匱可汗)이고, 일반적으로 서
양학자들이 Irbis Shegui Qaghan이라고 쓴다. Yabghu Shekui는 葉護射匱인데, 서돌궐에 그런
카간은 없다. 그래서 을비사궤 카간(乙毗射匱可汗)이라고 옮겼다.

522) <옮긴이 주> 모데는 을비사궤 카간(乙毘射匱可汗, Yabghu Shekui, 641~651)과 이시바라 카간(沙鉢羅
可汗, 651~657) 가운데 을비사궤 카간(乙毘射匱可汗, Yabghu Shekui, 641~651) 때의 일로 보았다. 그
것은 벽화에 당나라 인물이 나타났기 때문이다. 십전(十箭) 깃발에 대한 기록은 아사나하로(阿史那
賀魯)=이시바라 카간(沙鉢羅可汗, 651~657) 때 나오기 때문에 좀 더 깊이 연구해 보아야 할 문제다.

523) On the western wall of the Afrasiab paintings a great row of Chinese tribute bearers

4. 맺음말 – 벽화 주제의 연대는 648~649년

벽화를 그리는 프로그램의 주요 목적은 상징적인 세계에 대한 그림을 제공하는 것이며, 이 벽화 안에서 벽화의 후원자인 사마르칸드를 통치하는 왕 바르후만의 시각적 정당성을 제시하는 것이다. 이러한 효과를 내기 위해 소그드 예술가들은 여러 가지 방법을 적용했다. 주요 예술 작품은 방의 4벽, 즉 4개의 기본 포인트에 따라 그림 프로그램을 구성하는 것이었다. 둘째, 그들은 이미지와 글월(銘文)을 통해 그것을 반영함으로써 여러 역사적 사건에 대한 암시를 짜 넣었다.[524]

서벽 (입구 동벽 반대쪽에 있는 홀의 주벽)[525]에서 바르후만 왕은 사마르칸드 통치자와 소그드의 주요 통치자로 묘사되었다. 그의 지위는 같은 벽에 그려진 서돌궐 엽호사궤 카간(Yabghu Shekui Qaghan)을 그려 크게 강조하거나 보장받고 있다. 행동하는 장면이 사마르칸드인지 서돌궐의 거주지인지는 두고 봐야 하고, 그것이 역사적 사건을 반영하는 것인지 아닌지와 관계없이 두고 봐야 한다.–동쪽과 서쪽의 '모든' 국가의 사절단이 두 통치자 (그리고 아마도 사마르칸드의 신들에게도) 경의를 표한다.[526]

---

is marching towards the rulers. They may be interpreted as a sign of existing relations between the Western Turks court and the "Son of heaven". In connection with the historical situation in the middle of the 7th century we should conclude that only the China-friendly Yabghu Shekui can be the Turkish ruler who sat side by side with Samarqand's Varxuman. Accepting this-the Afrasiab murals could have been created only sometime between the late forties and the year 651 (death of Yabghu Shekui).

524) The main intention of the painted program is to give a symbolic world picture and within this a visual legitimation of Samarqand's ruling king Varxuman, the patron of the murals. To produce these effects the Sogdian artists applied several methods. The main artistic one was to organize the pictorial program according to the four walls of the room, i.e. according to four cardinal points. Secondly they incorporated allusions to several historical events by means of reflecting them through both images and inscriptions.

525) <옮긴이 주> 고구리·고리의 벽화는 정문이 남쪽에 있고, 문을 들어서면 바로 만나는 북벽에 주인공을 그렸다. 주인공이 바라보는 남향(南向)에 해가 들기 때문에 건물과 궁전들도 그렇게 지었다. 그러나 돌궐 건물은 물론 무덤도 모두 해가 뜨는 동쪽을 향한다. 그러므로 돌궐 무덤에서는 석인상이나 발발이 모두 동쪽을 향하고 있다. 아프라시압 벽화도 그런 돌궐의 풍습과 일치하며, 모데는 이 부분을 강조하고 있는 것이다(서길수, 『아시아의 진주 알타이』, 학연문화사, 209, 225쪽. 고대 뚜르끄의 돌사람).

526) On the western wall (being the main wall of the hall, opposite to the entrance in the eastern wall),

그림 216 가운데 신, 왼쪽 바르후만, 오른쪽 돌궐 카간

사절단 가운데는 이란의 마지막 사산왕조의 왕 야즈드가르드 3세(Yazdgard III, 632~651)[527]가 있다. 그는 다른 사절단 가운데 하급 군주로 보이며 그의 대표단은 바르후만의 초상이 아니라 돌궐 통치자의 초상을 향해 움직인다. 이것은 (이슬람의 역사학자) 타바리(Tabari)가 역사에서 언급한 실제 역사적 사건을 반영한 것일 수 있다. 페르시아에서 온 사절단은 이란 귀족의 옷을 영예의 선물로 가져왔다.[528] -초원의 통치자 마음에 꼭 드는 이란의 상징적 의사표시 ="(표로 꾸민 연대

---

king Varxuman was depicted as ruler of Samarqand and prime ruler of Sogd. His position is strongly underlined-or even guaranteed-by the depiction of the Western Turk Yabghu Shekui Qaghan on the same wall. It must remain open whether the scene of action is Samarqand or the residence of the Western Turks, and it must remain open whether this is a reflection of a historical event or not.-Delegates from "all" nations of the east and the west come to pay homage to both rulers (and possibly to the gods of Samarqand, too).

527) <옮긴이 주> 야즈드가르드(Yazdgard=Yazdgerd) 3세는 아들 Kavadh 2세가 살해한 Chosroes 2세의 손자다. 628년부터 일어난 일련의 내부 갈등 때문에 632년 왕위에 올랐다. 그는 아직 (8살의) 어린아이였고, 실제 지배하지 못했다. 왕위에 앉은 첫해에 아랍의 침공이 시작되었고, 637년 카디시야(Kadisiya) 전투에서 (페르시아) 제국의 운명이 결정된다. 크테시폰(Ctesiphon)은 아랍인이 점령하였고 왕은 메디아(Media)로 도망쳤다. 야즈드가르드는 651년 메리(Mery)에서 살해될 때까지 이 지역 저 지역으로 도망 다녔다(CALIPHATE, A. r. 참조). [Encyclopedia Britanica].

528) Among the delegates is the last Sasanian king of Iran, Yazdgard III. He appears as subordinate potentate among others, and his delegation does not move towards Varxuman's image but towards that of the Turkish ruler. This may reflect a true historical event as indicated by some allusions in Tabari's history. The delegation from Persia brings as gift of honour the outfit of an Iranian nobleman - an Iranian symbolic gesture well acceptable summary="(table formats the page)" for the steppe ruler, too.

기, table formats the page)[529]".

이 주된 벽을 가로질러 북벽과 남벽의 벽화는 바르후만의 통치에서 주요 사건을 더 반영하여 효과를 높이고 있다.[530]

북벽은 황제 사냥꾼인 당 태종(太宗)과 공주가 서녘에 (가상으로) 여행한다는 사실에 집중하고 있다. 공주는 돌궐 사궤 카간(射匱可汗, Shekui Qaghan)에게 (시집갈) 예정이었으며, 우리는 바르후만이 살고 있는 곳이나 사마르칸드에서 만나기로 되어 있었다고 본다. 실현되지 않은 이 국가적 사건이 바르후만 왕의 정당성을 나타내는 추가적인 상징으로 사용되었다.[531]

남벽은 바르후만 왕이 대규모 장례행렬에 참여하고 지시하는 모습을 보여준다. 왕의 가까운 친척을 위해 마련한 의식이 틀림없으며, 그 친족을 바르후만의 전임자로 상정해 볼 수 있다. 당나라의 기록과 소그드 주화를 통해서 그 전임자는 시스피르(Shishpir) 군주라는 것을 알 수 있다. 당서(唐書)는 시스피르(Shishpir) 왕을 키시(Kish)의 소그드 공국에 배치하였다고 했다. 아마 바르후만은 그 도시에서 시작하여 나중에 사마르칸드 통치자가 되었을 것이다. 이러한 제안들은 의식의 상징적인 남부 지역화를 분명히 하는 데 도움이 될 수 있다. 키시는 사마르칸드의 남쪽에 자리 잡고 있다.[532]

---

529) <옮긴이 주> 모데는 아랍침공으로 도망 다니던 페르시아의 야즈드가르드가 서돌궐의 사궤 카간(射匱可汗, Shekui Qaghan)을 직접 찾은 것으로 보았다. 모데는 ④번 인물의 옷에 나타난 "Senmurvs"라는 날개 달린 동물상이 Taq-e Bustan에 조각된 사산왕조의 이반황제(Great Ivan)의 옷에 새겨진 사진을 대조해서 이란 사절이라는 것을 증명한다.

530) Flanking this main wall, the murals from the northern and southern walls enhance the performance by adding reflections of major events from the reign of Varxuman.

531) The northern wall concentrates on China with images of Taizong as an imperial hunter and of the (ficticious) journey of an imperial princess to the west. The princess was destined for the Turk Shekui, and we believe that their meeting was intended to take place in the presence of Varxuman or even at Samarqand. This state affair which never became reality served as a further symbol to mark the legitimacy of king Varxuman.

532) The southern wall depicts king Varxuman participating (and directing) a great funeral procession. It must have been be a ritual organized for a close relative to the king, and we are inclined to see in this relative the predecessor of Varxuman. There are indications from Chinese records as well as from Sogdian coinage that this predecessor was a ruler

홀의 벽화 프로그램은 동벽이 완성한다. 우리는 돌궐 조상의 신화를 반영하여 적어도 그림의 오른쪽 절반을 설명하려고 노력했다. 이것은 동벽이 서벽과 완벽하게 대응한다는 것을 뜻한다. 서벽에서 서돌궐 통치자의 모습이 나타났고, 따라서 (추정되는 옥좌에서) 동쪽을 바라보고 있다. 그리고 우리는 다시 당서(唐書)를 인용해야 한다. "[카간은] 늘 동쪽을 향해 앉아 있다." 북벽과 마찬가지로 동벽은 사마르칸드의 왕으로서 바르후만 자신의 정당성을 상징적으로 높여주고 있다. 그는 China가 인정했을 뿐 아니라 강대국 돌궐의 인정을 받았다. 그리고 남벽 벽화는 '왕가의 정당성'을 보여주는 상징적 가치로 그림에 나타난 프로그램을 보완한다. 따라서 아프라시압 벽화에서 왕의 선전 활동에 대한 완벽한 계획을 볼 수 있다.[533]

여기에 그린 전체 배열이 매우 한정된 시간만 작용한다는 것은 분명하다. AD 648년이나 1년 뒤가 가장 알맞으며, 이것이 우리가 아프라시압 홀의 독특한 그림 프로그램의 연대에 대한 제안이다.[534]

이 방은 분명히 한때 궁정의 앙상블에 속한다. 바르후만(Varxuman) 왕의 왕실도 일부 귀족들에게 매우 복잡하고 국가적인 그림 프로그램을 제공하는 것은 불가능한 것 같다(이것은 Maršak [2001]의 생각이다).[535]

---

named Shishpir. The Tang shu localizes king Shishpir at the Sogdian principality of Kish. Probably he originated from that city and became only later the ruler of Samarqand. These suggestions may help us to clarify the symbolic southern localization of the ritual: Kish is situated to the south of Samarqand.

533) Just as the northern wall the eastern one provides a certain symbolic enhancement of Varxuman's own legitimation as a ruling king of Samarqand: He was accepted not only by the Chinese but by the Turkish superpower, too. And the southern wall paintings complement the pictorial program with a symbolic value of "dynastic legitimacy". Thus, in our opinion we have to see in the Afrasiab paintings a perfect conception of royal propaganda.

534) It is quite clear that the entire constellation outlined here works only for a very restricted span of time. It fits best with the year AD 648 or probably one year later, and this is the dating we propose for the unique painted program of the Afrasiab hall.

535) Certainly the room once belonged to a palatial ensemble. It seems impossible to ascribe this hall with highly complex and state-bound pictorial program to some nobleman, even of king Varxuman's suite (this is what Maršak [2001] believes).

저자 약력

— 1944년 전남 화순에서 태어남.
— 광주 사레지오고등학교, 국제대학 졸업.
— 단국대학교에서 경제학 석•박사 학위(한국경제사 전공).
— 서경대학교(전 국제대학교) 경제학과 교수(2009년 정년퇴임).

서경대학교 경제학과 교수로 재직하던 1990년 세계에스페란토협회 회원으로 중국에 있는 고구려 유적을 운명처럼 마주했다. 이후 고구려연구회를 설립하고 국내외 학자들과 교류하며 수많은 국제 학술대회를 열며 우리나라 고구리사 연구의 현주소와 역사학계의 나아갈 방향을 찾아나섰다. 또한 중국 땅은 물론 남북의 고구리 역사 유적을 샅샅이 찾아다니며 고구리•고리사 연구에 헌신하였다.
  현재 고구려연구회 이사장, 고구려•발해학회 고문, 맑은나라 불교연구회 이사장으로 활동하면서 고구리•고리연구소를 새롭게 발족하여 당면한 중국의 일방적인 동북공정에 맞서 남은 여생을 바치고 있다.

저서로는
『高句麗 城』『고구려 역사유적 답사』『대륙에 남은 고구려』『유적 유물로 보는 고구려』『세계 유산 고구려』『동북공정 고구려사』(번역)『중국이 쓴 고구려 역사』(번역)와 고구리•고리사 연구총서 시리즈로『고구려의 본디 이름 고구리(高句麗)』『장수왕이 바꾼 나라이름 고리(高麗)』들이 출간되었다.

논문으로는
「송화강 유역의 고구려 산성 연구」「고구려 축성법 연구(1~5)」「중국의 역사왜곡 현장에 관한 사례 분석」들이 있다.

저자 연락처 kori-koguri@naver.com